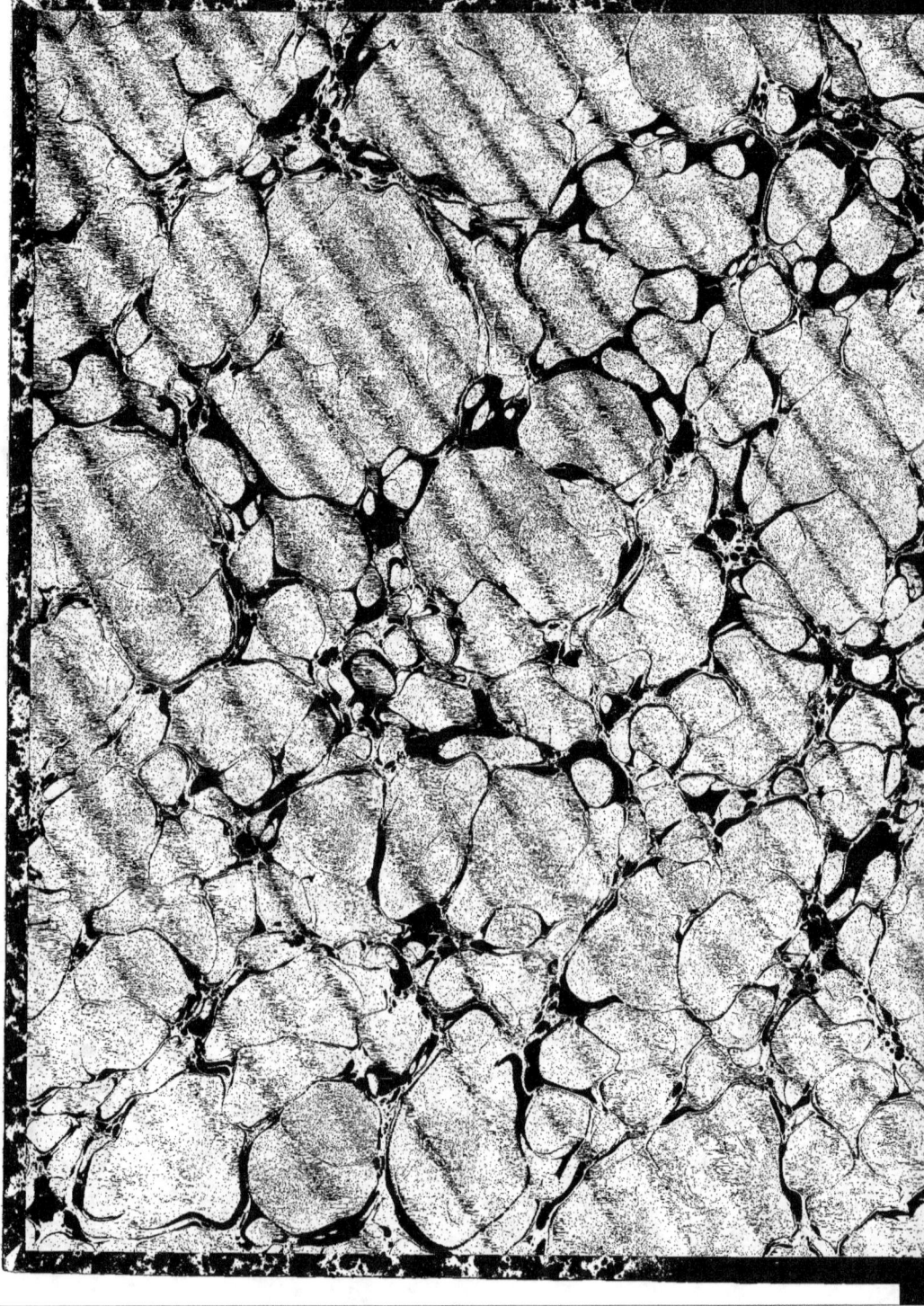

HISTOIRE
DU
CANAL DU MIDI.

Se trouve à P*aris*,

Chez COURCIER, Libraire, quai des Augustins, n° 71;
Et chez DENTU, Libraire, même quai, n° 22.

HISTOIRE
DU
CANAL DU MIDI,
OU
CANAL DE LANGUEDOC,

Considéré sous les rapports d'invention, d'art, d'administration, d'irrigation,
et dans ses relations avec les étangs de l'intérieur des terres qui l'avoisinent;

Avec les Cartes générales et particulières, ainsi que les Plans, Coupes et Profils
des principaux ouvrages.

Par le Général d'Artillerie ANDREOSSY,
Grand Officier de la Légion d'honneur, Membre de l'Institut d'Egypte, etc.

NOUVELLE ÉDITION,
Mise dans un nouvel ordre, et considérablement augmentée.

Il che (*le Canal de Languedoc*) si è voluto indicare perchè si conosca sin dove sj giunto l'umano ingegno nel maneggio delle acque...... Il merito di un opera si grande si attribuisce a Paolo Riquet che eseguir la fece sopra i progetti dell'Andreossy matematico. (Zendrini, *Leggi e Fenomeni, Regolazioni ed Usi delle Acque correnti.* Venezia, 1741, pag. 357.)

TOME I.

A PARIS,
DE L'IMPRIMERIE DE CRAPELET.
AN XIII — 1804.

A
L'EMPEREUR.

Sire,

Je présente à VOTRE MAJESTÉ l'Histoire du Canal de Languedoc, de ce monument grand et utile, qui aurait été digne de votre règne s'il n'eût illustré le siècle de Louis xiv.

Modèle des ouvrages de ce genre, et source de la prospérité d'une des plus belles contrées de l'Empire, le Canal de Languedoc mérite de fixer les regards de celui qui a ravivé toutes les branches de l'administration publique, et dont l'application constante a pour but la gloire et la prospérité de la France.

SIRE, l'âge présent qui vous admire, peut à peine pressentir ce qui est réservé aux grandes destinées de Votre Majesté.

Je suis avec respect et fidélité,

F. ANDREOSSY.

INTRODUCTION.

Objet des communications intérieures par le moyen des Canaux, et inventions qui ont préparé la construction des Canaux navigables modernes.

Si la force des armes est le soutien d'un vaste empire, l'agriculture, le commerce et la navigation sont les bases de sa prospérité. L'une, par l'éclat de la gloire, assure sa considération au-dehors; et du sein des autres découlent au-dedans les sources de la richesse et du bonheur.

Dans les États d'une grande étendue, les productions de la terre varient avec la température; et c'est à cette diversité de produits, comme à leur plus ou moins grande abondance, que les échanges nationaux et le commerce avec l'étranger doivent leur origine et leur établissement. Les ports que la nature a disposés elle-même sur les rivages des mers, ou que l'art y a pratiqués à grands frais, offrent, à la vérité, des points de rapprochement et de communication entre les peuples : mais si l'intérieur manque de mouvement et de circulation, les denrées se consomment à vil prix sur le sol qui les a vues naître, l'agriculture est sans activité, le commerce sans énergie; et toutes les branches d'industrie languissent dans la stagnation et le découragement.

Les communications intérieures donnent le mouvement et la vie à l'agriculture, au commerce, à l'industrie; elles épargnent les hasards des trajets par mer, sur-tout pendant la guerre, où les périls ordinaires dans les navigations

INTRODUCTION.

le long des côtes, sont encore augmentés par les nombreux àrmemens de l'ennemi, auxquels les bâtimens marchands ne peuvent pas toujours échapper. D'un autre côté, les transports par terre sont coûteux : ils enlèvent un grand nombre d'hommes et de chevaux à l'agriculture et aux armées, détériorent les routes, et absorbent des sommes immenses. Les marchandises d'un volume considérable se voiturent avec difficulté ; et les approvisionnemens des ports et des frontières nécessitent de prodigieuses dépenses.

La navigation des rivières remédierait à la plupart de ces inconvéniens, si l'état physique de ces canaux, dont la nature a si bien ménagé les directions et les pentes, n'était extrêmement négligé. Des îles et des bas-fonds embarrassent le cours des rivières; des sables et des terres amoncelées forment des obstacles à leur embouchure. Les chemins tracés pour le halage disparaissent, et les inondations, comme les eaux trop basses, enchaînent également la navigation. La mer a ses contrariétés, ses dangers même ; les atterrages des côtes ne sont pas toujours sûrs; et l'inconstance des élémens a fait échouer plus d'une fois l'entreprise la mieux concertée.

Les Canaux artificiels font disparaître une partie de ces inconvéniens. Des eaux courantes, des eaux de source rassemblées dans les points les plus élevés d'un pays, fournissent, par des manœuvres aussi sûres que promptes et commodes, à toutes les circonstances d'une navigation artificielle; d'autres eaux dérivées dans les parties inférieures, concourent au même but. On évite, par le moyen des Canaux, les barres qui se forment aux embouchures des rivières. Les produits de la terre et de l'industrie circulent avec plus de facilité, portent l'abondance et l'activité

INTRODUCTION.

sur tous les points du territoire ; et les droits réglés avec équité, ne sont onéreux ni au commerçant ni à l'agriculteur.

La topographie du terrain, à laquelle la construction des Canaux est subordonnée, offre en même temps une idée exacte du système de navigation d'une contrée, d'un grand pays, et embrasse même celle de plusieurs États.

On sait qu'outre les grandes mers qui séparent l'ancien et le nouveau continent, il existe des mers Méditerranées qui forment des golfes, des presqu'îles, des isthmes, etc. Quelques-unes de ces mers communiquent avec l'Océan par des détroits ; toutes reçoivent des rivières considérables. Les golfes où s'enfoncent ces mers intérieures, les rapprochent dans beaucoup d'endroits de l'Océan, et ne laissent qu'une langue de terre entre deux ; de-là ces isthmes qu'on a essayé de couper, afin de se rendre directement d'une mer à l'autre, et d'éviter un circuit toujours fort long, et souvent dangereux pour la navigation.

Une des entreprises les plus considérables de ce genre, dont l'histoire ait parlé, c'est la jonction des golfes qui resserrent l'isthme de Corinthe, qu'on avait essayé d'effectuer en ouvrant un Canal dans cet isthme. La communication directe de la mer Rouge à la Méditerranée à travers l'isthme de Suez, était impraticable à raison des dunes élevées qui se trouvent à l'orient de Péluse ; mais on pouvait l'établir, en la portant sur le revers de ces dunes du côté du lac Menzaleh ; car il est aujourd'hui reconnu que la mer Rouge a neuf mètres 912 millimètres d'élévation au-dessus de la Méditerranée. Les belles opérations exécutées à l'armée d'Egypte, ne laissent aucun doute sur ce dernier objet ; elles nous ont appris de plus, que la

INTRODUCTION.

communication des deux mers avait existé du Nil à la mer Rouge, par un Canal dérivé de la branche Pélusiaque à Bubaste, et conduit à travers l'Wady-Tom-Lâât : les nombreux témoignages de l'histoire confirment que, sous les Califes, ce Canal avait été navigable pendant plus d'un siècle.

Lorsque le relief d'un pays n'a point rendu praticables les Canaux de dérivation ou d'épuisement, comme ceux que l'on voit en Hollande, et en général, dans les contrées basses et voisines de la mer; alors on a imaginé de joindre deux golfes opposés, en combinant les cours des rivières avec les pentes du terrain. Parmi les communications de cette espèce, que nous avons principalement en vue, le Canal du Midi nous offrira l'exemple le plus instructif.

Les presqu'îles peuvent être considérées dans ce cas-ci, comme des isthmes d'une très-grande longueur; et l'objet de la communication d'une côte à l'autre, est absolument le même que celui des isthmes. Il s'agit, en général, d'abréger une longue navigation, ou des chemins trop considérables, et de vivifier les provinces intérieures, en leur procurant de nombreux débouchés.

Les montagnes, les rivières et les mers, qui forment presque par-tout les limites et la défense naturelle des peuples, leur donnent néanmoins la facilité d'établir entre eux les communications intérieures dont nous venons de parler, et de créer ce système général de navigation, qui rapproche, non-seulement les provinces les plus éloignées d'un même État, mais encore des pays divers. On en saisira facilement l'ensemble sur une carte, en faisant attention à la position des mers Méditerranées entre elles, ou par rapport

INTRODUCTION.

à l'Océan, en examinant les cours des grandes rivières, et sur-tout ces plateaux et ces crêtes de montagnes qui sont autant de points de partage. Les sources des rivières qui y prennent leur origine, ne sont pas bien éloignées les unes des autres, et vont ensuite porter le tribut de leurs eaux à des mers opposées, ou à des fleuves qui se rendent à ces mers.

Le terrain que parcourt une rivière, diminue d'inclinaison à mesure que les eaux s'éloignent de leur source. Les récipiens coulent dans la plus grande partie de leur cours, entre deux chaînes principales, et les affluens, entre deux contre-forts. Au sortir des montagnes, quelques rivières restent encaissées, et leurs bords sont un peu élevés ; d'autres se divisent en plusieurs bras jusqu'à leur embouchure, sur un sol presque de niveau, et l'étendue qu'elles occupent est très-considérable. En Italie, on a contenu entre des digues la plus grande partie de ces eaux : les plaines traversées par les digues, sont un terrain d'alluvion d'une formation récente. Dans le nord de l'Italie, la ligne de l'origine des digues passe à Guastalla, Mantoue, Véronne; elle devrait remonter vers les Alpes Noriques et Juliennes, parce que ces montagnes se terminent par des versans brusques et rapides ; on ne verrait point alors le Tagliamento s'étendre en largeur, sur un espace d'environ 2900 mètres, après son entrée dans la plaine, tandis qu'il n'a que 100 mètres de largeur entre ses digues.

On peut réduire les Canaux à quatre espèces, qui se trouvent déterminées par la forme ou la nature des terrains dont nous venons de parler.

En remontant de la mer vers la crête des montagnes, on trouve d'abord *les Canaux destinés à porter à la mer les* écoulemens des plaines marécageuses, que la pente naturelle du terrain favorise. Dans la Basse-Adige, le Canal Blanc reçoit les écoulemens des plaines marécageuses du Véronais, appelées *Valli Veronesi* ; et aux environs de Rome, le Canal qui longe la *Via Appia*, sert de décharge aux fossés d'écoulement qu'on a pratiqués pour restaurer les marais Pontins (1).

2°. *Les Canaux de même genre, mais supérieurs aux plaines, aux rivières et à la mer* : tels sont ceux de la Hollande, qui sont destinés à recevoir les eaux d'épuisement des terrains connus sous le nom de *polders*, dont le plan se trouve plus bas que la superficie de la basse mer et des fleuves ; mais les premiers travaux pour délivrer la terre des eaux stagnantes, sont absolument les mêmes que ceux de l'article précédent.

3°. *Les Canaux dérivés des rivières.* Ces Canaux sont tracés dans les vallées, et dans le sens de leur longueur. En Égypte, le Bahar-Iouzef et le Canal de Suez étaient des Canaux dérivés : les Canaux de la Brenta, de l'Adda et du Tésin, en Italie, sont également des Canaux dérivés.

4°. Enfin, *les Canaux en terrain élevé*, qui font la communication de deux récipiens principaux, ou de deux affluens : ils se pratiquent en conduisant les eaux sur les pentes d'une chaîne principale, ou d'un contre-fort. Le Canal du centre, tracé sur les montagnes du département

---

(1). On trouve quelques vestiges de l'ancien Cœnal indiqué par Strabon au livre V ; Horace, satire V, dit positivement y avoir navigué. Les marais Pontins ont été desséchés par les soins de Pie VI, en récurant le Canal dont nous venons de parler, et en rétablissant les ponts dont était traversée la *Via Appia*, pour donner passage aux eaux des fossés d'écoulement qui se rendaient dans le Canal de décharge.

de Saône et Loire (la Bourgogne), qui sont un des appendices des Vosges, joint les deux rivières dont ce département porte le nom ; et le Canal du Midi, creusé partie sur la pente d'une grande vallée, partie sur le revers d'un contre-fort, s'étend de la Méditerranée à la Garonne au-dessous de Toulouse.

La troisième espèce de ces Canaux rentre dans la quatrième ; car les Canaux dérivés peuvent être regardés comme une des branches des Canaux en terrain élevé.

Les Canaux de la première espèce, ou Canaux d'écoulement, ne présentent aucune difficulté.

Pour se faire une idée exacte des Canaux de la deuxième espèce, ou Canaux d'épuisement, nous allons examiner de quelle manière se forment, aux embouchures des grands fleuves, les terres basses et voisines d'une mer sujette au flux et reflux.

Les barres que l'on voit aux embouchures des rivières, sont dues au transport des sables, des terres, du limon, par les eaux de la mer et des rivières. Ces barres correspondent à la ligne du repos des deux mouvemens opposés, qui portent les eaux d'un fleuve vers la mer, et les eaux de la mer vers les côtes. Les barres s'exhaussent par les dépôts successifs des crues. Ces dépôts parviennent insensiblement au niveau des eaux ordinaires, et enfin s'élèvent au-dessus de ce niveau, après une crue extraordinaire. Lorsqu'une pareille crue coïncide avec une grande marée, il résulte de cette circonstance le plus grand effet ; et c'est ce qui est arrivé en 1421, lors de la rupture des digues de la Meuse, qui amena la formation de Bies-Boos (1) ; ou

---

(1) Cette inondation de la Meuse et du Wahal, arrivée dans la nuit du

bien dans une mer qui n'est point sujette au flux et reflux, lorsque le vent bat en côte, et qu'il survient un orage ou une fonte de neige dans les montagnes. Cet exemple est très-fréquent dans la partie de l'Italie que baigne le Tibre. Ce fleuve, refoulé par le vent de sud-ouest, et enflé par les neiges de l'Apennin, produit des inondations qui sont le fléau de la Campagne de Rome.

Dès que sur les plages de la mer du nord, on peut être assuré d'avoir, pendant plusieurs années, un pareil terrain d'alluvion exempt d'être inondé, la main des hommes s'en empare, et par des travaux convenables, elle l'environne de cette ceinture de digues qui devient une barrière contre de nouvelles submersions.

Les travaux dont nous venons de parler, consistent à présenter au mouvement des eaux des obstacles mobiles et isolés, afin de produire, par l'effet des remous formés derrière ces obstacles, des eaux mortes qui déposent les troubles dont elles sont chargées; elles y font naître des atterrissemens pareils à ceux qui s'élèvent par les mêmes causes, derrière les épis construits sur les rivières pour garantir et restaurer leurs bords. On lie ensuite ces digues partielles, et l'on y établit des écluses.

C'est ainsi que la plupart des îles de la Zélande sont sorties du sein des eaux (1). Il a fallu, pour rendre le

---

18 de novembre, sépara la ville de Dordrecht de la terre ferme, submergea soixante-douze villages, et fit périr plus de cent mille personnes, et une infinité de bestiaux. (*Hist. abrégée des Pays-Bas.*)

(1) Les armes de la Zélande peignent parfaitement l'état physique du pays. On y remarque un lion à demi plongé, cherchant à s'élever au-dessus des eaux, avec cet exergue: *Luctor et emergo.*

INTRODUCTION.

terrain de ces îles propre à la culture, y pratiquer des saignées, et élever les eaux au-dessus de leur niveau, afin de pouvoir les faire écouler dans la mer à marée basse, en ouvrant les portes des écluses. On appelle *polders* les terres ainsi coupées de Canaux, dont le dessèchement est entretenu, depuis le printemps jusqu'à la fin de l'automne, par des moulins d'épuisement ; car, durant l'hiver, les terres submergées restent sous les eaux des pluies.

L'aptitude à la patience, qui est le caractère distinctif du Batave ; les vues sages et économiques de ce peuple, jadis si industrieux et si florissant, le font veiller avec le plus grand soin, et par des moyens dont quelques-uns sont aussi simples qu'ingénieux, à la conservation de ces fameuses digues devenues la sauve-garde d'un pays de beaucoup inférieur au niveau de la mer. Malheur à ce pays, si les dissensions intestines venaient à l'agiter, et en armant les citoyens les uns contre les autres, livraient ce chef-d'œuvre de l'industrie humaine à l'effet des manœuvres de coupables vengeances !

Les Canaux en terrain élevé doivent leur perfection aux progrès de l'architecture hydraulique. On dérive ceux-ci des rivières, ou bien ils sont alimentés par des eaux vives, rassemblées dans les parties supérieures au point le plus élevé, qu'on nomme *point de partage*, parce que les eaux coulent de-là sur deux pentes opposées. Les *écluses* servent à soutenir les eaux sur ces pentes, et les *ponts-aqueducs*, à donner passage aux eaux sauvages ou aux affluens : les Canaux en terrain élevé, peuvent également servir pour l'irrigation des terres et le flottage des bois.

Tous ces genres de travaux ont été suivis avec succès par les Hollandais, et sur-tout par les Italiens. Les premiers sont obligés, comme nous l'avons vu, d'agir sans cesse pour conserver une contrée qu'ils ont conquise sur la mer. Les seconds n'ont rien à craindre de la fureur de cet élément ; leur pays ne domine que trop la Méditerranée, l'Adriatique et le Pô, et c'est dans son sein qu'il recèle son ennemi le plus dangereux. La topographie d'un pays ainsi constitué, jointe à la circonstance du renouvellement des lettres, dut réserver aux Italiens l'avantage de faire de grands progrès dans la science du mouvement des eaux ; on leur doit, en outre, les découvertes et les premiers monumens qui ont préparé la construction moderne des Canaux navigables.

L'Italie, bornée au nord par les Alpes, et traversée dans toute son étendue par l'Apennin, qui n'est pas très-éloigné de ses côtes, n'ayant point de chaînes de montagnes parallèles, est coupée par une quantité prodigieuse de torrens qui se jettent dans les rivières principales, ou dans la mer, ou suivant les pentes des montagnes où ils prennent leurs sources. Le besoin de défendre ses propriétés contre un élément toujours actif, et souvent impétueux, contraignit à chercher les moyens de le contenir et de le diriger. Les fleuves de ce pays furent resserrés entre des levées ; on leur traça d'autres routes, on leur marqua de nouvelles embouchures ; et les villes et les héritages voisins des rivières et des torrens furent garantis, en grande partie, des ravages qui accompagnent les inondations. Des plaines immenses furent conquises sur les eaux, ou rendues à la culture, par des saignées pratiquées avec intelligence. On fit servir au même objet les sables, les terres, le limon, que les eaux détachent des montagnes, et qu'elles entraînent dans leur cours. L'Arno, le Bas-Pô, et d'autres rivières,

INTRODUCTION. xvij

se sont formé, comme le Nil, un lit dans leurs propres alluvions; et l'on a vu s'élever insensiblement, à l'embouchure du Pô, les belles et fertiles plaines de la Mesola, comme les dépôts de l'Arno ont produit la Val-di-Chiana. Les terres basses et voisines de la mer, doivent leur origine aux mêmes causes; c'est ce que *Guglielmini* a si bien exprimé, en disant que dans les vallées, *les terres*, dont nous venons de parler, *sont filles des alluvions des rivières*.

Mais les troubles que charrient les rivières, faisant naître des atterrissemens dans les réservoirs où elles se rendent, les Vénitiens, aux seizième et dix-septième siècles, détournèrent avec grand soin de leurs lagunes, la Brenta, la Piave, la Livenza, et d'autres torrens dont les alluvions tendaient à les combler. C'est à l'occasion de ces travaux importans, qu'est née la théorie des ensablemens de la Méditerranée. Dans des temps bien antérieurs, les Etrusques, en creusant la célèbre fosse Philistine (1), procurèrent le desséchement des marais qui avoisinaient le Bas-Pô. Les Gaulois, devenus maîtres de l'Italie, et ne connaissant de la guerre que ses désordres, laissèrent revenir les choses dans leur premier état. Les Romains, après avoir chassé les Gaulois, rétablirent les anciens Canaux, et en creusèrent de nouveaux. L'Italie, dévastée sur la fin du quatrième siècle, tomba dans la nuit de la barbarie. Ces ténèbres se dissipèrent dans le onzième siècle; on vit pour lors les villes

---

(1) Le Mincio et le Tartaro réunis, portaient le nom de *Fosse Philistine*; ces rivières traversaient anciennement les *Valli d'Ostiglia*, et arrivaient à la mer à l'endroit où l'Adige débouche maintenant. Du temps des Romains, le Mincio fut rejeté dans le Pô par Q. Curius Ostilius, fondateur d'Ostiglia.

Bertazzolo, Discorso sopra il nuovo Sostegno di Governolo; Mantova, 1609, page 31, ed. 35.

de Lombardie s'attacher à construire des Canaux de navigation et d'irrigation, et répandre, par ce moyen, l'aisance et la prospérité dans des lieux jusqu'alors privés d'une circulation indispensable. Il était difficile qu'on pût former un système de navigation, dans un pays où l'on était obligé de traverser une multitude d'Etats : aussi l'on préféra, dans la suite, l'avantage de l'irrigation des terres à celui du commerce ; et la communication avec la mer cessa bientôt d'exister. Les plus célèbres mathématiciens d'Italie ne dédaignèrent point de s'occuper de ces divers objets. Ils furent souvent pris pour arbitres dans les contestations qui s'élevaient, au sujet des eaux, entre les souverains de cette contrée ; et ils tirèrent, de leurs observations et de leurs expériences, des règles qui servirent à élever l'édifice de la science, après l'avoir, en quelque sorte, établi sur une base solide.

Nous ne devons pas disconvenir néanmoins que si, par la diversion des rivières d'Italie, on a pu livrer à la culture des plaines immenses qui étaient souvent inondées, la rectification du cours de ces rivières, en amenant l'exhaussement du fond de leur lit, et par conséquent l'élévation de leurs eaux, n'ait entraîné des inconvéniens majeurs : aussi voyons-nous à présent les rivières diguées d'Italie suspendues au-dessus des plaines latérales, comme les eaux de la mer le sont sur les côtes de Hollande, et les unes et les autres inspirer les craintes les plus alarmantes sur la conservation de ces pays, menacés à chaque crue ou à chaque grande marée, d'être submergés.

Aux beaux jours de l'Italie, l'architecture hydraulique, comme les autres arts, prit un accroissement rapide. Les écluses à doubles portes, d'abord employées sur les

INTRODUCTION.

rivières, devinrent, dans la suite, d'une application plus étendue. Les eaux nécessaires à une navigation artificielle, enchaînées et réglées dans les Canaux, au moyen des écluses, des retenues d'eau, des ponts-aqueducs, et d'autres inventions non moins intéressantes, donnèrent une nouvelle vie au commerce; et les Canaux d'irrigation procurèrent aux campagnes la plus grande fertilité. Ainsi cette branche importante de l'hydraulique facilita les transports en tout genre; elle rendit à l'air la salubrité qu'il avait perdue par l'odeur infecte des marécages, et força un sol ingrat ou brûlé par l'ardeur du soleil, à se parer de productions abondantes.

Des inventions dont nous venons de parler, les aqueducs sont la plus ancienne. Les Romains en avaient construit de très-beaux en Italie et dans les Gaules; mais leur usage se bornait, pour lors, à conduire de l'eau, pour les besoins de la vie, dans les villes où ces conquérans venaient d'établir de nouvelles colonies. En remontant à l'année 1460, on trouve la première application de ces sortes d'ouvrages aux Canaux navigables; car, en cette année, on fit passer le Canal de la Martésana sur le torrent de Molgora, à l'aide d'un pont-aqueduc de trois arches de 19 mètres et demi d'ouverture (1).

Quoique les aqueducs des anciens ne pussent point servir à la navigation, on doit pourtant les regarder comme l'idée-mère des ponts-aqueducs, qui ont été, par la suite, adaptés aux Canaux navigables. Par exemple, dans le midi de la France, le pont du Gard (2), ouvrage des Romains,

---

(1) Frisi, *Traité des rivières et des torrens*, page 203.
(2) Voyez la note première, aux notes et pièces justificatives.

servait non-seulement à faire franchir aux eaux des fontaines d'Eure et d'Airan, près d'Uzès, le vallon qui s'opposait à leur conduite, mais encore à laisser un libre cours à la rivière de Gardon qui coule entre les deux montagnes. Ainsi, le moyen d'abord employé de faire croiser, sans qu'ils se mêlent, un cours d'eau par un autre cours d'eau, se rapproche infiniment des ponts-aqueducs, construits dans les Canaux navigables modernes; il ne fallait que donner à la première idée une légère extension, pour l'appliquer de la manière la plus heureuse à ces ouvrages, où ils sont d'une si grande utilité. Une telle amélioration, quelque légère qu'elle puisse paraître, exigeait le coup-d'œil du génie; et nous avons déjà dit que c'est aux Italiens qu'elle était due.

On attribue aux mêmes Italiens, dans le quinzième siècle, une autre découverte, qu'on peut regarder comme une des plus importantes de l'architecture hydraulique : ce sont les écluses à doubles portes, inventées et exécutées, pour la première fois, suivant Zendrini (1), à Stra, sur le Piovego, Canal dérivé de la Brenta, près de Padoue, l'an 1481, par les frères Denis et Pierre Dominique de Viterbe, ingénieurs de la république de Venise. En consultant le vingtième volume de l'ouvrage intitulé : *Scriptores rer. ital.*; il paraîtrait que Philippe-Marie Visconti avait déjà fait établir, vers l'année 1440, des écluses à doubles portes. Zendrini dit néanmoins expressément, que l'idée des frères de Viterbe était nouvelle, et que ces ingénieurs s'étaient engagés à construire une écluse *où les barques pourraient passer sans danger; elle devait offrir*

---

(1) *Leggi e fenomeni, regolazioni ed usi delle acque correnti*, cap. 12.

une manœuvre telle, que les eaux sortant avec facilité, les barques n'auraient besoin ni d'être déchargées, ni d'être tirées. Le dernier mot de cette phrase fait évidemment allusion aux moyens mécaniques employés pour faire monter les barques le long des plans inclinés des écluses, ou barrages simples sans portes, qui sont destinés à modérer la trop grande pente des cours d'eau naturels, ou à les rendre navigables.

On peut présumer, d'après ce passage, que si l'écluse de Stra avait une chute, même médiocre, ses portes devaient être busquées ; mais rien ne l'indique d'une manière positive. Les Hollandais avaient, à la vérité, construit en 1285, à Spaarandam, sur le Canal de Sparne, une écluse en bois à doubles portes non busquées, parce que les rivières de Hollande ayant très-peu de pente vers leur embouchure, l'écluse de Spaarandam suffisait dans ces localités. La *nouvelle manière de fortification par les écluses* (1) de Stevin, célèbre ingénieur des Provinces-Unies, mise au jour en 1634, indique les écluses comme une nouvelle invention que l'auteur applique à divers usages très-importans ; mais il n'y a point de doute que les écluses à doubles portes busquées n'eussent paru près de trente ans auparavant. *Bertazzolo*, dans son discours sur l'écluse de Governolo, publié à Mantoue le 12 mars 1609 (2), donne tous les détails du projet de cette écluse : elle fut établie depuis sur la rive gauche du Mincio.

---

(1) Traduction française à Leyden 1654, *fol.* page 160.

(2) *Discorso del signor Gabriele Bertazzolo, sopra il nuovo sostegno che a sua proporta si fa appresso la chiusa di Governolo.... in Mantova* 1609. On doit remarquer, dans cet énoncé, la distinction expresse de *sostegno* et de *chiusa*, c'est-à-dire, de sas et de barrage.

Conjointement avec un barrage intermédiaire en poutrelles, elle devait servir à prévenir l'atterrissement du lac inférieur de Mantoue, en empêchant les eaux troubles du Pô d'y refluer pendant les crues, et néanmoins à favoriser, dans cet état de choses, la communication des deux rivières. L'écluse de Governolo fut fondée par encaissement ; ses portes busquées sont exprimées sur les dessins de *Bertazzolo*, d'une manière non équivoque. L'auteur ajoute que cette écluse serait semblable à celles que l'on voyoit sur la route de Venise à Brondolo, à la Cavanella, et dans plusieurs autres endroits (1).

Quoi qu'il en soit du véritable auteur d'une pareille découverte, aucun ouvrage connu n'avait pu suggérer l'idée de celui-là. L'invention des écluses est fondée sur ces deux principes, que l'eau se met toujours de niveau dans deux vases qui communiquent l'un avec l'autre, et qu'un corps spécifiquement plus léger que le fluide, reste toujours à la surface, soit que ce fluide s'élève, ou qu'il s'abaisse.

Le second de ces deux principes ne peut apporter aucun changement à la forme ni à la manœuvre des écluses. En Hollande, presque tous les sas d'écluses sont oblongs ; sur le Canal de Bruxelles, ils sont à pans coupés, et généralement elliptiques dans le Canal du Midi. Quant à la manœuvre, on a cru entrevoir une économie, en construisant les écluses du Canal de Narbonne, et une partie de celles du Canal du centre, sur un autre plan, mais toujours d'après les mêmes principes. On a supprimé les empèlemens, et pour en tenir lieu, on a pratiqué dans les bajoyers, et à

---

(1) Bertazzolo, *del nuovo sostegno di Governolo*, page 48.

INTRODUCTION. xxiij

côté des portes de défense, des tambours cylindriques dont la partie supérieure s'évase en forme de cône tronqué. Cette partie reçoit un clapet qu'on lève et qu'on baisse, par le moyen d'une bascule dont le point d'appui est placé au-dessus du couronnement du mur. L'éperon est évidé en forme d'arceau, pour donner entrée dans le sas aux eaux qui passent par le tambour, et viennent siphoner sous cet arceau, ce qui fait qu'elles y arrivent sans force d'impulsion, et par conséquent, sans occasionner de secousses aux barques destinées à monter dans la retenue supérieure.

On voit que ce mécanisme n'a rien de particulier; car pourvu que les eaux de la retenue supérieure passent dans le sas, et s'y mettent de niveau, n'importe de quelle manière elles y arrivent. Mais en ne pratiquant point des empèlemens aux portes, il est certain qu'elles doivent durer plus long-temps : il reste à savoir si cette économie compensera l'intérêt du surplus des frais de construction qu'entraîne le nouveau modèle.

Les plans inclinés ou passelis, comme on en voit sur les rivières traversées par des digues, ont dû être les premiers moyens dont on s'est servi pour descendre d'un niveau supérieur à un niveau inférieur. Mais pour remonter d'un niveau à l'autre, on s'est vu forcé de mettre en usage des moyens mécaniques, ou des agens, tels que les hommes, les animaux.

Dans les temps les plus reculés, on a fait usage, pour l'utilité publique, des écluses simples ou barrages. Dès la fin du quatorzième siècle, la régence de Lubeck rendit navigable la petite rivière de Stecknitz, au moyen de ces sortes d'écluses. On peut employer les barrages à plans inclinés, aux petits Canaux dans lesquels l'eau demande à être ménagée. J'ai vu un de ces barrages à Horn, capitale de la Nord-Hollande : il est formé de deux plans inclinés qui s'appuient l'un contre l'autre : un cabestan horizontal correspond à l'arête que forment à leur contact les deux plans inclinés ; il porte à chacun de ses tourillons, une grande roue à tambour dans laquelle un homme marche ; une corde armée de crochets à ses extrémités, s'enroule autour du cabestan, et sert à faire monter les bateaux chargés de marchandises. Dans ce système de Canaux, il n'y a point de perte d'eau causée par la manœuvre. L'américain Robert Fulton, entraîné par l'idée de l'économie de l'eau, a voulu réduire en système les petits Canaux (1), par conséquent les écluses dont nous venons de parler, et il a pensé que, dès ce moment, on renoncerait aux écluses à sas. Il se sert d'un mécanisme assez ingénieux pour faire monter les bateaux le long des plans inclinés ; mais les moyens qu'il emploie exigent une consommation d'eau que l'auteur évalue au cinquième de celle qu'occasionnent les écluses à doubles portes. Si les idées de Fulton, qui ont paru jouir de quelque crédit lorsqu'il les a publiées, étaient généralement suivies, il est aisé de voir que ce serait rétrograder vers l'enfance de l'art.

Les écluses exécutées, les retenues d'eau s'ensuivaient nécessairement ; car dans un Canal naturel ou artificiel, les eaux courantes arrêtées par un obstacle qui le traverse, doivent s'élever aussi haut que l'obstacle, s'il en survient

---

(1) Recherches sur les moyens de perfectionner les Canaux de navigation, et sur les nombreux avantages des petits Canaux, par Robert Fulton. *Paris,* an VII.

INTRODUCTION.

assez pour cela : ainsi les écluses à doubles portes, ou écluses de navigation, donnent une hauteur de section plus considérable au-dessus de l'endroit où elles sont placées, et facilitent, par une manœuvre très-simple, le passage de la retenue supérieure à la retenue inférieure ; c'est principalement sur le dernier objet que porte la beauté et l'élégance de cette invention.

Quoiqu'il paraisse, d'après les rapports de quelques voyageurs modernes, que les écluses à doubles portes étaient connues à la Chine (1) avant d'être pratiquées en Italie, je ne pense pas que les Italiens puissent être regardés comme des imitateurs, et l'on doit croire qu'ils en ont eu l'idée de leur côté.

En effet, vingt ans s'étaient à peine écoulés depuis la découverte dont nous venons de parler, lorsque Léonard de Vinci (2), ce peintre également né pour les sciences et pour s'illustrer dans son art, imagina d'appliquer les écluses aux Canaux dérivés de l'Adda et du Tésin : l'idée de ses prédécesseurs fut en quelque sorte généralisée, et ces deux Canaux eurent, en 1497, une navigation sûre et commode. Je ne vois en cela que la marche ordinaire du génie, inventant, pour le besoin des circonstances, et n'appercevant que long-temps après, les rapports que ces découvertes peuvent avoir avec des objets d'une utilité plus relevée. L'idée de Léonard de Vinci a facilité la construction des Canaux navigables, et a servi à les multiplier : elle doit être mise au rang de ces idées heureuses,

---

(1) Voyez la note II, aux notes et pièces justificatives.
(2) Léonard de Vinci, né à Vinci près de Florence, mort à Fontainebleau en 1519.

INTRODUCTION.

d'autant plus intéressantes, qu'elles sont d'une utilité plus générale.

Enfin, un peu avant le dix-septième siècle, les ingénieurs hollandais imaginèrent, ou du moins appliquèrent aux embouchures de leurs Canaux, les écluses à portes contre-busquées pour soutenir les eaux de la mer et des rivières; elles servent à contrebalancer les différentes pressions causées par les variations des hauteurs d'eau provenant des crues ou des marées (1). Ces sortes d'écluses furent employées au dessèchement du pays ; et par une disposition très-ingénieuse des guichets des ventaux, les Hollandais rendirent en outre les écluses propres à approfondir et à nettoyer les ports de mer.

Parmi les plus belles applications des découvertes dont nous venons de parler, le Canal du Midi, fait pour établir la communication des deux mers à travers un pays qui touche, d'une part, au Rhône, et de l'autre, à la Garonne, se place au rang des ouvrages les plus considérables et les plus parfaits que l'on connaisse.

En jetant les yeux sur la Carte de la France, on voit la partie méridionale de ce vaste état resserrée au pied des Pyrénées, entre le golfe de Lion et celui de Gascogne, et le terrain s'élevant graduellement du bord des deux mers, parvenir à l'ouest de Castelnaudary, à près de 200 mètres au-dessus de leur niveau. C'est d'une telle hauteur qu'il a fallu descendre, en cheminant, sur deux pentes opposées depuis Naurouse jusqu'à la Méditerranée et la Garonne, et mettant en usage tout ce que l'art des grandes concep-

---

(1) Simon Stevin, cité par Bélidor, *Architecture hydraulique*, tome 3, page 53.

tions, la science de l'architecture hydraulique, et une connaissance très-étendue des objets de détail ont pu fournir de ressources pour créer un des plus beaux ouvrages qui existent en ce genre.

ERRATA.

Page 9,	ligne 28,	note v, *lisez* note iv.
— 19,	— 21,	305757900 liv.; *lisez* 50,677,912 fr.
— 21,	— 30,	note iv; *lisez* note ix.
— 31,	— 24,	grosses matières; *lisez* matières grosses. Les Italiens appellent *materie grosse*, *materie grossolane*, les pierres, les cailloux, les gros graviers, les sables qu'entraînent les torrens, et j'ai cru devoir transporter cette expression dans notre langue.
— 40,	— 26,	du marais; *lisez* du Marais.
— 42,	— 26,	Orbiel, Ognon et Cesse; *lisez* l'Orbiel, l'Ognon et la Cesse.
— 44,	— 17,	golfe de Lyon; *lisez* golfe de Lion.
— 51,	— 1,	M. de Riquet, *lisez* M. Niquet.
— 57,	— 6,	a Cals, *lisez* à Cals.
— 64,	— 8,	Fonseranes; *lisez* Fonserane.
— 72,	— 4,	et de rendre; *lisez* et de vendre.
— 89,	— 26,	quinze aqueducs; *lisez* dix-sept aqueducs.
— 136,	— 16,	en 1708, lors de; *lisez* en 1706, un peu avant.
— 141,	— 17,	85 centimètres; *lisez* 4 mètres 86 centimètres.
— ibid.	— 20,	canette; *lisez* cunette.
— 160,	— 19,	Mauguis; *lisez* Mauguio.
— 165,	— 30,	de Sor; *lisez* du Sor.
— 164,	— 29,	*avenaria*; *lisez* *arenaria*.
— 168,	— 15,	au-dessus du port; *lisez* au-dessus du pont.
— 202,	— 11,	29 décimètres; *lisez* 19 décimètres.
— 241,	— 20,	des gelées qui concourent...; *lisez* des gelées et des glaces qui concourent...
— 258,	— 19,	rivière du Sor; *lisez* rivière de Sor.
— 263,	— 19,	ligne de barrage; *lisez* digue de barrage.
— 264,	— 7,	Puichérie; *lisez* Puichéric.
— 275,	— 19,	avec 32 centimètres; *lisez* au-delà de 32 centimètres par 200 mètres.
— 289,	— 10,	au lieu de 303432 hectares; *lisez* 306432 hectares.
— 301,	— 7,	Puichérie; *lisez* Puichéric.
— 308,	— 8,	le roc Caudiez; *lisez* le Rec-Caudiez.
— 312,	— 8,	Gruistan; *lisez* Gruissan.
— 322,	— 29,	au lieu de 253 ½; *lisez* 239.
— ibid.	— 30,	au lieu de 1,018,674 fr.; *lisez* 959,776 fr. 20 cent.
— 323,	— 1,	au lieu de 1,217,600 fr.; *lisez* 1,147,200 fr.
— ibid.	— 2,	au lieu de 199,000 fr.; *lisez* 187,424 fr.
— 325,	— 14,	au lieu de 35 centimes 75; *lisez* 33^c,678.
— ibid.	— 16,	au lieu de 11^{cent},625; *lisez* 9^{cent},553.
— 328,	— 3,	au lieu de 1,318,674 fr; *lisez* 959,776 fr. 20 cent.
— ibid.	— ib.	au lieu de 4,681,526 fr.; *lisez* 5,040,223 fr. 80 cent.
— ibid.	— 10,	au lieu de 84^{cent},89; *lisez* 79^{cent},98.
— ibid.	— 15,	au lieu de 14 à 15 centimes; *lisez* 10 centimes.
— 597,	— 14,	et 226 mètres de plus que le Canigon; *lisez* et a 226 mètres de plus que le Canigou.
— 401,	— 4,	de Froy; *lisez* Detroy.
— ibid.	— 11,	l'avocat-général Dassis; *lisez* l'avocat-général Daffis.
— 424,	— 22,	du Père Leconte; *lisez* du Père Lecomte.
— 448,	—	troisième vers de M. Delille, sur la glèbe; *lisez* sous la glèbe.
— 452,	— 18,	En 1780; *lisez* En 1781.
— ibid.	— 27,	au lieu de 1,662,219 fr. 88 cent.; *lisez* 1,652,196 fr. 87 cent.
— ibid.	— 29,	au lieu de 15,259,233 fr. 65 cent.; *lisez* 15,259,210 fr. 64 cent.
— 463,	— 23	*et suivantes*, soit dans l'étang lui-même. S'il arrivait.... se détériorer, c'est encore vous....; *lisez* soit dans l'étang lui-même, s'il arrivait.... se détériorer. C'est encore vous....
— 470,	— 10,	ce commerce; *lisez* le commerce.

TABLE D'ORDRE.

TOME I.

Épitre dédicatoire. . . . . page v
Introduction. Objet des communications intérieures par le moyen des Canaux, et inventions qui ont préparé la construction des Canaux navigables modernes. . . . . vij
Chapitre premier. Des diverses tentatives pour joindre les deux mers dans le Midi. 1
Chapitre ii. Projet du Canal du Midi déduit de la considération des cours d'eau du pays, et topographie du Canal du Midi. 24
Chapitre iii. Analyse du tracé et des ouvrages d'art du Canal du Midi... 47
Chapitre iv. Des débouchés du Canal du Midi; savoir, du golfe de Lion et de la Garonne. 159
Chapitre v. De la comparaison des produits et des consommations des sources, et des prises d'eau du Canal du Midi. 204
Chapitre vi. Des moyens d'augmenter la masse d'eau qu'on peut admettre dans le Canal du Midi. 257
Chapitre vii. Canal du Midi, considéré comme Canal d'irrigation. . . 267
Chapitre viii. Canal du Midi, considéré dans ses rapports avec les étangs de l'intérieur des terres qui l'avoisinent. 290
Chapitre ix. De l'administration du Canal du Midi. 319
Chapitre x. Discussion sur le véritable Auteur du projet, et de la construction du Canal du Midi. 346
Chapitre xi. Stéréométrie du Canal du Midi et de ses dépendances. . . 564
Chapitre xii. Notice sur le Languedoc et pays circonvoisins, pour faire suite à la stéréométrie du Canal du Midi. 390

NOTES ET PIÈCES JUSTIFICATIVES.

Note 1ère. Sur le pont du Gard. 423
ii. Sur les Canaux de la Chine. 424
iii. Sur le projet de 1664 425

TABLE D'ORDRE.

NOTE IV. Extrait du procès-verbal de la commission nommée pour l'examen du projet de 1664............................. 429
    V. Tableau comparatif des deux routes de la seconde entreprise. 433
    VI. Analyse du procès-verbal de d'Aguesseau............ *ibid.*
    VII. Sur l'oya et quelques autres plantes qui croissent dans les dunes, et servent à les fixer.................................. 446
    VIII. Sur un passage des *Géorgiques de Virgile*........ 448
    IX. État des fonds publics employés à la construction du Canal du Midi... 449
    X. Sur un passage de l'éloge de Vauban, couronné par l'Académie française.................................... 454
    XI. Acte de concession du terrain pour le dessèchement de l'étang de Montady..................................... 456
    XII. Acte d'amitié.................................. 467
    XIII. Sur la Carte de jonction des deux mers, publiée par F. Andreossy en 1669.................................... 469
    XIV. Sur un manuscrit de F. Andreossy................ 470
    XV. Extraits de divers auteurs....................... 471
    XVI. Épitaphe de Fermat........................... 476
    XVII. Sur M. Niquet, ingénieur militaire.............. 477
    XVIII. Lettre aux Inspecteurs généraux composant le Conseil des Ponts et Chaussées................................ 479
TABLE RAISONNÉE DES MATIÈRES....................... 481

TABLE D'ORDRE. xxxj

TOME II.

ATLAS DE L'HISTOIRE DU CANAL DU MIDI.

	PLANCHES.	CHAPITRES.
Carte générale.	1	I.
Carte pour le projet de 1664.	2	I.
Carte pour la topographie du Canal du Midi.	3	II.
Plan et profils du Canal.	4	III.
Coupe du Canal pour faire voir le rapport des divers ouvrages d'art entr'eux.	5	III.
Réservoir projeté dans la montagne Noire.	6	III.
Plan du réservoir de Saint-Ferréol.	7	III.
Coupe et profil du réservoir de Saint-Ferréol.	8	III.
Plan, coupe et élévation du réservoir de Lampy.	9	III.
Ecluse simple avec détails de portes.	10	III.
Ecluse double avec moulin adjacent.	11	III.
Plan et profil de l'écluse et de la demi-écluse d'Ognon, etc.	12	III.
Ecluse ronde.	13	III.
Carte du Canal de Narbonne.	14	III et VIII.
Ecluse de Moussoulens.	15	III.
Aqueduc de Saint-Agne.	16	III.
Aqueduc de Répudre.	17	III.
Aqueduc de Malpas (plan, coupe et profil).	18	III.
Carte comprenant les divers projets pour le passage de l'Orb.	19	III.
Aqueduc sous la rivière d'Orb.	20	III.
Déversoir, épanchoir de fond, épanchoir à siphon.	21	III.
Epanchoirs mobiles de la rivière d'Orb.	22	III.
Ponton-aqueduc du Libron.	23	III.
Carte de la côte entre Agde et Sette.	24	IV.

TABLE D'ORDRE.

	PLANCHES.	CHAPITRES.
Port de Sette................................	25	IV.
Rade de Brescou............................	26	IV.
Grau d'Agde.................................	27	IV.
Carte pour l'irrigation des terres.............	28	VII.
Carte pour les diverses espèces de dessèchement......	29	VIII.

FIN DE LA TABLE D'ORDRE.

HISTOIRE DU CANAL DU MIDI.

.... Cursum mutavit .... amnis,
Doctus iter melius :
HORAT. *Art. poet.*

CHAPITRE PREMIER.

Des diverses tentatives faites pour joindre les deux mers dans le Midi.

ON avait senti, dès les temps les plus reculés de la Monarchie, que le commerce ne serait florissant dans le midi de la France que lorsqu'on aurait construit un Canal de communication des deux mers, afin de pouvoir trafiquer facilement avec les nations étrangères. Avant l'existence de ce Canal, pour se rendre par eau de l'Océan à la Méditerranée, il fallait passer le détroit de Gibraltar : ce trajet, exposé à des pirateries et à des naufrages fréquens, avait de plus l'inconvénient d'être d'une longueur extrême ; ce qui effrayait et rebutait les commerçans.

On trouve dans l'histoire de Charlemagne, que cet empereur eut le dessein de faire la jonction des deux mers par le Languedoc et la Guienne ; mais il ne se trouva personne qui eût la capacité ni le courage de l'entreprendre.

HISTOIRE

Il fut parlé du même dessein sous le règne de François Ier. Ce prince, pour en examiner la possibilité, nomma des commissaires qui se transportèrent à Toulouse en 1539 : le devis fut dressé en conséquence de l'avis *baillé* par les maîtres experts et niveleurs, Nicolas Bachelier, Arnaud Casanove et Jean Bordet, *sur le détournement de la rivière de Garonne pour être conduite de Toulouse à Narbonne*. D'après ce devis, la dérivation de la Garonne devait se faire à une demi-lieue au-dessus de Toulouse; et l'on devait conduire le Canal projeté par Montgiscard, Villenouvelle, Villefranche, Avignonet, la métairie de Mont-maure, voisine de Naurouse, le Mas-Saintes-Puelles, Villepinte et Carcassonne, où le Canal serait entré dans l'Aude. Le projet dont nous venons de parler aurait supposé que la Garonne avait plus de 60 mètres de pente dans une demi-lieue, ce qui est absurde : ce projet était donc impossible; aussi son exécution ne parut qu'une idée chimérique, par les difficultés qu'on entrevit et que l'on regarda comme insurmontables.

Sous Henri-le-Grand, le même dessein fut repris d'après de nouvelles vues. En 1604, on examina le projet de rendre la rivière d'Agoût navigable; et le procès-verbal dressé au mois de novembre 1632, confirma la possibilité de la navigation sur les rivières d'Agoût et de Tarn, de Castres à Montauban.

Il paraît que la navigation sur l'Agoût a réellement existé; on trouve encore, en assez bon état, d'anciennes écluses à sas, sur toute la longueur de cette rivière, depuis Castres jusqu'au Tarn.

Henri IV ne s'était point borné à conquérir son royaume; il avait mis toute son application à le rendre florissant. Le Canal de Briare fut entrepris par ses ordres; il s'occupa de la jonction des deux mers dans le Midi, et il eut en vue de faire dessécher et mettre en culture tous les marais et palus de la France. Les connaissances hydrauliques n'étaient pas très-répandues à cette époque ; et quoiqu'il y eût en France quelques hommes capables, tels qu'Errard, Alléaume et d'autres moins connus, aucun ne fut en état de diriger des entreprises aussi importantes. Il eut recours, pour le desséchement des marais, à un nommé Humfroy Bradley, maître des digues de Berg-op-Zoom, à qui il céda la moitié des marais et palus dépendans du domaine, en lui attribuant encore la moitié de ceux appartenans à des particuliers qui refuseraient de les dessécher eux-mêmes. Cette cession et cette attribution furent confirmées par un édit du 8 avril 1599.

Les traverses que Bradley eut à essuyer, l'empêchèrent d'exécuter son entreprise. Un nommé Siette, qui lui fut subrogé par lettres-patentes de 1612 et 1613, ne fut pas plus heureux ; et les beaux projets d'Henri IV s'évanouirent. Nous verrons cependant au chapitre VIII, que bien avant ce règne on avait entrepris avec succès, en Languedoc, de grands desséchemens de marais qui présentaient des difficultés assez considérables.

La lettre du cardinal de Joyeuse, alors archevêque de Narbonne, écrite à Henri IV en 1598, exprime le regret de ce judicieux prélat sur ce qu'il n'a pu acquérir des lumières suffisantes au sujet du Canal projeté pour joindre les deux mers. *Je n'ai trouvé*, dit-il, *personne qui m'en aye parlé avec autant d'assurance et de suffisance que je desirerais pour en écrire à Votre Majesté ; et que, pour ce faire, il se présente une difficulté qui est de quatorze lieues de pays dont il faudrait que le Canal fût, et qu'un certain maître Renaud, entendu aux mesures, disait que cela pouvait se faire par l'Ariège qui entre dans la Garonne deux lieues au-dessus de Tholose, et qu'il l'aurait nivelé dans un mois si on le lui commandait. Sire*, ajoute plus bas cet illustre prélat, *il n'y a pas de gens en ce pays si entendus dans* les affaires qui puissent ni doivent juger d'un si grand œuvre que celui-là, et moins oserai-je vous en dire quelque chose de leur jugement; mais sachant que Votre Majesté prenait plaisir d'en ouïr parler, je prendrai la hardiesse de lui conter ce qu'il y a en discourant, et les fondemens qu'ils prennent.

Au mois de juillet 1662, et toujours à l'occasion de la navigation de l'Agoût, il parut un procès-verbal, dont un article contient tout le dessein de la jonction des mers; en voici les termes :

Nous dirons en passant, que cette petite rivière du Sor qui entre dans l'Agoût, a un fort beau Canal large et profond, dans lequel nous serions entrés par curiosité : elle arrose la plaine de Revel, et peut servir mieux que toute autre pour faire un Canal bien plus aisé que celui de Briare, pour joindre la navigation de cette rivière avec celle d'Aude qui se rend à Narbonne, parce qu'elle se peut facilement conduire de Revel au lieu de Graissens où les eaux pluviales et fontaines qui arrosent les prés se partagent, les unes allant à Narbonne et les autres à Bordeaux; il ne faut que faire en cet endroit un Canal que cette petite rivière tiendrait plein toute l'année, qui se communiquerait avec le Fresquel, qui reçoit plusieurs petites rivières qui descendent de la montagne Noire, et qui le rendent assez fort pour porter de grands bateaux; de sorte qu'on n'aura qu'à suivre cette indication de la nature pour faire ce grand ouvrage, qui sera bien plus facile que le travail de Briare. Pour le bien commencer, il faudra rendre la rivière d'Aude navigable après que celle d'Agoût l'aura été.

On voit que le projet dont il est ici question, consistait à joindre le Sor au Fresquel par un Canal dérivé du Sor jusqu'au lieu de Graissens, ce qui mettait dans la nécessité de rendre navigables l'Aude, le Fresquel, le Sor, l'Agoût et le Tarn.

J'ignore pourquoi ; d'après ce projet, l'on observe qu'à Graissens les eaux coulent vers l'Océan et la Méditerranée : le point de partage ne se fût point trouvé à cet endroit, il eût été au point de dérivation du Sor. D'ailleurs ce fait manque d'exactitude ; Graissens, se trouvant sur le revers qui regarde la Méditerranée, n'est pas à l'origine de deux versans, conséquemment les eaux ne peuvent couler que sur une seule pente.

 L'auteur du projet reconnaît qu'il n'y a qu'un chemin depuis le partage des eaux pour se rendre à la Méditerranée, qui est par le Fresquel ; mais pour aller vers l'Océan, il en propose trois, l'un par l'Ariège, le second par le Lers, et le troisième dont nous avons parlé plus haut, par le Sor. Toutes ces communications sont plus ou moins praticables ; mais il n'est question, pour aucune, de l'eau nécessaire à la navigation, et l'on n'indique point de quelle manière on devait se la procurer. Aussi ces divers projets furent appréciés comme ils le méritaient par P. Petit, intendant des fortifications de Normandie, dans un écrit in-4°. sans date, mais qui dut être publié en 1665 ou 1666. P. Petit a laissé plusieurs ouvrages recommandables ; il eut l'estime et l'amitié de Descartes.

 En bonne foi, dit cet auteur en parlant du résultat des premiers essais, *peut-on tirer quelque conséquence de semblables procès-verbaux qu'on voit être faits par des personnes qui n'ont aucune connaissance des mathématiques ; puisque les plus intelligens en géométrie et les meilleurs praticiens à faire des plans, cartes et nivellemens n'y sont pas trop bons ?* Jules Scaliger avait parlé d'*un projet de jonction des mers qu'on avait proposé au grand roi François ; il devait avoir lieu par l'Aude et l'Ariège.* P. Petit observe que cet homme rare et de grand savoir, mais en toute autre matière, ne présente ici qu'une indication et ne donne aucune assurance de la réussite du projet, parce

HISTOIRE

qu'il n'avait point été sur les lieux et qu'il n'y avait fait aucune visite. *Pour celle*, ajoute-t-il, *qu'on dit avoir été faite depuis peu avec le chevalier de Clerville, quoique je ne sache pas quel est son sentiment, je ne crois point qu'on s'y arrête beaucoup, puisque lui-même ne s'est pas beaucoup arrêté sur les lieux pour cela, et que ce n'est point une affaire à faire en courant. Un mois, cinq semaines, quand il les y aurait employées (ce qu'il n'a pas fait), ne sont point suffisantes pour s'en acquitter comme il faut. Ainsi je ne compte pour rien ce qu'a fait en passant le sieur de Clerville, à moins que de savoir de quelles personnes il s'est servi pour opérer, et de quels instrumens; car pour lui il n'y était que comme spectateur et non pas acteur.*

Voici de quelle manière l'inventeur du Canal du Midi, l'homme dont s'était servi le chevalier de Clerville, rend compte lui-même de ses premiers essais, de ses premières tentatives, de ses rapports avec le chevalier de Clerville, des difficultés qu'il eut à surmonter, de l'habileté qu'il mit à vaincre les obstacles de la nature, et ceux plus grands encore que lui opposaient l'intrigue et les prétentions : nous rapportons fidèlement et en entier cette pièce intéressante qui porte en elle-même, par la manière dont elle est écrite, le cachet de l'authenticité (1).

« Plusieurs raisons d'intérêt m'ayant éloigné de Paris pour
» me fixer en Languedoc auprès de M. de Riquet, j'eus occa-
» sion de lui parler d'un projet de Canal de communication
» des mers pour cette province, que j'avais à peine ébauché. Cet

---

(1) Extrait des Mémoires concernant la construction du Canal royal de communication des deux mers Océane et Méditerranée en Languedoc, par F. Andreossy, en 1675.

» ouvrage fut présenté à M. de Riquet en 1660, dans un temps
» où l'art de conduire et de conserver les eaux était à peine
» connu en France. Ce petit essai se sentant de ma trop grande
» jeunesse et de mon peu d'expérience, fut cependant jugé
» très-avantageusement par M. de Riquet ; mais ne pouvant
» m'instruire en profitant des fautes qu'on aurait pu faire dans
» la conduite d'un Canal exécuté, je fus obligé de devenir créa-
» teur, et mon plus grand embarras a toujours été de persuader
» ceux qui ne pouvaient ou ne voulaient m'entendre.

» Le premier projet que j'ai fait pour joindre les deux mers,
» ne prouvait seulement que la possibilité de son exécution ; il
» manquait à cette idée d'enseigner les moyens d'en surmonter
» les obstacles.

» Au commencement de l'année 1660, je fis un voyage à
» Lucques en Italie, pour requérir la succession de signora
» Claire Massei, femme de J. B. Andreossy, sénateur de la
» république de Lucques. Je parcourus avec autant de plaisir
» que d'intérêt, la patrie de mes ancêtres, et visitai très-atten-
» tivement tous les Canaux dont ce beau pays abonde. La décou-
» verte des écluses et des retenues d'eau faite dans le quinzième
» siècle, et mise en pratique dans le Padouan, prépara la jonc-
» tion que Léonard de Vinci fit à Milan, des deux Canaux navi-
» gables de l'Adda et du Tésin. Ces modèles m'ont fourni plu-
» sieurs matériaux que j'ai rassemblés, et qui m'ont servi pour
» faire le projet du Canal du Languedoc que je ne pouvais
» perdre de vue.

» A la fin de l'année 1660, à mon retour en France, je fis
» part à M. de Riquet de mes observations sur les Canaux que
» je venais de visiter ; je détaillai différens ouvrages hydrau-
» liques qui pouvaient s'adapter à toute espèce de Canal de
» navigation. Ces observations firent impression sur M. de Riquet,

» et depuis ce moment il a toujours cru à la possibilité du
» Canal de jonction des deux mers en Languedoc.

» Il manquait à M. de Riquet, pour former un projet de cette
» étendue, les connaissances préliminaires des mathématiques.
» Quoique doué d'un esprit vif et fin qui le décidait bientôt
» pour tout ce qui est vrai, son âge déjà fort avancé, son édu-
» cation totalement contraire au seul mot science, l'ont tou-
» jours empêché de donner de son chef un projet ; mais il lui
» restait le doux plaisir d'être utile à sa patrie, et c'est dans
» cette espérance qu'il a agi de tout son pouvoir, et mis en
» avant toute sa fortune pour faire réussir un projet où tout
» autre que lui aurait peut-être échoué.

» Je m'occupai, dès aussi-tôt mon arrivée en Languedoc, de
» mon premier projet du Canal, qui fut fini dans le mois de
» février 1664. Ce projet ne prouvait seulement que la possibi-
» lité d'un Canal de communication ; le profil désignait la lon-
» gueur qu'il devait avoir par retenues, l'emplacement et le
» nombre des écluses nécessaires pour conduire les eaux du
» point de partage désigné à Naurouse, et que par différens
» nivellemens que j'avais pris, j'avais trouvé élevé de plus de
» six cents pieds au-dessus des deux mers. Je conduisais ce Canal
» du côté de Toulouse depuis le point de partage jusqu'à la
» rivière de Lers, que je rendais navigable sur une assez grande
» étendue jusqu'auprès de la Garonne ; et du côté de Carcas-
» sonne, je me servais de la rivière de Fresquel, que je rendais
» aussi navigable jusqu'au point où j'entrais dans l'Aude, dont
» je diminuais la rapidité par le moyen des écluses jusqu'à
» Moussoulens. A ce point, j'abandonnais la rivière d'Aude pour
» me servir de la Robine, où j'ajoutais quelques écluses pour
» conserver le niveau dans les différentes retenues jusqu'à Nar-
» bonne.

» Ce projet fut d'abord goûté par M. de Riquet, qui com-
» muniqua son enthousiasme à M. de Colbert, et celui-ci à son
» maître. On nomma en conséquence des commissaires, des
» experts, des niveleurs et des arpenteurs, pour procéder à la
» vérification des endroits par où devait passer le Canal pro-
» jeté. Cette vérification fut commencée à Toulouse le 7 novem-
» bre 1664, et finit le 10 janvier 1665 (1).

» L'avis des experts fut que la possibilité du Canal était suffi-
» samment reconnue. Celui des commissaires était qu'avant
» d'entreprendre ce grand ouvrage, il conviendrait de tracer
» une rigole de deux pieds de large pour faire couler une partie
» des eaux du ruisseau de Sor, jusqu'au point de partage situé
» entre Naurouse et la fontaine de la Grave, et de ce point de
» partage, d'une part, jusqu'à Toulouse, et de l'autre jusqu'à
» Narbonne.

» Ce rapport, fait avec tant d'appareil, était plus imposant
» que savant, et démontra, 1°. que les experts avaient raison
» de reconnaître la possibilité d'un Canal de communication,
» et 2°. que les commissaires ne connaissaient seulement pas
» l'état de la question. En effet, puisque la fontaine de la Grave
» auprès de Naurouse partageait ses eaux entre l'Océan et la
» Méditerranée, le point de partage du Canal était trouvé ; il
» ne s'agissait donc plus que de ramasser un assez grand volume
» d'eau des différens ruisseaux de la montagne Noire, et de le
» conduire à Naurouse, pour s'assurer de la réussite du Canal.
» De plus, la rivière de Fresquel se jetant dans l'Aude, l'essai
» d'une rigole depuis Naurouse jusqu'à Narbonne, était de

---

(1) Voyez note v, aux notes et pièces justificatives, l'extrait du procès-verbal des commissaires nommés pour l'examen du projet de 1664, et planche II, la carte du projet.

» toute inutilité pour prouver la possibilité du Canal, attendu
» que le cours de ces deux rivières la prouvait naturellement,
» sans avoir recours, pour s'en convaincre, à une rigole fac-
» tice : de même du côté de Toulouse, la rivière de Lers se
» jetant dans la Garonne, la question de savoir si Naurouse
» était plus élevé que les rivières de Lers et Fresquel, se trou-
» vait résolue. Ces raisons, que je déduisis plus au long dans un
» mémoire détaillé que je remis aux commissaires, et aux-
» quelles ils ne purent répondre, furent présentées à M. de
» Colbert par M. de Riquet. Il fut en conséquence ordonné à
» M. le chevalier de Clerville, commissaire général des fortifi-
» cations de France, de dresser un devis des ouvrages à faire
» pour un Canal communiquant de l'Océan à la Méditerranée
» dans la province de Languedoc.

» Au commencement de l'année 1665, M. le chevalier de
» Clerville s'occupa du devis dont il était chargé. Il visita la
» montagne Noire pour s'assurer des sources d'eau qu'il était
» nécessaire de rassembler, et de conduire jusqu'à Naurouse
» pour alimenter le Canal. Il parcourut ensuite les points par
» où devait passer le Canal de communication depuis Naurouse
» jusqu'à Toulouse d'un côté, et jusqu'à Narbonne de l'autre.
» Je l'accompagnai dans tous les endroits où j'avais désigné la
» route que ce Canal devait tenir suivant mon projet. Il parut
» si satisfait de mon idée, qu'il m'en demanda copie, et m'en-
» gagea à m'occuper du devis (1), pour savoir à-peu-près la
» somme à laquelle devait monter ce grand ouvrage.

---

(1) Voyez aux notes et pièces justificatives, note III, ce devis dont celui de M. de Clerville ne diffère que par quelques phrases et quelques expressions qu'il avait changées, comme cela se pratique en pareil cas. Dans un manuscrit de la Bibliothèque nationale, qui porte en tête : *Inventaire des titres concernant le Canal de Languedoc*, on lit, page première, le passage suivant : *Après quoi le Roi donna*

» Mon intention était de ne point me défaire de mes papiers;
» mais j'y fus engagé par M. de Riquet, qui voyait clairement
» que M. de Colbert ne voulait entendre parler de l'exécution
» de ce Canal, qu'autant que M. le chevalier de Clerville, pre-
» mier ingénieur de France, lui remettrait un devis qui démon-
» trerait non-seulement la possibilité, mais encore l'utilité du
» Canal à construire.

» Le projet et devis du Canal, que j'avais fini au commence-
» ment de l'année 1664, fut remis, en ma présence, à M. le che-
» valier de Clerville par M. de Riquet, en 1665, et a servi à cet
» ingénieur pour former son premier devis du Canal de com-
» munication, au commencement d'octobre 1666. Dans le rap-
» port qu'il en fit au Roi, il ne fut point fait mention de l'auteur
» ni de M. de Riquet. Ce défaut de mémoire, pour un commis-
» saire général qui avait tout crédit auprès du Roi et de son
» Ministre, m'engagea à me tenir en garde contre toutes les
» attaques qui m'ont été faites. Je ne reclamai point mon pro-
» jet, parce que, dans le fond, je le trouvais peu susceptible
» d'être exécuté, attendu les inconvéniens des rivières qui
» devaient servir de canaux sur plus des deux tiers de la lon-
» gueur du Canal. Je travaillai de nouveau à faire un second
» devis, que j'entortillai de manière que la route que devait
» tenir le Canal, fut trouvée impraticable dans l'exécution. Je
» jugeai que c'était le seul moyen de mettre en défaut les talens
» de M. de Clerville. M. de Riquet, après avoir approuvé mon
» idée, me recommanda le plus grand secret, afin d'empêcher
» les commissaires du Roi de se mêler en aucune manière de ce

---

un édit au mois d'octobre 1666, portant qu'il serait procédé incessamment à la construction du Canal de navigation des deux mers, conformément au devis fait par le chevalier de Clerville, qui n'était autre que celui du sieur de Riquet,..... c'est-à-dire, autre que celui de F. Andreossy.

» grand ouvrage, et afin de conserver, par ce moyen, non-
» seulement la gloire de l'invention, mais encore celle de l'exé-
» cution, s'il avait le bonheur d'en avoir l'entreprise générale.
» Dès ce moment, les intérêts de M. de Riquet et les miens
» furent inséparables.

» Il ne me restait, pour unique ressource, qu'à faire échouer
» le devis signé *le chevalier de Clerville*. Pour y réussir, il fallait
» en présenter un meilleur; mais la crainte où j'étais que mon
» travail ne lui fût renvoyé pour en dire son avis, et qu'il ne
» s'appropriât le fond de mon ouvrage, fut cause que je ne pris
» point ce parti. Je me déterminai donc, après avoir consulté
» M. de Riquet, à morceler le devis général que je divisai en
» deux parties. La première comprenait depuis Toulouse jus-
» qu'à trois cent cinquante toises au-dessus du pont de Trèbes,
» et les rigoles de la montagne Noire, pour conduire les eaux
» de différens ruisseaux au point de partage. Je laissais la seconde
» partie, depuis Trèbes jusqu'à Narbonne, à la prudence et au
» savoir du commissaire général, sans m'expliquer, en aucune
» manière, des différentes routes que j'avais déjà projetées,
» et qui n'étaient connues dans ce temps que de moi seul. Ce
» qui m'obligea à garder un profond silence, c'est que je savais
» positivement que M. de Colbert trouvait qu'il était d'une
» absolue nécessité que tous les devis du Canal fussent faits
» et présentés par M. de Clerville. Je fus convaincu, dès ce
» moment, que toute la gloire de mon travail, si je le mettais
» au jour, serait réservée au commissaire général; que l'entre-
» preneur en aurait tout le profit, et qu'il ne me resterait,
» pour mon lot, que la peine de l'exécution, après en avoir
» démontré le premier la possibilité.

» La première adjudication du Canal, depuis la Garonne
» jusqu'à trois cent cinquante toises au-dessus du pont de Trèbes

» sur l'Aude, fut faite à M. de Riquet le 14 octobre 1666. Mon
» premier soin fut d'exposer un nouveau projet qui fit oublier
» à jamais celui de M. de Clerville. J'établis des principes jus-
» qu'alors inconnus en France; je démontrai, 1°. que la meil-
» leure manière d'entreprendre avec le plus grand succès la
» construction du Canal de communication des mers en Lan-
» guedoc, et l'unique moyen pour en venir à bout, était de
» rassembler les eaux des différens ruisseaux de la montagne
» Noire, qu'on appelle Alzau, Coudier, Cantamerle, Bernas-
» sonne, Lampy, Lampillon, Rieutort et Sor, lesquels ruis-
» seaux se jettent partie dans la rivière d'Aude, et partie dans
» l'Agout.

» 2°. De réunir et de conduire toutes ces eaux par le moyen
» d'une rigole excavée, une partie dans la montagne, et l'autre
» partie dans la plaine jusqu'à Naurouse, point de partage, et
» par conséquent le plus élevé du Canal à construire.

» 3°. De faire un seul bassin dans le vallon de Laudot, au lieu
» appelé Saint-Ferréol, au-dessus du vallon de Vaudreuil,
» pour tenir en réserve une assez grande quantité d'eau pour
» fournir au besoin de la navigation d'un canal entièrement
» tracé dans l'intérieur des terres, afin de pouvoir rejeter les
» rivières de Lers et de Fresquel, sujettes à de fréquentes inon-
» dations, et capables par conséquent d'ensabler le Canal dans
» la plus grande partie de sa longueur, sans pouvoir le recreu-
» ser qu'avec des grappins ou pontons, ne pouvant détourner
» les rivières de leur cours naturel.

Nota. « Ma première idée fut d'établir un magasin d'eau au
» vallon de Lampy : mais après avoir comparé les volumes que
» devoient contenir les deux bassins de Lampy et de Saint-
» Ferréol, qui se trouvèrent dans le rapport de un à trois, Lampy
» fut rejeté, et il ne fut plus question que de Saint-Ferréol.

» 4°. De construire un Canal depuis Naurouse jusqu'à la
» Garonne, en conservant la hauteur du terrein pour le mettre
» à l'abri des inondations des rivières et ruisseaux.

» 5°. De tracer un Canal depuis Naurouse jusqu'à trois cent
» cinquante toises au-dessus du pont de Trèbes (sur l'Aude),
» dans l'intérieur des terres, en laissant Fresquel sur la gauche.

» Tous ces moyens donnaient occasion de changer en tout
» ou en partie les différens points de la première adjudication
» de M. de Riquet; ce qui amena le changement de la route du
» Canal auprès de Castelnaudary, au lieu de suivre le cours de
» la rivière de Fresquel porté sur le devis, la construction du
» bassin de Saint-Ferréol au lieu de douze ou quinze réser-
» voirs portés dans le devis, etc. Ce projet prévalut, et M. de
» Clerville ne fut point consulté cette fois, parce que M. de
» Riquet offrit à M. de Colbert d'exécuter cette idée de préfé-
» rence à celle portée dans le devis, aux mêmes prix et condi-
» tions, pourvu qu'on le laissât maître de travailler selon ses
» connaissances, et qu'il ne fût détourné dans ses opérations par
» aucun commissaire qui pût l'obliger à tenir la route du pre-
» mier projet, de préférence à celle qu'il venait de présenter.

» M. de Colbert acquiesça à toutes les demandes faites par M. de
» Riquet, et dès-lors le Ministre ne connut que lui seul pen-
» dant l'exécution de cette partie du Canal.

» En 1668, M. de Riquet sollicita avec instance M. de Col-
» bert pour faire procéder au second devis du Canal qui res-
» tait à exécuter, depuis trois cent cinquante toises au-dessus
» du pont de Trèbes jusqu'à l'étang de Thau, sans rendre navi-
» gable la rivière d'Aude, laquelle se trouvant sujette à de
» grandes inondations, risquerait de rendre le Canal imprati-
» cable la plus grande partie de l'année, et sujet à un entretien
» trop considérable.

» M. le chevalier de Clerville se rendit en conséquence à
» Trèbes, et parcourut les endroits par où le Canal devait
» passer : il désigna la route qu'il devait tenir, dans un devis
» contenant vingt-huit articles (1). Le Canal devait, 1°. traver-
» ser la rivière d'Aude par le moyen d'une chaussée, à trois cent
» cinquante toises au-dessus du pont de Trèbes ; et 2°. le Canal
» repassait cette même rivière, avec de semblables moyens,
» auprès du village de Puicheric.

» Il était aussi essentiel pour moi que pour M. de Riquet,
» que M. de Clerville s'en tînt à cette idée, et qu'il formât son
» devis en conséquence, parce qu'il était très-aisé, en com-
» battant ce projet, d'en présenter un meilleur et beaucoup
» moins dispendieux. Mais comme M. de Riquet voulait se
» charger de cette entreprise à forfait, depuis Trèbes jusqu'à
» l'étang de Thau, il accepta les conditions portées dans le devis
» de M. le chevalier de Clerville, avec la condition expresse de
» pouvoir changer la route du Canal désignée par le devis, si la
» nécessité l'y obligeait pendant la construction de cet ouvrage:
» sa proposition fut acceptée.

» Il ne me restait plus qu'à donner un projet pour la conti-
» nuation du Canal depuis trois cent cinquante toises au-dessus
» du pont de Trèbes jusqu'à l'étang de Thau, sans me servir
» d'aucune manière de la rivière d'Aude, et de faire ensuite
» un état estimatif de la dépense à laquelle devaient monter ces
» deux projets, pour en pouvoir faire la comparaison (2) ».

Les projets que nous avons analysés plus haut, paraissent
plutôt des tâtonnemens sur une carte de géographie, que des

---

(1) Ce devis est du 15 avril 1669.
(2) Voyez le tableau de comparaison des deux routes de la seconde entreprise, note vi, aux notes et pièces justificatives.

apperçus lumineux d'après des considérations générales de géographie-physique, ou des opérations faites avec intelligence. Les mêmes idées, les mêmes projets se reproduisent sans cesse, parce qu'ils tentent les spéculateurs ; *car ces sortes de propositions*, comme l'observe P. Petit, *qui frappent la vue et flattent la bourse, ne meurent jamais.*

Pour être dessiné à grands traits et d'une manière sûre, le projet du Canal de Languedoc devait être soumis à une sorte de métaphysique, au moyen de laquelle on pût concevoir nettement la possibilité du projet, et en indiquer toutes les circonstances. Ce premier trait une fois arrêté, les avantages, les inconvéniens de ce projet, ou des autres du même genre, se livraient sans peine à la discussion, et l'on se trouvait en état de prononcer sur le mérite de chacun. P. Petit, malgré ses profondes connaissances et les ouvrages d'hydraulique auxquels il avait travaillé, ne se croyait pas en état de juger sainement d'une entreprise de cette espèce, sans *une grande carte topographique, des nivellemens, des sondes du terrain, et le jaugeage des sources dans le temps des grandes, des moyennes et des basses eaux.*

Mais on pouvait se faire une idée nette du terrain par grandes masses, en résolvant le problème de géographie-physique dont nous nous occuperons dans le chapitre suivant, et qui consiste à déduire le relief du terrain de la considération des cours d'eau d'un pays. Il est très-probable que l'ingénieur du Canal du Midi fut conduit par une semblable méthode à concevoir l'idée et la possibilité du projet de ce grand ouvrage ; et à se déterminer pour la direction la plus favorable à son tracé, et surtout à son exécution.

Pourtant il ne parvint pas de suite à ce dernier résultat. Après avoir fixé le point de partage à Naurouse, et déterminé la manière de rassembler les eaux de la montagne Noire, et de les conduire à ce point (projet qui n'a jamais varié), il voulait descendre à la Garonne et à la Méditerranée par les rivières de Lers, de Fresquel et d'Aude, qu'il se proposait de rendre navigables par des écluses. La carte pour le projet de 1664 exprime le dessin de cette idée, d'après les nivellemens qui avaient été faits. On voit sur cette carte les prises d'eau dans la montagne Noire, et leur direction vers le point de partage, exprimée d'une manière large par deux lignes parallèles depuis la prise d'Alzau jusqu'à ce point. Le creusement d'une rigole d'essai, qui ne fut ordonné que le 14 mars 1665, était donc indiqué dans le projet de 1664 ; et c'est à tort qu'on regarde l'opération matérielle de ce creusement comme une invention de M. de Riquet ; elle était faite, moins pour démontrer la possibilité de l'entreprise aux hommes instruits, que pour la prouver aux gens ignorans ou prévenus.

D'après le dernier projet, le Canal fut tracé à mi-côte, et tenu au-dessus des plus fortes inondations des rivières : au lieu d'être conduit dans le vallon du Fresquel, il fut rejeté dans celui du Tréboul sur la pente de la rive gauche : on le fit passer de-là dans la vallée de la rivière d'Aude jusqu'au Malpas, dans celle de l'Orb jusqu'à Beziers, et sur les collines parallèles à la plage de la Méditerranée jusqu'à la rivière d'Hérault et à l'étang de Thau. Le port de Sette, situé à l'extrémité opposée de cette grande lagune, devint le principal débouché du Canal : l'embouchure de la rivière d'Hérault forma l'autre débouché. En construisant le Canal de Narbonne, on a procuré depuis, au Canal du Midi, un troisième débouché dans la mer, par la Robine et le Grau de la Nouvelle.

Ne nous persuadons pas que les travaux du Canal du Midi aient été conduits avec toute la régularité dont ils étaient susceptibles, relativement à leur importance; on eut à essuyer, comme dans toutes les grandes entreprises, des contrariétés de la part des hommes et des circonstances. Il est aisé d'en juger par le passage suivant, extrait d'un mémoire de Vauban *sur le Canal de communication des mers*. On verra en même temps de quelle manière ce grand ouvrage fut apprécié par cet habile ingénieur.

« Ce Canal (le Canal des deux mers) qui s'était commencé
» sur de grandes idées, n'a pas été soutenu de même. La crainte
» mal fondée d'un mauvais succès, jointe aux grandes dépenses
» qu'il aurait fallu faire pour lui donner la perfection requise,
» et à l'engagement d'une grosse guerre pendant laquelle les
» fonds ne furent pas fournis avec l'abondance nécessaire à un
» si grand ouvrage, firent que tout se ralentit : ce qui ayant
» augmenté la mauvaise opinion que l'on avait déjà, l'entre-
» preneur fit comme il put pour se tirer d'affaire ; ce qui
» l'obligea de se presser et de passer par-dessus bien des pré-
» cautions qu'il y avait à prendre, pour faire voir, en mettant
» promptement l'eau dans le Canal, que cette entreprise n'était
» point chimérique, comme on la voulait faire passer...... Cet
» empressement et la disette de fonds y ont fait négliger quan-
» tité de choses qui lui sont présentement très-préjudiciables,
» et qui peut-être n'étaient pas même entendues de ceux qui en
» ont eu la conduite dans un temps que ces sortes d'ouvrages
» étaient inconnus et tout-à-fait ignorés en France ; de sorte
» qu'il y a plus lieu d'admirer qu'on ait pu venir à bout de
» le rendre navigable par des pays si difficiles et dans un temps
» où on était si peu éclairé, qu'il n'y en a de n'avoir pu lui
» donner toutes les perfections nécessaires à sa durée et à sa
» sûreté ».

Nous essaierons de faire voir dans le chapitre suivant, comment nous concevons que l'ingénieur du Canal du Midi avait pu se faire une idée nette du terrain compris entre les deux mers, et arrêter en quelque sorte la première esquisse de son projet, avant d'avoir exécuté aucune opération géodésique.

Avant d'entrer en matière, nous allons rapporter le préambule de l'édit du mois d'octobre 1666, qui ordonne la construction du Canal de communication des deux mers. Il est écrit de ce style élevé, et il porte l'empreinte de ce caractère ferme et noble, qui marquent tous les projets comme toutes les productions du siècle de Louis XIV.

« Bien que la proposition qui nous a été faite pour joindre
» la mer Océane à la Méditerranée par un Canal de transnavi-
» gation, et d'ouvrir un nouveau port en la Méditerranée sur
» les côtes de notre province de Languedoc, ait paru si extraor-
» dinaire aux siècles passés, que les Princes les plus courageux
» et les Nations qui ont laissé les plus belles marques à la pos-
» térité d'un infatigable travail, aient été étonnés de la gran-
» deur de l'entreprise, et n'en aient pu concevoir la possibilité;
» néanmoins, comme les desseins élevés sont les plus dignes
» des courages magnanimes, et qu'étant considérés avec pru-
» dence, ils sont ordinairement exécutés avec succès; aussi la
» réputation de l'entreprise et les avantages infinis que l'on nous
» a représenté pouvoir réussir au commerce, de la jonction des
» deux mers, nous ont persuadés que c'était un grand ouvrage
» de paix bien digne de notre application et de nos soins,
» capable de perpétuer aux siècles à venir la mémoire de son
» auteur, et d'y bien marquer la grandeur, l'abondance et la
» félicité de notre règne. En effet, nous avons connu que la
» communication des deux mers donnerait aux nations de toutes
» les parties du monde, ainsi qu'à nos propres sujets, la facilité
» de faire, en peu de jours d'une navigation assurée par le trajet

» d'un Canal, au travers des terres de notre obéissance, et à
» peu de frais, ce que l'on ne peut entreprendre aujourd'hui
» qu'en passant au détroit de Gibraltar avec de très-grandes
» dépenses, en beaucoup de temps, et au hasard de la piraterie
» et des naufrages. Ainsi, dans le dessein de rendre le commerce
» florissant dans notre royaume par de si considérables avan-
» tages, et néanmoins ne rien entreprendre que dans la vue
» d'un succès certain, nous avons, après une discussion fort
» exacte des propositions qui nous ont été faites pour raison de
» construction du Canal qui doit faire la jonction des deux
» mers, député des commissaires tirés du corps des gens des
» trois états de ladite province de Languedoc, pour, conjointe-
» ment avec les commissaires présidant pour nous ésdits états,
» se transporter sur les lieux avec les personnes intelligentes et
» nécessaires pour la construction dudit Canal, et nous donner
» leur avis sur la possibilité de l'entreprise. Ce qui ayant été
» exécuté par lesdits commissaires avec beaucoup de circons-
» pection et de connaissance, ils nous auraient donné leur avis
» sur la possibilité de l'exécution des susdites propositions, et
» sur la forme et manière en laquelle la construction dudit
» Canal pourrait être faite. Mais pour agir avec plus de sûreté
» dans un ouvrage si important, nous aurions résolu d'en faire
» l'épreuve, et à cet effet, de faire tirer par forme d'essai un
» petit Canal tranché et conduit par les mêmes lieux où la cons-
» truction du grand Canal est projetée ; ce qui aurait été si
» adroitement conduit, et si heureusement exécuté par l'appli-
» cation du sieur de Riquet, que nous avons tout sujet de nous
» en promettre, avec certitude, un fort heureux succès. Mais
» comme un ouvrage de cette importance ne peut être fait sans
» une dépense considérable, nous avons fait examiner dans
» notre conseil les diverses propositions qui nous ont été faites,

» pour trouver des fonds sans charger nos sujets de Languedoc
» et de Guyenne de nouvelles impositions, quoiqu'ils fussent
» plus obligés d'y contribuer, puisqu'ils en recevront les pre-
» miers et plus considérables avantages, et nous nous sommes
» arrêtés à celles qui nous ont paru les plus supportables et les
» plus innocentes, à l'exécution desquelles étant nécessaire de
» pourvoir. A ces causes, etc.

L'espoir de Louis XIV ne fut point trompé ; l'entreprise de la jonction des deux mers se trouva terminée après quatorze ans de travaux. On y avait employé habituellement huit mille travailleurs, et le nombre en avoit été quelquefois porté jusqu'à douze mille. Cet ouvrage coûta au Roi et à la province de Languedoc l'équivalent de 30,575,790 liv. monnoie d'aujourd'hui (1).

D'Aguesseau, intendant de Languedoc et commissaire du conseil, visita le Canal, reçut les ouvrages, fit mettre l'eau et s'embarqua le 15 mars 1681, à l'embouchure du Canal dans la Garonne, pour essayer la première navigation. Il fut joint à Castelnaudary par le cardinal de Bonzy, archevêque de Narbonne, et par les personnages les plus considérables de la province : ils continuèrent avec lui ce voyage jusqu'à l'étang de Thau et au port de Sette.

Les mémoires du temps nous apprennent que, par-tout sur leur route, l'affluence fut prodigieuse pour jouir d'un spectacle si nouveau ; par-tout les acclamations, les bénédictions des peuples les accompagnèrent : on éprouvait déjà l'ivresse du bienfait signalé accordé au commerce, à l'agriculture et à l'industrie ; on pressentait le bonheur qui devait résulter de tous ces avantages.

---

(1) Voyez la note IV, aux notes et pièces justificatives.

En voyant un succès aussi complet, l'envie, jusqu'alors incrédule et décourageante, se tut, honteuse et désespérée.

Deux médailles furent frappées, et toutes les deux sous la date de 1667. La première représente Neptune, qui d'un coup de trident ouvre la terre et y forme une communication entre les deux mers; elle porte pour légende : *Internum Mare Oceano junctum, fossa à Garumna ad portum Setium* : la Méditerranée jointe à l'Océan par un Canal depuis la Garonne jusqu'au port de Sette.

Le sujet de l'autre médaille est le port de Sette; on y voit le plan de ce port et des môles; les mots de la légende sont : *Portus Setius* : le port de Sette.

Au mois de juillet 1684, d'Aguesseau, assisté du P. Mourgues, jésuite, mathématicien, fit la réception définitive du Canal. Le verbal de M. d'Aguesseau, autorisé par un arrêt du conseil du 19 de novembre suivant, fixa l'état de ce grand ouvrage.

On peut juger de l'enthousiasme qu'inspira la réussite d'un pareil projet, par les relations pompeuses qui parurent à cette époque.

Les poètes ne furent pas les derniers à célébrer l'entreprise du Canal de Languedoc, et le Monarque qui s'en était fait un titre de gloire. Parmi eux, on doit distinguer le grand Corneille; mais nous ne citerons pas ses vers, parce qu'ils sont peu dignes de lui. De tous les talens, comme l'observe un écrivain de nos jours, celui qui convenait le moins à Corneille, c'était le talent de louer; il se trouvait trop en opposition avec la fierté de son ame républicaine.

Le P. Vannières, dans son *Prædium rusticum*, a fait entrer l'éloge du Canal et celui de Riquet son compatriote,

Imitateur du P. Vannières, Jacques Delille, dans son poëme de l'*Homme des champs*, a dit du Canal du Midi :

> Chef-d'œuvre qui vainquit les monts, les champs, les ondes,
> Et joignit les deux mers qui joignent les deux mondes.

Et de Riquet, entrepreneur de ce grand ouvrage :

> Riquet de ce grand art (des Canaux) atteignit la hauteur.

F. Andreossy, le véritable auteur du Canal du Midi, n'a pas été célébré par les poètes ; mais son mérite a prévalu dans les écrits des auteurs qui ont traité de l'architecture hydraulique (1) : puisse l'ouvrage que je présente pour la dernière fois au Public, après dix-huit ans de soins et de recherches, consacrer les travaux et la mémoire de deux hommes qui ont laissé à l'art un monument, et ouvert à la France, leur patrie, une source féconde de prospérité !

---

(1) Voyez note xiv, aux notes et pièces justificatives.

CHAPITRE II.

Projet du Canal du Midi déduit de la considération des cours d'eau du pays, et topographie du Canal du Midi.

§. I.

Détermination du point de partage.

La construction du Canal du Midi m'a paru tenir à quelques considérations particulières qui méritaient d'être senties et recherchées par les écrivains, lorsqu'ils ont parlé de cet ouvrage, ou qu'ils en ont traité particulièrement. Persuadé que le génie, maître de son sujet, ne se livre à des méthodes rigoureuses que lorsqu'il possède un vaste ensemble, j'ai voulu m'assurer si le mécanisme de la conduite des eaux pour le projet du Canal du Midi, ne pouvait pas dépendre d'un principe simple, lumineux, et qui trouvât son application dans les moindres parties de ce grand ouvrage. J'ai cru l'appercevoir dans ces formes constantes du terrain, indiquées par le cours des rivières et des ruisseaux : ce qui n'est autre chose que la topographie de ce même terrain. Cela m'a conduit à reconnaître que l'examen seul des cours d'eau du pays a pu faire embrasser tout à-la-fois dans un projet aussi étendu, la possibilité de l'exécution, l'ensemble et les détails. Les résultats auxquels ces considérations vont nous amener, serviront à retracer la marche des inventeurs, qui, dans quelque genre que ce soit, nous est rarement transmise; et je ne crois pas qu'on ait encore envisagé sous ce point de vue la description du Canal du Midi.

Lorsque l'exécution d'un Canal se borne à dériver une rivière, il est rare qu'il se présente des difficultés considérables;

DU CANAL DU MIDI.

mais si le Canal projeté ne peut être alimenté par l'un de ses points extrêmes; s'il s'agit de déterminer le point le plus élevé entre ceux-là; s'il faut réunir les eaux des sources éloignées pour les amener à ce point, et de-là leur faire prendre leur direction vers des seuils (1) différens; s'il faut sur-tout former des réserves d'eau pour les temps de sécheresse : alors le problême se complique, et le projet est d'autant plus intéressant, qu'on est obligé, dans une étendue plus considérable, de combiner avec plus de sagacité les cours des rivières avec les pentes et les accidens du terrain.

La fixation du point de partage dépend de deux considérations essentielles : il faut prendre ce point le plus bas possible, relativement aux différentes directions qu'on peut donner au Canal, afin de diminuer les chutes, et par conséquent le nombre des écluses, d'où il résultera une plus grande économie tant pour la construction que pour la dépense des eaux; il faut en second lieu que le point de partage fournisse lui-même la quantité d'eau nécessaire pour alimenter le Canal, ou qu'il soit dominé par des montagnes d'où l'on puisse tirer et conduire jusqu'à ce point la même quantité d'eau. Mais il faut observer que relativement à cette dernière circonstance, le premier des deux principes a besoin de restriction dans le cas où l'origine des eaux nécessaires à une navigation artificielle, serait trop élevée par rapport au point de partage; car alors il faudrait modérer leur pente par des écluses, de sorte que l'on tomberait en amont du point de partage, dans le même inconvénient qu'on voulait éviter dans les parties d'aval, en fixant ce point à l'endroit le plus bas.

Le département de Saône et Loire offre un point de partage naturel : l'étang de Long-Pendu, situé près de Mont-Cenis,

---

(1) On appelle *seuils* les points extrêmes d'une navigation artificielle.

donne naissance à deux rivières, la Dehune et la Bourbince, dont l'une se jette dans la Saône, et l'autre coule vers la Loire; cet étang est dominé par sept autres petits étangs qui versent dans celui-là. La réunion de toutes ces eaux, et celle de deux ou trois petites rivières, ont été jugées suffisantes pour un Canal qui joindra la Saône à la Loire, et qui établira une nouvelle communication de l'Océan avec la Méditerranée.

On trouve dans les Vosges un autre point de partage naturel. L'étang de Voidecone, au nord de Plombières, verse d'une part dans la Saône, par la rivière de Cône, et de l'autre, dans la Moselle, par la Niche.

Dans le Canal du Midi, le point de partage n'a pas été aussi aisé à reconnaître et à fixer. Les uns ont fait dépendre sa détermination de l'*heureuse indication* d'une fontaine dont les eaux venant à se partager, coulaient partie vers l'orient, partie vers l'occident (1); comme si dans un projet aussi profondément conçu, on pouvait conclure sur un fait d'aussi peu d'importance, que c'était là que devait être le point de partage! D'autres ont voulu qu'au moyen de nivellemens en tout sens, exécutés sans aucun examen, on ait trouvé le point le plus élevé entre les deux mers. Mais on ne songe point que dans une grande entreprise l'horizon n'est pas assez vaste pour l'homme à fortes conceptions; qu'avant d'avoir recours aux pratiques exactes de la géométrie, il faut considérer les objets par grandes masses : les méthodes sûres confirment l'aperçu général que le génie seul peut saisir, et que la réflexion développe ensuite.

Essayons de mettre en avant quelques observations qui vont nous guider dans les recherches que nous nous sommes proposé de faire.

L'inspection attentive du cours des eaux fournit toujours

---

(1) Bâville, Mémoires de Languedoc, page 322.

une idée nette de la configuration d'un pays ; elle donne à l'esprit la facilité d'en saisir l'ensemble, en fixant l'attention sur les différentes masses indiquées par les ruisseaux et rivières. Les eaux étant soumises à des principes invariables, qui sont la pesanteur et la mobilité de leurs parties en tout sens, elles ont dû, dans l'origine, suivre les routes que leur offroit la déclivité du terrain, ou vaincre les obstacles qui s'opposaient à leur écoulement vers les récipiens principaux et vers la mer, favorisé par les pentes générales et particulières. Ainsi le cours des eaux donne le figuré du terrain, et c'est aussi l'indice que nous suivrons pour juger de la topographie de ce même terrain, et de ses divers accidens.

Les rivières et les ruisseaux prennent leurs sources dans les montagnes où leur cours est soumis à la pente et à la direction de leurs vallons, qu'ils ont eux-mêmes successivement déterminées, et se portent ensuite vers l'endroit le plus bas des plaines qu'ils arrosent. D'un autre côté, il n'est point de rivière un peu considérable qui ne reçoive dans son cours d'autres rivières, ou des ruisseaux plus ou moins volumineux. Ces eaux leur viennent des parties latérales ; leurs sources doivent conséquemment avoir une certaine élévation par rapport à leur embouchure.

On voit par-là, que lorsque deux grandes rivières coulent dans le voisinage l'une de l'autre, à-peu-près dans la même direction, quoiqu'elles n'aient pas leurs embouchures dans la même mer, il arrive toujours que le terrain a la même pente que chacune des rivières qui le traversent, et qu'entre elles il existe une crête élevée, plus ou moins considérable, qui se dirige dans le même sens.

Il résulte de ce que nous venons de dire, que pour descendre de la pente générale d'une rivière à celle d'une autre rivière, il faut nécessairement couper ou traverser l'arête qui les sépare.

Cela posé, en jetant les yeux sur la carte des bassins du midi de la France, on ne peut qu'être frappé de la disposition des grandes rivières qui en reçoivent toutes les eaux. L'Ariège, la Garonne et le Tarn d'un côté; de l'autre, l'Aude, le Rhône et la partie de la mer comprise entre les embouchures de ces deux rivières : telles sont les limites qui circonscrivent l'espace où l'on a creusé le Canal, et qui déterminent la configuration du terrain qu'elles enferment.

La position de ces rivières les unes par rapport aux autres, indique visiblement que la plus grande partie des eaux qui les alimentent, ou qui se rendent directement à la mer, vient d'une chaîne de montagnes qui doit s'élever dans l'intérieur du pays. Ces montagnes existent effectivement : elles sont une des branches de la chaîne de l'Ardêche qui s'étendent à l'ouest; cette branche porte dans presque tout le ci-devant Languedoc le nom de montagne Noire.

Pour nous rapprocher du projet dont il est ici question, nous observerons que ce qu'on appelle proprement la *montagne Noire*, forme à l'extrémité de l'adossement des montagnes de l'Ardêche une chaîne assez longue, mais sur-tout fort étroite, comprise entre les eaux du Fresquel et celles de la Tore, torrent qui se jette dans l'Agoût près de Castres. Elle semble terminée vers son extrémité supérieure, à l'est près de Saint-Pons, par la gorge qui conduit ses eaux dans l'Orb, et aboutit à cette rivière au-delà d'Olargue.

Maintenant, c'est en examinant avec attention et comparant les cours de ces grandes rivières, que nous en déduirons la pente du terrain vers les deux mers, et par conséquent la fixation du point de partage.

Nous observerons d'abord que la rivière d'Aude a dans son cours deux directions très-marquées ; l'une du sud au nord depuis sa source jusqu'à Carcassonne ; et l'autre, de l'ouest à l'est, depuis Carcassonne jusqu'à son embouchure. La seconde partie du cours de la rivière d'Aude nous donne évidemment la pente du terrain vers la Méditerranée, à compter depuis Carcassonne ; mais cette pente commence plus à l'ouest. En effet, l'Ariège et l'Aude prennent leurs sources dans les Pyrénées ; elles coulent toutes les deux à-peu-près du sud au nord, et dans le voisinage l'une de l'autre ; la direction de l'arête qui les sépare doit être aussi du sud au nord ; par conséquent des deux pentes vers ces rivières, l'une doit aller à l'est, et l'autre à l'ouest : la pente vers la Méditerranée doit donc commencer à l'ouest de Carcassonne, et aller joindre la pente générale de la fin du cours de la rivière d'Aude.

La pente vers l'Océan, ou plutôt vers la Garonne, se déduit des mêmes considérations, puisque les circonstances sont absolument les mêmes. On voit effectivement que les affluens de l'Ariège, et même une partie de ceux de la Garonne qui vont aboutir au-dessous de Toulouse, ont leurs sources vers le sommet de l'arête dont nous venons de parler, où les affluens de la première partie de l'Aude prennent également leur origine. Voilà donc deux pentes, l'une du côté de la Méditerranée, et l'autre du côté de l'Océan, dont la rencontre est comprise dans des limites assez rapprochées : le point de partage peut donc être regardé comme déterminé.

Nous observerons en outre, qu'entre la seconde partie de la rivière d'Aude et le Tarn, il doit exister une chaîne de montagnes dont la direction est la même que celle de ces rivières, et qui doit par conséquent être rencontrée par la chaîne qui vient du sud au nord ; c'est précisément ce qui détermine le coude que forme la rivière d'Aude , en prenant sa pente vers la Méditerranée. Le Tarn ayant sa direction de l'est à l'ouest, et la Garonne à-peu-près du sud au nord, le point de confluence de ces deux rivières se trouve sur la droite du prolongement de l'adossement compris entre le Tarn et l'Aude : ainsi cet adossement se présente en travers à la Garonne, et doit avoir, à l'endroit où il se termine, des versans du côté de cette rivière, comme il en a du côté de celles que regardent ses autres faces : cette dernière circonstance se trouve tout près de Revel. Les deux rivières de Laudot et de Sor ont leur direction de l'est à l'ouest ; ce qui ne pourrait pas être, si la montagne Noire ne finissait point dans cette partie, puisque sa direction étant aussi dans ce sens, elle ne peut laisser écouler ses eaux que par des gorges latérales, c'est-à-dire, ouvertes vers le nord et vers le sud. De plus, le ruisseau de Laudot tourne au nord, et va se joindre au Sor, ce qui prouve que la masse de montagnes qui sépare ces deux rivières dans la direction de l'est à l'ouest, se termine en cet endroit. Il en est de même de la masse de montagnes comprise entre les eaux du Sor et celles de Montcapel ; entre les eaux de Montcapel et celles de la gorge de Massaguel ; entre ces dernières et la Tore, limite de la montagne Noire au nord.

Il suit de-là qu'on pouvait profiter de ces deux ruisseaux, en arrêtant leurs eaux par une chaussée à leur entrée dans la plaine, lorsqu'elles participaient encore à cette grande pente qu'ont les rivières dans les vallons. La difficulté se bornait ensuite à les détourner dans un lit qui suivît l'arrondissement de la montagne, en donnant à ce lit la pente et la direction nécessaires pour les faire aller au point de partage, pourvu que la disposition du terrain le permît. Nous allons faire voir que la chose devait paraître possible.

Si l'on examine le cours des rivières entre le Rhône et la Garonne, on verra que depuis les montagnes de l'Ardèche jusqu'à la Garonne, toutes ont leurs directions vers cette rivière; par conséquent la pente du terrain doit être dans le même sens : la plaine située au pied de la montagne Noire, doit donc participer à cette pente générale. Ce plan de pente n'est qu'une portion de celui qui s'étend depuis le plateau de la Suisse jusqu'à l'Océan, et sur lequel reposent les montagnes de la Suisse, celles de l'Ardèche en seconde ligne, et les adossemens de ces dernières, qui vont par plusieurs branches se terminer vers la Garonne ; car on sait qu'outre la hauteur absolue d'une montagne, le sol sur lequel elle s'élève, a lui-même une hauteur plus ou moins considérable au-dessus du niveau de la mer. Ces montagnes présentent dans leur profil des pentes et des contre-pentes, et laissent entr'elles des intervalles qui forment le passage de la pente générale de la chaîne en première ligne, à la contre-pente des montagnes en seconde ligne. Ces dernières, qui ne peuvent point participer à la pente générale, sont brusques, rapides, et donnent aux rivières qui les sillonnent, le caractère de torrens. C'est ainsi que la Cèze, l'Ardèche, le Gardon, et les autres rivières qui descendent dans le Rhône par la contre-pente des montagnes de l'Ardèche, ont un cours très-borné, s'enflent par les moindres pluies, et charient beaucoup de grosses matières.

Outre les adossemens dont nous venons de parler, on remarque sur le même plan de pente, et au-devant de la montagne Noire, une chaîne de collines de nature différente : cette chaîne n'appartient en aucune manière à la montagne Noire; c'est l'extrémité de l'arête venant du sud au nord, et dont le revers, qui regarde la Garonne, est situé sur le plan de pente générale, puisque les eaux qui suivent le revers de cette montagne se rendent à ce fleuve. Cette arête n'est qu'un de ces adossemens ou contre-forts, qui font sur les côtés d'une chaîne principale un angle aigu avec sa direction; et pour le dire en passant, l'arête dont il est ici question, forme dans l'apperçu donné par Buffon, du système de liaison et d'enchaînement des montagnes du globe, la transition des Pyrénées aux Alpes.

D'ailleurs le prolongement que nous considérons ici, et qui comprend environ 19500 mètres depuis le Sor jusqu'au point de partage, se trouve placé à la rencontre de deux autres plans de pente, dont l'un marqué par le cours du Rhône depuis Lyon, s'étend des montagnes du centre à la Méditerranée, et l'autre que suivent l'Ariège, la Garonne et la première direction de l'Aude, vient des Pyrénées: car le Fresquel qui prend sa source entre la montagne Noire et le point de partage, sur la contre-pente de ces collines qu'on nomme *montagnes de Saint-Félix*, et qui appartiennent à la chaîne des Corbières, est le récipient principal des eaux qu'il verse dans la rivière d'Aude, et celle-ci porte à la mer les eaux du vallon compris entre les Pyrénées et la montagne Noire.

On voit donc que la montagne Noire et celle de Saint-Félix doivent former dans l'entre-deux une gorge alongée, une espèce de vallon, et que la plaine située au pied de la montagne Noire, ou la plaine arrosée par le Sor, et le plateau choisi pour l'emplacement du bassin de partage, doivent avoir à-peu-près la même élévation; ce qui fait que les eaux amenées à Naurouse n'ont pas une trop forte pente pour leur écoulement. On voit en même temps que le bassin de partage remplit une des conditions que nous avons assignées à son emplacement, et qu'il se trouve à l'endroit le plus bas de l'arête comprise entre les Pyrénées et la montagne Noire, dans tout autre point de laquelle on aurait cependant pu le fixer.

En plaçant le bassin de partage sur l'arête qui côtoye la première direction de l'Aude, la communication des deux mers se faisait en très-peu de temps. On descendait tout de suite d'un côté dans la rivière d'Aude, et de l'autre dans l'Ariège, qui est à cette hauteur, l'affluent principal de la Garonne. Mais outre les inconvéniens pour une navigation publique et active, que présentent ces deux rivières qui, par les moindres pluies, sont sujettes à des crues subites, et dont les eaux sont très-basses pendant l'été, il eût été difficile de rassembler au point de partage des eaux en assez grande quantité pour l'usage de la navigation.

On s'est servi avec beaucoup d'intelligence de l'arête presqu'insensible qui forme le passage de la montagne Noire aux montagnes de Saint-Félix, et du revers de ces dernières pour y creuser et conduire cette partie de la rigole de la plaine où coulent les eaux de la montagne Noire jusqu'au point de partage.

Par cette disposition du terrain que nous venons de faire sentir, les eaux qui descendaient de la montagne Noire dans la direction de l'est à l'ouest, barrées dans leur cours, étaient obligées de se détourner au nord ou au sud : c'est ce que nous avons observé pour les deux rivières de Laudot et de Sor. Mais le cours de ces deux rivières indique qu'il existe sur leur gauche une arête qui les a forcées à prendre leur direction vers le nord. Cette dernière circonstance, dont l'auteur du Canal de Languedoc a su profiter habilement, a été très-utile pour joindre la contre-pente des montagnes de Saint-Félix, et donner par ce moyen toute la solidité possible à l'ouvrage, en creusant la rigole, d'abord dans la partie arrondie de la montagne Noire, dont on a suivi les différentes sinuosités; ensuite le long de l'arête dont nous venons de parler ; enfin en l'établissant à mi-côté sur le revers des montagnes de Saint-Félix : les profonds ravins et les têtes de contre-forts qui s'y trouvent ayant occasionné un développement considérable, ont augmenté prodigieusement la longueur de cette rigole.

Telle est la marche que nous avions déjà indiquée précédemment, d'après la seule considération du cours des eaux.

§. II.

Résumé de la marche des eaux depuis la montagne Noire jusqu'au point de partage.

Nous avons fait voir que la montagne Noire, qui n'est qu'un adossement de la chaîne de l'Ardêche dont la direction s'étend le long du Rhône, se terminait à la plaine de Revel, sur une largeur de plus de douze kilomètres, dans la partie qui borde cette plaine; que cette montagne versait ses eaux par les pentes du nord et du sud et par les gorges de l'ouest; que les rivières qui coulaient dans ces dernières gorges se jetaient au nord dans l'Agoût; que le point de partage se trouvant du côté opposé, il fallait détourner ces eaux, et les faire aller à leur destination, en suivant une direction contraire à celle qui était réglée par la topographie du local.

Outre cet apperçu du terrain, il est encore nécessaire de fixer la position respective des rivières que l'on a détournées pour la confection du Canal. Le Sor, la plus septentrionale de ces rivières, s'élève très-haut dans la montagne Noire, et coule de l'est à l'ouest. Le Laudot, qui vient ensuite, est plus borné dans son cours; il prend son origine aux Campmazes, à peu de distance du vallon du Sor : les rivières qui descendent par la pente du sud, ont leurs sources dans le voisinage de celle du Sor, et vont tomber dans le Fresquel fort au-dessous du point de partage.

Un des points les plus importans du problême, était de pouvoir rassembler, afin de la diriger ensuite suivant le besoin, une quantité d'eau suffisante, principalement pour la navigation des parties supérieures du Canal, qui n'est alimentée que par les eaux amenées à Naurouse : voici de quelle manière on a profité du rapprochement des sources de toutes ces rivières, en leur prescrivant des routes que l'art a su leur tracer convenablement.

Les rivières du sud coulent dans des vallons d'autant plus profonds, qu'ils s'éloignent davantage de la crête de la montagne; elles laissent par conséquent entre deux une espèce d'adossement ou de contre-fort dont l'épaisseur au sommet est moindre qu'à la base. C'est vers le sommet de ces contre-forts, qu'on a creusé les rigoles ou canaux de dérivation qui reçoivent les eaux des rivières d'Alzau, Lampy, Bernassonne, etc, dont le cours a été barré par des chaussées, et où l'on a placé sur quelques-unes des épanchoirs de fond pour rejeter les eaux superflues dans les lits de ces rivières. Ce Canal de dérivation, qu'on appelle *rigole de la montagne*, tourne la source du Laudot qui, comme nous l'avons déjà dit, est moins élevée que les autres, et se trouve établie à mi-côte du vallon du Sor jusqu'aux épanchoirs de Conquet et d'Embosc, d'où les eaux se précipitent dans le lit du Sor.

A leur entrée dans la plaine, et près de la ville de Sorèze, les eaux du Sor augmentées de celles des rivières du sud, sont dérivées par la chaussée de Pont-Crouzet, dans un Canal qui porte le nom de *rigole de la plaine*. Ce Canal suit l'arrondissement de la montagne vers le bas de sa pente, et va se joindre au Laudot. Toutes ces eaux réunies sont encore dérivées à la sortie du vallon du Laudot, pour être amenées au point de partage.

A l'épanchoir de Conquet commence une autre rigole, qui est une continuation de celle de la montagne : elle est creusée, comme nous l'avons observé, sur la pente du vallon du Sor, et va se jeter dans le lit du Laudot, après avoir traversé la crête ou sommité de montagne qui sépare les deux vallons : on a pratiqué pour cela un aqueduc à plein cintre, qu'on appelle la *voûte des Campmazes*, du nom du village sous lequel il est conduit.

Jusqu'ici nous voyons qu'on a profité des eaux courantes pour l'usage de la navigation. Les rivières qui les fournissent, sont très-abondantes durant l'hiver. Pendant l'été, les sources baissent, et quelques-unes tarissent ; mais le Sor, l'Alzau, le Bernassonne et le Lampy, coulent pendant toute l'année. C'est aussi dans cette saison, c'est-à-dire, pendant les mois de fructidor et de vendémiaire, où le commerce a moins d'activité, que certaines parties du Canal sont mises à sec pour être réparées : il était donc indispensable d'avoir un magasin d'eau pour les temps de sécheresse et pour le commencement de l'automne, époque du rétablissement de la navigation. Le vallon du Laudot a fourni l'emplacement convenable pour cet objet. Ce vallon, dans l'endroit dont on a profité, s'élargit considérablement et se resserre ensuite ; en le barrant dans cet endroit étranglé, on a formé le bassin de Saint-Ferréol, *le plus grand et le plus magnifique ouvrage*, dit Bélidor, *qui ait été exécuté par les modernes* (1). Ce réservoir contient près de sept millions de mètres cubes d'eau, qui lui sont fournis durant l'hiver par le ruisseau de Laudot et par un grand nombre de sources ; les eaux de la rigole de la montagne s'y rendent par la voûte des Campmazes ; les eaux surabondantes de cette rigole passent à

---

(1) Bélidor, Architecture hydraulique, tome IV, page 564.

Conquet, sur un déversoir à fleur d'eau, et sont reçues par la rivière de Sor.

Dans la partie de la montagne Noire supérieure au bassin de Saint-Ferréol et sur la rivière de Lampy, on a formé depuis quelques années un réservoir pareil à celui dont nous venons de parler, mais d'un mécanisme plus simple, et décoré de cette architecture en masse qui présente à l'œil l'ensemble le plus imposant; il a été fait à l'occasion de la construction du Canal de Narbonne : sa destination est d'envoyer au point de partage les eaux que celui-ci doit fournir à ce Canal.

On avait proposé, pour remplir le même objet, de se servir des rivières d'Aude et d'Argendouble; mais ces deux prises d'eau furent rejetées avec raison. Ce n'est point effectivement dans le fond des vallées, à moins qu'on n'y trouve de grands lacs; mais c'est au sommet des montagnes où les eaux sortant, pour ainsi dire de leur source, n'ont pas encore eu le temps de se charger de matières étrangères, que l'on doit, autant que faire se peut, aller chercher les eaux nécessaires à une navigation artificielle. Les rivières, à leur origine, sont d'ailleurs moins sujettes à l'évaporation et aux désordres qui leur arrivent dans les basses plaines; et les récipiens principaux les éprouvent encore plus que les affluens.

Nous venons de faire connoître le mécanisme de la marche des eaux, depuis la montagne Noire jusqu'au point de partage, mécanisme admirable par cette belle simplicité qui est la pierre de touche du génie, et qu'il fallait nécessairement admettre, afin de pouvoir confier avec assurance, même à des gens grossiers et ignorans, les nombreux détails de la manœuvre des eaux. Nous examinerons maintenant le tracé du Canal entre le point de partage et ses deux seuils. Il était possible de changer quelque chose à ces directions sans que cela tirât à conséquence

*

pour l'ensemble de l'ouvrage. On avait, dans tous les cas, pour points intermédiaires, du côté de la Garonne, l'étendue des inondations du Lers-Mort (1), et vers la Méditerranée, celles du Fresquel et de l'Aude, au-dessus desquelles il était nécessaire de tenir la base du profil, afin de mettre le côté faible à l'abri de tout accident extérieur. On entend par *côté faible*, la digue en terre qu'on est obligé d'élever, pour soutenir les eaux sur le revers des collines.

Telle est la marche que nous avions indiquée et suivie dans la première édition de notre ouvrage, pour la détermination des points de partage des Canaux de navigation. Depuis cette époque, deux jeunes ingénieurs des ponts et chaussées, MM. Brisson et Dupuis-Torcy, se sont attachés à généraliser la question, en ayant recours à des considérations purement géométriques, ou puisées dans la physique de la terre. Leur travail est consigné dans un Mémoire sur l'art de projeter les Canaux navigables, présenté à la première classe de l'Institut, et approuvé par elle sur le rapport intéressant qu'en a fait M. Lacroix le 24 vendémiaire an XI.

La première idée, dont les auteurs se sont servis pour guider leur marche vers un résultat satisfaisant, est de supposer, à l'imitation des géomètres, tous les points de la surface terrestre rapportés à trois plans rectangulaires. Dans cette hypothèse, l'origine des coordonnés étant prise dans l'intérieur de la terre, on voit qu'aux points où il est possible d'établir le bassin de partage d'un Canal à deux seuils, l'ordonnée verticale doit être dans le sens de la ligne navigable, un *maximum* de

---

(1) Il ne faut pas confondre le Lers-Mort avec le Lers proprement dit, ou le grand Lers : ce dernier prend sa source à la montagne de Saint-Barthélemy et se jette dans l'Ariège; l'autre, affluent de la Garonne, a un cours plus borné qui commence à Laurac, à douze kilomètres au sud de Castelnaudary.

hauteur, et un *minimum* dans le sens latéral. La position des points de partage est donc assujettie à cette condition, que le plan tangent à la surface terrestre, doit y être horizontal.

De ce premier apperçu, on passe facilement à un second, en s'appuyant sur la propriété caractéristique des lignes de plus grande pente. Ces courbes sont composées d'élémens perpendiculaires à des sections de niveau faites dans la surface terrestre; et comme le plan tangent qui rase la terre en un de leurs points, passe nécessairement par l'horizontale qui touche au même point une de leurs sections de niveau, ce plan ne peut manquer d'être horizontal, lorsque deux d'entr'elles se rencontrent. Donc les points de partage se trouvent à l'intersection des lignes de plus grande pente.

Cherchons maintenant sur la surface de la terre des lignes de plus grande pente dont le cours soit bien prononcé. Pour parvenir à ce but, les auteurs du Mémoire considèrent d'abord les lits des grands fleuves et les arêtes des inégalités qui les séparent, puis les lits de leurs affluens et les arêtes des inégalités qui séparent ces derniers, et ainsi de suite. Ils donnent aux lignes qui marquent le cours des eaux la dénomination commune de *thalweg*, et aux arêtes des inégalités intermédiaires, le nom générique de *faîte*; mais ils distinguent ces lignes et ces arêtes en autant d'ordres que les cours d'eau présentent de ramifications : les lits des grands fleuves sont les thalwegs du premier ordre, et les arêtes des inégalités qui les séparent, sont aussi des faîtes du premier ordre.

Cela posé, MM. Brisson et Dupuis rangent parmi les lignes de plus grande pente, les plus remarquables sur la surface terrestre, les thalwegs et les faîtes ; ils conçoivent que deux thalwegs qui rencontrent dans un même point un thalweg ou un faîte, d'un ordre supérieur, sont sur la même ligne de plus grande pente, et qu'il en est de même de deux faîtes qui rencontrent dans un même point un faîte ou un thalweg, d'un ordre supérieur.

Nous touchons enfin aux principes généraux que les auteurs du Mémoire s'étaient proposé d'atteindre ; ils résultent des différentes manières dont les faîtes et les thalwegs peuvent s'entrecouper. L'intersection d'un faîte par deux faîtes secondaires n'est pas propre à l'établissement d'un bassin de partage ; car il y a dans ce point, *maximum* de hauteur dans tous les sens. Par une raison contraire, le même établissement ne peut avoir lieu à l'intersection d'un thalweg par deux thalwegs ; mais on sera toujours le maître de prendre pour point de partage l'intersection d'un faîte par deux thalwegs ; car il y a *maximum de hauteur* dans le sens des thalwegs, et *minimum* dans le sens du faîte.

L'intersection d'un thalweg par deux faîtes, donne un autre point singulier : il y a *minimum* dans le sens des faîtes, mais il ne peut y avoir ni *maximum*, ni *minimum* dans le sens du thalweg, parce qu'il n'a qu'une seule pente, et par conséquent les points de cette nature ne conviennent pas à l'établissement des bassins de partage.

§. III.

Apperçu du Canal depuis le point de partage jusqu'à ses deux seuils.

Lorsqu'on se trouve au point de partage, on domine sur deux vallons, dont l'un a sa direction vers la Méditerranée et l'autre vers la Garonne. Ce dernier est le vallon du marais qui va joindre celui du Lers-Mort ; le Canal traverse la rivière de Lers sur un pont-aqueduc, et va déboucher à la Garonne au-dessous de Toulouse.

DU CANAL DU MIDI.

Le premier vallon peut être distingué en deux autres : le principal est celui du Fresquel ; l'autre est celui du Tréboul, qui est un confluent du Fresquel, et qui coule dans le sens de la pente générale vers la Méditerranée : ce dernier vallon est beaucoup plus élevé que le premier. Le canal est tracé à mi-côte le long des collines qui séparent les deux ruisseaux : le côté faible est vers le Tréboul, jusqu'à l'endroit où ce ruisseau traverse le Canal sous un aqueduc, pour aller se joindre au Fresquel. On ne trouve point d'autre aqueduc sur la route, et la raison en est bien simple : à la tête des vallons, sur-tout dans les basses plaines, les sources peu nombreuses n'ont d'ailleurs qu'une très-faible portée. De pareilles eaux peuvent être reçues sans crainte dans le lit du Canal, lorsqu'elles ne sont point enflées par les eaux sauvages qui sont ordinairement bourbeuses. Pour remédier à l'inconvénient des dépôts qu'elles produisent dans ce cas, on a pratiqué au bas de la pente des collines de petits réservoirs en maçonnerie qu'on appelle *cales*, où se rassemblent les eaux provenant des ravines, ou celles qui s'écoulent des terres cultivées ; elles y abandonnent, avant d'entrer dans le Canal, les matières dont elles sont chargées.

Les contre-canaux, qu'on a eu soin d'établir dans tous les endroits où la situation et la nature du terrain ont paru l'exiger, sont un autre moyen employé dès le commencement pour prévenir des inconvéniens bien plus essentiels. Ces fossés, creusés à-peu-près parallèlement au lit du Canal, sont destinés à recevoir les eaux des filtrations venant, d'une part, des terrains qui dominent ce lit ; de l'autre, des eaux mêmes du Canal qui, pénétrant dans le côté faible, peuvent à la longue occasionner les accidens les plus graves.

Au vallon du Tréboul succède celui du Fresquel. Ici finissent les collines qui séparent les deux vallons : le Fresquel coule dans l'endroit le plus bas du terrain compris entre les Pyrénées et la montagne Noire, et reçoit de droite et de gauche les rivières qui lui arrivent de ces deux chaînes de montagnes ou de leurs appendices. Le côté faible regarde cette rivière ; les déversoirs, les épanchoirs, les épanchoirs de fond, les épanchoirs à siphon qui servent à vider le trop plein du Canal, afin de n'avoir que le tirant d'eau nécessaire à la navigation, ou pour entreprendre des curages ou d'autres réparations, en vidant l'eau de certaines retenues : tous ces ouvrages, dis-je, sont pratiqués dans le côté faible, regardant la pente du vallon vers le récipient principal. Les aqueducs ne sont pas très-multipliés le long du Fresquel, la plus grande partie de ses affluens lui vient de la montagne Noire; il en reçoit fort peu du côté des Pyrénées, à raison de l'arête qui sépare l'Ariège et la première direction de l'Aude, dont les versans regardent ces deux rivières.

Au-delà de Carcassonne, le Fresquel traverse le Canal pour aller se jeter dans la rivière d'Aude : on a barré le Fresquel par une chaussée, et on l'a dérivé dans le Canal pour en alimenter une partie.

Du vallon du Fresquel, le Canal du Midi passe dans la vallée de la rivière d'Aude. Le Canal étant conduit le long des collines qui sont des appendices de la montagne Noire, il a fallu donner passage aux eaux qui descendaient de cette montagne pour se rendre à leur récipient. Les aqueducs y sont en grand nombre ; les revers de la montagne Noire forment un des côtés du vallon. Trois de ces rivières, Orbiel, Ognon et Cesse, ont été détournées comme le Fresquel et dans les mêmes vues : l'excédant des eaux passe par-dessus les chaussées, et retombe dans le lit naturel de ces rivières.

En continuant à suivre le revers des collines du côté de l'Aude, on se serait éloigné de Beziers, où, par le second projet, le Canal devait passer. Un peu au-delà de la rivière de Cesse, les appendices de la montagne Noire forment un écartement dans lequel était compris ce terrain marécageux, aujourd'hui desséché, connu sous le nom d'étang de Montady. Arrivé à la montagne d'Encerune, tête du contre-fort qui sépare la rivière d'Aude de la rivière d'Orb, on profita de cet écartement pour percer le coteau, passer sur la pente opposée, et prendre une direction qui conduisît à la rivière d'Orb, vis-à-vis de Beziers : voilà tout le merveilleux de cet ouvrage tant célébré, et dont on n'avait pas même indiqué le véritable objet. La difficulté que présenta le contre-fort d'Encerune, lié à la chaîne principale et formant un obstacle continu jusques vers l'étang de Vendres, fit donner le nom de *Malpas* à la partie de la montagne au travers de laquelle on fut obligé de faire passer le Canal.

La rivière d'Orb ayant sa source dans une chaîne principale, et coulant du nord au sud, laisse à tous les endroits où elle coupe les collines secondaires qui ont leur direction de l'est à l'ouest, des escarpemens sur ses deux rives. C'est pour descendre de la hauteur située au-dessous de la venue des eaux du Canal, qu'on a pratiqué les huit sas accolés qui forment l'écluse de Fonserane. Elle a 20 mètres 966 millimètres d'élévation perpendiculaire, et marque à-peu-près la hauteur du coteau au-dessus du lit de la rivière d'Orb. Cette rivière est très-basse pendant l'été, elle est d'ailleurs fort sàblonneuse, et par conséquent sujette aux bas-fonds et aux atterrissemens : ces deux circonstances ont occasionné des travaux assez ingénieux, mais qui n'empêchent point que cet endroit du Canal ne soit imparfait à quelques égards.

Avant de parvenir à la vue de Beziers, le Canal ayant été soutenu à mi-côte l'espace de cinquante-quatre kilomètres, il falloit encore, pour arriver à la mer, franchir la rivière d'Orb par un aqueduc, ouvrage immense à cause de la largeur du vallon; ou descendre, comme on l'a fait, dans cette rivière par une écluse multiple, et faire une prise d'eau à la rive opposée, pour alimenter la branche du Canal qu'il falloit tirer de Beziers à Agde. Ainsi, malgré les inconvéniens que présentait la rivière d'Orb, on fut obligé de s'en servir sur une certaine étendue, jusqu'à ce qu'on pût tourner les derniers appendices de la montagne Noire, qui vont se terminer par de très-petits coteaux, à deux ou trois lieues de la mer.

La branche du Canal dérivée de la rivière d'Orb, fait la jonction de cette rivière avec celle d'Hérault qui passe à Agde : elle est creusée en terrain bas et uni, puisque ce terrain est situé à l'extrémité de la pente générale de l'Aude et de celle que marque le cours du Rhône. En outre, la plage de la Méditerranée est très-plate : ce qui le prouve, c'est la multitude d'étangs qui la couvrent depuis le Rhône jusqu'au Cap de Creux, dans tout le développement du golfe de Lyon. Ces étangs communiquent avec la mer par des ouvertures qu'on appelle *graux*.

Le peu de pente de la plage du Languedoc, qui n'est guère que le cent vingtième de sa longueur, et le peu d'éloignement où le Canal se trouve de la mer auprès d'Agde, n'avait point permis de construire un aqueduc pour faire passer le torrent de Libron qui croise la direction du Canal pour se rendre à la Méditerranée. On a remédié à cette impossibilité physique par une invention très-simple, très-ingénieuse, et qui pouvant avoir son application dans tous les cas pareils, doit contribuer aux progrès de l'art : elle consiste à former un lit au torrent, en plaçant un radeau avec des relèvemens en travers du Canal. De cette manière, les eaux du torrent ne se mêlent point avec celles du Canal, et n'y déposent pas les sables et graviers qu'il roule avec lui : la navigation n'est interrompue que pendant que le torrent est dans toute sa force ; dès qu'il est réduit à son état ordinaire, on retire le radeau, et les barques continuent leur chemin.

Le Canal aboutit près d'Agde, à la rivière d'Hérault ; mais comme il existe une chaussée au-dessus de la ville avant d'arriver à la rivière, le Canal se sépare en deux branches, dont l'une se rend en amont de la chaussée, et l'autre qui sert à la navigation du port d'Agde, débouche en aval ; ces différentes branches se réunissent à l'écluse ronde qui fournit par conséquent à trois niveaux différens : c'est par la rivière d'Hérault que la retenue de l'écluse ronde est alimentée.

Enfin la dernière branche du Canal joint la rivière d'Hérault au-dessus de la chaussée, à l'étang de Thau, et est nourrie par cette rivière jusqu'à l'écluse du Bagnas ; les eaux de l'étang pénètrent dans la retenue au-dessous, et la tiennent à la hauteur nécessaire pour la navigation.

L'étang de Thau est le plus considérable de tous ceux qu'on trouve le long de la plage de la Méditerranée : il baigne au nord et à l'est le promontoire ou cap de Sette, et communique avec la mer. La hauteur de ce promontoire, sur-tout dans une mer où le flux et reflux est presqu'insensible, annonçait une profondeur d'eau suffisante pour l'objet qu'on se proposait. Un môle fut établi pour mettre les bâtimens à l'abri des coups de mer produits par le vent d'est qui désole cette côte ; mais ce môle ne garantit point le port des sables entraînés par les vagues ; on est obligé de faire des curages continuels, et l'on a paru craindre qu'il ne se comblât en entier.

Les États de Languedoc, qui s'occupaient avec le plus grand soin de tout ce qui pouvait être avantageux à l'administration qui leur était confiée, firent proposer par la Société de Montpellier, pour sujet de prix, la question suivante : *Quels sont les meilleurs moyens et les moins dispendieux d'entretenir les ports de mer sujets aux ensablemens, et notamment le port de Sette?* Mercadier, ingénieur des travaux de la province, déjà connu avantageusement par d'autres ouvrages, remporta le prix qui fut délivré en 1787. Dans l'intéressant Mémoire qu'on lui doit sur cette matière, l'auteur développe la théorie des ensablemens, théorie nouvelle à bien des égards, et d'autant plus intéressante, qu'elle est de la dernière importance dans l'architecture des ports de mer.

L'embouchure de la rivière d'Hérault qui forme le port d'Agde, n'est praticable que pour de petits bâtimens; elle est même sujette à une barre pour laquelle on avait entrepris, il y a quelques années, des travaux considérables; il était par conséquent essentiel d'avoir un autre port où les vaisseaux marchands pussent trouver dans tous les temps une entrée libre, et la profondeur d'eau que comportent les bâtimens de commerce. Le port de Sette eût rempli constamment cet objet, si ce port ne se fût point trouvé lui-même sujet à des ensablemens qu'on ne saurait prévenir, et auxquels on ne peut remédier qu'à grands frais et d'une manière insuffisante.

CHAPITRE III.

Analyse du tracé et des ouvrages d'art du Canal du Midi.

§. I.

De la prise d'Alzau au point de partage.

La partie que nous allons décrire, distingue le projet du Canal du Midi de tous ceux qui avaient été exécutés précédemment. On ne connaissait que les Canaux de dérivation, et les Canaux à point de partage naturel. Il n'eût pas été impossible de joindre les deux mers par un Canal dérivé de la Garonne. En effet, Naurouse, ou le point de partage du Canal actuel, est situé à 62 mètres 992 millimètres au-dessus de ce fleuve à Toulouse; ainsi en faisant une prise d'eau au point où la Garonne a un peu plus que cette élévation, ou en relevant de la même quantité la tête de cette branche du Canal, on eût amené les eaux de la Garonne à Naurouse, point constant, parce qu'il forme l'endroit le plus bas, ou le col de l'arête comprise entre les Pyrénées et la montagne Noire. On voit d'après cela, que le projet qu'on eut, sous François Ier, de construire un Canal qui devait être alimenté par les eaux de la Garonne prises à deux kilomètres au-dessus de Toulouse, et amenées à Naurouse, était impraticable (1); il aurait fallu s'élever beaucoup plus haut.

L'auteur du Canal du Midi eut une conception plus forte,

---

(1) Le devis en conséquence du projet fait en 1539, est rapporté par la Faille, *Annales de Toulouse*, tome 2, page 19, aux preuves.

un projet plus vaste : il sentit aisément qu'un récipient principal comme la Garonne, sujet à des crues fréquentes, à des débordemens considérables, et à des désordres sans nombre, ne pourrait fournir les eaux nécessaires à la navigation du Canal, avec cette régularité qui fait le principal avantage des Canaux de navigation, et qu'on serait en outre exposé à recevoir, pendant la plus grande partie de l'année, des eaux troubles qui envaseraient le lit du Canal et nécessiteraient des curages continuels.

Les considérations générales énoncées dans le chapitre II, l'amenèrent sans doute à regarder la montagne Noire, à l'endroit où elle se termine, comme le château d'eau d'où l'on fournirait au point de partage les eaux nécessaires à la navigation du Canal. Tel est l'avantage de cette montagne, qu'en se terminant dans cette partie, elle a plusieurs versans, et présente par conséquent, dans un demi-cercle d'un rayon assez peu étendu, le rapprochement de l'origine de plusieurs cours d'eau naturels. La montagne Noire, peuplée de belles forêts, a d'ailleurs une infinité de sources dont on a tiré les plus grands avantages ; son élévation est de cinq cents mètres au-dessus du niveau de la mer : exposée au couchant, elle en reçoit les pluies qui sont abondantes et de longue durée.

On ne peut se trouver à ce point culminant sans éprouver une sorte d'admiration et de respect, et sans partager l'enthousiasme qui dictait, en 1786, à un jeune et savant naturaliste (1), ces réflexions animées qui ne peuvent partir que d'un esprit élevé, et capable d'apprécier les grandes choses.

---

(1) Reboul, *Voyage dans la montagne Noire, en septembre et octobre 1786*, ouvrage manuscrit communiqué : l'auteur est le même que Ramond cite avec éloge dans ses *Voyages aux Pyrénées et au Mont-Perdu*.

« Le granit commun, qu'on appelle vulgairement *granit à
» gros grains*, est la base constante et unique de tout le terrain
» de la montagne Noire; il s'y montre toujours sous la même
» apparence; il ne forme que des collines basses et applaties,
» dans lesquelles il reste enseveli sous la couche de terre où
» végètent les chênes et les genêts. Dans ce pays stérile et mono-
» tone, nul aliment ne s'offre à la curiosité du naturaliste,
» aucune irrégularité ne frappe les yeux, aucun grand trait de
» la nature n'occupe les sens et n'éveille l'imagination; mais il
» porte l'empreinte du génie de l'Auteur du Canal, et l'on n'y
» peut faire un pas sans tressaillir et admirer. Ici l'observateur
» se trouve placé, pour ainsi dire, devant l'origine et la cause
» du Canal de Languedoc; il en découvre le mécanisme et il en
» tient la clef. Le projet de l'ingénieur de ce grand ouvrage
» s'explique ici bien plus aisément qu'il ne se conçoit; et la
» simplicité des moyens l'emporte encore sur la hardiesse de
» l'entreprise. Ailleurs, cet ouvrage semble un effort de l'art
» qui contraint la nature : ici l'art la surpasse en ne faisant que
» l'imiter. Une rigole étroite et tortueuse, deux lacs de médio-
» cre grandeur, tels sont les moyens simples et savans qui ser-
» vent à former et à maintenir, de l'une à l'autre mer, une
» rivière factice, dont les eaux retenues et comme suspendues
» à volonté, ne peuvent jamais tromper l'attente du commer-
» çant, ni détruire l'espoir du cultivateur ».

Rigole de la montagne. — C'est dans cette montagne, sur la
rivière d'Alzau, au-dessous du moulin de Calz, situé près du
village de Lacombe, dans le bois de Ramondens, qu'une digue
peu élevée arrête tout-à-coup l'effort du torrent, et dérive ses
eaux dans la *rigole de la montagne*, qui reçoit ensuite celles de
Coudier, Cantamerle, Bernassonne, Lampy, Rieutort, et laisse

à découvert, en dessous, l'ancien lit des torrens encore tout jonché de fragmens de granit. Cette rigole a près de 26 à 33 décimètres de large et 97 centimètres d'eau coulant rapidement. De la prise d'Alzau à Conquet, la rigole est toujours creusée dans le granit ou dans la couche de terre qui le surmonte; mais depuis le Conquet jusqu'aux Campmazes, elle est établie dans un terrain schisteux qui, par sa nature, donne lieu à des filtrations considérables. Le lit de la rigole est maçonné dans quelques parties, et il devrait l'être dans toute son étendue. Les excavations sont ordinairement à fleur du terrain, et suivent les contours des parties élevées. Il arrive pourtant que le sol, même le roc et les bancs de schiste, sont quelquefois tranchés et creusés à la profondeur de plusieurs mètres. Sur un développement de vingt-quatre kilomètres depuis la prise d'Alzau jusqu'au saut des Campmazes, il y a 5545 mètres taillés dans le roc vif.

Depuis le déversoir de Conquet jusqu'à la montagne des Campmazes, il y a 5214 mètres de rigole: ils furent faits, ainsi que la voûte des Campmazes, pour conduire les eaux de la rigole de la montagne Noire dans le bassin de Saint-Ferréol, profiter de toute la capacité de ce réservoir, et remédier à l'insuffisance de la portée du Laudot.

La percée des Campmazes est de 234 mètres, dont une partie à ciel ouvert; le reste est soutenu par une voûte en pierres, de 121 mètres de longueur sur 2 mètres 92 centimètres d'ouverture. Les eaux de la rigole, après avoir coulé sous cette voûte, se précipitent, à peu de distance de là, dans le lit du Laudot par une chute de 8 mètres 121 millimètres, et suivent le vallon jusqu'au bassin de Saint-Ferréol, qui n'en est éloigné que de trois à quatre kilomètres.

Le devis de la prolongation de la rigole à travers la hauteur des Campmazes, fut fait par M. de Riquet, ingénieur militaire, alors lieutenant de roi à Antibes. L'adjudication des ouvrages eut lieu le premier de décembre 1686, pour le prix de 13 liv. la toise courante de rigole à ciel ouvert, 80 liv. la toise courante de percement, et 20 liv. la toise cube de maçonnerie. Le marché portait l'obligation d'avoir terminé ces ouvrages à la fin de septembre de l'année suivante.

En 1748, un abîme s'ouvrit entre le Conquet et les Campmazes, à l'endroit appelé *le plan de la Jasse*; une portion de la rigole y fut engloutie. Après avoir essayé en vain de le combler, on prit le parti de jeter sur son ouverture une voûte en maçonnerie, sur laquelle les eaux recommencèrent à couler. Cet événement est consigné dans l'inscription suivante, gravée sur une pierre élevée à l'endroit même où l'accident arriva : *Au commencement de janvier 1748, il se forma un gouffre ou entonnoir, de douze toises de longueur sur sept toises de largeur et quatre toises de profondeur, qui engloutit les terres voisines et les eaux, sans qu'on pût découvrir leur sortie ; on le ferma au moyen d'un arceau appuyé sur deux rochers solides, et l'on maçonna la rigole sur environ cent toises de longueur.*

Un peu plus loin, sur la même rigole, et au-dessus du moulin de Garbette, on lit sur une autre pierre de taille, la note suivante : *Le 14 janvier 1770, une secousse de tremblement de terre forma une brèche dans cette partie, de quinze toises de longueur sur huit toises de largeur. La métairie au-dessous fut emportée, et le moulin endommagé. On forma un radier en briques avec des revêtemens en maçonnerie sur quatre-vingts toises de longueur, pour fermer la brèche et la fortifier amont et aval. Cet ouvrage fut fini le 10 avril 1770, malgré les neiges et les glaces.* C'est à tort que la chute du terrain dont on parle dans cette note, a été regardée comme la suite d'un tremblement de terre. Etabli sur un banc schisteux dont les feuillets inclinés avaient été pénétrés par les filtrations de la rigole, ce terrain glissa d'abord, et fut se précipiter ensuite dans le fond du vallon du Sor. La détonnation de la colonne d'air déplacée, et le fracas de la chute firent croire que cet accident était le résultat d'un tremblement de terre; mais d'après des renseignemens pris sur les lieux, il est certain qu'on avait apperçu le terrain s'ébranler, et qu'on fut même à temps de retirer de la ferme au-dessous le bétail qui s'y trouvait; la ferme fut détruite, et le moulin de Garbette situé auprès, fut très-endommagé.

Dérivation du Sor. — La chaussée de Pont-Crouzet forme la dérivation des eaux du Sor dans un Canal qui, sur une étendue de 2745 mètres jusqu'au Port Louis près de Revel, servait de bief à d'anciens moulins. Mais, quoiqu'on ait profité de ce bief, il n'en est pas moins vrai, contre l'opinion ordinaire, que dans le tracé général, la rigole de la plaine commence à Pont-Crouzet, et non au Port Louis. Cette rigole, creusée au pied de la montagne Noire, et par conséquent dans un plan de beaucoup inférieur à celui de la rigole de la montagne, a 39 décimètres de largeur moyenne, et 47 centimètres de hauteur réduite; la vîtesse de ses eaux est de 18 centimètres par seconde; ce qui donne pour sa portée 318 litres environ.

La rigole de la plaine est prolongée sur une étendue de 9255 mètres jusqu'au hameau des Thomases, point où les eaux qui sortent du réservoir de Saint-Ferréol, se joignent à celles venant de Pont-Crouzet, pour se rendre, ainsi réunies, au point de partage, par une continuation de rigole d'une plus grande capacité, et de 30122 mètres de développement.

DU CANAL DU MIDI.

Les eaux de la rigole de la montagne au-dessus des Thomases, en amont de leur jonction à celles du Sor, coulent sous une section de 38 décimètres de largeur moyenne, et de 43 centimètres de hauteur réduite, avec une vitesse de 15 centimètres par seconde, répondant à une portée de 247 litres (1).

On a construit à ce confluent, pour la manœuvre des eaux, un grand déversoir et trois épanchoirs de fond qui correspondent au lit naturel du Laudot. Une demi-écluse entre deux bajoyers barre la rigole au-dessous des épanchoirs, et sert à rejeter dans le lit du Laudot, pendant l'hiver, les vases du fond du réservoir de Saint-Ferréol, et, dans le courant de l'année, les eaux sauvages lors des grandes pluies, pour que la partie inférieure de la rigole jusqu'à Naurouse, ne reçoive que l'eau qui est nécessaire à la navigation.

Cette rigole est aussi percée de deux épanchoirs de fond, près du moulin de Naurouse, pour dégager le Canal des eaux sauvages, et les rejeter dans le Fresquel.

Deux épanchoirs de fond accolés à l'ancien bassin de Naurouse, sont destinés au même usage, dans le cas d'insuffisance des deux premiers.

A six kilomètres de la maison de Laudot, le ruisseau de Saint-Félix, qui n'est qu'une branche du Fresquel, franchit dans les crues la rigole, sur un pont en bois qu'on appelle la *cale de Saint-Félix*, où l'on a pratiqué des parapets élevés, afin d'empêcher les eaux troubles de ce torrent de se mêler avec celles de la rigole. On a fait des dispositions pareilles pour le torrent de Fondret qu'on trouve un peu plus loin.

Du ruisseau de Saint-Félix à Naurouse, la rigole est soutenue

---

(1) Cette portée, ainsi que celle de la rivière de Sor que nous avons citée plus haut, ont été déterminées avec soin dans le mois de messidor de l'an 2.

à mi-côte, et presqu'à la naissance des profonds ravins dont est sillonné le revers de l'extrémité des montagnes des Corbières, qui des Pyrénées viennent se prolonger au-devant de la montagne Noire. Ces nombreux enfoncemens, et ceux qu'on a été obligé de développer dans le tracé de la rigole de la montagne, ont presque doublé la longueur des canaux de dérivation creusés à la main. La longueur totale de ces canaux est d'environ soixante-deux kilomètres, tandis qu'il n'y a réellement que trente-quatre kilomètres en ligne droite, depuis la prise d'Alzau jusqu'au point de partage.

Navigation de la rigole de la plaine. — On essaya dans l'origine de rendre la rigole navigable depuis Revel jusqu'à Naurouse, afin de favoriser l'exportation des grains et des produits des diverses exploitations de la plaine de Revel et pays circonvoisins. D'après l'adjudication des ouvrages du 14 octobre 1666, la rigole de la plaine, depuis Revel jusqu'à Naurouse, ne devoit servir qu'à conduire les eaux de dérivation au point de partage; mais dès 1669 cette rigole fut rendue navigable. On lui donna, pour cet effet, dix mètres d'ouverture supérieure, quatre mètres de base, et de treize à dix-sept décimètres de profondeur d'eau. Sur un développement d'environ trente-neuf kilomètres, et une différence de niveau de trente-sept mètres, on établit quatorze écluses, dont trois seulement furent en maçonnerie. Les autres, construites à la légère, sans revêtemens en pierres ou en bois, se trouvaient, en 1675, dans un état de dégradation marquée; en sorte que, avant même que le Canal fût achevé, il n'était plus question de la navigation de la rigole de la plaine; ce qui annonce que cette entreprise ne fut qu'un essai.

Les barques destinées à naviguer sur la rigole, avaient un

gabarrit particulier ; leur longueur n'était que de huit mètres, et leur largeur de deux mètres. On avait creusé près de Revel un port destiné à les recevoir : ce port fut appelé *Port Louis*, et son emplacement conserve encore ce nom.

On retrouve le souvenir de cette ancienne navigation de la rigole de la plaine, dans un Mémoire de M. de Bezons, intendant de Languedoc, à M. de Colbert, sous la date de 1669 ; dans un petit ouvrage de M. de Froidour imprimé en 1672, et dans un Mémoire de M. d'Aguesseau, intendant de Languedoc, ayant pour titre : *Avis sur les augmentations prétendues par M. Riquet.* Ce Mémoire est de l'année 1675.

La navigation de la rigole de la plaine avait été reprise depuis 1705 jusqu'en 1725, par un négociant de Revel, sur une concession gratuite. Ce négociant fit bâtir, légèrement à la vérité, des piles à placer des poutrelles pour faire des retenues ; ses affaires se dérangèrent, et cette entreprise fut abandonnée.

En 1754, le rétablissement de cette navigation fut proposé de nouveau, mais sans succès.

Le même projet fut renouvelé en 1765 par une compagnie, sous le nom de Sarrat, et vivement contrarié par les propriétaires. Après avoir été attaqué et soutenu par de mauvaises raisons, ce projet fut rejeté par la délibération des États, du 7 janvier 1775 : *Cette navigation, y est-il dit, ne pouvant être établie et conduite que par les propriétaires du grand Canal, si l'exécution est trouvée ne présenter aucun inconvénient.*

Il ne doit donc rester aucun doute sur l'existence qu'a eue la navigation de la rigole de la plaine de Revel à Naurouse ; et l'on doit être certain qu'on pourrait la rétablir et la porter même jusqu'au Tarn. Mais un projet particulier, utile à une ville, à un canton, ne doit-il pas être soumis au système général dont il est destiné à faire partie ? et ne faut-il pas que les dépenses de construction et d'entretien soient comparées avec les avantages locaux qui doivent en résulter, tels que ceux de l'agriculture, de l'industrie et de divers genres d'exploitations qui trouveraient dans l'exécution de ce projet un débouché facile ? Sous ces deux rapports, la question du rétablissement de la navigation sur la rigole de la plaine, fortement agitée de 1765 à 1775, et portée au grand Conseil par la compagnie Sarrat, n'est point encore résolue. Les opposans à cette navigation s'étaient moins attachés à faire voir qu'un pareil projet ne présentait pas d'une manière certaine un avantage réel pour le tout, qu'à faire naître des doutes sur sa possibilité. Ils faisaient principalement valoir les inconvéniens qui devaient résulter pour la ligne actuellement navigable, d'une fourniture d'eau irrégulière au point de partage, fourniture qu'on se plaisait à supposer contrariée par les manœuvres de la navigation de la rigole elle-même. L'objection la plus spécieuse est sans contredit cette dernière ; mais l'exemple de l'écluse de Moussoulens, dont nous parlerons à l'article de la Robine, prouve qu'une écluse peut fournir avec la plus grande facilité, à la navigation d'un Canal, en même temps qu'à un débit indépendant et déterminable à volonté pour l'entretien des retenues suivantes ; et rien n'empêcherait de construire sur ce modèle les écluses de la rigole de la plaine. Du reste, cette rigole est située de manière qu'il serait aisé de lui donner la garantie ordinaire des aqueducs, des contre-canaux et autres ouvrages d'art, nécessaires contre les eaux sauvages.

Nous avons dit plus haut que la navigation de la rigole de la plaine pouvait être portée jusques au Tarn.

Il existe un mémoire de 1670, contenant le projet de rendre navigable la rivière d'Agoût, et d'y amener une branche du Canal par le vallon du Sor, à partir de Pont-Crouzet.

On trouve liée à ces projets l'idée de mener à Revel, considéré comme point de partage, un grand volume d'eau des ruisseaux ou rivières de Mazamet, Escoussens, Massaguel et Saint-Chamaux.

A ces moyens se trouve encore jointe l'idée d'un grand réservoir à cals; en sorte que, lorsqu'en 1670 on se proposait d'établir une navigation dans le vallon du Sor, c'était sans doute pour rétablir celle de l'Agoût, et le lier avec le grand Canal des deux mers, dont le projet, à cette époque, était en exécution.

Réservoir de Saint-Ferréol. — Le réservoir de Saint-Ferréol et celui de Lampy, concourent essentiellement, avec les canaux de dérivation, à la manœuvre des eaux dans la montagne Noire. Le réservoir de Saint-Ferréol existe depuis la construction du Canal : il est situé à trois kilomètres au sud de la ville de Revel.

Ce réservoir a été formé, comme nous l'avons déjà dit, en barrant le vallon du Laudot. La première pierre de cet ouvrage immense fut posée avec solennité, le 17 de novembre 1667, par le Président des États de Languedoc. La figure de ce réservoir, lorsqu'il est plein, est à-peu-près celle d'un triangle scalène, dont le plus petit côté s'appuie à la digue du barrage; la différence des deux autres côtés est peu considérable.

Il est dominé sur sa gauche par des coteaux assez élevés, couverts de belles forêts, telles que celle de Lancastre, qui ont des sources abondantes. Les coteaux opposés sont très-bas, et se trouvent, sur une certaine étendue, presqu'au niveau de la superficie du réservoir.

La longueur du réservoir de Saint-Ferréol est de 1559 mètres; sa largeur près de la digue, de 780; sa plus grande profondeur, de 325 décimètres; sa superficie excède 66 hectares : il contient près de 6 millions 956 mille mètres cubes d'eau. Garipuy est parvenu à cette détermination, en faisant lever le plan des sections du réservoir, éloignées entre elles de 2 mètres 92 centimètres, et en prenant les sommes des nombres de mètres cubes contenus dans les différentes tranches comprises entre ces sections (voyez le tableau n° 1, à la fin de ce chapitre). On évalue à 5419 hectares la surface des bassins qui versent les eaux des pluies dans ce réservoir ou dans les rigoles qui peuvent les y amener.

Garipuy avait supposé le niveau de l'eau dans le réservoir à 32 centimètres au-dessous du couronnement du mur, ce qui donnait 32 mètres 18 centimètres de hauteur de section ; mais les grands vents qui élèvent considérablement les vagues et les font passer par-dessus la digue, obligent à tenir les eaux à 1 mètre 15 centimètres au-dessous du couronnement ; il faut donc réduire la hauteur de la tranche supérieure de 82 centimètres, et diminuer conséquemment d'environ 36 mille mètres cubes l'évaluation de Garipuy.

La digue de Saint-Ferréol est formée de trois murs, dont les deux extrêmes sont éloignés d'environ soixante mètres de celui du milieu, qui a trente-deux mètres et demi d'élévation. Ces murs sont fondés et enclavés de toutes parts dans le roc. Leurs intervalles ont été remplis par deux terrassemens : le mur principal étant plus haut que les deux extrêmes, le terrassement qui forme glacis, se trouve totalement recouvert par les eaux du réservoir, d'autant plus qu'il n'atteint pas à beaucoup près le couronnement du mur.

Chaque terrassement est traversé, dans sa largeur, par deux voûtes placées l'une au-dessus de l'autre. La voûte inférieure du terrassement intérieur, qu'on appelle *voûte d'enfer*, correspond au fond du lit naturel du Laudot : elle est réglée de pente avec la voûte qui lui fait suite dans le grand terrassement, et qui prend le nom de *voûte de vidange*, parce que c'est par-là que les eaux du bassin retombent dans le lit naturel du Laudot. Ce lit, au sortir de la voûte de vidange, s'appelle *rigole de fuite*. Les deux voûtes dont nous venons de parler ne se trouvent point dans le même plan vertical : il a fallu détourner la voûte de vidange de la direction de la voûte d'enfer, afin de plier sa direction à celle du ravin.

Les deux terrassemens ont été formés de cailloux et de terre, et l'on a mis par-dessus 1 mètre 95 centimètres de terre glaise. La nature de ces matériaux les rend peu propres à arrêter les filtrations qui se répandent dans toute la digue, et se font jour à travers le mur et les voûtes. Ces filtrations exigent toutes les années des réparations considérables.

La voûte d'enfer et celle de vidange communiquent par un pertuis pratiqué dans le grand mur, et fermé par une pale en fer de 65 centimètres en carré.

La tête de la voûte d'enfer est percée d'un puits ou tambour vertical, au fond duquel est établie une autre pale pour interdire aux eaux du réservoir l'entrée directe de la voûte. Les eaux tombent dans la voûte par le puits, et se rendent aux robinets.

La digue de Saint-Ferréol soutient une masse d'eau dont la section totale est de 31 mètres 35 centimètres de hauteur. Un déversoir placé à l'extrémité de cette digue, entretient les eaux à cette élévation.

Lorsqu'on veut vider le réservoir, on commence à donner les premières eaux, en levant une pale située à peu de distance du déversoir, et les eaux descendent jusqu'à deux mètres au-dessous de la superficie du bassin.

La pale de la Badorque, éloignée de 146 mètres de la première, les fait écouler jusqu'à 65 décimètres au-dessous du même niveau.

L'élévation de l'eau est encore de 24 mètres 85 centimètres.

On sent qu'une colonne d'eau de cette hauteur agirait par un poids énorme contre une vanne placée à sa base. On a évité l'effet de cette grande pression, en substituant à la voûte qui conduirait l'eau au pertuis, trois tuyaux de fonte de 24 centimètres de diamètre chacun, scellés dans le grand mur, et fermés à l'aide de robinets, dont le jeu est extrêmement facile à régler.

On a critiqué les coupes extérieure et intérieure des tuyaux. Leur coupe extérieure devrait être elliptique, parce que cette forme est plus propre à bien sceller un tuyau dans l'épaisseur d'un mur. Leur ouverture intérieure n'a pas assez de diamètre. On a vu, dans les années d'une grande sécheresse, le déchet des filtrations et de l'évaporation absorber entièrement, ou presqu'entièrement, le débit de ces ouvertures, et rendre inutile toute la partie du bassin de Saint-Ferréol plus basse que le niveau de la Badorque, dont les ressources auraient pu suffire pour le remplissage du Canal et le rétablissement de la navigation. Aussi a-t-on proposé de donner au pertuis de vidange le même orifice que celui de la voûte de même nom, et de construire au-devant, jusqu'à la hauteur de la digue, un grand mur circulaire percé de six ouvertures, dont les pertuis, dirigés dans le sens des rayons, et manœuvrés au moyen d'un escalier semblable à celui de Lampy, auraient abouti à l'entrée de la voûte de vidange. L'épaisseur de la digue, qui est de 120 mètres à sa base, et la mauvaise qualité de son massif, ne permettent pas d'employer des moyens plus simples pour remédier à la petite ouverture des robinets et régler à volonté la dépense du réservoir.

Une pyramide qui s'élève à dix-neuf mètres et demi au-dessus de la tête de la voûte d'enfer, assez semblable au nilomètre des Egyptiens, sert à indiquer, à mesure qu'elle se découvre, le degré d'abaissement des eaux. Le sommet de cette pyramide est au niveau du haut du terrassement intérieur qui soutient le grand mur. Du couronnement de la digue à ce point, les degrés d'abaissement sont comptés sur le mur même.

Les robinets sont établis à 21 mètres 92 centimètres au-dessous du seuil de la pale de la Badorque : on y arrive par une galerie voûtée, de 74 mètres de longueur, dont le sol a une pente vers le grand mur, et l'on y descend, en outre, par une trentaine de marches.

La voûte d'entrée des robinets est dans un plan au-dessus de celui de la voûte de vidange ; mais elle est dans le même plan et dans la même direction, que la voûte supérieure à celle de vidange, et par où les eaux du réservoir arrivent aux tuyaux scellés dans le grand mur, passent de-là aux robinets, d'où elles tombent avec un bruit effroyable dans la voûte de vidange, par les 2 mètres 92 centimètres de chute, qui restent des 31 mètres 35 centimètres de hauteur de section.

On a eu l'attention de ménager deux mètres de hauteur d'eau au-dessus du fond, pour pouvoir faire la manœuvre des vases qui s'amoncèlent pendant l'année dans le réservoir, et en avant des pales du tambour situé, comme nous l'avons dit, près de la tête d'entrée de la voûte de vidange. Lorsque les eaux du réservoir ne passent plus par les robinets, on lève les pales du tambour et celle du pertuis du grand mur ; les eaux se précipitent avec violence, et en tournoyant, entraînent les troubles qui sont rejetés aux Thomases dans le lit inférieur du Laudot. On fixe la durée de ces manœuvres à six heures de jour, pour ne pas priver, pendant vingt-quatre heures, la navigation des eaux dont elle a besoin ; et afin de faire arriver à-peu-près la même quantité d'eau à Naurouse, on fournit pendant la nuit un plus grand volume, qui y parvient dans le jour.

Huit à dix jours suffisent pour enlever les dépôts. La manœuvre des vases se fait vers la fin de frimaire, époque où l'on met le réservoir de Saint-Ferréol entièrement à sec pour les travaux intérieurs.

Le Canal est pour lors alimenté par les eaux de la rivière de Sor, qui se rendent au point de partage, en suivant la rigole de la plaine. Il l'est encore par les eaux de la rigole de la montagne, qu'on détourne, à leur entrée dans le réservoir de Saint-Ferréol, par une rigole de ceinture pratiquée au pied des coteaux de Lancastre, et qui les porte dans le ruisseau de Laudot, au-dessous du réservoir.

Les travaux de S. Ferréol sont achevés vers la fin de nivôse : alors on lute toutes les pales pour y introduire les eaux de la rigole de la montagne et les y retenir. Le réservoir de Saint-Ferréol a été rempli quelquefois en trente-huit jours, et plus souvent en quarante.

Dès que les eaux sont parvenues à la plus grande hauteur, on rejette par les épanchoirs de Bernassonne et de Lampy, l'eau surabondante à celle qui est nécessaire pour rafraîchir la surface de Saint-Ferréol, et pour les besoins de la navigation.

L'attention pour la manœuvre des eaux dans la montagne, est plus nécessaire à cette époque qu'à toute autre, à cause des pluies du printemps.

1°. Pour ne pas surcharger le réservoir de Saint-Ferréol, dont le débit se trouve nécessairement fixé aux vannes de trop-plein, la rivière du Sor étant abondante.

2°. Pour rendre, lors des fortes pluies, à la plaine de Carcassonne les eaux qui coulaient naturellement par les ruisseaux de Bernassonne et de Lampy avant la construction du Canal, et ne pas inonder la plaine de Revel : ces rivières tombaient alors dans le Fresquel, leur récipient commun, auprès d'Alzonne (1).

En prairial, on fait toutes les réparations de la rigole de la montagne. Cette époque a été choisie pour la confection de ces travaux, parce que la rivière de Sor a encore beaucoup d'eau; et qu'en cas d'insuffisance, le réservoir de Saint-Ferréol se trouvant plein, une partie de ses eaux peut suppléer à ce qui manque à la navigation.

Dans le mois de fructidor, le Canal et la rigole de la plaine sont mis à sec pour les réparations et les curemens qu'on est obligé d'y faire. On ferme alors la prise de Pont-Crouzet, et l'on rejette aux Thomazes le trop-plein du bassin de Saint-Ferréol. Dès que les travaux de la rigole sont terminés, on lui donne les *petites eaux*, afin d'en humecter la base et les talus, et les préparer à recevoir les *grandes eaux* du réservoir de Saint-Ferréol pour le rétablissement de la navigation : arrivées à Naurouse, elles sont versées dans le Fresquel, le Canal ne pouvant pas encore les recevoir.

Les travaux du Canal se terminent ordinairement à la fin de vendémiaire: c'est aussi l'époque où l'on donne le grand volume d'eau de Saint-Ferréol.

Ce volume n'est pas le même tous les ans; il est déterminé par l'ingénieur en chef, qui sait, par un calcul très-simple, le surplus des eaux qui sont nécessaires pour compléter celles qu'on a gardées dans les différentes retènues où il n'y a pas eu de grands travaux à exécuter, et qui connaît en outre l'état des sources, des réserves et des prises de Sor, du Fresquel, d'Orbiel, d'Ognon et de Cesse.

---

(1) Depuis la construction du Canal, on a changé les termes d'un vieux proverbe qui indiquait le cours primitif de ces rivières, en disant :

Lampy, Tenton et Bernassonne,
Ont passé sous le pont d'Alzonne.

Les eaux du réservoir de Saint-Ferréol étant à leur plus grande hauteur, et les sources se trouvant nourries, huit ou dix jours suffisent pour remplir le Canal.

Dans les années où l'on a éprouvé des sécheresses, il a fallu près d'un mois pour rétablir la navigation, qui a été même pénible dans son commencement. Saint-Ferréol et Lampy, dont les eaux étaient basses, fournissaient seuls de Toulouse à Fonseranes, les prises intermédiaires étant presque nulles.

Les grandes eaux mettent douze à quatorze heures pour aller de Saint-Ferréol au point de partage, et parcourent dans ce temps vingt-sept à vingt-huit kilomètres.

Le grand volume de Saint-Ferréol ne peut excéder 108444 mètres cubes, mesurés par heure au point de partage, sans exposer la rigole à des submersions qui pourraient emporter les berges faibles, et occasionner des dégradations considérables.

Réservoir de Lampy. — Le bassin de Lampy avait été projeté dans l'origine, avant qu'on eût déterminé l'emplacement de celui de Saint-Ferréol, qui fut jugé suffisant comme réserve d'eau (1).

On a construit le bassin de Lampy à l'occasion du Canal de Narbonne, et pour fournir aux dépenses de ce Canal. La digue de barrage de ce réservoir n'a que 126 mètres de longueur à son couronnement, réduite à 42 mètres à sa base, et 162 décimètres de hauteur : elle est attachée aux rochers qui resserrent le vallon dans cette partie. Cette digue est établie sur un massif de fondation de 12 mètres d'épaisseur sur 19 décimètres de hauteur, lequel est lui-même fondé sur le roc vif : elle a 52 décimètres d'épaisseur à son couronnement.

---

(1) Voyez le chapitre premier, page 13.

Les paremens extérieur et intérieur de cette chaussée, faits de granit trouvé dans le lieu même disséminé en gros blocs, sont élevés avec talus. Le parement extérieur est en outre contenu par des contre-forts qui ont pour base un socle sur lequel s'élève le massif du contre-fort.

La hauteur de la chaussée n'étant que de 162 décimètres, il a été aisé de régler la manœuvre des eaux avec des vannes, au lieu d'employer des robinets, ainsi qu'on l'a pratiqué au bassin de Saint-Ferréol; et voici les changemens qui en ont résulté dans le plan de l'ouvrage.

La hauteur de 162 décimètres a été divisée en quatre parties d'environ 40 décimètres chacune. A cette distance, on a pratiqué des voûtes de 98 centimètres de hauteur sur une largeur égale, disposées en sautoir les unes au-dessus des autres. On a fermé ces pertuis avec des vannes; mais pour pouvoir faire la manœuvre des eaux, il a fallu diviser le parement intérieur de la chaussée en retraites de 13 décimètres de largeur, dans l'épaisseur desquelles on a construit des escaliers destinés à descendre à ces vannes pour pouvoir les lever plus facilement.

La chaussée contient, au total, douze mille mètres cubes de maçonnerie.

Il est à regretter qu'un ouvrage, dont on ne saurait trop admirer la beauté de la composition et de l'exécution, ait péché, dans l'origine, un peu par la solidité. Au lieu de bâtir cette chaussée toute en maçonnerie de moellons à bain de mortier, on aurait dû employer, ce qui semble absolument nécessaire dans de pareils barrages, un terrassement en bonne terre glaise entre le mur de face et le mur intérieur, afin de s'opposer par là à l'infiltration continuelle de l'eau à travers le corps de la maçonnerie. Si les filtrations suivaient une ligne directe, en attaquant les murs de barrage à l'endroit des perdans, on arriverait à leur origine, et l'on parviendrait à les arrêter; mais les eaux se dévient d'une manière irrégulière, et l'on est souvent obligé de faire de grandes excavations dans la maçonnerie, pour tâcher d'arriver à la source des perdans sans pouvoir y parvenir.

D'après cette considération, que l'eau dépose à la rencontre de tout obstacle, on a cherché à suppléer à cette inattention d'une manière assez ingénieuse, en jetant au-devant du parement intérieur 280 myriagrammes de chaux éteinte que l'eau a délayée, qu'elle a ensuite entraînée, déposée dans les interstices de la maçonnerie, et conduite jusqu'à la surface du parement extérieur, où cette chaux a formé, en s'emparant du gaz acide carbonique de l'atmosphère, une légère couche de pierre calcaire revivifiée. Le grand mur du bassin de Lampy, ainsi tapissé d'une matière très-blanche, offre dans ce vallon agreste un coup-d'œil assez piquant. Après un certain nombre d'opérations de ce genre, les filtrations ne se sont plus guère manifestées au-dehors; ce qui a dû annoncer que les interstices étaient à-peu-près remplis. Néanmoins il existe encore des perdans, et ils s'annoncent à tous les points où la couche de pierre calcaire revivifiée se boursouffle.

Le réservoir de Lampy contient, d'après plusieurs jaugeages approximatifs, environ 2,665,000 mètres cubes d'eau; la dépense du Canal de Narbonne à laquelle il fournit pendant la sécheresse au défaut des prises intermédiaires, n'est pas assez considérable pour l'épuiser entièrement; l'excédent de ses eaux coule au profit du grand Canal.

Je dois observer que les eaux du réservoir étant à 160 décimètres de hauteur, s'échappaient par un abaissement de la montagne du côté du couchant, à un endroit nommé *Leignes*; on a été obligé d'y faire un corroi très-gras, revêtu d'un fort péré, pour soutenir les eaux à cette hauteur. Cependant on ne les tient ordinairement qu'à 154 décimètres, et on laisse couler dans la rigole le volume d'eau que fournit le ruisseau de Lampy.

Le plan du réservoir de Lampy est dû à feu l'ingénieur en chef Garipuy, homme d'un grand mérite, et bien digne de tous les regrets que sa perte a excités.

Bassin de Naurouse. — Le bassin de Naurouse est situé à douze kilomètres de Castelnaudary, à l'extrémité de la rigole et au point le plus bas de la sommité de cette arête ou contre-fort, qui fait la séparation des eaux entre les deux mers.

A peu de distance du bassin, et vers le milieu de l'ouverture du col, paraissent, sur un monticule isolé, deux roches nues presque adhérentes, appelées les *pierres de Naurouse*; elles ont, en quelque sorte, servi, dès la fin du seizième siècle, de point de repaire à tous ceux qui cherchaient la meilleure direction à prendre pour joindre les deux mers par un Canal de navigation.

Le bassin de Naurouse est creusé dans le roc : sa figure est celle d'un octogone oblong, dont les faces sont de $132 \frac{1}{2}$ mètres et qui a $1060 \frac{1}{2}$ mètres de pourtour. Sa longueur est de 390 mètres, et sa largeur de 292 mètres $\frac{1}{2}$: il est revêtu de pierres de taille.

Il y avait toujours dans ce bassin 444 mille mètres d'eau que la rigole lui amenait, et que l'on fournissait aux deux lignes de navigation vers l'Océan et vers la Méditerranée, par des écluses situées à deux de ses angles.

Le bassin de Naurouse s'est comblé par les dépôts successifs des eaux de la rigole. On eût pu prévenir cet atterrissement en expulsant les vases par des manœuvres pareilles à celles de Saint-Ferréol, au moyen de l'épanchoir qui verse les eaux dans le Fresquel.

Ce terrain d'alluvion est aujourd'hui planté de peupliers. On a conservé une rigole intérieure le long des quais, pour pouvoir conduire les eaux jusqu'aux deux écluses du Médecin et de Montferrand qui soutiennent la retenue du Médecin, ou retenue du point de partage (1). A la première de ces écluses, on mesure la portion des eaux nécessaire à la branche orientale du Canal pour sa dépense journalière, et à la seconde, celle qui est nécessaire à la branche occidentale jusqu'à la Garonne.

Pendant le cours de la navigation, l'on observe de ne laisser arriver au point de partage que les eaux nécessaires à sa dépense journalière, dont le *maximum* peut être évalué à 813 litres par seconde.

Ce volume, après avoir alimenté la retenue du Médecin, se divise par portions égales sur les deux versans. On devrait établir, pour cette distribution, une mesure invariable et indépendante de la négligence ou de la mauvaise volonté des éclusiers des deux écluses de la *tête d'eau*.

Nous verrons, dans le chapitre v, les rapports suivant lesquels il conviendrait de distribuer les eaux de Naurouse, eu égard aux divers degrés d'activité de la navigation.

Le rétablissement du bassin de Naurouse, et l'agrandissement dont il est susceptible, paraissent commandés par des considérations d'une importance majeure. Ce bassin serait une réserve

---

(1) On appelle *retenue* une portion d'un canal de navigation, comprise entre deux écluses. Celle qui soutient les eaux appartient seule à la retenue; sans elle, en effet, cette retenue n'existerait pas : il n'y a que la retenue du point de partage qui ait deux écluses, parce qu'elle se trouve à l'origine de deux versans.

qui équivaudrait à toute autre, en égalisant ou réglant à volonté la fourniture des eaux pendant l'année de navigation ; en recevant et retenant, pendant le chômage, les eaux inférieures à Saint-Ferréol, qui, durant près de quarante jours, s'écoulent en pure perte ; enfin en servant de grande cale où resterait la majeure partie des dépôts que les eaux amènent dans le Canal par le défaut de cet intermédiaire, et qui seraient ensuite enlevés soit par des manœuvres d'eau, soit en faisant agir un ponton qui entretiendrait le curement de ce réservoir.

La première partie du projet se bornerait au rétablissement de l'ancien bassin, avec un médiocre rehaussement aux digues, que l'on effectuerait au moyen des terres provenant du curement. On sent qu'il conviendrait de relever à proportion le quai qui borde le bassin, ainsi que les autres maçonneries.

Dans cet état, le bassin de Naurouse pourrait contenir 444 mille mètres cubes d'eau supérieure au niveau de l'écluse du Médecin.

La seconde partie du projet aurait pour but de donner à ce bassin tout l'agrandissement dont il est susceptible, et comme il y a 59 décimètres de chute depuis le niveau de la rigole, en amont des moulins, jusqu'au niveau de la retenue du Médecin, en profitant de toute cette hauteur, et en éloignant du centre les digues à mesure qu'elles seraient rehaussées, on pourrait peu à peu, et au bout de quelques années, porter la capacité de ce bassin à 888 mille mètres cubes.

§. II.

De la rivière de Garonne à l'écluse d'Argens, ou à la grande retenue.

Nous diviserons ce paragraphe en trois articles, savoir : du point de partage à la Garonne, du point de partage au Fresquel, et du Fresquel à l'écluse d'Argens, ou à la grande retenue.

Cette étendue de la ligne navigable comprend, pour la distribution, l'ordre et la surveillance de la police et des travaux, près de cinq divisions, confiées chacune à une administration particulière, ayant à sa tête l'Ingénieur-Directeur des travaux. Ces divisions sont celles de Toulouse, Naurouse, Castelnaudary, Trèbes, et le Somail. La grande retenue appartient à la dernière division; mais nous l'avons séparée à cause de son importance, pour en faire un article particulier.

La ligne navigable, ou le plan du Canal, est assujétie aux différens contours ou sinuosités des terrains, le long desquels elle est conduite; et son profil dépend de la nature de ces mêmes terrains.

Par le devis du chevalier de Clerville, dont fait mention un arrêt du conseil du mois d'octobre 1666, on devait donner au Canal 156 décimètres d'ouverture à la superficie, 104 décimètres à la base, et 26 décimètres de profondeur.

On jugea qu'il était plus convenable de lui donner 195 décimètres d'ouverture à la superficie, 97 décimètres à la base, et 1 mètre 95 centimètres de hauteur d'eau dans les endroits les moins profonds : ce changement fut approuvé par un arrêt du conseil du 14 mars 1682.

Dans les plaines, on soutint les eaux entre deux digues provenant du déblai des terres du Canal et des contre-canaux; sur le penchant des collines, on n'eut besoin que d'une digue qui se trouve du côté faible.

La largeur des digues fut réglée à 117 décimètres; leur talus extérieur fut subordonné à leur hauteur.

Dans les parties où l'on trouva du roc, on donna au Canal des dimensions beaucoup moindres; les parties creusées dans le roc forment une longueur d'environ 9800 mètres.

Les contre-canaux ont également varié pour leurs dimensions. Le talus intérieur du Canal fut réglé à 2 et $\frac{1}{2}$ de base sur 1 de hauteur.

Ce talus a été brisé depuis, à la ligne de flottaison, par une berme de 75 centimètres de largeur, plantée de trois rangs de joncs ou glayeuls qui rompent la dernière lame d'eau mise en mouvement, soit par l'ondulation des vagues, soit par la marche des barques et bateaux.

Le chemin de halage et la banquette du côté opposé, recouverts de graviers et rendus solides afin de faciliter le halage, ont été tenus à la hauteur de 66 centimètres. On a obtenu en outre, par ce moyen, une moindre charge des berges, et prévenu la chute des éboulemens des terres dans la cuvette du Canal.

La hauteur de la crête de l'intérieur des digues a été fixée au-dessus du repaire connu de l'intumescence que peuvent éprouver les eaux du Canal.

On a donné au plateau des francs-bords une inclinaison vers l'extérieur, qui diminue d'autant l'effet des pluies, et rejette dans les contre-canaux et sur les terres riveraines, les dépôts qu'elles entraîneraient dans le Canal.

Rien n'est plus essentiel à la conservation du Canal, que les travaux qui tendent à lui donner cette forme par-tout où elle est possible, et à la conserver dès qu'elle a été acquise.

Il existait un profil primitif, mais qui n'était pas déterminé avec assez d'exactitude; les inconvéniens qui en résultaient, donnaient lieu à des réclamations continuelles de la part des riverains.

Dans la vue de faire cesser de pareilles contestations, et afin de renfermer les francs-bords dans de justes limites, et de rendre les terres excédentes aux besoins du Canal, les États de Languedoc firent exécuter l'opération du bornage, qui fut entreprise dès l'année 1764.

Les États avaient posé en principe, que, dans les endroits où le Canal serait sur un penchant, on ne toucherait point aux francs-bords, parce que l'expérience avait fait connaître qu'ils avaient une largeur convenable ; que dans les endroits où le Canal serait excavé dans le roc, la largeur des francs-bords serait, pour chacun, de 117 décimètres; que par-tout ailleurs, l'ouverture du Canal étant de 156 ou 195 décimètres, sa largeur de chaque côté, à prendre de son milieu, serait de 214 ou 234 décimètres, plus 25 centimètres répétés autant de fois qu'il y aurait de décimètres au-dessus de 15, dans la différence du niveau entre les bords du Canal et la surface des eaux.

Les États ajoutèrent à cette détermination, 1°. qu'aux endroits où des bâtimens dépendans du Canal excéderaient la limite des francs-bords, on placerait les bornes à l'extrémité de ces bâtimens ; 2°. qu'aux endroits où il serait nécessaire qu'il y eût des chemins sur les bords du Canal, on les établirait de préférence sur les terres excédentes, ou à leur défaut, sur les francs-bords.

Garipuy, qui fut chargé du plantement des bornes, considéra les limites des francs-bords comme deux polygones rectilignes d'un grand nombre de côtés : ce fut aux angles de ces polygones qu'il plaça les bornes, mesurant pour chacune d'elles, outre sa distance à sa voisine sur la même limite, et à sa correspondante sur la limite opposée, l'angle que faisait avec la méridienne la ligne joignant deux bornes consécutives. Toutes

DU CANAL DU MIDI.

ces mesures furent rassemblées dans une carte construite sur une échelle d'environ 22 déci-millimètres par mètre, que Garipuy avait dressée antérieurement à toute opération.

Le bornage du Canal fut terminé en 1772 ; celui des rigoles se fit, d'après les mêmes principes, en 1774.

L'opération du bornage a fixé d'une manière invariable les limites, et conséquemment l'étendue en largeur du domaine du Canal.

L'étendue en longueur, avec l'intervalle entre les divers ouvrages, les longueurs de ces ouvrages, et les chutes des écluses, ont été déterminées par la même opération.

D'Aguesseau, intendant de Languedoc, dans son procès-verbal de réception du Canal, du mois de juillet 1684,

Touros, dans son procès-verbal de visite du Canal, en 1728,

La Blottière, après une pareille opération en 1738, ont présenté les mêmes élémens de longueur des différentes parties du Canal et les hauteurs des chutes des écluses.

Ces élémens sont tous variables.

D'après le procès-verbal de d'Aguesseau (1), la longueur du Canal, en 1684, approchait beaucoup de. . $251648^m,919^{millim.}$

Touros donne pour longueur totale du
Canal. . . . . $228959,142$
La Blottière. . . . . $248198,079$
Et l'opération du bornage. . . . . . . $238715,257$

---

(1) Voyez la note VI aux notes et pièces justificatives. Il est impossible de tirer de cette pièce originale l'étendue précise qu'on supposait au Canal, parce que, dans l'expression des longueurs partielles, où l'on a tantôt compris, tantôt isolé les longueurs de chaque écluse, on n'a pas eu l'attention de spécifier, à chaque fois, lequel de ces deux cas on avait considéré.

D'Aguesseau, assisté du Père Mourgues, jésuite, qui faisait les opérations, donne pour la somme des chutes de toutes les écluses vers l'Océan et vers la Méditerranée, ou pour la hauteur du point de partage au-dessus de la Méditerranée. . . . . 193^m,196$^{millim.}$
et pour celle au-dessus de la Garonne. . . . . 59 ,384

Touros donne pour la première. . . . . . . 196 ,338
et pour la seconde. . . . . 61 ,611

La Blottière donne pour la première. . . . 186 ,295
et pour la seconde. . . . . 61 ,801

L'opération du bornage donne pour la première. . . . . 189 ,084
et pour la seconde. . . . . 62 ,992

Aucune opération n'indique les points de repaire d'où l'on est parti.

Touros mesurait de la surface de l'eau inférieure à celle de l'eau supérieure, et le P. Mourgues, du fond d'une retenue à l'autre.

Quant aux longueurs, elles ont pu varier, soit par la diminution et les redressemens des contours, soit par la variation dans les dimensions des ouvrages de maçonnerie.

Le prix des ouvrages, d'après les conditions de l'entreprise, fut, pour l'excavation de la rigole de la montagne, de 30 liv. la toise.

Pour la rigole de la plaine, de 10 liv.

Pour la ligne du Canal, de 30 liv.

Une écluse revenait à 15,000 liv.; elle coûterait maintenant avec ses portes, plus de 50,000 fr.

A l'époque de la construction du Canal, les journées de travail n'étaient que de 8 à 9 sous.

Du point de partage à la Garonne. — L'idée de l'ingénieur

du Canal du Midi avait été d'abord de descendre du point de partage à la Garonne, par la rivière de Lers, qu'il aurait rendue navigable en y établissant des écluses. Mais ce premier apperçu fut ensuite rectifié par l'observation des localités, et par une étude plus réfléchie des inconvéniens que présentait la rivière de Lers, qui est un véritable torrent. Il arrêta donc en principe de tracer le Canal à mi-côte, et de le tenir assez élevé pour qu'il ne fût point atteint par les inondations des rivières dans le bassin desquelles il était conduit. Le Canal entre Naurouse et la Garonne fut ainsi rejeté sur le revers des collines qui séparent l'Ariège et la Garonne du Lers, et qui se terminent par une pointe très-aiguë au *Pech-David*, un peu au-dessus de Toulouse.

Dans le tracé que l'on a suivi, le Canal croise la direction du Lers, qui coule pour lors sur sa droite depuis Villefranche jusqu'à Toulouse; et entre ces deux points, il donne passage, sous divers ponts-aqueducs, aux affluens du Lers qui croisent à leur tour le Canal pour se rendre à leur récipient.

Le plus remarquable de ces aqueducs est celui de Saint-Agne près de Toulouse, construit en 1766, et qui est fait en siphon renversé. Comme la rigole d'entrée du ruisseau de Saint-Agne est beaucoup plus élevée que la rigole de sortie, il a fallu suivre, en quelque sorte, la pente rapide du terrain; mais on a dû la tempérer en pliant un peu le profil, ce qui lui a donné la forme d'un siphon dont les branches sont très-évasées. La vitesse due à la différence de niveau dont nous avons parlé, fait que le ruisseau traverse l'aqueduc sans y laisser aucun dépôt.

Il n'y a de Naurouse à Toulouse, que des écluses doubles et simples.

Le Canal, après avoir circulé autour de la ville de Toulouse, l'espace d'une lieue, et y avoir été soutenu par quatre écluses, débouche à la Garonne, au-dessous de la digue établie sur cette rivière pour le jeu des dix-sept meules du moulin du Bazacle. Il eût été sans doute avantageux pour le commerce, qu'on eût conduit le Canal dans les fossés de Toulouse; mais la ville elle-même s'opposa à ce projet, qu'on avait eu dessein d'exécuter dans l'origine. En 1752 les Capitouls contrarièrent un autre projet, qui consistait à creuser une branche de Canal pour amener les barques jusqu'au centre de la ville.

On se contenta, en 1775, de dériver de la Garonne au-dessus de la chaussée du Bazacle, un Canal de 1559 mètres de longueur, qui aboutit au grand Canal entre les deux dernières écluses. Cet embranchement est destiné à faciliter à Toulouse l'embarquement des marchandises, de celles sur-tout qui descendent de la Haute-Garonne, comme bois de construction, de flottage, etc. et qui sont destinées pour Bordeaux ou pour la Méditerranée.

Après avoir suivi une navigation sûre, d'environ vingt-cinq miriamètres par le Canal du Midi, les marchandises de la Méditerranée arrivées à Toulouse, ont un même trajet à faire sur la Garonne pour être rendues à Bordeaux. La partie de cette rivière, depuis Toulouse jusqu'à la pointe de Moissac, où le Tarn se jette dans la Garonne, est embarrassée de beaucoup d'obstacles qui gênent la navigation. Ils sont si considérables à l'embouchure du Canal, qu'il faut vingt bateaux de la Garonne pour le chargement d'une seule barque du Canal. L'administration du Languedoc faisait un fonds annuel de 25,000 francs, pour entretenir le cours de la rivière entre Toulouse et Moissac. Il eût semblé utile de continuer le Canal jusqu'au Tarn, peut-être même jusqu'à Langon, parce qu'il paraît que ce n'est véritablement que depuis ce dernier point, que la navigation de la Garonne se trouve praticable jusqu'à la mer.

DU CANAL DU MIDI.

Du point de partage à la rivière de Fresquel. — Le premier apperçu du projet de jonction des deux mers, qui avait porté l'ingénieur du Canal du Midi à se servir de la rivière de Lers, depuis Naurouse jusqu'à la Garonne, l'avait engagé à descendre du même point à la rivière d'Aude, par celle du Fresquel ; et comme les mêmes inconvéniens existaient pour l'une et pour l'autre de ces directions, elles furent abandonnées toutes les deux.

Au lieu d'être conduit dans la vallée du Fresquel, le Canal fut rejeté dans le vallon du Tréboul, qui est un confluent du Fresquel, et qui, se trouvant plus élevé, permit une distribution de pente plus régulière pour l'emplacement des écluses : d'ailleurs en traçant le Canal sur une contre-pente, et assez près du sommet, on n'avait à craindre les eaux sauvages qu'en petite quantité, et on pouvait s'en débarrasser au moyen de cales.

Le volume des eaux fournies par ces collines, est si peu considérable, que le premier aqueduc que l'on trouve, est celui du Tréboul, au moyen duquel ce ruisseau traverse le Canal pour aller se joindre au Fresquel, et c'est à plus de vingt-quatre kilomètres du point de partage.

Un peu au-delà de l'aqueduc de Tréboul est celui de Mesuran, dont Bélidor a donné une description (1) que nous allons rapporter, sans néanmoins nous y astreindre rigoureusement.

Nous observerons, pour l'intelligence de cette description, qu'il existe au-dessus de l'aqueduc, et dans le côté faible du Canal, un épanchoir de fond qui sert à vider dans la rigole de sortie de l'aqueduc, et de-là dans le Tréboul, les eaux de la retenue de Villepinte, lorsqu'il s'agit de la mettre à sec pour quelques réparations.

---

(1) Bélidor, *Arch. hydr.* tome 4, page 416.

L'aqueduc de Mesuran a deux puisards revêtus en maçonnerie, l'un à l'entrée et l'autre à la sortie de l'ouvrage. La hauteur de l'aqueduc sous-clef est de 162 centimètres; son radier est construit en voûte renversée, mais il n'est point réglé de pente; il forme, au tiers de sa longueur à-peu-près, une ligne brisée qui élève l'entrée de l'aqueduc de 1 mètre 95 centimètres, au-dessus du fond du puisard correspondant. Cette disposition a lieu, afin de n'admettre que les eaux de superficie, après qu'elles ont abandonné leurs troubles. L'objet principal du second puisard est d'empêcher qu'il ne se forme un affouillement par la chute des eaux de l'épanchoir de fond; et pour soutenir en même temps leur impétuosité, on a construit, en pierres de taille disposées en cintre, le mur en glacis du puisard opposé à la chute. Au reste, on a soin de curer de temps en temps la vase qui s'amasse dans les deux puisards.

Pour garantir la voûte de l'aqueduc des filtrations des eaux du Canal, on l'a recouverte d'une chape de ciment.

Le resserrement du contre-canal de Mesuran cause les submersions fréquentes de la plaine de Pexiora.

L'emplacement de l'aqueduc de Mesuran a été mal choisi; on l'a établi trop en aval, vraisemblablement pour pouvoir y amener une plus grande quantité d'eaux affluentes. Il aurait fallu sans doute deux aqueducs; mais dans la nécessité de n'en construire qu'un, on aurait dû préférer de le mettre dans la direction naturelle du principal affluent, plutôt que dans celle du cours instantané des eaux sauvages des ravines et des fossés.

La partie du Canal entre Naurouse et le point où le Fresquel se joint à la rivière d'Aude, est située sur le versant méridional du contre-fort qui sépare les eaux des deux mers. Ce versant, d'après la topographie générale du terrain, forme contrepente;

aussi les écluses s'y trouvent rapprochées et en grand nombre, et la plupart sont multiples.

Il est important d'observer que la distribution de pente d'un Canal exige moins d'art dans la proximité de la tête d'eau, que dans les parties qui en sont les plus éloignées. On peut en effet, dans le voisinage de la source, sacrifier l'économie des eaux à celle des constructions, parce que les eaux y affluent de beaucoup au-dessus des besoins.

En partant de Naurouse, on trouve successivement l'écluse du Médecin, celles du Roc, de Laurens, de la Domergue, de la Planque, et enfin l'on arrive à l'écluse quadruple de Saint-Roch, près de Castelnaudary.

Le Canal forme, au-dessous de la ville, un bassin naturel assez considérable, dont le demi-contour méridional est revêtu. La navigation des barques se dirige ordinairement de ce côté; et comme le retour du bassin, avant d'arriver au port, est exposé à la violence du vent d'est, on a couvert ce retour par une île, revêtue en maçonnerie et plantée de saules, qui rompt l'action du vent.

La retenue de Saint-Roch fournit à la dépense de l'écluse multiple de ce nom, et au jeu d'un moulin contigu qui a quatre meules, dont deux supérieures et deux inférieures.

Le trop-plein de cette retenue est versé dans le Tréboul, au moyen d'un épanchoir de fond placé dans le côté méridional du bassin de Castelnaudary.

Afin de donner une idée du mouvement de la navigation qui a lieu sur le Canal du Midi, nous rapporterons à la fin du chapitre le tableau du nombre de barques qui ont passé à l'écluse de Saint-Roch, depuis le 15 septembre 1784 jusqu'au 19 août 1786, et celui de la quantité d'eau qui est arrivée du point de partage à cette écluse, et au moulin qui lui est accolé. On observera que la pénurie des eaux avait été sensible pendant ces deux années, en comparaison des dix qui les avaient précédées, quoique la navigation se fût trouvée à-peu-près égale.

On peut évaluer la dépense d'un empèlement de Saint-Roch, pendant une heure, à 8144 mètres cubes, parce que l'on considère que la dépense naturelle est à la dépense effective dans le rapport de 15 à 11; ce qui est assez bien justifié par l'expérience.

On a estimé, d'après les mêmes principes, la dépense d'une meule du moulin haut de Saint-Roch, pendant le même temps, au dixième de celle de l'empèlement; et le travail complet du moulin, à douze heures par jour pour chaque meule, à raison des chômages.

On trouve dans la comparaison des moulins haut et bas de l'écluse de Saint-Roch, une preuve que l'on peut obtenir, toutes choses égales d'ailleurs, une plus grande quantité de mouvement, conséquemment un plus grand produit, moyennant une chute plus considérable, sans occasionner plus de dépense d'eau. D'après une observation souvent répétée, le moulin inférieur fait, dans le même temps, un septième à-peu-près de mouture de plus que le moulin supérieur.

Enfin on doit compter, d'après les mesures de la capacité de l'écluse de Saint-Roch, et d'après l'observation exacte de la manœuvre des eaux dans les sas accolés, que la dépense pour chaque barque marchande, à cette écluse, et en général à une écluse quadruple, doit être, pour la montée, de 3842 mètres cubes, pour la descente, de 1500.

On peut, d'après ces données, tirer du tableau ci-après des résultats que nous ne nous arrêterons point à indiquer.

Entre Castelnaudary et Carcassonne, l'on ne rencontre, en

fait d'ouvrages remarquables, que l'aqueduc de Mesuran que nous avons décrit, la prise de Fresquel qui a long-temps gêné la navigation, et le nouveau Canal de Carcassonne, dont nous allons rendre compte.

Canal de Carcassonne. — Lorsque l'on construisit le Canal du Midi, on proposa aux habitans de Carcassonne de le faire passer auprès de leur ville, à condition qu'ils contribueraient d'une certaine somme aux frais de l'entreprise. Mais ceux qui savent combien l'exécution des grands projets est contrariée par une multitude d'intérêts particuliers en opposition avec l'intérêt général, ne seront point étonnés que la ville de Carcassonne ait rejeté une proposition aussi avantageuse pour son commerce. Le Canal continua donc à être conduit dans le vallon du Fresquel, à une distance d'environ deux kilomètres de cette ville.

La rivière de Fresquel fut reçue dans le lit du Canal. Cette introduction entraîna les inconvéniens que produisent toutes les rivières qu'on admet dans les canaux navigables : elles tendent toujours à interrompre la navigation pendant les crues, et à combler leur lit par les alluvions. D'un autre côté, les digues qu'on est obligé de construire, pour retenir ces eaux, et les élever à la hauteur de celles du Canal, occasionnent un retard dans leur écoulement, et augmentent l'étendue des débordemens. Il est vrai que, pour pouvoir se débarrasser de ces eaux qui affluent en grand volume, les digues de barrage sont percées d'épanchoirs de fond ; mais leurs pertuis sont insuffisans. Les piles des épanchoirs deviennent autant d'obstacles qui favorisent les ensablemens; et les eaux de la rivière, forcées de se répandre à droite et à gauche dans les eaux mortes du Canal, prolongent les dépôts, jusqu'aux limites des effets de l'inondation, qui s'étendent souvent très-loin.

Le Fresquel, torrent qui reçoit toutes les eaux du vaste bassin compris entre Naurouse et Carcassonne, réunissait éminemment les inconvéniens que nous venons de détailler. Son cours est d'environ trois myriamètres : ses eaux sont toujours troubles, parce qu'elles coulent dans l'endroit le plus bas d'un vallon dont les terres sont très-bien cultivées, et dans un pays où il pleut fréquemment. Le Fresquel entre avec toutes ses eaux dans le Canal, sous l'angle de 75°, et dans la rivière d'Aude, sous celui de 33°.

A 1365 mètres en amont du moulin de Villaudy, les eaux du Fresquel coulaient, au mois de messidor an deux, sous une section de 7 mètres, 15 décimètres de largeur moyenne, et de 65 centimètres de hauteur réduite, avec une vîtesse de 644 millimètres, répondant à une portée de 204 litres et demi.

Pour tâcher de remédier aux désordres de cette rivière, on avait proposé depuis long-temps deux projets : l'un consistait à resserrer le Fresquel, et à lui former un lit à travers le Canal, en défendant ce dernier des crues du torrent par deux demi-écluses ; l'autre, à construire un aqueduc sous lequel les eaux du Fresquel auraient traversé le Canal. On devait redresser le lit de la rivière, entre le moulin de la Daurade et le second déversoir de Baffies, et porter sur le revers des coteaux de Villaudy la retenue de ce nom, dont on aurait accolé les deux sas à celui de l'écluse de Fresquel ; par ce moyen, en rehaussant le Canal, on serait parvenu à une hauteur suffisante pour la construction d'un pont-aqueduc.

Par le premier projet, on avait dessein de diminuer l'étendue des alluvions ; mais la navigation eût toujours été interrompue dans les crues, et le resserrement des eaux aurait augmenté les ravages causés par les débordemens.

Le projet du pont-aqueduc présentait au contraire le double

avantage d'interdire pour toujours au Fresquel l'entrée du Canal, et de supprimer la digue de barrage si nuisible aux propriétaires riverains.

Pendant qu'on délibérait sur le parti qu'on devait prendre, les habitans de Carcassonne, dans un mémoire accompagné d'un projet qu'ils présentèrent au mois de décembre 1777, fixèrent l'attention sur cette dernière idée. Ils représentèrent que, la construction d'un pont-aqueduc nécessitant le tracé d'une nouvelle branche de Canal, afin d'atteindre la hauteur nécessaire pour son établissement, on pourrait la diriger, de manière que le grand Canal se trouverait rapproché de la ville de Carcassonne. Les habitans de cette commune offraient d'ailleurs de contribuer aux dépenses d'une entreprise qui devait les faire participer à des avantages qu'on avait dédaignés dans l'origine.

Les États de Languedoc se firent rendre compte, le 12 novembre 1778, du plan proposé par la ville de Carcassonne. Garipuy fils, ayant trouvé des erreurs dans la levée et le nivellement du terrain, fit un autre rapport, et proposa un nouveau projet, le 11 de décembre 1779; mais le projet définitif, tel qu'on l'exécute aujourd'hui, ne fut adopté que le 9 février 1786. Voici en quoi il consiste.

Le Canal du Midi doit être abandonné au-dessus de l'écluse triple de Foucaud. La nouvelle branche passera sous les murs de Carcassonne, où l'on construira un port. La rivière de Fresquel sera détournée de son lit ; celui qu'on lui tracera au-dessus de l'écluse de Fresquel, coupera perpendiculairement la nouvelle branche ; et, dans cet emplacement, on construira le pont-aqueduc projeté. Les trois écluses de Foucaud et les deux de Villaudy, seront remplacées par cinq autres écluses situées, la première à l'aval du port, la seconde, près de la métairie de Saint-Jean ; et les trois autres, établies immédiatement au-dessous du pont-aqueduc, formeront, avec l'ancienne écluse de Fresquel, un corps de quatre sas accolés.

On a fait, depuis environ dix années, une partie du creusement de ce Canal, et notamment la fouille pour l'emplacement du pont-aqueduc. Les travaux qui avaient été suspendus pendant la révolution, sont repris depuis deux ans : le Gouvernement fait pour cet objet un fonds annuel de 200,000 fr. pris dans la caisse du Canal. On a construit, pendant les campagnes de l'an VI et de l'an VII, le port de Carcassonne, l'écluse et le pont qui lui sont contigus.

La partie du Canal du Midi, depuis Naurouse jusqu'à Carcassonne, est alimentée par les eaux qui sont amenées du point de partage; et, depuis Carcassonne jusqu'à la mer, par diverses prises d'eau. Le Fresquel était une de ces prises d'eau : on la conservera, en faisant au moulin de la Seigne un canal de dérivation, au moyen d'une digue établie diagonalement dans son lit, et qui le barrera en entier. L'objet de cette digue, comme de toutes celles de ce genre, est de relever les eaux pour pouvoir les porter à la hauteur de celles du Canal : mais en même temps, ces digues sont tenues assez basses pour servir de déversoirs; et on les perce en outre d'un épanchoir de fond, qui sert à rejeter dans le lit naturel de la rivière, pendant les crues, les eaux sauvages qui se rendraient par la rigole dans le lit du Canal. Enfin, pour pouvoir être entièrement maître des eaux, l'on établit dans le lit même de la rigole, une demi-écluse busquée du côté de la partie amont de la rivière. Les bermes qui forment les rigoles, sont fortifiées par des pérés à pierre sèche, et garanties par des épis, dont l'objet est d'éloigner les eaux qui les atteindraient dans les inondations.

Après la prise de Fresquel, vient celle d'Orbiel près de Trèbes. Sa rigole de dérivation a environ 780 mètres de longueur. Le

Canal traverse cette rivière sur un pont-aqueduc de trois arches d'une très-belle exécution.

Au mois de messidor an deux, les eaux de la rigole d'Orbiel, coulant sur une section de 4 mètres, 3 centimètres de largeur moyenne, et de 4 décimètres de hauteur réduite, avaient une vîtesse de 216 millimètres par seconde; ce qui donnait pour la portée de cette rivière environ 350 litres.

Au-delà d'Orbiel, le Canal du Midi passe dans le défilé très-étroit compris entre l'étang de Marseillette et la rivière d'Aude. On a protégé, par des épis et des ouvrages en clayonnages, le côté du Canal qui regarde cette rivière, dont les crues occasionnent les plus grands désordres.

A cinq kilomètres et demi de Marseillette, on trouve l'aqueduc d'Argendouble ou de la Redorte; à six kilomètres et demi de cet aqueduc, la prise d'Ognon dont nous allons parler; et au-dessous de l'écluse d'Argens, la grande retenue dont nous nous occuperons tout-à-l'heure.

Prise d'Ognon. — La rivière d'Ognon traverse le Canal au-dessous de l'écluse de ce nom, et fournit, par ce moyen, une prise d'eau. Le Canal, dans cette partie, est contenu entre deux digues dont le couronnement est au niveau des eaux ordinaires: celle de gauche retient les eaux de la rivière, les force de regonfler et d'entrer dans le Canal; celle de droite sert de déversoir.

En juillet 1739, et d'après la détermination de M. Clapiés, l'Ognon, coulant sous une section de 3 mètres, 25 centimètres de largeur moyenne, d'un décimètre de hauteur réduite, avec une vîtesse d'un décimètre par seconde, avait une portée de 32 litres et demi.

Les moindres pluies suffisent pour faire grossir l'Ognon de 45 à 49 décimètres. Ces crues ne produisent des ensablemens, que sur 234 mètres, dans cette portion de retenue appelée *Canalet*, parce que des demi-portes placées à cette distance de l'écluse, empêchent que les ensablemens ne s'étendent plus loin. A droite de ces demi-portes, et dans la direction du retour des bajoyers, on a placé trois épanchoirs de fond, qui servent à faciliter 1°. l'écoulement des eaux dans les crues, 2°. le dégravoiement du canalet par des chasses d'eau de l'écluse. Il existe encore dans le bajoyer de droite un épanchoir, dont le jeu prévient les dépôts qui pourraient se former en avant des demi-portes.

Au retour de l'épaulement de droite de l'écluse d'Ognon, on a pratiqué un pertuis fermé par une pale carrée de 32 centimètres de côté. Ce pertuis est destiné, au moyen d'une rigole de fuite, à porter dans la retenue inférieure, immédiatement au-dessous de l'écluse, les eaux de la retenue d'Ognon qui, étant très-courte, se trouve avoir des eaux surabondantes, lorsque la navigation est bien en activité dans les parties supérieures.

§. III.

De la grande retenue.

Les longues retenues paraissent avoir quelques inconvéniens; entr'autres, celui de faciliter la végétation des herbes. Il paraît qu'il n'y a point d'herbes dans les parties où l'on a un fond de 25 décimètres, et où un mouvement sensible renouvelle les eaux : telles sont les petites retenues sous le point de partage. Les herbes qui croissent dans le fond de la grande retenue, s'élèvent jusqu'à la surface des eaux, et ralentissent le mouvement des barques chargées; ce qui fait que les patrons sont obligés d'augmenter le nombre des chevaux.

Il y a beaucoup plus d'herbes dans la grande retenue, que dans toute autre partie du Canal. La difficulté de mettre cette retenue à sec, rend les accidens plus graves, les curages plus coûteux, l'arrachement des herbes impossible, et leur coupe plus difficile.

On a cherché bien des moyens pour détruire ces plantes; mais aucun de ceux proposés n'ayant été jugé praticable, on a pris le parti de les couper : on a construit pour cela une machine qui remplit assez bien son objet, et dont voici l'idée.

A l'extrémité d'une barque pontée, se trouve fixé un poteau vertical qui porte dans sa partie inférieure plusieurs faux à deux tranchans placées dans une situation horizontale. La partie supérieure de ce poteau est garnie d'une lanterne qui engrène dans les dents d'une roue horizontale. Deux leviers attachés d'un côté, aux extrémités du diamètre de cette roue, et de l'autre, à deux manivelles, lui impriment un mouvement alternatif qui lui fait décrire un quart de révolution : la lanterne fait en même temps une révolution entière, et entraîne le poteau vertical auquel sont fixées les faux.

Tout ce système peut en outre s'élever et s'abaisser au moyen de deux vis, ce qui permet aux faux de couper les herbes à différente hauteur.

Il était indispensable que le poteau vertical pût tourner dans deux sens différens; c'est ce mouvement alternatif qui empêche les herbes de se rouler à l'entour du poteau, et qui les soumet à l'action du tranchant des faux.

L'idée de la machine à couper les herbes est due à M. Clausade père : cette machine a depuis été perfectionnée par M. Geoffroy, ingénieur de la division de Beziers.

Dans les parties du Canal où la main-d'œuvre est moins chère, on fait couper les herbes par des hommes armés de faux à longs manches; dans d'autres, on les rompt à moins de frais, au moyen de chaînes de fer barbillonnées; mais par-tout on complète la coupe pendant le chômage, à la faveur de la mise à sec.

Nous observerons que le hasard a fait connaître un moyen qui retarde long-temps la végétation des herbes de la grande retenue : un bateau chargé de sel ayant coulé bas, au Somail, le sel fondit et se répandit à une grande distance; on n'a vu des herbes à cet endroit, qu'environ vingt ans après l'accident dont nous venons de parler.

Plus une retenue est longue, plus la perte absolue des filtrations est grande.

Les trop longues retenues s'opposent à la célérité souvent nécessaire pour le remplissage du Canal, lors du rétablissement de la navigation. Le défaut de pente ne permet pas d'y introduire les eaux avec le même volume qui passe dans les petites retenues, de crainte de surmonter les digues dans les parties les plus voisines des eaux affluentes, parce qu'il s'y établit un regonflement inévitable.

En l'an VII, au moment du rétablissement de la navigation, lorsqu'on donnait les fortes eaux par les deux empèlemens de l'écluse d'Argens, les eaux qui étaient hautes de 22 centimètres à Ventenac, se trouvaient basses de 20 centimètres à Fonserane; ce qui donnait 42 centimètres de différence entre ces deux points.

Il suit de ce que nous venons de dire, que la distribution la plus avantageuse des chutes d'un canal, consiste à multiplier les retenues et à tâcher de n'avoir que des écluses simples, en se tenant toutefois dans les limites qu'exige l'économie des constructions.

Mais l'on voit assez qu'une pareille théorie ne saurait être rigoureuse, et qu'elle ne peut guère servir qu'à modifier les circonstances qui s'y opposent presque toujours.

C'est à tort qu'on a prétendu que, parmi les inconvéniens qui résultent de la grande retenue du Canal du Midi, il fallait compter la perte d'eau immense qui arrive, toutes les fois que pour des réparations quelconques, on est obligé de la mettre à sec.

Dans un ouvrage de ce genre, qui n'a d'existence que par les eaux, on prend tous les moyens pour les économiser, en pratiquant sur plusieurs points, pendant les travaux de l'été, des batardeaux à tampes; en sorte qu'il n'y a, pour ainsi dire, de vide, que l'espace du canal qu'on veut curer, ou dans lequel on se propose de faire d'autres travaux.

Par exemple, lors de la brèche de Capestang, la grande retenue était pleine, depuis Argens jusqu'à Capestang; et l'on soutenait les eaux dans cette partie par un grand batardeau en charpente, qu'on avait établi à travers le Canal.

Dans les retenues où il y a des piles en maçonnerie, on se sert, pour fermeture, de poutrelles avec un doublage en planches.

La grande retenue commence au-dessous de l'écluse d'Argens; elle est croisée sur sa gauche par le torrent de Répudre qui passe sous un pont-aqueduc, et reçoit de là, comme prise d'eau, la rivière de Cesse; elle alimente par sa rive droite le nouveau Canal de Narbonne, traverse la montagne de Malpas, et verse ses eaux dans la rivière d'Orb, par l'écluse octuple de Fonserane, qui la soutient au même niveau sur un développement de 53,748 mètres : dans cette étendue, elle est traversée de quinze aqueducs.

Aqueduc de Répudre. — Environ à cinq kilomètres d'Argens, on trouve le torrent de Répudre que, dès le temps de la construction, l'on a fait passer sur un pont-aqueduc de 97 décimètres de large, et 39 de hauteur. Cet aqueduc, placé dans un coude du Canal, barre entièrement le vallon, et présente un ouvrage d'un beau dessin et d'une exécution solide.

L'aqueduc de Répudre, et d'autres établis à la même époque, prouvent qu'on avait senti, dès l'origine, l'utilité de ces sortes d'ouvrages. Cependant on a prétendu que les ponts-aqueducs avaient été indiqués par Vauban, comme la dernière perfection à donner au Canal du Midi. Nous remarquerons plus bas (chapitre x), que d'autres lui ont attribué la gloire d'en avoir dirigé les travaux. Ces deux assertions méritent d'être discutées : nous allons nous occuper de la première; et nous renvoyons à la note x l'examen de la seconde.

Vauban fut chargé, en 1686, de faire la visite du Canal du Midi, dont la navigation était en vigueur depuis 1681. On sait que, frappé d'admiration en parcourant ce chef-d'œuvre d'hydraulique, il ne put s'empêcher de rendre un témoignage éclatant au génie des Auteurs de ce beau projet (1), et voulut lui-même concourir à perfectionner leur ouvrage. Les idées qu'il donna prouvent, elles seules, qu'il n'avait eu aucune part à l'exécution qu'on lui attribue.

On avait été obligé dans l'origine, pour diminuer les frais de construction, de faire de simples chaussées dans les endroits où les rivières croisaient la direction du Canal pour se rendre à leurs récipiens, et d'admettre ces rivières dans son lit. Il n'existait que quelques aqueducs, mais en petit nombre. Les rivières affluentes charriaient, pendant les crues, des *troubles* qui produisaient des désordres réels. En outre, l'abondance d'eau qui surchargeait le côté faible, pouvait occasionner en plusieurs endroits des ruptures subites. De pareils dommages, très-coûteux à réparer, étaient d'autant plus importans à prévenir, qu'ils

---

(1) Encyclopédie méth. *Art militaire*, première partie, au mot CANAL.

auraient mis en danger la navigation et l'état du Canal. Vauban remédia aux funestes effets des affluens, en ne dérivant que les eaux présumées nécessaires, et faisant passer l'excédent sous des aqueducs, dont il augmenta considérablement le nombre ; il rendit par-là des services essentiels à la navigation ; mais l'ouvrage en lui-même ne gagna rien. Ce fut en 1688, qu'on régla les cinquante-quatre nouveaux aqueducs du Canal : on supprima par leur moyen cinquante-quatre prises : ces ouvrages ont, à la vérité, diminué l'envasement du Canal, mais ils ont en même temps augmenté la pénurie des eaux.

Il n'est pas surprenant qu'avant cette époque, on eût fait moins d'attention à la consommation d'eau produite par les filtrations, l'évaporation et les mouvemens de la navigation, parce qu'on voit qu'il y avait des eaux excédantes, et que, dans le projet, de 1668, de joindre la Robine au grand Canal, on ne parle pas de prise à faire ; et il était utile, à bien des égards, d'évacuer les eaux troubles et surabondantes que le Canal recevait alors. Nous reviendrons tout-à-l'heure sur ce dernier point à l'occasion du Canal de Narbonne.

En relevant ainsi une erreur dans laquelle on est tombé au sujet de Vauban, je serais bien fâché qu'on pût me soupçonner de vouloir déprécier ce grand homme. Je sais qu'on doit le regarder comme un habile ingénieur, un bon militaire et un excellent citoyen ; mais par cela même qu'il posséda toutes les vertus, il eût été peu flatté d'une gloire à laquelle il n'aurait pas eu la plus légère part (1).

Le plus grand nombre des aqueducs du Canal donne passage aux affluens, et quelques autres servent à procurer un écoulement aux eaux des contre-canaux supérieurs.

---

(1) Voyez la note x, aux notes et pièces justificatives.

Les uns et les autres sont placés perpendiculairement à la direction du Canal.

Quoique les affluens forment en général, et sur-tout vers la fin de leur cours, un angle aigu avec leurs récipiens; néanmoins cette inclinaison n'est pas assez sensible à l'intersection des affluens avec le Canal, et dans l'étendue de la largeur de ce dernier, pour que la position des aqueducs puisse influer sur le libre écoulement des eaux.

Mais il n'en est pas de même à l'égard des autres aqueducs; ils sont, par leur position, perpendiculaires aux canaux supérieurs et inférieurs, ainsi qu'aux récipiens; et dès-lors les alluvions se formant en peu de temps dans les coudes ou retours, les eaux ne peuvent s'écouler avec toute la facilité desirable; ce qui occasionne des engorgemens et tous les désordres qui s'ensuivent.

Pour remédier à de pareils inconvéniens, il paraîtrait nécessaire de donner à ces sortes d'aqueducs une direction telle, que les contre-canaux supérieurs et les rigoles d'entrée et de sortie eussent, avec les récipiens principaux, le même rapport de situation, que les affluens ont avec ces mêmes récipiens; et comme les contre-canaux sont dirigés à-peu-près parallèlement au lit du Canal, on voit qu'il faudrait les soutenir à mi-côte, et leur faire traverser le Canal obliquement à sa direction. En les faisant passer dans les terres riveraines, leurs eaux pourraient être employées à l'irrigation; et les avantages qui en résulteraient, ne manqueraient pas d'être bientôt appréciés par les propriétaires de ces héritages.

La position des aqueducs et celle des rigoles d'entrée et de sortie, ne sont pas les seuls objets que l'on doit considérer dans le projet de ces sortes d'ouvrages; il faut encore que les ouvertures des arches permettent le libre passage du volume des eaux qu'elles doivent écouler. On peut être guidé dans cette détermination, par ce principe généralement admis, que dans les rivières et les ruisseaux, les portées sont comme les quarrés des longueurs des cours. Or, en soumettant à ce principe l'examen des aqueducs du Canal du Midi, on jugera que leurs ouvertures sont pour la plupart trop petites. Aussi dans le temps des grandes crues, les eaux s'élèvent au-devant des aqueducs assez pour s'introduire dans le Canal, et causent des ravages considérables, que l'on eût prévenus, si l'on avait construit ces aqueducs sur des dimensions proportionnées à leur objet.

Cette attention est d'autant plus nécessaire dans le Canal du Midi, et généralement dans les canaux conduits dans le sens des vallées, que la ligne navigable se trouve près du récipient principal; que le point où les affluens traversent le Canal, est celui où le volume de leurs eaux est le plus considérable, parce qu'ils sont vers la fin de leur cours ; enfin, que les rivières qui croisent la direction du Canal, étant perpendiculaires à la côte, et les pluies qui causent les crues de ces rivières, étant déterminées par les vents de mer qui soufflent dans une direction opposée à la leur, le retardement dans l'écoulement des eaux affluentes a lieu de proche en proche aux embouchures des récipiens principaux et à celle des affluens; ce qui reporte au-dessus même du lit du Canal, la limite des débordemens qui se forment.

Épanchoirs à siphon. — Le grand nombre de torrens qui croisent la direction du Canal du Midi, firent établir, lors de la construction de ce bel ouvrage, les ponts-aqueducs, les déversoirs à fleur d'eau, et les épanchoirs de fond, comme devant servir de régulateurs à toutes les eaux qui semblaient se réunir pour l'attaquer et le détruire. Les premiers, en donnant aux eaux sauvages et aux affluens une issue par-dessous le Canal, préviennent tout dommage : les seconds, établis latéralement, en vidant le trop-plein, servent à entretenir le Canal dans les temps ordinaires, à la hauteur réglée pour la navigation. Mais on ne doit pas se dissimuler que l'effet des déversoirs de superficie ne soit bien médiocre, sur-tout lorsque les eaux surviennent abondamment, parce que les eaux, animées de cette vitesse d'impulsion que détermine leur tendance vers la retenue inférieure, glissent le long de l'ouverture de ces déversoirs, plutôt qu'elles ne s'échappent par cette ouverture.

Les épanchoirs de fond produisent un plus grand effet à raison de la pression de la colonne d'eau supérieure; mais leur emploi exige qu'on lève les empèlemens, ce qui peut être oublié, sur-tout la nuit; et cela rend leur service fort incertain.

L'expérience d'une navigation de plus de cent ans a démontré que, malgré la grande quantité d'aqueducs, de déversoirs et d'épanchoirs, le Canal du Midi était quelquefois exposé à des brèches occasionnées par des pluies d'orage qui élèvent ses eaux de plus de deux mètres au-dessus du niveau ordinaire. Nous n'en citerons qu'un exemple. Le 16 novembre 1766, un orage des plus violens vint fondre sur le Languedoc; les digues furent renversées, et les chaussées abattues; les rivières regonflèrent au point d'entrer dans le Canal par-dessus ses bords; elles le comblèrent en partie, et firent plusieurs ruptures. La plus considérable fut celle de Capestang; malgré deux mille deux cents ouvriers ou manœuvres (1) qu'on y employa de suite, la navigation fut interrompue pendant près de deux mois; et la réparation de cette brèche, faite en maçonnerie, coûta 200,000 francs.

---

(1) Deux cents maçons, douze cents hommes et huit cents femmes.

Outre cette rupture, il y en eut une autre assez grande à 100 ou 117 mètres du pont de Piétat : on en profita pour y pratiquer trois épanchoirs de fond. On établit immédiatement au-dessus, deux déversoirs formés par des voûtes en plate-bandes, afin que le chemin de halage ne se trouvât pas intercepté, ou du moins trop exhaussé : cet ouvrage est d'une exécution agréable. Les épanchoirs de fond étaient d'autant plus nécessaires, qu'il n'en existait point sur une longueur d'environ 25 kilomètres : ils ne suffisent même pas, à beaucoup près, puisque très-difficilement on peut mettre le Canal à sec dans cette partie, lors du chômage.

La grande retenue qui, comme nous l'avons déjà observé, est soutenue à mi-côte, sur un développement de 53,748 mètres, afin que les inondations de la rivière d'Aude ne puissent pas l'atteindre, devenant le récipient de toutes les eaux sauvages et bourbeuses des montagnes qui l'avoisinent, se trouvait quelquefois endommagée, soit qu'on n'eût pas ouvert assez à temps les épanchoirs, soit qu'il entrât dans le Canal plus d'eau qu'on n'en pouvait vider; il fallait donc trouver un moyen pour se mettre à l'abri de ces deux inconvéniens : on y est parvenu en construisant les épanchoirs à siphon. Cette invention, aussi ingénieuse qu'utile, est due à feu Garipuy fils, qui, jeune encore, avait fait preuve de beaucoup de talens.

Les épanchoirs à siphon, comme les autres épanchoirs, sont pratiqués dans le côté faible, parce que le fond du Canal est toujours plus élevé que le terrain naturel au-delà de ses francs bords, ou du moins se trouve au niveau de ce terrain naturel. Pour pouvoir établir un ouvrage de ce genre, il a fallu commencer par fonder un massif en maçonnerie au-dessous du plan du fond du Canal, et élever sur ce massif un autre corps de maçonnerie, dans lequel on a pratiqué un ou plusieurs Canaux rectangulaires, courbés exactement comme les branches d'un siphon. L'on voit dans la grande retenue deux épanchoirs à siphon, l'un près de Capestang, et l'autre près de Ventenac; le premier a été construit en 1776, et le second en 1778.

L'entrée de la branche aspirante de chaque siphon de Ventenac est à 65 centimètres au-dessus du fond du Canal, et leur sortie qui correspond à la rigole de vidange, à l'arrase du dessus du massif de fondation. Il existe sur le devant une plate-forme pour prévenir la fouille des eaux. Le corps du siphon a, dans ses deux branches et dans sa courbure, les mêmes dimensions de 98 centimètres de largeur, sur 50 de hauteur : et comme la partie inférieure de la courbure du siphon se trouve au niveau de la surface des eaux du Canal dans son état ordinaire, on voit qu'il faut que ces eaux s'élèvent de cinq décimètres pour pouvoir atteindre la courbure supérieure, remplir tout le vide du corps du siphon, et agir par la pression de l'atmosphère, comme les siphons qu'on voit communément. Une fois mis en action de cette manière, les siphons ne cesseraient d'aller; et toute l'eau du Canal serait vidée jusqu'à 65 centimètres au-dessus du fond; mais afin de ne point faire des consommations inutiles, et de conserver les eaux à la hauteur nécessaire pour la navigation, l'on a ménagé à chaque siphon une ventouse de 16 centimètres en carré, placée horizontalement à cinq décimètres au-dessous du niveau ordinaire des eaux; elle introduit l'air dans le siphon, et arrête son effet.

Les eaux affluentes, en élevant de nouveau la surface du Canal, s'échappent par les siphons qui, dans ce cas, donnent faiblement à la manière des déversoirs, jusqu'à ce qu'ils aient atteint la partie supérieure de leur courbure : alors, comme nous l'avons remarqué ci-dessus, ils vident les eaux en grand volume, sans qu'il faille employer aucune manœuvre;

DU CANAL DU MIDI.

leur effet s'arrête et recommence de lui-même. On sent combien un pareil mécanisme réunit d'avantages, et à quel point il perfectionne les déversoirs et les épanchoirs connus jusqu'à ce jour. En 1779, le temps qui précéda l'équinoxe d'automne ayant été très-pluvieux, les crues des torrens firent élever, le 3 septembre, les eaux de la grande retenue, auprès de Ventenac, à environ six décimètres et demi au-dessus du chemin de hallage. Le siphon construit en 1778, joua ; par ce moyen, dans une heure, les eaux baissèrent de plus de 32 centimètres, quoique la pluie continuât avec la même force.

Lorsqu'on veut mettre la grande retenue à sec, ou dans le moment d'une forte inondation, quand les siphons ne suffisent point pour rétablir le niveau du Canal, on ajoute à leur produit celui d'un épanchoir de fond placé dans le milieu de l'ouvrage.

Nous avons vu que l'effet des ventouses était de suspendre le jeu des siphons ; mais cet effet suppose qu'il y a eu déjà une certaine quantité d'eau consommée. Il est des cas où il devient nécessaire d'empêcher les siphons de jouer en aucune manière; tel est, par exemple, celui où, lors du rétablissement de la navigation, l'on veut remplir la grande retenue. Les eaux, étant données avec une certaine abondance, refluent dans cette partie, avant que la retenue puisse être pleine du côté de Fonserane, la distance étant de 45 kilomètres ; il s'ensuivrait donc une perte d'eau considérable. On l'évite par le moyen de vannes placées sur le devant des ouvertures des siphons, et qu'un seul homme hausse et baisse à volonté, comme les vannes des épanchoirs de fond.

Le premier épanchoir à siphon construit en 1776, près de Capestang, n'a jamais vidé que comme déversoir.

En 1778, l'ingénieur de la division présenta un nouveau

plan, dans lequel il avait réduit les ouvertures des siphons à 98 centimètres de largeur, au lieu de 130 qu'on leur avait d'abord donnés. Il jugea aussi qu'il était indispensable de faire prendre une courbure plus sensible à la branche descendante, afin de procurer plus de chasse au courant. L'épanchoir à siphon de Ventenac fut construit sur ce modèle; et les premières inondations qui parurent, en annoncèrent la réussite. Celui de Marseillette, exécuté sur le même plan et les mêmes dimensions, a produit aussi son effet, mais en 1788 seulement, sans doute parce que les eaux n'étaient pas arrivées jusqu'à cette époque à une hauteur suffisante.

Cependant des ingénieurs très-versés dans la partie hydraulique, ayant élevé des doutes sur le succès des épanchoirs à siphon, on convint, en 1787, d'avoir recours à une expérience décisive. Il fut en conséquence établi un batardeau à droite, et le plus près possible des siphons de Ventenac; on établit un autre batardeau un peu au-delà de la prise de Cesse : par ce moyen, les eaux regonflèrent dans cette portion de retenue; et les différentes opérations qui furent faites, produisirent la conviction que ce siphon avait agi par la pression de l'atmosphère.

Il paraît qu'il serait plus convenable d'isoler les siphons, et de les placer à une certaine distance l'un de l'autre, que de les accoler. En effet, quelqu'attention que l'on puisse apporter dans leur exécution, il paraît impossible, sans même avoir égard à l'affaissement inégal et presqu'inévitable de la maçonnerie, de mettre leur courbure supérieure de niveau. Or une très-petite différence dérange nécessairement l'effet de l'un ou de l'autre des siphons; car celui dont le vide est le plutôt rempli, agit avant l'autre, et enlève l'eau nécessaire pour mettre ce dernier en jeu : on a cependant vu, dans des crues considérables, les deux siphons de Ventenac jouer en même temps.

Le dessin pour l'explication de l'intermittence de la fontaine de Fontestorbe, et l'explication de ce phénomène (1) ont vraisemblablement donné l'idée des épanchoirs dont nous venons de parler; mais le mécanisme pour arrêter le jeu des siphons appartient seul à l'ingénieur de ce bel ouvrage, et constitue, en quelque sorte, ce que cette invention offre de plus piquant.

En examinant les choses avec attention, l'on est cependant étonné que l'on ait eu recours à une ventouse : il paraît que le siphon cesserait également de jouer, si l'on portait son ouverture intérieure à la hauteur de la ventouse. Il s'agit de savoir en outre, si de grands déversoirs de superficie, qui sont incomparablement moins chers de construction, que des épanchoirs à siphon, et qui ont l'avantage de vider, dès que les eaux s'élèvent un peu au-dessus de leur niveau ordinaire, ne débarrasseraient point aussi efficacement le Canal des eaux surabondantes, que les ouvrages dont nous venons de faire connaître les propriétés.

Prise de Cesse. — La grande retenue est alimentée par la rivière de Cesse, qui passe à deux kilomètres du Somail, et à quatorze kilomètres de Capestang : cette rivière a sa source au col de Ceirières dans la montagne Noire, et tombe dans l'Aude au-dessus de la chaussée de Moussoulens.

A l'époque de la construction du Canal, la rivière de Cesse, retenue par une digue de 218 mètres de longueur en ligne courbe, entrait dans le Canal avec toutes ses eaux; elle causait des ensablemens et des ruptures ; ce qui dut déterminer à la

---

(1) Mémoires pour servir à l'Histoire de Languedoc, par S. Astruc.

faire passer sous un pont-aqueduc, et à profiter d'une partie de ses eaux, au moyen d'un canal de dérivation qu'on appelle *rigole de Mirepeisset*.

Cette rigole a environ 33 kilomètres de longueur : elle conduit les eaux de la rivière de Cesse depuis la chaussée de la Roupille, qui est le point de dérivation, jusqu'à la grande retenue. L'excédent des eaux retombe dans le lit naturel de la rivière, et va se jeter dans l'Aude, après avoir traversé le Canal sous un pont-aqueduc, qui est un des plus considérables du Canal du Midi.

Au mois de messidor an deux, les eaux de la rigole de Mirepeisset coulant sous une section de 39 décimètres de largeur moyenne, et de 65 centimètres de hauteur réduite, avec une vitesse de 16 centimètres, procurait au Canal 398 litres par seconde.

L'aqueduc de Cesse est composé de trois grandes arches, dont les deux extrêmes sont à plein cintre, et celle du milieu, en anse de panier à trois centres, chaque arc étant d'environ soixante degrés. La rigole de Mirepeisset est soutenue dans une grande partie de sa longueur, par des pérés très-inclinés et arrêtés par de bons chausserons de pilots garnis de tirans, chapeaux et palplanches. Les plantations qu'on a faites en saussaies et tamaris, entre les chausserons et la rivière, retiennent le limon et les graviers que les crues y vont déposer ; elles forment une espèce de défense qui préserve les fondations d'être affouillées par les eaux, et contribuent à leur solidité.

Cette rigole ayant été conduite sur le revers d'un terrain escarpé, les eaux pluviales y entraînent des terres qui l'encombrent dans plusieurs parties ; en sorte que, quoiqu'elle ait une pente assez forte, et par conséquent un courant rapide, on est obligé, tous les ans, de la récurer et de couper les herbes qui y croissent. On aurait pu atténuer ces inconvéniens, en la traçant au-dessus de ce terrain escarpé, dans une position qui l'eût mise hors des atteintes des débordemens de la rivière.

On construisit d'abord en maçonnerie, sur pilotis, la chaussée pour arrêter le cours de la rivière de Cesse et en détourner les eaux dans la rigole de Mirepeisset; mais elle ne fut pas de longue durée, parce qu'elle fut établie sans les précautions qu'exige un ouvrage de cette nature. On s'apperçut, après plusieurs crues, que la base de la maçonnerie était dégarnie, et que la chaussée commençait à céder à l'effort des eaux ; enfin elles se firent jour, et renversèrent la plus grande partie de ce barrage. Une seconde chaussée, construite sur les mêmes principes, eut aussi peu d'effet que la première. Pressé par le besoin de rétablir de suite un ouvrage indispensable à la navigation, on convint du projet suivant. Il fut décidé que l'on ferait à la Roupille une chaussée en encaissement, formée de plusieurs rangs de pilots garnis de chapeaux et palplanches; que l'on formerait à la chute des eaux un glacis arrêté à une bonne distance, par une rangée de forts pilots où l'on établirait un chausseron; le tout lié et soutenu de droite et de gauche par de fortes attaches, dont les extrémités seraient plus élevées que la chaussée: enfin que le glacis serait garni de pilots entrelacés de clayonnages, et les vides des encaissemens remplis de gros moellons, libages, cailloux et graviers.

Ce projet très-simple fut exécuté promptement, et à peu de frais. L'ouvrage se soutient depuis long-temps, en remplissant l'objet qu'on s'était proposé, et il n'exige pas plus de 600 francs d'entretien par année.

Canal de Narbonne. Suivant le projet de 1664, la communication des deux mers devait se faire par le grau de la

Nouvelle. Dans cette direction, le Canal du Midi débouchait à la rivière d'Aude, vis-à-vis de la Robine ; on profitait de cet ancien Canal des Romains pour arriver à l'étang de Sijean, et l'on se rendait de cet étang à la mer, en sortant par le grau de la Nouvelle.

Pendant qu'on était occupé de la vérification du projet de 1664, la commission proposa, le 3 décembre, de donner de l'extension au projet, en faisant communiquer les étangs de Vendres et de Thau par les rivières d'Orb et d'Hérault. Le 9 du même mois, les experts assurèrent qu'on pouvait facilement faire un Canal de l'une à l'autre de ces deux rivières, *le terrain et les hauteurs étant fort à propos* (1). Le régime de la rivière d'Aude, étant semblable à celui des torrens, avait d'abord empêché de se servir de sa navigation pour une partie du projet, et porta de même à s'en éloigner et à prendre la direction qu'on a suivie : c'est ici le cas de parler de cette rivière qui a des rapports si directs avec le Canal du Midi.

L'Aude vient des Pyrénées dans le Capsir, un peu au-dessus de Pyvalador ; elle coule du sud au nord, puis de l'ouest à l'est, et pénètre dans la mer par le grau de Vendres, au-dessous de Narbonne. L'Aude entraîne beaucoup de sables, de graviers et de limon, qui lui sont apportés par un nombre considérable d'affluens dont elle est le récipient, et qui coulent dans le vaste bassin compris du côté de la Méditerranée entre les Pyrénées, les Corbières et la montagne Noire. Comme toutes les rivières qui coulent dans la partie inférieure de leur cours sur un terrain d'alluvion, l'Aude change souvent de lit : elle est sujette à des crues considérables ; et ses eaux, en se débordant, recouvrent une étendue de terrain évaluée à 23,700 hectares.

La chaussée de Moussoulens dérive une partie des eaux de

---

(1) Notes et pièces justificatives, note IV.

l'Aude dans la Robine, et une partie dans le Canal d'atterrissement de l'étang de Capestang.

Au mois de décembre 1772, l'Aude monta jusqu'au niveau du Canal, et l'endommagea dans plusieurs points. Les alluvions provenant des débordemens de cette rivière, ont élevé de beaucoup le sol du territoire de Narbonne. Les eaux de l'Aude sont très-basses pendant l'été, et elles ne peuvent porter, dans certain temps, des bateaux chargés de plus de 2937 myriagrammes. Une pareille rivière était, ou insuffisante, ou trop dangereuse pour une navigation publique et active; et l'on a évité de s'en servir dans la construction du Canal du Midi.

Dans ces derniers temps, on a fait un embranchement connu sous le nom de *Canal de Narbonne*, depuis la grande retenue jusqu'à la rivière d'Aude, vis-à-vis de la Robine; en sorte que cette direction offre une nouvelle communication à la Méditerranée par le grau de la Nouvelle.

Les fonds accordés par la province pour la construction du Canal du Midi, ayant été de 6,666,000 liv., et le diocèse de Narbonne contribuant pour un dix-septième aux charges de la province, il s'ensuit qu'il avait donné environ 400,000 liv. pour sa part : les habitans de Narbonne souffraient avec peine de se voir privés des avantages que le sacrifice d'une pareille somme devait leur faire desirer, et ils sollicitaient qu'on donnât au Canal du Midi la direction qu'on lui destinait dans l'origine, et qui est marquée dans le projet de 1664.

En 1684, Vauban et Seignelai proposèrent la construction du Canal de Narbonne; un arrêt du conseil ordonna sa construction, d'Aguesseau étant alors intendant de Languedoc : le devis de cet ouvrage par l'ingénieur militaire Niquet, est du 2 février 1688.

Bâville, successeur de d'Aguesseau, ne put s'occuper de ce

projet, la guerre de la quadruple alliance, et les troubles des Cévennes exigeant tous ses soins.

En 1736, une compagnie se présenta pour être subrogée à l'utilité de l'arrêté de 1686 ; c'est à ce temps que l'on doit fixer l'époque de l'opposition des propriétaires, opposition qui devint bien plus manifeste, lorsqu'en 1751 les habitans de Narbonne eurent obtenu un arrêt du conseil, pour qu'on fît la jonction du Canal du Midi avec la rivière d'Aude. Les propriétaires du Canal furent secondés par différentes communautés et plusieurs villes de commerce, chacun suivant qu'il était sollicité ou qu'il avait d'intérêt à la chose.

Les raisons des opposans, quant au danger de l'exécution du Canal, paraissaient très-plausibles : ils prétendaient que le terrain où l'on se proposait de creuser un nouveau Canal étant graveleux, il devait être singulièrement sujet aux filtrations. Il fut aisé de s'en assurer, en faisant faire, de distance en distance, des creux propres à recevoir chacun un muid et demi d'eau tout à-la-fois; et cette eau versée dans ces creux, disparut entièrement.

N'oublions pas que le terrain des vallées est le produit des alluvions des rivières ; et si l'on imagine une coupe perpendiculaire à la direction d'une vallée, la qualité du terrain que présente le profil est toujours analogue à la nature des troubles qui passent par la section de la rivière pendant les crues; en sorte que le terrain est plus ou moins perméable à l'eau, suivant que les troubles sont composés de grosses matières ou de matières légères. Mais un terrain qui n'est pas tout-à-fait consistant, peut devenir moins perméable, lorsqu'il est pénétré par des eaux bourbeuses qui, en filtrant, déposent leur limon dans les interstices: c'est ce qui est arrivé au Canal de Narbonne, et même au grand Canal, qui éprouve maintenant, dans le côté faible, beaucoup moins de filtrations qu'autrefois. Ainsi l'on peut dire qu'il est avantageux, à quelques égards, de recevoir des eaux troubles dans un Canal nouvellement construit, jusqu'à ce que les terres rapportées, qui forment le côté faible, soient tassées, et que les dépôts abandonnés par les eaux de filtration, aient achevé de leur donner une entière consistance.

Mais si le terrain est un composé de gros sable et de cailloux roulés, il ne peut y avoir aucune ressource. Quelques tentatives qu'on ait faites pour remplir d'eau les fossés de Palma-Nova, dans le Frioul vénitien, on n'a jamais pu y parvenir; ils se sont vidés à mesure, et l'on a vu l'eau sourdre au loin de tous côtés dans la campagne. La plaine sur laquelle est assise Palma-Nova, est en effet composée de matières grosses que les torrens du Frioul, dont le cours est rapide et borné, ont déposées au sortir des montagnes, en se répandant sur cette plaine; et la Tore, affluent de l'Isonzo, qui fournit aux fossés de Palma-Nova, n'entraîne que des sables et des graviers, et ne porte point de limon. La nature du même terrain a rendu inutile le *Taglio-Nuovo*, canal que les Vénitiens avaient creusé pour communiquer de Palma-Nova à la rivière d'Auza. Des inconvéniens analogues se présentèrent, lorsqu'on voulut se servir du canal qu'on avait fait au Neuf-Brisack, pour faciliter le transport des matériaux nécessaires à la construction de cette place: creusé dans un sol, produit des alluvions du Haut-Rhin, il ne put jamais conserver l'eau nécessaire à sa navigation.

Les grands effets des filtrations ont cessé déjà depuis long-temps dans le Canal de Narbonne; et l'on parviendrait peut-être à les détruire entièrement, si l'on admettait quelquefois dans une partie de la grande retenue, pour les amener à ce Canal, les eaux troubles de la rivière de Cesse : mais ce moyen ne devrait être employé qu'avec circonspection, parce qu'il est notoire que la Cesse charrie ordinairement moins de limon que de sables graveleux.

La seconde objection contre le projet dont nous parlons était plus admissible. Le Canal du Midi n'ayant, disait-on, que la quantité d'eau suffisante pour la navigation, comment remplacer l'eau qui devait être employée pour le Canal de Narbonne? Les intéressés à ce Canal proposaient de rendre à celui du Midi la quantité d'eau qu'ils en tireraient, au moyen de deux prises, l'une de la rivière d'Aude, l'autre du ruisseau d'Argendouble; mais recevoir dans le Canal une rivière qui avait été proscrite dès l'origine, pour des raisons solides, paraissait un projet chimérique, ou tout au moins hasardeux. La seconde prise d'eau n'était pas plus heureusement trouvée que la première; le ruisseau d'Argendouble, à sec les deux tiers de l'année, devient, dans la saison des pluies, un torrent impétueux qui roule des sables, des pierres et des graviers. Le dernier projet auquel on s'arrêta, fut de former dans la montagne Noire, aux sources de la rivière de Lampy, un réservoir pareil à celui de Saint-Ferréol, les circonstances du terrain étant les mêmes pour l'établissement d'une digue de barrage. Sans doute on avait remarqué que les prises intermédiaires fournissant au grand Canal beaucoup plus d'eau qu'il n'en consomme en hiver, au printemps et en automne, il était inutile d'amener de nouvelles eaux à la grande retenue pour alimenter son embranchement durant les trois quarts de l'année. Il ne s'agissait donc que d'avoir en été de quoi pourvoir à la consommation du Canal de Narbonne. On jugea que le réservoir de Lampy était suffisant pour remplir cet objet, et l'expérience a fait voir qu'on ne s'était pas trompé.

Le Canal de Narbonne a sa prise d'eau, près de la rivière de Cesse, à 4207 mètres au-delà du Somail; il laisse cette rivière à sa droite. Les eaux de ce Canal sont soutenues par cinq écluses simples, par une écluse double à Salelles, et près de la rivière, par une écluse simple à laquelle sont accolés les épanchoirs du Canal d'atterrissement de l'étang de Capestang.

Avant la construction du Canal de Narbonne, on appelait *Port du Gaillousty*, une partie de la rive gauche de la rivière d'Aude, en amont de la chaussée de dérivation de Moussoulens, où les barques de Narbonne, après avoir remonté la Robine et traversé la rivière, allaient déposer les sels fabriqués sur les bords des étangs, à Sijean et à Peyriac, pour être de-là transportés, par voiture, au Somail : le nom de *Gaillousty* a été donné aux épanchoirs et à l'écluse qui leur est accolée.

Il y a 194 mètres depuis les épanchoirs jusqu'à la rivière d'Aude. Cette distance est occupée par une retenue contournée en arc de cercle, appelée *retenue d'Aude*, ou *courbe du Gaillousty*.

Il est aisé de juger que la courbe du Gaillousty n'a été nullement faite dans l'intention de procurer au Canal de Narbonne un débouché facile, puisque, par cette disposition, elle est sujette aux envasemens. Il faudrait, pour remédier à cet inconvénient majeur, que la courbure fût tournée en sens contraire; mais alors on devrait renoncer à l'atterrissement de l'étang de Capestang, et opérer son dessèchement; ce qui est impossible, comme nous le verrons dans le chapitre VII.

Le seul moyen, dans l'état actuel des choses, de ne pas contrarier l'atterrissement de l'étang de Capestang, et néanmoins de communiquer, avec facilité, du Canal de Narbonne à la Robine, serait de franchir la rivière d'Aude par un aqueduc; mais ce projet ne semble point praticable. En effet, pour que cet aqueduc eût une hauteur suffisante, il faudrait soutenir toute la retenue du Gaillousty, qui a 1169 mètres de longueur, dans un remblai qui dominerait le niveau de la plaine de cinq à six mètres. On sent les inconvéniens qui en résulteraient, tant pour les fortes transpirations qui s'établiraient infailliblement dans une masse aussi considérable de terres nouvellement remuées, qu'à cause des atteintes de la rivière d'Aude dans les inondations. En effet, le couronnement de l'éperon supérieur de l'écluse de Salelles, est de 58 décimètres et demi au-dessus du niveau de l'Aude, dans son état ordinaire ; et l'on a vu les eaux de cette rivière s'élever à plus de 60 décimètres au-dessus de ce niveau, notamment le 17 ventose an x, c'est-à-dire à plus d'un décimètre et demi au-dessus du couronnement de l'éperon dont il s'agit ; car il y a 78 décimètres de pente du couronnement de cet éperon à l'éperon inférieur de l'écluse du Gaillousty, et celui-ci est à 19 décimètres et demi au-dessous des eaux ordinaires de l'Aude.

L'embouchure du Canal de Narbonne est tournée vers le courant de la rivière d'Aude, pour en recevoir les eaux limoneuses et les porter dans l'étang de Capestang ; mais le second usage auquel on a destiné le Canal de Narbonne, contrarie nécessairement sa navigation, et occasionne une consommation d'eau de beaucoup supérieure aux besoins naturels de ce Canal. En effet, à chaque crue, l'embouchure de ce Canal est obstruée, et l'on ne parvient à la dessabler, qu'en enlevant les dépôts à la drague, ou en les repoussant dans la rivière au moyen de chasses d'eau, administrées par l'écluse du Gaillousty.

Il est arrivé bien des fois que la courbe a été tellement ensablée, que quinze jours, et même trente, étaient à peine suffisans pour la curer, et rétablir le passage à l'aide de dragues : on a même pris le parti de la barrer par deux batardeaux, un à chaque extrémité, pour en épuiser les eaux et la curer à la pelle. Ce procédé aurait pu être le plus expéditif, mais non le plus sûr, ce travail ayant presque toujours lieu dans un temps où l'on a à craindre les glaces, et plus encore les crues successives de l'Aude, qui peuvent détruire dans moins d'un jour, le travail de plusieurs semaines, et forcer à suspendre la navigation, momentanément ou même pendant plusieurs mois.

La nécessité d'activer la navigation, pour satisfaire aux besoins pressans de l'armée des Pyrénées orientales, a suggéré l'idée de profiter des eaux surabondantes de la grande retenue, et des eaux superflues que la Cesse pouvait lui fournir, pour les dériver dans le Canal de Narbonne, et les employer à faire des chasses dans la courbe du Gaillousty. On a, par ce procédé dont on s'était déjà servi, réduit à très-peu de jours la suspension de la navigation ; et le passage de la courbe s'est effectué sans interruption dans des temps où le Libron, d'une part, et le Fresquel, de l'autre, barraient successivement, ou même simultanément, le Canal du Midi. Dans le cas de l'ensablement du Libron, ou des désordres de l'Orb, le débouché par l'Aude, Narbonne et la Nouvelle, a maintenu l'activité des opérations du commerce.

Il arrive quelquefois, par exemple, que le passage obstrué par les pluies d'automne, étant rétabli de suite, il se conserve tout l'hiver ; car les chasses faites après la crue du 25 vendemiaire an XI, qui ensabla la courbe, en ramenant l'abondance des eaux, y maintenaient encore un fond suffisant les derniers jours de pluviose.

Il est juste d'observer ici, qu'on tâche de n'employer pour les chasses, que les eaux que la grande retenue peut donner au-delà de ses besoins. Les filtrations une fois arrêtées, le Canal du Midi pourrait n'avoir plus à fournir à celui de Narbonne que pour le besoin unique du passage des barques. Il a été reconnu, d'après l'examen du terrain et par les nivellemens, que les eaux superflues de la rivière de Cesse, qui tombent en pure perte dans le lit naturel de cette rivière, peuvent être réunies à la chaussée de l'ancien moulin d'Empare, et de-là dérivées dans la retenue du Gaillousty pour les chasses de la Courbe. Cette retenue, dont la longueur est de 1169 mètres, peut être élevée de 1 mètre 62 centimètres au-dessus de son niveau actuel.

Le trajet de la rivière d'Aude pour passer du Canal de Narbonne à celui de la Robine, est d'environ 390 mètres.

Canal de la Robine. — La Robine est un Canal dérivé de la rivière d'Aude : il a été creusé par les Romains. La Robine traverse la ville de Narbonne, et après avoir coulé entre les étangs de Gruissan et de Sijean, elle s'embouche dans l'étang de Bages, qui communique à la mer par le port de la Nouvelle. Pour arriver à ce port, il faut traverser l'étang de Bages dans une longueur de 5070 mètres.

La rivière d'Aude était anciennement très-rapprochée de la ville de Narbonne : dans le quatorzième siècle, elle changea de lit, et prit la direction qu'elle a maintenant à 5 kilomètres au nord de cette ville. Les habitans de Narbonne se voyant privés des avantages de cette communication, prolongèrent la Robine jusqu'à la rivière d'Aude, et firent une prise d'eau, qu'ils assurèrent, et qui est encore maintenue, au moyen de la chaussée de Moussoulens.

Astruc [1] pense, d'après l'autorité de Pline [2], que la rivière d'Aude portait autrefois toutes ses eaux dans l'étang de Bages, et que la Robine actuelle était son ancien lit. J'ai peine

---

[1] Astruc, Mémoires pour l'histoire naturelle de la province de Languedoc.
[2] Pline dit : *Atax Rubrensem lacum permeans.*

à croire que l'Aude eût abandonné la pente générale de sa vallée, pour plier son cours presqu'à angle droit vers le point dont nous parlons, sans qu'aucun accident de terrain, ou un obstacle quelconque eût déterminé cette déviation; au lieu que je vois plus bas, vers l'étang de Vendres, le contre-fort d'Encerune, qui a dû nécessairement obliger les eaux de cette rivière à prendre la direction qu'elle conserve encore aujourd'hui.

D'après une vérification faite en 1777, la Robine offrait, depuis l'Aude jusqu'à l'étang de Bages, une communication de 34,640 mètres de longueur.

La Robine est très-sinueuse, et sa profondeur n'est, en quelques endroits, que de 130 centimètres; mais on a l'intention de la porter jusqu'à 195 centimètres. Les eaux de ce Canal sont soutenues et manœuvrées par quatre écluses : on en a projeté une cinquième, que l'on construira dans l'alignement qui doit remplacer le coude de Mandirac. La retenue des étangs en aval de cette écluse, compris le Canal de Sainte-Lucie qui en fera partie, se trouvera au niveau des eaux de la mer, et alimentée par elles.

L'écluse de tête de Moussoulens a deux objets à remplir; celui de faire communiquer de la rivière d'Aude dans la Robine pendant les crues de cette rivière, et d'alimenter cette même Robine. Sans la circonstance de l'élévation des eaux de l'Aude, l'écluse de Moussoulens ne serait qu'une prise d'eau : c'est pour cela qu'on a mis de niveau les seuils de ses éperons. Il est aisé de voir que les deux destinations dont nous venons de parler, doivent être indépendantes l'une de l'autre, et qu'elles ne peuvent être remplies par les empêlemens des portes; car chaque passage de barque à l'écluse, fait baisser la retenue suivante de deux à trois décimètres. Cette baisse se fait sentir dans les retenues subséquentes, et notamment dans celle de Narbonne, aux étangs, qui, à raison de sa grande pente, diminue avec plus ou moins de vîtesse, selon le vent qui souffle : ce dernier inconvénient a prouvé la nécessité d'une écluse au-dessous de Narbonne, dans le pli de Mandirac. A cette consommation, produite par les manœuvres de la navigation, se joint celle des moulins de Narbonne et du Gua : on éprouverait des obstacles continuels à la navigation, si l'on n'avait pratiqué, dans l'aile droite de l'écluse de Moussoulens, un aqueduc latéral, qui procure une fourniture d'eau à la retenue, pendant la manœuvre de l'écluse. On a reconnu, lorsque la navigation de la Robine est momentanément très-active, qu'un seul aqueduc ne fournit pas un débit suffisant, et l'on a projeté d'en pratiquer un pareil dans l'aile gauche. Il s'est même présenté des cas, comme pendant le service de l'armée des Pyrénées orientales, où l'on tenait, quand les eaux et le temps le permettaient, les portes de l'écluse de Moussoulens entièrement ouvertes, pour faciliter le passage et assurer la fourniture d'eau.

L'écluse de Moussoulens étant destinée à soutenir les eaux de la rivière d'Aude, dans les crues, ses portes de défense seraient très-souvent ensablées, si l'on n'avait profité de la chute que donne la hauteur de la digue de barrage, pour pratiquer un aqueduc latéral où les eaux se précipitent ; le courant et le tournoiement continuel que ce mouvement entretient au-devant des portes, empêchent les dépôts de s'y former. Le dessin et la construction de l'écluse de Moussoulens sont dus à M. de Niquet, ingénieur militaire, que nous aurons plus d'une fois occasion de citer avec éloge.

Des considérations sur la manière dont la rivière d'Aude se comportait dans les inondations, ont fait établir à l'écluse de Moussoulens un système d'ouvrages très-bien entendus.

La rivière d'Aude couvrait autrefois, dans ses débordemens, la plaine de Narbonne; ces inondations causaient de grands ravages à la Robine dont elles comblaient le lit, et détruisaient les francs bords. Pour s'en débarrasser, on a construit sur les bajoyers de l'écluse de Moussoulens, où se trouve la prise d'eau de la Robine, un pont en maçonnerie placé immédiatement après les portes de défense de cette écluse; et l'on a donné à ces portes 72 décimètres de hauteur; en sorte qu'elles s'élèvent au-dessus de la clef de la voûte du pont. On a barré, en même temps, le petit vallon situé à la droite de l'écluse par une digue dont le couronnement est au niveau de celui du pont.

Ces ouvrages délivraient la Robine et la ville de Narbonne des inondations ordinaires de l'Aude: mais dans les crues extraordinaires, l'eau s'élevant au-dessus des entre-toises supérieures des portes de l'écluse, se précipitait par l'ouverture comprise entre ces portes et la tête du pont, et se répandait dans la campagne. On a eu l'idée ingénieuse de fermer cette ouverture, au moyen d'un tablier triangulaire, en bois. Ce tablier est fixé à la tête du pont, par son plus grand côté, autour duquel il peut tourner pour s'élever et s'abaisser. Dans l'état ordinaire de l'Aude, on le tient relevé, et lorsqu'on prévoit une inondation, on l'abaisse de manière que les deux autres côtés s'appliquent parfaitement sur les maîtresses entre-toises, les plus hautes, des volets, et que l'ouverture se trouve entièrement fermée. Ce tablier sert, en outre, d'éperon pour soutenir les portes contre l'action des eaux.

On a déjà eu plusieurs occasions d'éprouver l'utilité de ce tablier. Il y a environ quatre ans que les eaux de la rivière le dépassèrent de quelques décimètres et s'élevèrent jusqu'à 32 centimètres au-dessous du couronnement de la chaussée; ce qui donnait environ 85 décimètres pour la hauteur de l'inondation dans ce point. Les eaux furent parfaitement contenues, et il n'y eut que quelques perdans inévitables ; cependant le débordement avait été si terrible, qu'il avait entr'ouvert une digue située près du village de Cuxac.

La Robine débouche dans l'étang de Bages ; la profondeur de cet étang, depuis le point où la Robine y pénètre jusqu'au signal du Pilon, est de 12 à 20 décimètres. Du signal du Pilon, où commence le Canal des Romains, creusé dans l'étang, jusqu'au chenal de la Nouvelle, sur une longueur de 2140 mètres, le fond varie de 23 à 49 décimètres. On a ouvert dans la plage, et autour de l'île de Sainte-Lucie, un Canal contenu entre des digues, sur une longueur d'environ 5850 mètres, pour affranchir la navigation de la traversée de l'étang de Sijean, qui est souvent contrariée, et rendue quelquefois impraticable, par les vents de terre et de mer.

En résumant, nous ferons remarquer que les vues relatives au perfectionnement de la Robine, consistent dans le redressement de certaines parties de son cours ; dans la construction de l'écluse de Mandirac ; dans les travaux de l'île de Sainte-Lucie ; enfin, dans la manœuvre du tablier triangulaire, qui se trouve aussi utile à la ville de Narbonne qu'à la Robine elle-même.

Tous les redressemens de la Robine, supérieurs à Narbonne, sont exécutés ; on va s'occuper de suite des déversoirs qui, par son bord droit dans la retenue de Raonel et du Gua, doivent répandre les eaux limoneuses de l'Aude dans la plaine de Livière, où les sels, connus dans le Narbonnais sous le nom de la *salubre*, commencent à se montrer, et finiraient par s'emparer entièrement de cet excellent terrain, si l'on n'y réglait, au moyen du tablier triangulaire de l'écluse de Moussoulens, les débordemens des eaux qui l'ont formé, et qui doivent l'entretenir et l'améliorer.

En aval de Narbonne, les redressemens sont commencés, et se continuent dans la retenue qui sera formée par l'écluse de Mandirac, et qui en portera le nom. Le relèvement que produira cette écluse, donnera la facilité d'inonder les terrains adjacens, et d'atterrir progressivement, sur le bord gauche, la vaste plaine de l'étang salin, qui est une alluvion encore imparfaite de l'Aude, et sur la droite, le marais du Cercle que l'on regarde, sur-tout depuis quelques années, comme un foyer de corruption, qui, peut-être, entretient les fièvres intermittentes à Narbonne, dont il n'est éloigné que d'environ 2400 mètres au sud-est.

Ce ne sera guère qu'après l'entier achèvement des ouvrages commencés pour le perfectionnement de la Robine, que les eaux de ce Canal pourront avoir un mouvement plus réglé, sans acquérir néanmoins une constante uniformité, parce qu'il faudra toujours y entretenir un courant variable à volonté, tant pour prévenir et détruire les ensablemens, que pour fournir essentiellement aux manœuvres des moulins du Gua et de la Ville. Ces moulins, avec trois meules au moins chacun, ne faisant pas une dépense d'eau constamment égale, accélèrent ou retardent plus ou moins le mouvement et la vitesse des eaux, tant en amont qu'en aval. Cette altération exposerait souvent la retenue actuelle des étangs à manquer d'eau, sur-tout aux approches de Narbonne, si le service des aqueducs et tambours de l'écluse de cette ville n'y suppléait avec régularité. L'écluse projetée de Mandirac mettra fin à cet inconvénient.

Dès que l'écluse de Mandirac sera exécutée, celles de la Robine se suivront dans cet ordre : l'écluse de tête de Moussoulens, de Raonel, de Gua, de la ville de Narbonne, de Mandirac : toutes ces écluses n'ont qu'un seul sas.

De la Nouvelle, en allant vers l'étang de Leucate, on voit les traces d'un Canal, appelé *Canal de Niquet*, dirigé à travers l'étang de la Palme, dont l'exécution avait été commencée, et qui est depuis restée dans l'oubli. L'idée de ce projet était alors bien conçue, puisqu'elle tendait à amener des marchandises de Bordeaux jusqu'à l'anse de la Franqui, comme elles arrivent par le Canal du Midi jusqu'à Sette. L'anse de la Franqui était le seul point de la côte, depuis le port Vendres jusqu'au port d'Agde, où l'on croyait pouvoir établir sur la Méditerranée un nouveau port bien abrité, d'un fond suffisant et de bonne tenue; mais par un examen plus approfondi de la nature de cette anse, et de celle de son emplacement par rapport à la direction des alluvions terrestres et marines, on verra dans le chapitre suivant, ce que l'on doit craindre des sables que le port qu'on y ferait, recevrait tôt ou tard, à cause de sa position.

Percée du Malpas. — Lorsqu'on eut renoncé au projet de 1664, on continua de soutenir le canal au même niveau, pour qu'il fût élevé au-dessus des inondations de la rivière d'Aude; et l'on parvint à la montagne d'Encerune, voisine du Malpas, qui paraît n'être autre chose qu'un nœud ou relèvement pareil à ceux que l'on observe dans tous les systèmes de montagne, à la tête de deux ou plusieurs contre-forts qui se réunissent au même point. Deux de ces contre-forts sont bien distincts; l'un se détache au nord, et laisse entre lui et la direction de l'arête principale qui se prolonge jusqu'à la vue de Béziers, cette vaste plaine que recouvrait autrefois l'étang de Montady; l'autre se prolonge au sud vers la mer, et sépare la rivière d'Aude de la rivière d'Orb. On voit effectivement que vis-à-vis de la montagne d'Encerune, la rivière d'Aude se détourne presqu'à angle droit, pour aller se rendre à la mer ; elle se jetait autrefois dans l'étang de Vendres.

On pouvait facilement diriger le Canal de cette manière, en le faisant passer à Nissan ; et alors il eût traversé la rivière d'Orb au midi de Béziers. Il n'est pas douteux qu'en suivant cette route, on n'eût évité la percée de Malpas, parce que bien avant la montagne d'Encerune, le contre-fort qui sépare la rivière d'Aude de la rivière d'Orb, forme une masse continue qui va toujours en s'abaissant vers l'étang de Vendres.

Peut-être eût-il été avantageux de tracer le canal dans cette direction, en modifiant le projet de la première entreprise qui semblait s'en rapprocher ; mais en considérant le développement du contre-fort dont nous venons de parler, il est aisé de voir qu'on aurait suivi une route, quatre fois plus longue et plus dispendieuse, que celle qui a été ouverte par la percée du Malpas ; et il eût fallu néanmoins arriver dans la plaine de Béziers par une écluse multiple, ou dans un plan inférieur aux grandes crues de la rivière d'Orb.

Il ne restait, d'après cela, que deux directions, celle de l'arête principale qui se rendait à la rivière d'Orb, vis-à-vis de Béziers; ou celle des hauts coteaux, qui tournent au nord de la plaine de Montady, et qui sont liés, sans interruption, avec la montagne d'Encerune, comme nous l'avons observé (chap. II, §. 3). On profita de l'écartement de ces deux directions pour quitter le revers des montagnes du côté de la rivière d'Aude, et établir le Canal sur la pente opposée. La montagne d'Encerune fut percée, au Malpas, dans sa partie la plus étroite, et au niveau du plateau sur lequel le Canal a été conduit, jusqu'à la vue de Béziers.

Il n'eût pas été cependant impossible, de faire prendre au Canal une autre direction, qui est assez bien marquée par celle qu'on a donnée au chemin de l'Étape (1). Nous allons faire voir que cette route eût été bien moins avantageuse que celle qu'on a suivie.

Le chemin de l'Étape, après avoir traversé le Canal un peu en aval de Capestang, sur le revers du prolongement de la montagne d'Encerune, monte ensuite sur le col de cette montagne, qu'on nomme le *seuil de Trézille*. Mais ce seuil est plus élevé de trois mètres que le Malpas, au-dessus du niveau de la grande retenue, et le travers de la montagne est beaucoup plus large; ainsi l'on n'aurait pu rejeter le Canal du côté de la plaine de Montady, que par une percée ou des excavations plus considérables, que la percée et les excavations de la hauteur du Malpas. Le Canal eût été exposé, dans cette direction, aux eaux des ravines qui bordent la partie nord de l'étang de Montady; elles doivent être considérables et en grand nombre, comme l'atteste l'ancienne existence de cet étang, et l'on n'aurait pu les franchir que par des aqueducs. D'ailleurs la disposition des hauts coteaux qu'il eût fallu suivre, ne pouvait différer assez de celle du terrain qui a été creusé au débouché du Malpas, pour que l'on dût espérer une distribution de pente plus avantageuse. En effet, la sommité du coteau de Foncerane, et son prolongement à l'endroit d'où descend le chemin de l'Étape à la vue de Béziers, ont à-peu-près la même élévation au-dessus de l'Orb, et sont à la même distance de cette rivière.

Enfin, en établissant, comme on l'a fait, le canal sur le revers d'une contrepente, on n'avait point à craindre des eaux en grand volume. Aussi ne trouve-t-on que quelques cales entre le Malpas et l'écluse de Fonserane.

---

(1) Ce chemin de l'*Etape* était, jusqu'à ces derniers temps, la route des troupes qui voyagent, et suit, depuis Carcassonne jusqu'à Béziers, la direction d'une ancienne voie romaine.

DU CANAL DU MIDI.

Nous observerons à ce sujet, qu'il y a toujours plus d'avantage à conduire un Canal de navigation le long d'une contrepente, que sur le revers d'une pente générale, parce que, dans le premier cas, on remédie à l'inconvénient des eaux affluentes en établissant des cales, et que, dans le second, on ne peut le faire qu'en construisant des ponts-aqueducs : ces derniers ouvrages sont incomparablement plus chers que les premiers.

La route qu'on a fait suivre au Canal dans cette partie, devenait donc préférable à celle de Montady, en ce qu'elle était moins chère, qu'elle donnait un chemin plus court pour arriver à Béziers, et que l'autre direction n'aurait point dispensé de descendre à la rivière d'Orb par une écluse semblable à celle de Fonserane.

La butte du Malpas est d'un tuf sablonneux peu consistant par lui-même. Les filtrations et les érosions occasionnées par les alternatives de la sécheresse et de l'humidité, agissant sur les parties que la forme de la voûte avait obligé de trancher inégalement, menaçaient d'en faire tomber de grandes pièces. Cet inconvénient était majeur ; il tendait à rendre la navigation peu sûre, et à amener le comblement du Canal. On prit le parti d'y remédier, en construisant un cintre en charpente, afin de soutenir la partie de la voûte qui menaçait le plus ; mais ce cintre fait en bois de sapin, coûta 15000 francs, et ne dura pas dix ans. Les désordres dont nous venons de parler, furent principalement occasionnés par deux puits qu'on avait pratiqués dans le cerveau de la voûte, pour retirer les terres des excavations. Ces puits, bouchés ensuite peu solidement, donnèrent lieu à des filtrations plus nombreuses et plus abondantes, dont l'action s'étendit tout autour, sur la partie solide de la butte, et la mina insensiblement.

Il fut question un moment d'enlever le cerveau de la voûte,

et de faire la percée à ciel ouvert. La butte du Malpas pouvait être facilement tranchée à découvert, elle l'a même été à l'entrée et à la sortie ; mais on avait reconnu, par l'expérience, que la percée était un moyen d'économie et de sûreté, en évitant les comblemens qu'aurait produits, à chaque gros orage, la dégradation des grandes surfaces latérales d'une coupure.

On prit enfin le parti de construire une voûte en maçonnerie sur toute l'étendue de ce passage souterrain. Il eût été possible de garnir les reins et l'extrados de ce berceau, de manière qu'il ne restât aucun vide entre le ciel de l'excavation et le dessus de la maçonnerie. Pour y parvenir, on aurait commencé l'ouvrage par une de ses extrémités, et on l'aurait continué, en cheminant successivement jusqu'à l'autre bout, ainsi que cela se pratique le plus ordinairement. Mais ce moyen ne pouvait être admis dans le cas dont il s'agit, parce qu'il aurait été très-difficile d'obtenir ainsi toute la régularité et toute la perfection qu'on voulait donner à cet ouvrage. Il suffisait d'ailleurs que ce vide fût rempli par intervalles. On préféra d'élever d'abord, de distance en distance, des arceaux auxquels on ménagea les arrachemens nécessaires pour y raccorder la maçonnerie qui devait remplir l'espace qui se trouvait entr'eux ; les espaces n'étaient que de 2 mètres 92 centimètres. L'isolement de ces arceaux permit de les aligner et de les dégauchir sur toute l'étendue de la voûte projetée, dont ils formaient les premiers élémens. Il restait environ 2 mètres de distance entre l'extrados de chacun de ces arceaux et le solide de la montagne ; le vide fut rempli à leur aplomb, et on y conserva seulement une ouverture pour pouvoir communiquer de l'un à l'autre.

Lorsque ce premier travail fut terminé, on acheva de

construire la voûte dans les espaces intermédiaires. Les raccordemens ont été exécutés avec tant de soin, que le berceau paraît avoir été établi d'un seul jet sur toute sa longueur, qui est de 156 mètres, et qu'on n'y apperçoit aucun jarret, aucune saillie, ni même d'interruption entre les liaisons des diverses parties qui le composent.

L'aqueduc de Montady, qui traverse le Malpas à 156 décimètres au-dessous de la base du Canal, avait pu faire naître l'idée de conduire les eaux sous une voûte ; mais il eût fallu, dans tous les cas, ou diriger les travaux de cette manière, ou trancher la montagne par de grandes excavations : ce dernier parti eût été le moins avantageux.

Les puits, ou regards, qu'on avait pratiqués pour retirer les terres provenant de l'excavation de l'aqueduc de Montady, et les répandre au-dessus de la montagne, avaient un autre usage. Il paraît que ces regards, de forme carrée, très-bien revêtus en maçonnerie, dont on apperçoit un grand nombre, à peu de distance les uns des autres, dans toute l'étendue de l'aqueduc, étoient destinés, comme ils le sont encore, à enlever les vases provenant des curages de la rigole d'écoulement. En démolissant une des deux banquettes qu'on avait établies sous la voûte de Malpas, pour un chemin de hallage, on trouva un de ces regards. On crut devoir en profiter, pour former un épanchoir par où l'on viderait dans la rigole d'écoulement de l'étang de Montady, les eaux de la partie voûtée du Malpas, lorsqu'il s'agirait d'y faire des curemens, ou d'autres réparations.

Quoique le soupirail par où tombent les eaux de l'épanchoir du Malpas, soit revêtu en pierres de taille, et qu'il en soit de même du fond de l'aqueduc de Montady qui les reçoit, les propriétaires de l'étang appréhendaient, avec raison, que les troubles dont ces eaux sont chargées, ne se déposassent dans la rigole d'écoulement et ne parvinssent à l'obstruer. Mais ces propriétaires devaient croire qu'ils n'auraient jamais été dispensés de faire des curemens; car il se forme toujours des dépôts considérables à l'extrémité d'un Canal d'écoulement, sur-tout lorsqu'il débouche dans une lagune, parce qu'il y trouve des eaux mortes. Cependant le Canal de décharge de l'étang de Montady est assez incliné, pour que les eaux s'écoulent avec vîtesse, et laissent des dépôts en bien moindre quantité.

Écluse de Fonserane. — Cette écluse, qui présente un des ouvrages les plus considérables du Canal du Midi, soutient les eaux de la grande retenue sur un développement de 53,748 mètres, comme nous l'avons déjà remarqué. Elle est formée de huit bassins ou sas accolés, et a neuf portes busquées, sur 297 mètres et demi de longueur.

La porte de mouille a 4 mètres 88 centimètres de hauteur, et la porte de tête, 2 mètres 80 centimètres; presque toutes les portes intermédiaires ont 4 mètres 55 centimètres.

La hauteur de l'éperon de la porte de mouille est de 34 décimètres, et celle de l'éperon de la porte de tête, de 24. Les hauteurs des éperons intermédiaires ne sont point égales, et peuvent être regardées comme moyennes entre les autres.

La chute totale de l'écluse de Fonserane est de 20 mètres 96 centimètres.

Nous avons montré qu'en conduisant le Canal jusqu'au sommet du coteau de Fonserane, on lui avait fait tenir, dans cette direction, la route la plus avantageuse. Les principes que nous exposerons dans le paragraphe 2 du chapitre v, mettront à même de reconnaître que l'écluse octuple de Fonserane a l'avantage de concilier l'économie de l'eau avec celle des constructions.

L'écluse de Fonserane est la seule partie du Canal où les barques, suivant l'ordre établi dans la navigation de la rivière d'Orb, se succèdent en convois; il y arrive, après les inondations de cette rivière, jusqu'à quarante barques à-la-fois.

La retenue de Notre-Dame, qui est au-dessous de celle de Fonserane, sert de port aux convois de barques qui doivent monter l'écluse, ou bien entrer dans la rivière d'Orb.

L'écluse de Notre-Dame était dans l'origine composée de deux sas; les atterrissemens qui se sont formés par l'élévation successive du fond de la rivière, ont comblé le sas inférieur, et réduit la navigation de l'écluse à un seul bassin.

La longueur du canalet de Notre-Dame, depuis l'écluse jusqu'à la rivière d'Orb, est d'environ 150 mètres: il n'y a pas de crue qui n'obstrue l'embouchure de ce canalet; les chasses d'eau, le jeu des hérissons, les manœuvres à la drague, sont les moyens de dessablement et de curage qu'exigent fréquemment les débordemens de cette rivière.

Le point où le canalet de Notre-Dame débouche dans la rivière d'Orb, est le seuil du Canal vers la Méditerranée, comme la Garonne, au-dessous de Toulouse, l'est du côté de l'Océan, parce qu'à défaut des prises intermédiaires, le Canal pourrait être alimenté jusqu'à ces deux seuils, par les eaux amenées du point de partage.

La suite du Canal du Midi, au-delà de la rivière d'Orb, est un Canal dérivé de cette rivière, dont nous nous occuperons, après avoir analysé les tentatives, les projets, les ouvrages qu'il a fallu faire pour approprier une partie de son lit, sur une étendue de 869 mètres, à une navigation active, mais que diverses considérations et les localités n'ont pu rendre continue.

HISTOIRE

§. IV.

Passage de la rivière d'Orb.

ARTICLE I.

Ouvrages établis sur la rivière pour faciliter la navigation.

La partie de la rivière d'Orb, comprise entre le pont de Béziers et la digue des Moulins neufs, dans une étendue de 2289 mètres, sert de continuation au Canal du Midi : on voit à 550 mètres en aval du pont, le débouché de la retenue de Notre-Dame, qui tire ses eaux de l'écluse octuple; et c'est à 869 mètres plus bas, au Pont-Rouge, que se trouve la prise d'eau qui alimente la partie du Canal dérivée de la rivière d'Orb.

On a fait, dans cette partie du lit de la rivière, pour favoriser le passage des barques, une chaussée, une jetée en pierres, et trois lignes de pieux revêtus de palplanches.

La chaussée traverse la rivière d'Orb, d'un bord à l'autre, un peu au-dessous de la prise d'eau ; elle est percée de ce côté de six épanchoirs de fond qui ont chacun 2 mètres 92 centimètres de largeur, et le couronnement de leurs piles est au niveau de celui de la digue. Lorsque les épanchoirs sont ouverts, il y a entre le couronnement de la chaussée et la surface supérieure de l'eau, 65 centimètres de distance.

La première ligne de pieux et palplanches est destinée à porter le courant principal, de la rive gauche à l'embouchure du Canal de Notre-Dame; on l'appelle *ligne des Minimes*. Sa longueur est de 136 mètres, et sa hauteur au-dessus des basses eaux, de quatre mètres et demi : elle forme, avec le bord de la rive gauche, un angle d'environ 56 grades vers l'est, et s'arrête à

23 mètres et demi du bord opposé, au-dessus de l'embouchure du Canal de Notre-Dame.

La seconde ligne a pour objet, d'entretenir le fond d'eau sur la largeur que les bateaux parcourent en traversant la rivière; on l'appelle *ligne de Traverse*. Elle s'avance de la rive droite à la rive gauche sur une étendue de 107 mètres, et fait, avec la rive droite, un angle d'environ 67 grades vers l'est. Les bords de la rive gauche, amont et aval du Pont Rouge jusqu'aux épanchoirs, sont contenus en ligne droite par des files de pieux et palplanches, afin de protéger cette rive gauche contre l'action des eaux qui y sont peut-être rejetées trop directement, et afin que ces eaux puissent se rendre avec facilité à la prise et aux épanchoirs.

La troisième ligne de charpente, dite du *Trou de Géraud*, se rattache à l'extrémité de la chaussée près des épanchoirs, et s'avance dans une direction parallèle à la rive gauche.

La jetée en pierres, qui commence un peu au-delà, et qui suit la même direction dans une étendue de 507 mètres, a deux objets à remplir: elle appuie la ligne de traverse, et forme avec la rive gauche et la troisième ligne de charpente, une espèce de Canal pour le hallage des bateaux. Ce Canal renferme toutes les basses eaux; et c'est aussi là que le courant est le plus rapide dans les crues. L'interruption qui se trouve entre la jetée et la ligne du Trou de Géraud, donne passage aux eaux surabondantes qui se déversent entre la chaussée et la rive droite, et y déposent, à cause de la diminution de leur vitesse, les graviers et les sables qu'elles charrient.

Aucun de ces ouvrages ne date de la construction du Canal: ils appartiennent à une époque moins ancienne; et ce fut M. Clausade, père de l'ingénieur en chef actuel du Canal du Midi, qui s'attacha, par l'établissement des lignes de charpente, à remédier au peu de fond d'eau de la rivière d'Orb.

HISTOIRE

A l'époque de la construction du Canal, la digue des Moulins neufs donnait une profondeur suffisante pour la navigation des barques, dont le port se bornait à 39,160 kilogrammes : mais les alluvions successives ne laissèrent pas longtemps la rivière dans cet état; son lit fut entièrement comblé en 1677.

Ce fut alors que l'on construisit la chaussée du Pont-Rouge. Elle fut d'abord continue, sans ouverture et sans rehaussemens; bientôt la nécessité de favoriser les dégravoiemens, et de suppléer à la diminution de fond, causée par les dépôts, lui fit donner ces diverses modifications. Elle eut deux épanchoirs en 1685, l'un à droite et l'autre à gauche; elle en eut six en 1692, tels qu'ils sont aujourd'hui; enfin, en 1708, époque du comblement du deuxième bassin de l'écluse de Notre-Dame, on y plaça des relèvemens mobiles, espèces de mantelets d'environ 98 centimètres, et de 19 à 33 décimètres de longueur, fixés sur le couronnement de la digue par des poteaux à charnières qui sont contenus, dans la partie opposée aux eaux qu'ils soutiennent, par des arcs-boutans aussi à charnières.

La fermeture des épanchoirs et la manœuvre des relèvemens mobiles s'exécutent une fois tous les deux jours; au moyen de cette opération, les eaux s'élèvent à la hauteur de 1 mètre 95 centimètres dans le passage des barques, et font chômer les moulins de Bagnols situés à 488 mètres en amont du pont de Béziers. Il y eut à l'occasion de ce chômage, entre les propriétaires des Moulins et les Administrateurs du Canal, de grandes contestations qui se terminèrent le 7 décembre 1775. On convint de payer aux propriétaires des Moulins, outre les arrérages, une somme de 1 franc 56 centimes par heure de relèvement; et l'on comprit sous cette dénomination, toutes les heures qui s'écouleraient entre le moment où l'on aurait commencé à faire les relèvemens et fermetures, et celui où l'on commencerait à les enlever.

On a établi sur les piles de la chaussée du Pont-Rouge, pour le service des épanchoirs et celui des relèvemens, un pont en bois, brisé dans la partie qui correspond au milieu de l'intervalle des piles. Lorsqu'on veut supprimer la communication, chaque fragment vient s'appliquer à la partie supérieure de la pile qui lui correspond, en tournant autour d'un boulon, et sur des roulettes en cuivre, fixées en dessous du tablier; le mouvement de ces roulettes a lieu sur un cercle de fer encastré dans le couronnement de la maçonnerie, afin de diminuer le frottement.

Depuis l'année 1708 jusqu'à nos jours, on n'a fait d'innovation à la chaussée, que pour la fermeture de ses épanchoirs. M. de Niquet, ingénieur militaire, imagina, en 1720, d'employer à cet effet, au lieu de vannes, des poutrelles posées horizontalement les unes au-dessus des autres. Des feuillures verticales dont l'angle en amont est arrondi, furent pratiquées aux côtés des piles des épanchoirs. Ces feuillures ne se correspondent point; elles sont situées, l'une à l'avant, et l'autre à l'arrière des poutrelles. La feuillure de gauche reçoit un des bouts des poutrelles, et l'autre feuillure un poteau montant, mobile sur son axe dans une crapaudine en bronze, et contenu par un collier de fer dans sa partie supérieure. La coupe du poteau est un angle droit dont les côtés sont inégaux, fermé par un arc de cercle; et la partie arrondie dépasse un peu le parement latéral de la pile. Lorsque les poutrelles sont placées, un de leurs bouts porte sur l'extrémité saillante de la partie arrondie, et ce bout est contenu sur le devant, par une pièce de bois carrée appliquée contre le parement de la pile, et qui forme rainure avec la partie arrondie et saillante du poteau. L'intervalle entre le poteau et la partie d'équerre de la feuillure, est rempli par un coin-étançon, ou arc-boutant en bois, qu'on y chasse avec force. Une chaîne en fer le fixe à la maçonnerie de la pile, afin qu'il serve pour une autre manœuvre.

Comme il serait long et pénible de retirer les poutrelles une à une, la disposition ci-dessus permet de les dégager dans un instant. On abat pour cela, d'un coup de marteau, l'arc-boutant; alors les poutrelles, pressées par la charge de l'eau qu'elles retenaient, font tourner le poteau; elles échappent, et l'épanchoir est ouvert. On voit que l'arrondissement des angles des feuillures, et leur direction oblique à la position des poutrelles, facilitent le mouvement de rotation de ces dernières qui tend à les dégager. Comme les anneaux qui portent les poutrelles, sont enfilés par une chaîne dont les deux bouts sont fixés, l'un à l'anneau de la poutrelle supérieure, et l'autre à un anneau scellé dans le parement de la pile, toutes ces poutrelles sont entraînées par le courant sur l'arrière de la pile, et on les retire ensuite facilement au moyen d'une gaffe. Le mécanisme que nous venons d'exposer, présente cet avantage, que les eaux tombant en masse, et avec une très-grande vitesse, produisent l'effet d'une écluse de chasse; elles balayent les sables, et entretiennent un fond suffisant.

ARTICLE II.

Insuffisance et inconvéniens des ouvrages.

Nous avons vu que la chaussée du Pont-Rouge fut construite en 1677, pour remédier aux ensablemens; la même raison fit établir, en 1757, les lignes de charpente et la jetée en pierres. On changea le chemin de hallage qui avait été placé sur la rive gauche en 1692, et on le remit sur la rive droite, comme il était à l'époque de la construction du Canal.

DU CANAL DU MIDI.

Tous ces moyens, dictés par l'intérêt du moment, ont paru fort économiques; mais quand on vient à les examiner de près, on trouve qu'ils procurent à très-haut prix une navigation faible et souvent contrariée.

Ce sont les crues de la rivière d'Orb qui rendent la navigation incertaine, en interceptant le passage des barques. Ces crues se répètent assez fréquemment dans la même année; il y en eut neuf en 1779, dix-sept en 1783, douze en 1784: les premières causèrent quarante-un jours de retard, et les autres cinquante-sept et trente-cinq. La seule inondation du 15 octobre 1779, qui s'éleva, le 22, à 48 décimètres au-dessus des moyennes eaux de la rivière, dans son état ordinaire, suspendit la navigation pendant dix-sept jours. Outre ces retards, les crues occasionnent quelquefois des accidens capables d'interrompre la marche du commerce: tantôt elles ensablent le chemin de hallage, et c'est ce qui est arrivé en 1745, 1766, 1779, et tout récemment en l'an 6; l'ensablement de 1745 arrêta soixante bateaux destinés à porter les approvisionnemens de l'armée d'Italie; tantôt elles endommagent la chaussée ou les lignes de charpente. On a vu les piles des épanchoirs ébranlées en 1729, et une partie de la chaussée détruite en 1766: la ligne des Minimes fut emportée en 1779, et son attache à la rive gauche renversée.

Pendant la majeure partie de l'année, le transport des marchandises sur la rivière d'Orb est impraticable. Sur 365 jours dont l'année est composée, les réparations du Canal en absorbent quarante-six; les crues, et les accidens qu'elles occasionnent, en font perdre quarante-quatre, terme moyen entre les retards que nous avons cités plus haut; les fortes gelées en consomment au moins dix-sept; et des 258 qui restent, il faut encore ôter la moitié, parce que le passage des barques ne se fait que de deux jours l'un. On n'a donc que 129 jours de libre navigation par an ; ils équivalent à quatre mois et neuf jours, c'est-à-dire, environ au tiers de l'année.

Les dépenses à faire pour une navigation si courte et si précaire, ne se bornent point aux curemens et aux réparations d'ouvrages ; il faut encore payer aux propriétaires des moulins de Bagnols, comme nous l'avons déjà observé, 1 franc 56 centimes par heure de relèvement.

On pourrait, il est vrai, diminuer considérablement l'article des curemens et réparations, et réduire le passage des barques à une simple traversée, en ouvrant vis-à-vis de l'embouchure de la retenue de Notre-Dame, une nouvelle branche de Canal qui irait rejoindre l'ancienne, un peu en amont de la demi-écluse des Moulins neufs, et en construisant immédiatement au-dessous de ce canalet, une chaussée en pierres, percée de quinze épanchoirs, qui rendrait inutile la chaussée du Pont-Rouge, la jetée et les lignes de charpente. Ce projet, que l'on doit au citoyen Villacroze le père, ne coûterait pas cent mille francs ; mais il laisserait subsister les retards occasionnés par les crues, et d'autres inconvéniens majeurs qui tiennent à l'état physique de la rivière, et que nous allons développer.

ARTICLE III.

État physique de la rivière d'Orb.

La rivière d'Orb prend sa source à l'extrémité septentrionale et dans les montagnes de l'ancien diocèse de Béziers. Après un cours de huit myriamètres, elle se rend à la mer par un Canal qui lui fut ouvert, postérieurement à 1745, entre Sauvian et Villeneuve. Elle débouchait, il y a deux cents ans, dans une espèce de golfe entre Sauvian, Sérignan et Portyragne ; mais ce golfe s'étant comblé, le cours de la rivière se prolongea de

DU CANAL DU MIDI.

de plus de cinq kilomètres et demi; sa pente diminua, son lit s'atterrit, et cet événement fut cause du rehaussement des digues des moulins et de l'ensablement qui s'ensuivit en 1677.

Cette rivière a, près de Béziers, environ 60 mètres de largeur; sa pente, depuis les moulins de Bagnols jusqu'au Pont-Rouge, est à peine de 55 déci-millimètres par décamètre, et depuis le Pont-Rouge jusqu'à la mer, de 22 déci-millimètres : son lit a peu de profondeur. Lorsqu'elle déborde, ses eaux s'étendent au loin dans la plaine au midi de Béziers; elles s'élevèrent au Pont-Rouge, pendant la grande inondation de 1745, jusqu'à 57 décimètres; pendant celle de 1766, à 51 décimètres, et le 22 octobre 1779, à 49 décimètres. Ces trois inondations sont les plus fortes dont on se souvienne : l'élévation des eaux, dans les crues ordinaires, est de 39 décimètres.

Depuis les moulins de Bagnols jusqu'à l'embouchure de l'Orb, éloignée de ces moulins de 14 kilomètres et demi seulement, le lit de la rivière renferme, outre les ouvrages destinés au maintien de la navigation, trois digues qui n'ont que très-peu d'ouvertures; savoir, la digue des moulins de Bagnols, la digue des Moulins neufs, et celle qui joint les moulins de Pierre et des Salles. Indépendamment de ces obstacles, qui s'opposent sans cesse à l'écoulement, il en est d'autres qui retardent le cours des eaux pendant les inondations.

Le premier qui se rencontre, est le pont de Béziers, comparable à une chaussée brisée, dont l'angle saille, on ne sait pourquoi, du côté d'aval. Il fut construit sur de larges piles, dans un temps où la rivière se bifurquait à 585 mètres au-dessus des moulins de Bagnols, et embrassait une île d'environ 50 hectares. C'était sur la pointe orientale de cette île, que reposait une partie du pont; quatre arcades de moyenne grandeur répondaient au bras gauche de la rivière, qui longeait le faubourg;

trois autres petites étaient placées à la pointe de l'île ; les cinq suivantes (c'étaient les principales) recevaient le bras droit joint au Libron; et les quatre dernières regardaient la campagne. On avait établi, comme on le voit, une juste proportion entre la capacité des arches et le volume d'eau correspondant; mais à présent cette proportion n'existe plus. Les quatre moyennes arcades, les trois petites, et une des grandes servent exclusivement au passage de la rivière; et les quatre suivantes, qui devraient être au fort du courant, se trouvent sur la rive droite; elles sont encombrées au niveau du sol de la plaine, et n'ont conservé que la moitié de leur ouverture. Il y avait, du moins à la tête des piles, des œils considérables; on les a bouchés en 1764 ou antérieurement, pour élargir le pont. Depuis cette époque, il ne peut suffire au dégorgement de la rivière pendant les fortes crues ; les eaux s'élèvent alors de près d'un mètre au-dessus des petites arcades.

Les magasins qui bordent le port de Notre-Dame, et qui laissent entr'eux d'assez faibles intervalles, doivent être considérés comme une nouvelle digue, lorsque la rivière déborde. En l'an VI, pendant que les eaux étaient plus basses de 24 centimètres au Pont-Rouge qu'en octobre 1779, on a observé qu'elles étaient plus hautes de 8 centimètres au pont de Béziers, et de 14 aux moulins de Bagnols. Nous ne voulons pas supposer à ces deux dernières observations un très-grand degré de précision, parce qu'en l'an VI, les eaux se trouvant agitées par un vent d'est très-violent, il eût fallu, comme au Pont-Rouge, prendre la moyenne entre l'abaissement et l'élévation des ondulations; mais quand même l'erreur eût été de huit centimètres au pont de Béziers, et de quatorze aux moulins de Bagnols, la hauteur au pont de Béziers serait encore trop forte, relativement à celle observée au Pont-Rouge, pour qu'on ne fût pas obligé d'admettre un reflux; et ce reflux ne pouvait être occasionné que par les magasins, dont la file était plus longue et moins entrecoupée de vides, qu'en 1779.

Enfin les fortes chaussées établies dans la plaine autour des jardins, et les digues légères destinées à défendre les propriétés contre les inondations, barrent les eaux qui s'écoulent à travers les intervalles de Notre-Dame, et les obligent à rouler en tout sens avec rapidité.

Parmi ces différens obstacles, les plus nuisibles sont ceux qui embarrassent le cours de la rivière : ils diminuent sans cesse la pente et la capacité du lit de l'Orb, en favorisant les atterrissemens, et rejettent sur la plaine presque toutes les eaux des crues. Les autres obstacles, en rompant le fil des eaux, changent le mouvement doux et peu varié que la pente leur avait imprimé, et les versent en torrens sur la campagne, qu'elles bouleversent au loin par d'affreux ravins.

On sent bien que le projet de M. Villacroze ne préviendrait pas les accidens de cette nature, puisqu'il n'en supprimerait pas les causes. Le courant arrêté par la nouvelle chaussée, plus rapprochée des moulins de Bagnols que celle du Pont-Rouge, déposerait toujours ses troubles jusques sous ces moulins dont il prolongerait le chômage; le pont de Béziers, d'une construction massive et peu solide, d'autant plus engravé, que le fond de la rivière s'exhausserait davantage, ne tarderait pas à être emporté; la retenue de Notre-Dame, ses bâtimens, ses quais, son écluse, le chemin de hallage, et la nouvelle chaussée seraient successivement, et quelquefois simultanément, détruits en tout ou en partie, par les inondations; et il viendrait un temps où la rivière, sortant de son ancien lit qu'elle remplirait de sables, et faisant irruption dans la campagne, se creuserait une route plus facile au travers des terres labourées.

Dans l'état actuel de la rivière, cette révolution ne paraît pas fort éloignée, tant les envahissemens des alluvions sont rapides. Dès 1708, le second bassin de l'écluse de Notre-Dame, qui avait eu 29 décimètres de chute, était entièrement comblé; et le lit de l'Orb correspondant s'était mis au niveau du bassin supérieur. Pendant les années 1778, 79 et 80, le fond se rehaussa de 21 centimètres sous le pont; et l'on a observé que son exhaussement, au même endroit, était de plus de 260 centimètres depuis la construction du Canal.

ARTICLE IV.

Projet d'un Pont-aqueduc.

L'engravement de la rivière, au commencement de 1739, fut assez considérable pour donner aux habitans de Béziers des inquiétudes sur la durée de leur pont, dont la valeur s'élevait, malgré ses nombreux défauts, à 200,000 écus de ce temps-là. Les réclamations de Béziers furent présentées par la commune aux Etats de la province, qui les prirent en considération, et nommèrent pour examiner le pont et proposer les mesures les plus convenables, trois commissaires; savoir, le directeur général des fortifications, le directeur des ponts et chaussées, et le syndic général. Cette commission confirma les craintes de la ville de Béziers; et son travail, remarquable par sa généralité, embrassa tout à la fois les besoins de la navigation en souffrance, l'interruption des transports par terre pendant les crues, le rétablissement des moulins de Bagnols en leur ancien état, et la restauration de la plaine.

Détruire la chaussée du Pont-Rouge, cause prochaine des atterrissemens; labourer de temps en temps le lit de la rivière, entre les moulins de Bagnols et l'emplacement de la chaussée, pour en chasser les sables, et rendre à ce lit sa première capacité; conduire les eaux du Canal par-dessus la rivière d'Orb, au moyen d'un pont-aqueduc; faire descendre ces eaux derrière la demi-écluse des Moulins neufs, en ouvrant dans les terres, à la suite du pont-aqueduc, une nouvelle branche de Canal : tel fut le projet de la commission.

Le pont-aqueduc, dont la largeur eût été d'environ 16 mètres et demi, devait prendre les eaux du grand Canal, au troisième bassin de Fonserane en montant, traverser la rivière d'Orb à 244 mètres en aval du pont de Béziers, et s'arrêter à 58 mètres et demi en deçà de l'enceinte de la ville : il aurait eu 1185 mètres de longueur. Sa première partie, comprise entre le troisième bassin de Fonserane et la rive droite de l'Orb, aurait été percée, du côté de la rivière, de seize arcades ayant chacune 117 décimètres de développement : la hauteur réduite de cette partie, en y comprenant les fondations, eût été de 3 mètres 25 centimètres, et sa longueur de 947 mètres. La seconde partie, longue de 107 mètres sur 39 décimètres de hauteur réduite, se serait trouvée supérieure à la rivière; on aurait pratiqué, sous la base de la rigole et sous les banquettes, pour le passage des eaux de l'Orb, deux arches de 136 décimètres de développement, et cinq de 156 décimètres, supportées par deux fortes culées et par six piles de 68 décimètres de hauteur réduite, et de 39 à 49 décimètres d'épaisseur. Enfin, la troisième partie, passant par l'enclos des Minimes, aurait eu 137 mètres de longueur, et 4 mètres 55 centimètres de hauteur réduite, y compris les fondations.

Le Canal, ouvert dans les terres à la suite du pont-aqueduc, aurait eu les dimensions suivantes : longueur, 1134 mètres; largeur à la superficie, 19 mètres et demi; largeur à la base, 12 mètres; hauteur réduite, 39 décimètres; les francs-bords devaient avoir chacun 12 mètres de largeur. Il aurait fallu construire dans l'étendue de ce canalet, aux endroits les plus favorables, quatre écluses formant ensemble une chute de 104 décimètres, et deux ponts en pierre, pour les communications de la campagne.

L'estimation de ce projet, faite par la commission, portait les frais de l'entreprise à 984,812 liv., et supposait qu'il serait nécessaire, vu la mauvaise qualité du sol de la rivière de piloter la seconde partie du pont-aqueduc. Cette opération exigeant 12000 pilotis de chêne, de pin, d'aulne ou d'orme, de 39 à 49 décimètres de long, sur 27 à 32 centimètres de diamètre au gros bout, on avait évalué à plus de 90,000 livres, le surcroît de dépense qu'elle devait occasionner.

La commission n'oublia rien pour prévenir les esprits en faveur de son projet: elle s'appuya de l'autorité de Vauban, qui avait conçu la même idée en 1708, lors de l'établissement des relèvemens mobiles; elle offrit de procurer, quand on voudrait, des entrepreneurs sûrs qui s'engageraient à exécuter, en trois ans, tous les ouvrages, moyennant une somme d'un million cinquante mille livres; elle prouva qu'il suffirait d'établir, pendant cinq années, le droit d'un cinquième de centime sur chaque myriagramme de marchandises transportées par le Canal, pour recouvrer toutes les avances; et forte du témoignage d'un grand nombre de patrons et de négocians, elle assura que la perception momentanée d'un pareil droit ne nuirait point au commerce, et cita même, à l'appui de son assertion, les taxes imposées pendant les dernières guerres du règne de Louis XIV.

ARTICLE V.

Projet d'un Canal par-dessous la rivière d'Orb.

L'inexécution des ouvrages dont nous venons de parler, donna lieu à deux autres projets.

Ribard, ingénieur du Canal à Agde, présenta le sien en 1756. Ayant trouvé que la différence de niveau entre l'éperon bas et atterri de Notre-Dame, et l'éperon haut de l'écluse de Portyragne, était de 73 décimètres, il imagina de joindre ces deux points par une seule retenue : voici de quelle manière il prétendait pouvoir y parvenir.

Après avoir désobstrué le second bassin de Notre-Dame, et creusé à la suite deux nouveaux bassins pour descendre au niveau de l'éperon haut de Portyragne, il aurait pénétré sous l'Orb au moyen d'une voûte contre-voûtée, placée quarrément sur la rivière, à environ 29 mètres au-dessus du débouché actuel des eaux de Fonserane. Il aurait ensuite regagné la demi-écluse des Moulins neufs par un Canal de 1130 mètres de longueur, et atteint le niveau de Portyragne, sans autre difficulté que celle d'un recreusement, depuis la demi-écluse des Moulins neufs jusqu'à l'éperon bas de Villeneuve.

Chemin faisant, il aurait enlevé le pont et la demi-écluse des Moulins neufs, ainsi que les écluses d'Ariège et de Villeneuve, et démoli l'aqueduc de Saint-Victor, pour replacer, sur ses fondations, un pont-aqueduc tenant lieu d'un pont ordinaire. Il aurait évité, en pratiquant, avec le même artifice, un aqueduc pour l'égoût de Béziers, de reconstruire le pont des Moulins neufs ; mais il n'aurait pu se dispenser de reprendre sous-œuvre le mur de face de la cale de Seignor-Donat, celui de la cale de Capistolle et le pont de même nom.

Pour se garantir des inondations, il aurait établi deux digues sur la rive droite de l'Orb, et deux sur la rive gauche. Les deux premières, parallèles aux terriers de Notre-Dame, et commençant à la tête de la grande voûte, se seraient arrêtées à 85 mètres en-deçà des portes basses de Fonserane. La troisième, traversant l'enclos des Minimes, aurait abouti, d'une part, à la grande voûte, et de l'autre, à la montagne de Béziers. La quatrième, longeant le nouveau Canal du côté du Pont-Rouge, se serait formée naturellement du déblai des terres de ce Canal.

L'ouvrage le plus difficile à exécuter, eût été la grande voûte; elle aurait eu 13 décimètres d'épaisseur sous la clef. Son intrados devant laisser aux mâtures et aux agrès des barques tout le jeu possible, on lui aurait donné pour arc droit une courbe à trois centres. L'extrados, plus basse, de trois décimètres un quart, que le couronnement de la chaussée du Pont-Rouge, et recouverte par les eaux, aurait été convexe en amont, et concave en aval, comme les digues à réversoir. On aurait eu soin, pour empêcher les transpirations, d'établir une correspondance parfaite entre les faces des voussoirs inférieurs et les joints des voussoirs supérieurs. Les deux têtes de la voûte et les murs de couronnement destinés à former l'encaissement de l'Orb, auraient été renforcés de deux gros contre-forts, et légèrement bombés du côté de la rivière. Les murs de couronnement se seraient élevés de 69 décimètres au-dessus de l'extrados de la voûte; ils auraient laissé à la rivière un passage de 140 mètres de largeur, plus considérable que les ouvertures du pont de Béziers, qui n'étaient jamais pleines avant le rehaussement du lit.

Le Canal, sous la voûte, aurait eu 149 mètres de longueur, sur 59 décimètres de largeur et 1 mètre 95 centimètres de profondeur. Deux banquettes, larges de 98 centimètres, et débordant les eaux de 16 centimètres, auraient été adossées aux piédroits, pour les appuyer contre la poussée des terres. Les piédroits auraient dépassé de 98 centimètres la hauteur des banquettes; il y aurait eu 37 décimètres de jeu entre le Canal et la clef de la voûte.

Dans un des murs de face, on aurait laissé une rigole fermée d'une vanne, pour alimenter dans les temps de disette, la partie basse du Canal; l'enfoncement de cette partie aurait permis d'établir, par la suite, un moulin sur la rigole.

La démolition de la chaussée du Pont-Rouge, et la destruction totale des anciens ouvrages situés entre ce pont et l'éperon de Villeneuve, en rendant inutiles beaucoup d'emplois, auraient diminué les dépenses annuelles du Canal de plus de 30,000 liv.

Les jours qu'on aurait employés à la confection de la grande voûte, du nouveau Canal, et des quatre digues, n'auraient pas été perdus pour la navigation; le reste des travaux aurait exigé peu de temps. Quant aux frais de l'entreprise, ils se seraient élevés, suivant Ribard, à la somme de 499,318 livres : cet ingénieur les a calculés d'après un grand nombre de sondes. Il est bon d'observer que ce projet date de l'année 1756.

Un autre projet, relatif à la rivière d'Orb, fut ébauché en 1780 : la commune de Béziers ayant fait aux États de Languedoc les mêmes réclamations qu'en 1739, Garipuy, ingénieur en chef, fut chargé d'examiner s'il n'y aurait pas quelque moyen simple de préserver le pont de Béziers d'une ruine prochaine, sans nuire à la navigation. Cet ingénieur opina pour la reconstruction du pont, et mourut avant d'avoir terminé son travail : il voulait imiter le célèbre monument des Romains sur le Gard, et accoler à un pont-aqueduc, pour les eaux du Canal, un pont qui servît aux voitures. La réunion de ces deux ouvrages formerait un monument public du plus grand genre, digne d'être ajouté au Canal du Midi, de montrer le génie du nouveau Gouvernement, et d'assurer la communication intérieure des deux mers par eau, ainsi que celle de l'Espagne avec l'Italie par terre.

Afin de compléter ce que nous avons dit plus haut sur le projet de Ribard, nous allons entrer dans quelques détails sur une galerie commencée à trois myriamètres au-dessous de Londres, pour communiquer d'un bord de la Tamise à l'autre, en passant sous le lit de cette rivière; projet analogue, qui nous fera voir en outre de quelle manière l'élément de la dépense peut influer dans le choix de deux entreprises.

La Tamise n'a point de pont au-dessous de celui de la cité de Londres, quoique son cours soit encore de 8 ou 10 myriamètres jusqu'à la mer. On ne pourrait en construire dans cet espace qu'avec beaucoup de difficulté, et en gênant excessivement une navigation dont l'activité et l'importance sont connues. Il s'ensuit qu'il n'y a, dans l'état actuel des choses, d'autre moyen de communiquer entre les provinces de Kent et d'Essex, l'une et l'autre riches et peuplées, qu'en passant l'eau dans des barques; ce qui est toujours embarrassant, souvent lent et incertain, et quelquefois même dangereux; ou bien il faut se résoudre à faire un détour de plusieurs myriamètres, pour venir chercher le pont de Londres. Cette difficulté dans les communications est désagréable pour les particuliers, et nuisible aux intérêts des deux provinces; mais pour l'État, elle peut avoir les conséquences les plus funestes dans le cas d'une guerre défensive. Pour remédier à ces inconvéniens majeurs, un ingénieur, M. Dodd, a conçu un projet qui étonne par sa hardiesse.

Il propose de faire passer sous le lit de la Tamise une galerie sèche, assez spacieuse pour admettre jusqu'aux plus grosses voitures.

L'emplacement qu'il choisit, est celui où se trouve actuellement le passage le plus fréquenté, entre Gravesend et Tilbury.

Il construit sa galerie en maçonnerie, et lui donne une forme cylindrique, au moyen de quoi chacune des pierres ou briques qui la composent, fait l'office de clef de voûte, et la pression ne fait qu'ajouter à la solidité.

Il la fait commencer à une petite distance du bord de la rivière, du côté méridional, et la conduit, en creusant dans un massif de craie, jusqu'à six ou neuf mètres au-dessous du lit de la rivière, en descendant suivant une courbure dont la pente est d'un mètre sur neuf; après quoi il la fait remonter de même et ressortir au jour, un peu au-delà de la rive opposée, où la rivière coule sur un banc d'argile tenace, préférable encore à la craie pour l'objet qu'on se propose.

Le diamètre intérieur de la galerie est de 85 centimètres. Le fond sera chargé de terre jusqu'à la hauteur de 12 décimètres, pour établir la route des voitures et les trottoirs pour les gens de pied. Sous ce chemin, on réservera une canette pour recevoir les eaux provenant des infiltrations, et les conduire au plus bas de la courbure formée par la galerie, d'où elles se rendront par un conduit inférieur dans un puisart creusé près du bord de la rivière. Une pompe à feu les élèvera de ce puisart, et en débarrassera ainsi la galerie. Cette pompe sera surtout d'un grand secours pendant la durée des travaux. La longueur totale de la galerie sera de 823 mètres. Lors des hautes marées de l'équinoxe, la Tamise a, en quelques endroits, jusqu'à 20 mètres d'eau dans cette partie de son cours. Des réverbères éclaireront ce passage souterrain; et la circulation de l'air y sera entretenue par les moyens en usage dans les mines.

L'auteur du projet n'évalue qu'à 16,000 livres sterlings la dépense nécessaire pour son exécution, en y comprenant l'achat des réverbères, la pompe à feu, et dix pour cent pour les frais accidentels et imprévus : encore présume-t-il qu'il rentrera plus de 3000 livres sterlings, par la vente de la craie et des silex que la fouille produira.

Il paraît qu'en 1798, qui est l'époque où M. Dodd communiqua son projet, le Gouvernement chargea des officiers du génie de lui en rendre compte, et que leur rapport fut favorable.

Il s'est trouvé des souscripteurs pour le mettre à exécution. Une année de travail aurait suffi, suivant l'auteur, si l'on y eût mis de la suite et de l'activité; mais cette entreprise a été conduite avec beaucoup de lenteur. Des doutes ont été répandus relativement à la possibilité du succès; et en dernier lieu (1802), un incendie vient de détruire la pompe à feu qu'on avait établie.

Cependant peu de travaux offrent une perspective plus favorable pour les entrepreneurs, si l'on en juge d'après M. Dodd. Suivant lui, le service des barques que le Gouvernement entretient dans cette partie de la Tamise, pour le passage des troupes, coûte 3000 livres sterlings par an, outre 5000 livres de premier déboursé pour la construction et l'équipement de ces barques, et 200 liv. par an pour leur entretien.

Les barques de passage destinées au public, sont affermées pour 110 livres; et la recette doit être de 900 livres au moins, pour subvenir en même temps à l'entretien, aux salaires et au bénéfice des fermiers. D'après l'exemple de ce qui a eu lieu ailleurs dans des circonstances semblables, M. Dodd croit pouvoir compter sur un produit triple, lorsque sa galerie sera exécutée, en supposant que le tarif reste le même. Il se fonde sur la probabilité qu'il y a, qu'une communication aussi facile augmentera considérablement les relations de toute espèce, entre les deux rives de la Tamise.

§. V.

Dérivation de l'Orb.

La rivière d'Orb alimente, jusqu'à l'écluse de Portyragne, la branche du Canal qui conduit vers Agde. On rencontre sur ce Canal, après avoir passé le Pont-Rouge, deux demi-écluses qui sont des portes sans bassins, éloignées l'une de l'autre de 780 mètres, et busquées du côté de la rivière pour en soutenir les grandes eaux. Pendant les crues, les barques s'arrêtent entre ces deux demi-écluses, et y trouvent un abri. La première, qui date de la construction du Canal, et qui est voisine de la rivière, s'appelle la *demi-écluse des Moulins neufs*, et celle qui vient ensuite, la *demi-écluse de Saint-Pierre*. La construction de celle-ci est d'une date assez récente. On a eu l'attention de tenir la maîtresse entretoise supérieure de ses portes plus élevée que celle des Moulins neufs ; on y a été déterminé sans doute, parce qu'en 1779 les eaux de la rivière d'Orb surmontèrent cette dernière, lors d'une crue ; mais l'écoulement ne fut pas assez considérable, pour que le Canal se mît entre les deux demi-portes à la hauteur des eaux de l'inondation. C'était le seul exemple de ce genre dans l'espace de vingt-quatre années, et il ne s'est pas renouvelé depuis. Après les inondations, les eaux de cette espèce de retenue, qui restent élevées au-dessus de la rivière d'Orb, servent à y chasser et à y ramener les sables qu'elle avait déposés dans le Canal ; la manœuvre des épanchoirs les porte ensuite au-dessous de la digue.

A onze kilomètres de la rivière d'Orb, on trouve l'écluse de Portyragne, et sept kilomètres plus loin, le torrent de Libron.

Les ouvrages exécutés à l'occasion des désordres qu'occasionnait ce torrent, méritent une attention particulière.

Passage du Libron. — Le Libron, dont le cours est à l'est de la rivière d'Orb, prend sa source à deux myriamètres au nord de Béziers. A six kilomètres de l'écluse ronde près d'Agde, il traverse le Canal pour se rendre à la Méditerranée. Son lit, à sec la plupart du temps, reçoit brusquement un volume d'eau considérable provenant des pluies qui surviennent par intervalles, depuis la fin de l'été jusqu'aux approches du printemps. On compte, année commune, environ vingt crues du Libron. Ce torrent charrie alors des troubles qui se répandaient autrefois dans le lit du Canal sur deux kilomètres, et nécessitaient des curages fréquens et dispendieux. Le fond du Canal, dans cette partie, n'est que de 65 centimètres plus bas que la Méditerranée, dont la distance au Canal est de 1559 mètres; puisqu'on n'a trouvé que 130 centimètres de pente depuis ce point jusqu'à la mer, et que le Canal n'a que 195 centimètres de profondeur: cette pente n'était pas assez grande pour l'établissement d'un pont-aqueduc. Le besoin de surmonter une pareille difficulté, et de prévenir les ensablemens du Canal, fit imaginer un moyen aussi simple qu'ingénieux, dont le résultat est généralement *de pouvoir faire passer à volonté, l'un sur l'autre, et sans qu'ils se mêlent, deux cours d'eau.* Telle est l'idée qui a donné lieu à la conception du *radeau de Libron* et des ouvrages qui en dépendent; leur première exécution eut lieu pendant le chômage de l'année 1766.

On a construit le long des deux côtés du Canal, et en travers du lit du Libron, deux murs de 234 décimètres de longueur, non compris les épaulemens qui ont 29 décimètres de chaque côté. La hauteur de ces murs est arrasée au niveau des eaux ordinaires du Canal, leurs lignes sont convergentes, étant éloignées entr'elles en amont de 65 décimètres, et de 62 en aval. On a pratiqué dans leur longueur, une feuillure de 32 centimètres de hauteur sur autant de largeur. On amenait dans cet espace un radeau, dont les bordages s'encastraient dans les feuillures, qui s'opposaient à son balancement et à son immersion; tandis que le rapprochement des murs l'empêchait de glisser le long des parois. On relevait alors deux tabliers à charnières, placés sur l'avant et l'arrière, et qui s'appuyant contre les murs d'épaulement, élevés au niveau des plus hautes eaux du Libron, formaient ainsi les parois du nouveau lit offert au torrent. Cependant, malgré la précaution qu'on avait de recouvrir par des relèvemens mobiles et à charnières, les joints des bordages et du mur, dans les feuillures, il s'y établissait une filtration assez forte, par où les troubles du torrent pénétraient dans le Canal. Ils y formaient des dépôts, à la vérité, moins considérables, mais qui renouvelaient la nécessité du curage avant le rétablissement de la navigation; ce qui faisait sentir que, quelqu'utile et quelqu'ingénieux que fût le moyen employé, on n'en obtenait pas un plein effet.

La question se trouvait réduite à diminuer la hauteur des troubles sous le radeau. Il fallait, pour cela, rapprocher la surface inférieure du radeau du fond du Canal. Mais comme il était nécessaire de conserver un plan au-dessus de l'eau pour servir de lit au torrent, on ne pouvait remplir ces deux objets qu'en se servant d'une barque pontée. Celle qui existe aujourd'hui sous le nom de *radeau de Libron*, qui devrait s'appeler *ponton-aqueduc*, et dont la construction date de 1776, ne diffère essentiellement du radeau primitif que par sa carêne. Deux hommes la manœuvrent de la même manière, mais avec plus de difficulté. Lorsqu'elle est arrivée dans le bassin, on la fait échouer par le moyen de soupapes établies dans son fond. Ses bordages, comme ceux du radeau, s'appuyant sur les feuillures latérales, soutiennent ainsi la barque à un peu plus de 65 centimètres au-dessus du fond du Canal, hauteur à laquelle les troubles peuvent seulement parvenir, ce qui n'est pas dans le cas de nuire à la navigation. L'interruption du passage n'a lieu que pendant que le torrent s'écoule ; ce retard ne dure que quelques heures, et rarement a-t-il lieu pendant un jour ou deux.

Pour retirer la barque, on ferme les soupapes ; on la met ensuite à flot, en épuisant avec une vis d'Archimède les eaux dont elle était remplie, et on la remise dans une espèce de gare, pratiquée dans le franc-bord du Canal.

Le chemin de hallage passe sur un pont de trois arches, porté par un radier arrasé à la hauteur du mur qui croise le torrent. Ses eaux coulent sous ces arches et sur ce radier, glissent sur le pont de la barque, franchissent ainsi le Canal, et se précipitent du côté opposé, où elles retombent dans leur lit sur un autre radier construit en retraite, et réglé de pente sur environ dix mètres de longueur, pour empêcher les affouillemens que cette chute pourrait occasionner.

On a prévu le cas où les eaux du Canal regonflées, tendraient à s'élever au-dessus du radeau, et on a pratiqué dans les murs d'épaulement d'amont et d'aval, des épanchoirs destinés à l'écoulement de ces eaux surabondantes. On a également eu soin de ménager, dans ces mêmes murs d'épaulement, des feuillures verticales, destinées à recevoir des plateaux pour former, au besoin, des batardeaux, et mettre à sec les ouvrages du Libron.

Mais on n'attend pas toujours, pour retirer la barque, que le torrent soit rentré dans son état ordinaire. Pressé par les avantages et les sollicitations du commerce, du moment que les grandes eaux sont écoulées, on est souvent contraint de rétablir la navigation. Il entre alors dans le Canal un reste d'eaux troubles, qui déposent avec d'autant plus de facilité, qu'elles ont perdu de leur vitesse; cette cause concourant avec les filtrations qui s'échappent entre les bordages et les feuillures, on n'est point encore parvenu à se délivrer entièrement de la nécessité de curer de temps à autre, le Canal dans cette partie.

Cet inconvénient, dont l'existence paraît démontrée, atténue les avantages qu'on a cru trouver dans la barque pontée. La barque a contre elle encore d'être plus coûteuse que le radeau simple; d'exiger un entretien plus dispendieux; d'être plus sujette aux dégradations, parce qu'elle n'est jamais bien vidée, et qu'elle est alternativement hors de l'eau et sous l'eau; elle offre plus de surface à l'action du vent de mer, lorsqu'il souffle avec violence, et à l'impulsion du courant qui s'établit entre l'écluse ronde et le Libron, pendant les fortes crues de l'Hérault. Ces deux causes concourent ensemble, puisque le vent de mer occasionne les crues des rivières; elles contrarient l'une et l'autre l'arrivée de cette barque dans le trapèze qui lui sert de bassin, et tendent à l'en chasser, car elles agissent sur le plus petit côté, ce qui porterait à croire que l'entrée de l'ouvrage est à contre-sens, et qu'elle devrait être tournée du côté d'Agde : enfin, la manœuvre de force qu'on emploie pour mettre cette barque en chantier, est beaucoup plus pénible que celle qu'exigeait le radier.

Le courant dont nous avons parlé, qui a lieu dans la retenue de l'écluse ronde, provient des eaux des crues que la rivière d'Hérault verse dans le Canal, par des ouvertures qui donnent dans le port au-dessus de l'écluse ronde, et qui n'ont point d'issue du côté opposé : la digue des moulins d'Agde est la cause principale de ces débordemens.

L'action de ce courant est si marquée, qu'on est obligé, dans ces circonstances, de placer des tampes ou poutrelles, dans les rainures verticales de la maçonnerie de l'ouvrage de Libron, afin d'en défendre le radeau, et de prévenir les comblemens qui résulteraient dans cette partie, si le radeau venait à être chassé après avoir été mis en place. On ne pourra parvenir à assurer la position du radeau, qu'en construisant deux portes d'écluses, l'une en amont et l'autre en aval de son emplacement: elles ont été proposées dès 1779; mais on a cru reconnaître que celle du côté de la rivière d'Orb, serait inutile.

Si l'on n'en revient pas au radeau simple, du moins paraît-il nécessaire de remédier à une partie des désavantages remarqués dans l'emploi de la barque pontée. C'est ce qu'on a eu l'intention de faire, en proposant de construire, dans la retenue en amont de l'ouvrage de Libron, un bassin, que l'on formerait de deux piles, destinées à recevoir dans leurs rainures verticales des vannes qui le clôraient : les eaux du Libron y seraient introduites par un coursier où elles se dirigeraient, lorsqu'un batardeau, construit en planches sur le radier du pont de hallage, barrerait leur cours.

Ces eaux y élèveraient de 65 à 81 centimètres le niveau ordinaire de la retenue. Elles aideraient à ramener ainsi, sans effort, la barque sur un grillage en bois de chêne, placé dans un des côtés de ce bassin, comme chantier de radoub, et où elle serait mise alternativement à sec, ou à flot, par le jeu facile des tampes et du coursier : cette manœuvre d'eau serait plus simple et plus expéditive, que la manœuvre de force que l'on emploie actuellement.

A environ trois kilomètres au-dessus du pont, le lit du Libron

DU CANAL DU MIDI.

était très-resserré; il avait tout au plus 39 décimètres à sa base. Lorsqu'on eut trouvé le moyen de remédier aux désordres de ce torrent, on redressa son lit sur une assez grande étendue jusqu'à la mer, on augmenta sa largeur, et on le contint dans ses crues; d'un côté par la digue de Coussergues, et de l'autre, par celle de Preignes.

La digue de Preignes, étant moins forte que celle de Coussergues, se rompait quelquefois, et donnait passage aux eaux qui, de-là se dirigeant vers les francs-bords du Canal, entre l'ouvrage du Libron et Roucaute, les submergeaient, et en jetaient les ruines dans le Canal. On a prévenu, depuis, cet inconvénient, en augmentant la hauteur et l'épaisseur de la digue, côté de Roucaute, au moyen des terres provenant du curage du Canal.

Le lit du Libron au-dessus du pont, après la jonction du ruisseau de la Martelière, fut ouvert de dix mètres à sa base; les bords reçurent un talus d'un et demi sur un, et les banquettes au pied des digues, 8 mètres de largeur chacune.

La pente du Libron, en remontant, est de 15 déci-millimètres par mètre.

La base du Libron, depuis le pont jusqu'à la mer, est de 12 mètres; les talus et les banquettes ont les mêmes dimensions que ceux de la partie en amont du port.

C'est M. Treilhe père, contrôleur des travaux et du bureau d'Agde, et passé dans le même emploi au bureau de la Garonne à Toulouse, qui, le premier, a indiqué le moyen de sauver le Canal des comblemens du Libron. Il avait vu souvent les effets des crues de ce torrent : et après avoir médité son projet, il proposa de faire une barque de la largeur du Canal, sur laquelle il plaçait deux portes d'écluse, pour contenir le torrent, et le faire passer par-dessus le Canal avec ses sables, sans les déposer dans le Canal : l'idée primitive a été conservée; mais nous avons indiqué, dans le plus grand détail, les diverses modifications qu'on avait faites au projet.

On ne trouve, entre le Libron et l'Hérault, que le ruisseau de Dardaillon; ce ruisseau reçoit les eaux de plusieurs ravines qui entrent dans le Canal, et de-là se rendent à la mer par les passelis de la retenue de l'écluse ronde.

Ecluse ronde. — Le Canal, dérivé de la rivière d'Orb vers celle d'Hérault, se terminerait à cette rivière, par une écluse ordinaire, sans une circonstance qui a mis dans le cas de lui donner une autre forme, relative à l'objet qu'elle devait remplir. Une digue de barrage sur la rivière d'Hérault, pour le service des moulins de la ville d'Agde, établit deux niveaux, dont la différence est de 1 mètre 62 centimètres. D'un autre côté, la retenue de l'écluse ronde est ordinairement plus basse que le niveau supérieur de la rivière; il fallait donc une écluse qui pût fournir à trois niveaux différens. On a construit, à cet effet, l'écluse ronde près d'Agde, où se réunissent la retenue de l'écluse ronde, le canalet haut qui aboutit à la rivière d'Hérault au-dessus de la digue des moulins, et le canalet bas, qui débouche à la rivière au-dessous de la même digue, et fait la communication du grand Canal avec la mer, par le grau d'Agde.

Les eaux du canalet haut, donnant le premier niveau, sont supérieures de 32 centimètres à celles du second niveau, ou de la retenue de l'écluse ronde.

Les eaux du second niveau, ou de la retenue de l'écluse ronde, sont supérieures de 1 mètre 40 centimètres à celles du canalet bas, ou troisième niveau.

La hauteur de la digue du moulin d'Agde au-dessus des eaux ordinaires de la rivière, est la somme de ces deux différences, ou 1 mètre 75 centimètres; et si la digue se trouve établie à la même profondeur d'eau que l'éperon du canalet bas, la hauteur perpendiculaire de cette digue doit être d'environ 4 mètres 60 centimètres.

Les trois niveaux dont nous venons de parler, se réduisent à deux, toutes les fois que les eaux de la rivière d'Hérault, au-dessus de la chaussée, ne sont pas plus élevées que la retenue de l'écluse ronde.

On a donné à cette écluse une forme circulaire, pour que les barques puissent y tourner; le bassin a 292 décimètres de diamètre, et 52 de profondeur. Ses murs sont en maçonnerie, revêtus en pierres de taille, par assises réglées et élevées avec talus d'environ un décimètre par mètre de hauteur.

Les trois ouvertures ont chacune 62 décimètres; elles sont fermées par des portes busquées: mais, comme à raison de la supériorité de niveau du canalet haut, les portes qui ferment la retenue de l'écluse ronde, sont sujettes à soutenir des hauteurs d'eau plus ou moins considérables, on les a couvertes par des portes contre-busquées.

Les portes de l'écluse ronde sont épaulées par des bajoyers appuyés par des branches, dont les unes sont évasées, et les autres tournées d'équerre.

Un pont de pierre, pour la communication de la grande route de Montpellier à Agde, se trouve attenant à l'écluse du côté de la retenue de l'écluse ronde. On a pratiqué sous le pont, et en avant, des trotoirs qui servent de quais pour faciliter le chargement et le déchargement des barques.

Au milieu du grand sas de cette écluse, et dans la direction du canalet bas, est pratiqué un autre sas de la forme et de la grandeur de ceux des écluses ordinaires; il a 1 mètre 95 centimètres de profondeur.

« Nous observerons, d'après M. Defer de la Nouerre, ingénieur
» des ponts et chaussées, que ce sas a été imaginé, non, comme
» le dit Bélidor, pour éviter de remplir d'eau tout le grand sas
» à la même profondeur, ce qui serait un inconvénient infini-
» ment petit; mais réellement pour pouvoir donner au grand
» sas une moindre profondeur, d'où il est résulté une économie
» très-considérable dans la construction de ses murs de revête-
» ment, dont on a pu réduire l'épaisseur en raison de la dimi-
» nution de leur hauteur, en augmentant cependant leur soli-
» dité. La poussée des terres contre ces murs étant nécessaire-
» ment diminuée dans la même raison, on peut ajouter à ces
» avantages, que présente la construction de ce dernier sas, celui
» d'avoir encore procuré les moyens de diminuer l'effort de la
» chute des eaux contre le radier, lorsqu'on veut remplir le
» grand sas, les colonnes d'eau qui s'échappent par les vannes
» pratiquées dans les portes de l'Hérault ou de Portyragne, tom-
» bant d'une moindre hauteur.

» On peut donc admirer la réflexion avec laquelle a été cons-
» truit ce grand ouvrage, auquel il ne manque plus, pour être
» perfectionné, qu'un radier en pierre dans le fond du petit
» bassin, continué jusqu'à l'aplomb des murs d'épaulement des
» bajoyers de l'écluse ronde et du canalet bas (1) ».

§. VI.

De la rivière d'Hérault à la Méditerranée.

Rivière d'Hérault. — Nous avons vu que la rivière d'Orb
alimente le Canal depuis Béziers jusqu'à l'écluse de Portyragne,

---

(1) *Description des ouvrages de maçonnerie du Canal du Midi;* manuscrit dont j'ai quelques extraits.

La rivière d'Hérault fournit ses eaux, d'un côté par le canalet haut, à la partie depuis l'écluse ronde jusqu'à Portyragne; de l'autre jusqu'à l'écluse de Bagnas, par la prise d'eau faite à sa rive gauche. La retenue de l'étang qui termine le Canal du côté de la Méditerranée, se trouve au niveau des eaux de l'étang de Thau; et c'est par ces mêmes eaux qu'elle est nourrie.

La demi-écluse de Prades défend la retenue de Bagnas contre les inondations de la rivière d'Hérault. On appelle *canalet de Prades*, la partie du Canal comprise entre cette demi-écluse et la rivière.

Les sondes de l'embouchure du canalet de Prades donnent ordinairement 16 à 18 décimètres d'eau. Il est rare qu'il se forme une barre à l'entrée de ce canalet, parce que les eaux de la plaine de Florensac, qu'il reçoit par des ouvertures faites à son franc-bord, y produisent des courans qui chassent les dépôts dans la rivière.

Pour passer du canalet haut dans celui de Prades, on remonte la rivière d'Hérault sur une étendue de 1175 mètres. On trouve 29, 32, et 39 décimètres de profondeur d'eau, dans la direction du trajet que font les barques.

Les crues de la rivière d'Hérault ont lieu, depuis le mois de frimaire jusqu'au 15 de germinal; elles s'élèvent de trois mètres au-dessus des basses eaux ordinaires; et suivant leur durée, elles produisent aux embouchures des canalets des atterrissemens plus ou moins considérables : on entretient à ces embouchures 1 mètre 95 centimètres d'eau, en tout temps.

Pendant les débordemens, les eaux des rivières couvrent toute la partie de la plaine depuis Portyragne jusqu'à l'écluse ronde, dont la retenue reçoit par conséquent les eaux des hauteurs de Portyragne, de l'Ardaillon, par le palus de Roucaute, du torrent de Libron, du Dardaillon et de la rivière d'Hérault, ce qui occasionne des comblemens dans cette partie du canal. On fait prendre aux eaux surabondantes leur écoulement vers la mer, par vingt-un passelis ou réversoirs à fleur d'eau, dont est percé le côté sud de la retenue de l'écluse ronde.

Les rivières d'Orb et d'Hérault suffisent à l'entretien de ces deux branches du Canal du Midi, et à la manœuvre des écluses pendant l'année de navigation. Lors de la guerre de la liberté contre l'Espagne, il n'y a point eu sur le Canal de chômage pour les travaux d'été ; et la navigation n'a pas souffert un seul moment de la pénurie des eaux de ces deux rivières.

L'écluse du Bagnas soutient les eaux dérivées de la rivière d'Hérault vers l'étang de Thau, et forme la séparation des eaux douces de la rivière avec les eaux salées de l'étang, qui alimentent la retenue de ce nom, dont la longueur est de près de cinq kilomètres.

Étang de Thau. — L'étang de Thau a quinze kilomètres de longueur et cinq de largeur. Au moyen d'une digue, terminée par une jetée qui sert de chemin de hallage, le lit du Canal se prolonge dans l'étang sur une longueur de 247 mètres. Le port de Sette est situé à l'autre extrémité de ce bel étang, qu'on est obligé de traverser à la voile pour s'y rendre.

Lorsque l'étang de Thau est soulevé par les vents de mer, qui soufflent dans les directions du sud et du sud-est, les eaux de la mer communiquent avec celles de l'étang, par les graux; elles refluent jusqu'à l'écluse de Bagnas, et elles s'élèvent, dans cette circonstance, de plus de 13 décimètres au-dessus du niveau ordinaire de la retenue. Dès que le vent cesse, les eaux retombent et prennent leur écoulement vers la mer.

La navigation de l'étang de Thau est périlleuse par les coups du vent de sud et de sud-est; mais les bâtimens trouvent facilement un abri dans les ports de Balaruc, Bouzigues, Mèze, Marseillan, etc.; et il est rare qu'il y arrive des naufrages.

Canaux des étangs. — Les communications par eau, depuis la Garonne jusqu'au Rhône, établies en partie sur des terrains élevés, en partie à travers les étangs maritimes et les marais, qui s'étendent le long des plages de la Méditerranée, parcourent une ligne d'environ 36 myriamètres. Le Canal du Midi en occupe seul 25 myriamètres. Les Canaux des étangs font communiquer ensuite toutes les lagunes et les marais dont nous venons de parler, et sont, en quelque sorte, la continuation du Canal du Midi. Le Canal d'Aiguesmortes à Beaucaire, a pour objet le dessèchement d'une grande étendue de terrain, et sauve la navigation, dans cette partie, des inconvéniens des barres qui existent aux embouchures du Rhône. La rapidité de ce fleuve étant un grand obstacle à sa navigation, lorsqu'il s'agit de le remonter, le système de communication par des canaux devrait avoir lieu du midi au nord le long du Rhône; et je crois qu'il existe un projet d'étendre ce système jusqu'à Lyon, en établissant un Canal sur le revers des montagnes de l'Ardêche.

HISTOIRE
TABLEAU N° I.

Mesures du bassin de Saint-Féréol pour en déterminer la capacité.

La hauteur totale, qui est de 325 décimètres, est divisée en onze parties égales par des repaires, dont le premier est de 2 mètres 925 millimètres au-dessus du seuil de la porte d'Enfer.

INDICATION des REPAIRES.	HAUTEUR sur le seuil de LA PORTE BASSE.	SURFACES au niveau DES REPAIRES.	SURFACES MOYENNES.	VOLUMES des TRANCHES.	CAPACITÉ depuis LE FOND.
Seuil de la porte basse...	mèt. millim.	ares. centiar. 0,00	ares. centiar.	mèt. cubes.	mèt. cubes.
N° 1	2,925	34,87	17,44	5100	5100
N° 2	5,850	124,30	79,59	23278	28378
N° 3	8,775	256,80	190,55	55736	84114
N° 4	11,700	501,40	379,10	110911	195 025
N° 5	14,625	948,40	724,90	212 032	407 057
N° 6	17,550	1672,00	1310,20	383 232	790 289
N° 7	20,475	2780,00	2226,00	651 105	1 441 394
N° 8	23,400	3508,00	3144,00	919 620	2 361 014
N° 9	26,325	4874,00	4191,00	1 225 868	3 586 882
N° 10 ...	29,250	5764,00	5319,00	1 555 808	5 142 690
N° 11 ...	32,175	6638,00	6201,00	1 813 792	6 956 482
Hauteur ordinaire des eaux.	31,350	6392,00 (A)	6078,00	1 777 815	6 920 505

(A) Pour connaître la surface A, on a cherché la différence entre les surfaces correspondantes aux deux derniers repaires, et multiplié cette différence par la hauteur des eaux au-dessus du repaire n° 10 ; le produit étant divisé par la hauteur du dernier repaire au-dessus du n° 10, puis ajouté à la surface correspondante au même n° 10, a donné le nombre 6392 ares.

DU CANAL DU MIDI.

TABLEAU N° II.

Observations faites à l'écluse de Saint-Roch, près de Castelnaudary, sur les quantités d'eau dépensées au point de partage.

	ANNÉE 1784 A 1785.			ANNÉE 1785 A 1786.		
	QUANTITÉS D'EAU	PASSAGE des BARQUES.			QUANTITÉS D'EAU	PASSAGE des BARQUES.
DATES.	arrivées du point de partage.	Nombre des Barques de		DATES.	arrivées du point de partage.	Nombre des Barques de
	Mètres cubes et décimèt. cubes.	Montée.	Descente.		Mètres cubes et décimèt. cubes.	Montée. Descente.
Septembre 1784.	1465503,151	24	24	20 Septembre.	1770516,745	
Octobre.......	1814637,464	130	100	Octobre.......	1084918,495	140 98
Novembre.....	872658,265	101	78	Novembre...	664310,836	83 79
Décembre.....	997046,887	64	66	Décembre...	611780,183	70 71
Janvier 1785...	1159121,186	71	87	Janvier 1786..	1345411,954	72 42
Février.......	1260469,399	106	61	Février.....	627601,510	70 73
Mars.........	876563,699	96	95	Mars.......	706486,249	67 67
Avril.........	981232,956	106	103	Avril.......	1132375,080	64 68
Mai..........	729718,970	93	90	Mai........	900195,806	78 82
Juin..........	497347,384	86	73	Juin........	462006,429	52 47
Juillet........	554567,482	74	67	Juillet......	648489,508	66 67
Août.........	321611,564	57	74	Août.......	420023,328	62 63
	11530478,373	1008	918		10374116,123	824 757

TABLEAU N° III.

Résumé des ouvrages existans sur le Canal du Midi.

Corps d'écluse.	63
Sas	100
Portes d'écluse	168
Demi-écluses	7
Aqueducs (trois grands ponts-aqueducs, six *id.* moyens ; cinquante autres de toute grandeur)	59
Epanchoirs de fond	37
Epanchoirs à syphon	5
Grands déversoirs	17
Petits déversoirs	35
Piles à rainures pour batardeaux	24
Digues et bassins de cales	115
Murs de quai pour les divers ports ou embarcadaires . . .	10
Grands réservoirs	2
Chaussées sur les rivières fixes ou mobiles	10
Chantiers pour radoubs	4
Ponts	103
Bâtimens civils	108
Revêtement en péré (longueur)	8000 mètres.
Écluse { largeur dans le milieu	11 m., 045
largeur entre les bajoyers	6 , 497
longueur de la partie formée en ovale	29 , 236
longueur des bajoyers	2 , 924
longueur d'une porte à l'autre	35 , 085
Chute moyenne des écluses	2 , 274
Une écluse moyenne contient	740 m. cub., 389
Il faut cinq à six minutes pour remplir une écluse.	
Il faut huit à dix minutes pour faire passer une barque.	
Hauteur des portes de défense	2 m., 599
Hauteur des portes basses	4 , 548
Elles sont en chêne, se manœuvrent avec des cabestans ou avec des flêches, qui ont de longueur en dehors	4 , 548
D'équarissage	38 à 41 cent.
Longueur des barques qui naviguent sur le Canal	21 m., 440
Largeur	5 , 030
Profondeur	1 , 949
Poids qu'elles portent	9000 myriag.

CHAPITRE IV.

Des débouchés du Canal du Midi; savoir, *du golfe de Lion et de la Garonne.*

SECTION PREMIÈRE.

Du golfe de Lion.

§. I.

Nature de la côte de ce Golfe.

Les côtes de la Méditerranée, comprises entre le Rhône et les Pyrénées orientales, offrent dans quelques points des abris aux vaisseaux ; et ces abris sont autant de ports qui forment les débouchés du Canal du Midi. Toutes les ressources de l'art ont été mises en usage, pour rendre ces ports praticables ; et des soins continuels sont employés, pour tâcher de les conserver. La nature de la côte du golfe de Lion, long-temps connu sous le nom de golfe Gaulois, influant essentiellement sur la qualité de ses ports, nous allons commencer par donner une idée générale de cette côte : nous ferons connaître ensuite les ports actuellement existans, et ceux qu'il semblerait plus avantageux de leur préférer.

La partie de la côte de la Méditerranée, depuis le cap de Creux jusqu'à l'embouchure du petit Rhône, comprend une longueur de 158 kilomètres : elle n'a de promontoires élevés, que celui de Leucate, le cap d'Agde et la montagne de Sette ; tout le reste est une plage très-plate, formée par des atterrissemens qui se sont prolongés d'un cap à l'autre, ou bien dans le sens des vallées.

Ces atterrissemens, dont nous nous attachons à rechercher la cause, ont converti en lagunes, en marais, en terres cultivables, mais basses et sujettes aux inondations, les baies et les anses des côtes primitives du golfe de Lion ; car il y a bien de l'apparence qu'autrefois, depuis le point au-dessous d'Arles où le Rhône n'a presque plus de pente, jusqu'au cap de Creux, la mer battait au pied des Cévennes, des montagnes Noires et des Corbières, tandis que renfermée dans les mêmes bornes, mais à l'extrémité de bassins tranquilles, elle ne fait à présent que s'y appuyer.

Les étangs des plages du Languedoc diminuent de profondeur, et s'atterrissent par les crues des cours d'eau dont ils sont les récipiens ; ils deviennent pour lors des marais, qui sont changés en terres cultivables par les soins et les travaux des hommes. Les étangs d'Aiguesmortes, de Mauguis, etc. reçoivent, entr'autres rivières, le Vidourle, dont les crues s'élèvent d'environ sept mètres, en sept à huit heures de temps.

Ces marais ont un fond vaseux, sans mélange d'aucune pierre, et dans lequel on enfonce facilement des perches jusqu'à la profondeur de cinq à sept mètres.

Le fond des marais est inégalement élevé au-dessus du niveau ordinaire de la mer ; et cette différence est depuis quelques millimètres jusqu'à deux mètres, ce qui provient des dépôts plus ou moins abondans qu'ils reçoivent.

Les terres cultivables sont supérieures aux marais, mais sujettes, soit aux inondations des rivières dans les crues, soit aux submersions de la mer déterminées par les grands vents.

DU CANAL DU MIDI.

Dans les temps calmes, les eaux des marais et des étangs, qui communiquent entre eux et avec la mer, se tiennent à son niveau.

Quoique la Méditerranée n'ait presque point de flux et reflux, les vents tenant du sud, élèvent sa surface de plus d'un mètre sur les côtes de Languedoc; la mer s'introduit par conséquent dans les étangs et les marais, et refoule leurs eaux sur les terres cultivées. Le même phénomène s'observe, durant trois mois, vers le solstice d'été, sur les côtes d'Egypte. Pendant que la crue du Nil amène un volume d'eau considérable, les vents de nord-ouest battent en côte; et ces deux circonstances réunies produisent l'intumescence des lagunes, qui couvrent une grande partie du sol récent de la Basse-Egypte.

Les plages s'atterrissent et s'étendent au fond des anses dans les directions des vallées, et au débouché des rivières, par les dépôts qu'amènent ces grands cours d'eau. On estime que l'agrandissement annuel de la côte du golfe de Lion, est d'environ deux mètres. Cette remarque est fondée sur les témoignages de l'histoire et sur des observations récentes. Ce fut au port de Crosette que Louis IX s'embarqua pour la Palestine : mais il est aisé de reconnaître, qu'il s'est formé depuis cette époque, une nouvelle plage distante de celle du temps de S. Louis, de quatre à cinq mille mètres; et cette nouvelle plage a une lisière de dunes comme l'ancienne.

Suivant les mesures prises à l'embouchure de l'Hérault par l'ingénieur Groignard, la batterie qui fut établie en 1746, à 30 mètres du bord de la mer, en était éloignée de 120 en 1783; et la redoute ronde située dans le voisinage, qui n'était distante du littoral que de 200 mètres en 1609, époque de sa construction, se trouvait pour lors à 550 mètres de la ligne des eaux.

Les atterrissemens qui se trouvent au-devant des lagunes, doivent en partie leur existence aux mêmes causes, quoi qu'il n'y ait aucun grand cours d'eau dans le voisinage de ces lagunes. La mer recèle dans son sein, une portion des matières de ces atterrissemens; mais le reste lui est rapporté par les fleuves. Que l'on examine effectivement la quantité de grandes rivières qui débouchent dans le golfe de Lion ; qu'on fasse attention au nombre et à la durée de leurs crues; et l'on jugera que si, avant de tomber au fond de la mer, les troubles que charrient les rivières, sont déviés de leur direction par l'impulsion d'un mouvement qui lui soit oblique, les dépôts s'avanceront le long de la plage, latéralement à cette direction. Or il existe sur les côtes du golfe de Lion deux causes qui agissent dans le même sens, pour produire une semblable impulsion ; savoir, le courant littoral, et le vent d'est, dont l'effet augmente l'intensité de ce courant, et de plus, soulève, dans les tempêtes, les sables du fond de la mer, jusqu'à plus de huit mètres de profondeur ; ce qui fait que les dépôts sont repris de nouveau, et livrés au courant littoral, puis sont abandonnés dans les sinuosités qu'il embrasse. Nous dirons tout-à-l'heure de quelle manière on a reconnu l'existence, la direction, et les effets du courant littoral. La grande quantité de dépôts que fournissent les rivières, est assez démontrée, pour que nous ne cherchions point à la prouver par des considérations nouvelles.

Les plages dans le prolongement des vallées, et celles qui séparent les lagunes de la mer, sont couvertes, en quelques endroits, de dunes produites par l'action des vents dans les temps de basses eaux. Un fait vient à l'appui de ce que nous avançons. En Egypte, où les plages correspondantes au Delta actuel, sont évidemment le produit des alluvions du fleuve, toute la côte comprise entre la branche de Damiette et le lac Bourlos, est recouverte de dunes sablonneuses qui n'ont aucune ressemblance avec le limon du Nil. D'où viennent donc ces sables ? ce ne peut être des déserts, qui sont trop éloignés de la base du Delta, et qui en sont séparés par des obstacles que des sables ne pourraient franchir : ils ne sauraient venir non plus du sol voisin de la plage, puisqu'il n'est, en quelque sorte, composé que d'argile (1); il faut donc qu'ils aient été élevés du fond de la mer par les tourmentes, portés le long des plages par le mouvement des vagues, enfin soulevés par les vents, et répandus sur ces plages mêmes.

Outre les alluvions fluviales et marines, il est une autre espèce d'alluvions, qui proviennent des sables soulevés le long des côtes par les vents, et déposés ensuite dans les bas-fonds, ou contre un obstacle; nous les appellerons *alluvions terrestres*. On peut en préserver les ports de mer, en garnissant les plages de saules, de genêts, de tamaris, de pins et de chênes maritimes. En effet, le plus léger obstacle opposé au vent qui transporte des sables, suffit pour produire une dune dont cet obstacle devient l'axe ou le noyau : il est vrai que sur les côtes plates et découvertes, les vents contraires font disparaître ces dunes, et les portent plus loin ; mais elles seront fixées, toutes les fois qu'on dérobera les sables à l'action des vents opposés : et les plantations sont seules dans le cas de produire cet effet.

Les sables de la Lybie s'avancent constamment de l'ouest à l'est dans la Basse-Egypte : ils sont arrivés dans la vallée du Nil, et l'ont comblée en partie (2); de-là, journellement soulevés et portés dans le fleuve, ils s'étendent vers le Delta.

---

(1) Analyse du limon du Nil, Mém. sur l'Egypte, tome premier, page 351.
(2) Mémoire sur la vallée des lacs de Natron, Mém. sur l'Egypte, tome 1er, page 247.

Le long des côtes de la Manche, des villages entiers ont été ensevelis sous les sables. Les plantations de l'espèce de joncs appelée oyas (1), suffisent pour fixer les sables. On fiche ces joncs sur les dunes où ils se multiplient. J'ai cru reconnaître dans la Basse-Egypte l'oya dans toutes les parties élevées des bords du fleuve, qui ne sont point recouverts par l'inondation. L'emploi de l'oya serait bien utile dans un pays où les sables se sont établis, et menacent de faire de nouveaux ravages.

La marche que suivent les courans dans les graux, par lesquels les lagunes communiquent à la mer, et les rivières débouchent dans les golfes, présente un phénomène singulier dont nous devons la connaissance aux Vénitiens. Les atterrissemens considérables, qui se formèrent dans leurs lagunes, vers le milieu du dix-septième siècle, les avaient engagés à détourner de ces lagunes, les eaux de la Brenta, de la Livenza, de la Piave et du Sile. Cette diversion changea l'état de leurs graux : les uns, et c'étaient ceux où il n'entrait plus d'eau douce, perdirent leur passe à la gauche, et s'en firent une nouvelle à la droite; les autres perdirent leur passe de droite, et s'en firent une nouvelle à la gauche.

Géminien Montanari, qui s'apperçut le premier de ce déplacement, remarqua aussi qu'il y avait dans le golfe de Venise un courant de gauche à droite le long du rivage, courant que les marins qui se tiennent ordinairement à une lieue des côtes, avaient éprouvé. Montanari reconnut sans peine, en jetant les yeux sur la route des marins, que ce courant avait au moins une lieue de large, et s'assura, par des expériences directes, qu'il parcourait environ 5000, ou tout au plus 6500 mètres en

---

(1) *Arundo avenaria*, Linn. (Voyez la note IV, aux notes et pièces justificatives.)

vingt-quatre heures : les rivières dont le cours est le plus lent, sont animées d'une vitesse triple et même quadruple.

Ce fut à ce courant, considéré comme charriant les sables soulevés par les tempêtes, que Montanari attribua la formation d'une barre, à la droite des graux qui reçoivent des rivières : il jugea que le courant des rivières, en se combinant avec le courant littoral, entretenait du côté droit une stagnation favorable aux dépôts. Il aurait pu expliquer aussi la position des bancs de sable, par rapport aux graux de la seconde espèce, en faisant attention, qu'en avant de chaque port ou lagune, il se détachait du courant littoral, un courant particulier, soumis à deux impulsions, qui entrait dans le port ou dans la lagune, du côté opposé à celui d'où viennent les eaux.

On conçoit, d'après ces principes, qu'une rivière peut avoir deux bancs à son embouchure, l'un du côté droit, et l'autre du côté gauche : cela doit arriver, si cette rivière est assez faible pendant un certain temps, pour permettre aux eaux de la mer d'entrer en abondance dans la partie inférieure de son lit, et assez forte, pour les en chasser à une autre époque. L'effet d'un ouvrage avancé dans la mer, n'est pas plus difficile à prévoir; on sent que les alluvions se déposeront d'abord à la gauche, et ensuite à la droite de cet ouvrage.

Montanari étendit à toutes les côtes de la Méditerranée, sa théorie des ensablemens des ports et des graux. Il adopta l'opinion émise avant lui, et maintenant générale, que le courant littoral sort de l'Océan atlantique par le détroit de Gibraltar, et y retourne par le même détroit, après avoir longé successivement l'Afrique, l'Asie et l'Europe. On cite à l'appui de cette opinion, les courans contraires observés au passage des Dardanelles, et les contre-courans du canal de Constantinople. Dans le golfe de Lion, comme dans celui de Venise, il y a un courant de gauche à droite : les débris des vaisseaux qui font naufrage aux bouches du Rhône, sont constamment dirigés vers l'ouest; et les marins savent, par expérience, qu'il faut moins de temps pour aller de Marseille à la côte opposée, que pour venir de cette côte à Marseille.

§. II.

Port de Sette.

C'est vainement que l'on chercherait au bord de la Méditerranée, les anciens ports du Bas-Languedoc, dont les noms ont été consignés dans l'histoire : les atterrissemens successifs ont privé la navigation de ces abris; il ne lui reste maintenant qu'un petit nombre d'asyles, aux environs de Sette ou d'Agde, de Narbonne ou de Leucate, dont nous nous occuperons successivement.

Le canton de Sette possède un port, qui fut établi vers la fin du dix-septième siècle, pour servir de débouché au Canal du Midi. A la droite de ce port est un petit golfe, qui a paru propre à la formation d'une rade; et plus à l'ouest, est un endroit appelé *port Lanau*, où l'on a projeté de construire un lazaret. Les autres points de ce canton ne comportent pas d'établissement relatif à la marine.

Le port de Sette, dont la superficie est d'environ 2279 ares, est formé par un môle qui s'avance dans la mer de l'ouest à l'est, sur une étendue de 624 mètres. Il est entouré de trois jetées, dont deux se rattachent au rivage : la première, longue de 585 mètres, est en face du môle, et s'étend du sud-ouest au nord-est : la seconde, dite de Frontignan, a pour axe une ligne menée du nord au sud, transversalement à la côte; elle avait autrefois 390 mètres de longueur; mais les sables l'ont encombrée : la troisième est isolée ; elle divise la bouche du port en deux parties, dont l'une située à l'est, présente une passe de 244 mètres de largeur, sur 33 à 39 décimètres de profondeur, et l'autre, tournée à l'ouest, comprend une hauteur d'eau de 58 décimètres, sur une largeur de 292 mètres, parallèle à la côte.

C'est dans le port de Sette, que débouche l'étang de Thau, qui occupe, le long de la plage inclinée du nord-est au sud-ouest, un espace de 5926 hectares : sa surface pourrait être inscrite dans un rectangle de dix-huit kilomètres de base et de quatre de hauteur. Il aboutit à Sette par son extrémité orientale, et s'unit au port par un Canal qui traverse la ville, et dont la moindre largeur est de 29 mètres, et la moindre profondeur, de 26 décimètres. Le même étang communique directement avec la mer, dans les hautes eaux, par deux ouvertures situées vers le couchant de la redoute de Castellas. Lorsque les vents soufflent avec force du sud ou du sud-est, il se rehausse vers le nord ou le nord-ouest, où il n'a point d'issue, et s'élève de 13 à 16 décimètres au-dessus de ses basses eaux ordinaires. Lorsque les vents soufflent du nord-est, il se gonfle encore; mais il baisse pendant les vents du nord et du sud-ouest.

Les fluctuations de l'étang de Thau, occasionnées par les vents, jointes à celles que produisent le flux et le reflux, en faisant monter ou descendre le niveau de la mer d'environ 974 centimètres, donnent lieu à des courans plus ou moins rapides qui s'établissent à travers le port, tantôt dans un sens et tantôt dans un autre. Ceux qui vont de l'étang à la mer, ne charrient point de sables, et contribuent à l'entretien du port; ils coulent quelquefois avec assez de vîtesse, pour s'ouvrir un passage à la gauche de l'embouchure, et produire un banc à la droite; mais en général, la passe est à la droite, et le banc de sable à la gauche, conformément à la loi de Montanari sur les graux. Les courans qui viennent de la Méditerranée, ne causeraient aucun dommage, si la mer était toujours tranquille; mais lorsqu'elle est agitée par des vents qui battent en côte, elle détache de la plage, et soulève, des profondeurs moindres de huit mètres, une quantité prodigieuse de sables qui flottent le long du rivage, sur une largeur d'un kilomètre; et les eaux chargées de ces matières, obéissant à l'action combinée du courant littoral et des vents, pénètrent dans le port, où elles déposent leurs troubles, par-tout où leur vitesse s'éteint ou se ralentit.

Les courans qui traversent le port, ont une largeur égale à celle du Canal de Sette au-dessus du port; et leur passage est exempt de sables. Les dépôts s'accumulent en forme de colline dans le port, à l'est des courans, parce que les eaux, dans cet espace, sont privées d'une partie de leur mouvement, et cèdent peu à peu leur place à de nouvelles eaux troubles : les dépôts sont très-faibles au fond du port, à l'ouest des mêmes courans, parce que les eaux jouissent, dans cet intervalle, d'une stagnation presque parfaite, et se trouvent, en quelque sorte, séparées du courant littoral.

Le principal défaut du port de Sette provient de ses ensablemens. On les enlève tous les ans : mais ce curage, qui ne peut se faire qu'en été, et qui est très-dispendieux, ne détruisant pas les obstacles à mesure qu'ils se forment, laisse souvent le commerce dans une grande gêne, dès le milieu de l'hiver. On doit craindre d'ailleurs qu'un pareil moyen ne devienne insuffisant, lorsque l'espace compris entre la plage et la jetée parallèle au môle, sera totalement comblé.

DU CANAL DU MIDI.

Le curage du port de Sette est fait avec des pontons, dont les cuillers versent les dépôts dans des barques appelées trébuchets: l'intérieur de ces trébuchets forme une caisse de la capacité de huit mètres cubes deux tiers, dont le remplissage était payé anciennement aux ouvriers, à raison de 3 francs par mesure, pour ce qui était enlevé dans le port, et de 6 francs, pour ce que l'on retirait du Canal.

D'après le procès-verbal des séances des Etats de Languedoc, les dépôts détruits dans le port de Sette, formèrent, en 1780, un total de 5169 mesures, et ceux enlevés dans le Canal, un total de 268 mesures; ce qui occasionna une dépense de 17215 fr., auxquels ajoutant 15750, pour le radoub et l'entretien des pontons, il en résulte une somme de 32965 francs. Les pontons, trébuchets et autres barques appartenoient à la province.

Quels sont donc les meilleurs moyens et les moins dispendieux d'entretenir le port de Sette ?...... Cette question, dont l'énoncé général comprend tous les ports qui s'ensablent, fut le sujet d'un prix proposé en 1784 et 86, au nom des Etats de Languedoc, par la société des sciences de Montpellier.

Mercadier, dont le mémoire fut couronné, persuadé que les principales alluvions du port arrivent par la bouche de l'est, et que la passe doit sa conservation aux mouvemens dirigés de l'étang à la mer, avait conçu l'idée de fermer la bouche de l'est, et d'établir, à travers le port, un courant continuel, afin d'en tenir sans cesse éloignées les eaux de la mer et les sables. Les ressources locales, nécessaires à l'exécution de son idée, ne lui manquaient pas : il pouvait aisément fermer la bouche de l'est, en prolongeant la jetée isolée jusqu'à celle de Frontignan ; et quant au courant dont il avait besoin, il était le maître d'en dériver un de la rivière d'Hérault. La seule difficulté était de savoir quel devait être le débit de ce courant, car on voyait sans peine par où il convenait de faire passer les eaux : l'auteur les aurait conduites de l'Hérault à l'extrémité occidentale de l'étang de Thau, par le Canal du Midi; de-là jusqu'à la naissance du Canal de Sette, entre les deux jetées, que l'on veut établir dans l'étang pour assurer la navigation; ensuite au pont de Sette, où il les aurait répandues de tous côtés par un grand nombre de bouches. Il espérait que *de cette manière, les eaux n'auraient pas la force de traverser le port, mais qu'elles le gonfleraient doucement, et produiraient à son entrée un courant qui en occuperait toute l'étendue*. Le débit cherché par Mercadier, fut calculé d'après le volume d'eau que le port, s'il était séparé du Canal, recevrait pendant le flux. Ce volume, équivalent au produit de 227925 mètres carrés par 974 millimètres, serait de 222000 mètres cubes en six heures, ou de 10 mètres 28 centièmes par seconde : ainsi un courant qui fournirait par seconde onze mètres cubes d'eau, serait assez fort pour repousser la mer; et l'on voit en même temps que sa vitesse, au sortir de la bouche, ne serait pas assez considérable pour causer une barre à la droite. Tel fut le projet de Mercadier : il n'aurait exigé, pour être mis à exécution, qu'un contre-canal, destiné à porter les eaux de l'Hérault sous l'écluse du Bagnas, un élargissement du Canal du Midi, depuis ce point, jusqu'à l'étang de Thau, enfin une écluse et une jetée de 16000 mètres cubes. Nous ne comptons pas les jetées à faire dans l'étang de Thau, parce que le commerce les réclame impérieusement pour un autre objet.

Nous avons eu connaissance d'un mémoire manuscrit, où l'on combat le projet de Mercadier sur la rectificaion du port de Sette, en réfutant les moyens, chacun en particulier, sans néanmoins les considérer dans leur ensemble. Parmi les objections qu'on y trouve, celle qui nous a paru la plus pressante, consiste en ce que les eaux de l'Hérault, arrivant à Sette après un trajet de 25 à 27 kilomètres, n'auraient pas assez de force, pour entraîner hors du port les sables, que l'excessive agitation des vagues y aurait jetés.

L'auteur du mémoire reconnaissait qu'il était nécessaire d'empêcher le courant de la mer à l'étang, et de se garantir des alluvions qui entrent principalement par la bouche de l'est; mais il n'approuvait pas qu'on interceptât la communication du port au Canal de Sette, ni qu'on fermât la bouche de l'est par une jetée : son avis était d'ouvrir dans la plage, en avant du port, un Canal en forme d'Y renversé, dont la partie inférieure, dirigée du sud-est au nord-ouest, et soumise à un rétrécissement graduel, favorable à l'écoulement, se serait avancée dans l'étang de Thau, sur une largeur de 60 à 50 mètres, assez loin pour avoir une hauteur d'eau de cinq à six mètres; tandis que la tête du même Canal, répondant à la passe de l'ouest, et divisée en trois canalets évasés, aurait opposé au courant littoral les côtés occidentaux de ces canalets, et forcé les flots à se précipiter dans le nouveau Canal. Cette disposition n'aurait pas arrêté les alluvions, qui seraient venues par la bouche de l'ouest; mais l'auteur observe que ces alluvions auraient assez de légèreté, pour flotter à la surface des eaux, et céder à la moindre ondulation; il serait donc possible que le courant, qui passerait par le Canal de Sette, les portât dans l'étang de Thau.

Si l'on voulait mettre à exécution le projet que nous venons de décrire, il faudrait, pour former la tête du nouveau Canal, prolonger la jetée de Frontignan d'une soixantaine de mètres, établir à côté une autre jetée de 448 mètres de longueur, et ne laisser à la jetée parallèle au môle, qu'une étendue de 195 mètres, à partir du bord du Canal de Sette. On serait ensuite obligé de construire un pont sur la route, et de placer des portes busquées sur le Canal de la Peyrade, à sa rencontre avec celui de Sette. Les frais de cette entreprise se monteraient à 1,240,000 fr., tandis que le projet de Mercadier n'en exigerait pas 200,000.

La comparaison des deux projets, sous le rapport de l'entretien, paraît encore à l'avantage de celui de Mercadier. Un Canal creusé dans une plage sablonneuse, sur de grandes dimensions, qui n'aurait pas de pente, et ne charrierait que des eaux troubles, poussées par une force aussi variable que le vent, ne manquerait pas d'être sujet à des comblemens considérables, qu'il serait très-coûteux d'enlever.

Si l'on considère ensuite les deux projets, relativement au port, on voit que le dernier ferait disparaître les difficultés de la passe. Lorsque les marins sont prêts à entrer dans le port, et que la vue de la jetée parallèle au môle, les intimide, ils ralentissent la manœuvre; alors il peut arriver que le ressac des vagues contre la jetée parallèle et contre la jetée isolée, soit assez fort pour dérouter leur bâtiment et le pousser sur le môle. Le projet de Mercadier n'empêcherait point les funestes effets de ce ressac; mais malgré ce défaut, il conserverait sur l'autre une immense supériorité, s'il était plus propre à garantir le port des alluvions marines: c'est un point que nous n'oserions décider.

La rade de Sette, dont on a proposé l'établissement, serait formée par le môle du port, et par un autre môle parallèle au premier, qui s'étendrait sur une longueur de plus de 780 mètres. Il y aurait entre ces deux môles, 780 mètres d'intervalle : l'espace qu'ils renfermeraient, ne serait ouvert qu'aux vents d'est ; et les sables du courant littoral y passeraient sans s'y arrêter. Cette rade serait la ressource des navires, qui n'auraient pu franchir la passe du port, ou se tenir assez au large, pour en approcher. Malheureusement, il faudrait plus d'un million, pour construire le nouveau môle.

L'anse, désignée sous le nom de *port Lanau*, sur laquelle on a jeté les yeux pour former un port avec un lazaret, présente un mouillage de bonne tenue, et de cinq à sept mètres de profondeur; mais cette anse est ouverte à tous les vents du large. Pour l'abriter, sans provoquer les ensablemens, on a proposé d'établir au-devant, parallèlement à la côte et à la distance de 200 ou 235 mètres du rivage, un môle de 682 mètres de longueur, dont l'extrémité orientale répondrait vis-à-vis du milieu de l'anse, et l'extrémité occidentale au sud-est de la pointe dite *du lazaret*. Cette disposition pouvant laisser un libre cours aux sables du courant littoral, on paraissait porté à croire, qu'il y aurait entre le môle et la terre, un abri d'un fond invariable, où les vaisseaux entreraient par deux ouvertures.

On sent bien que le môle du port Lanau, dont la dépense se monterait, par estimation, à 900,000 livres, ne serait point exécuté, si la rade de Sette était construite. Dans ce cas, il serait plus avantageux et plus économique d'en placer un pareil en face du fort Saint-Pierre, pour avoir, à l'issue occidentale de la rade, un port qui s'y emboucherait.

§. III.

Grau d'Agde.

Les projets que nous venons de décrire, avaient pour but d'établir, d'une manière durable et facile, la navigation au débouché d'une lagune : ceux dont nous allons rendre compte, ont pour objet l'entretien de l'embouchure d'une rivière, comme ouverture du chenal d'un port.

Il y avait dans le canton d'Agde, vis-à-vis du rocher de Brescou, un port connu sous le nom de *port Richelieu*, dont la construction ne remonte pas au-delà de 1634, et qui n'a duré que quelques années. Son historique est lié à un projet de rade foraine, qui mérite une attention particulière, et dont nous parlerons dans le paragraphe suivant.

Depuis le comblement du port de Richelieu, et avant l'établissement de celui de Sette, le grau d'Agde était le seul point de la côte, où les vaisseaux marchands pussent aborder.

Le port d'Agde est formé par l'embouchure de la rivière d'Hérault, qui se jette dans une anse de la Méditerranée, à l'ouest du fort Brescou ; sa direction est nord et sud. Cette rivière est contenue, depuis la ville jusqu'à la mer, dans un lit de 102 mètres de largeur moyenne, par de superbes quais en pierre de taille, sur une longueur de 5000 mètres. C'est dans la facilité qu'éprouveraient les vaisseaux, à entrer dans la rivière, par le plus grand nombre d'aires de vents, que consiste le principal avantage de cette embouchure. Il n'y a que le vent du nord, auquel cette entrée se refuse ; on est obligé, dans ce cas, de mouiller une ancre, et de porter un cable à terre pour se touer dessus.

Comme toutes les anses de la côte du golfe de Lion, et en général celles qui se trouvent au débouché des grands cours d'eau, l'anse qui reçoit la rivière d'Hérault, est sujette à des atterrissemens qui avaient concouru à former une barre à l'entrée de cette rivière.

Les ouvrages qu'on a faits jusqu'à présent pour tâcher d'assurer cette entrée, en prévenant ou en détruisant la barre qui s'y forme, consistent en deux jetées de longueurs inégales, dirigées dans le sens de la rivière, et rattachées aux quais qui la bordent.

Pour avoir une idée nette des modifications successives que le grau d'Agde a éprouvées, il est bon de les rapporter à trois époques, en partant de l'année 1668, où l'on abandonna tout-à-fait le port de Richelieu. Durant la première période, que nous arrêterons à 1703, l'entretien du grau fut uniquement à la charge des diocèses d'Agde et de Béziers. Les États de Languedoc, voyant la province surchargée par les dépenses excessives du môle de Brescou, se prêtèrent à regret aux besoins de ces diocèses, et les secondèrent assez faiblement. Malgré cela, l'embouchure de l'Hérault fut curée en 1668, avec deux pontons construits aux frais du Roi; et la jetée de l'ouest, projetée par Niquet en 1698, fut exécutée, conformément au devis de cet ingénieur militaire.

En 1704, les Etats de Languedoc commencèrent à faire supporter à la province les frais d'entretien du grau; et en 1778, la direction des travaux de ce grau fut confiée à la ville. Pendant les premières années de cette période, la jetée de l'est fut établie pour resserrer le lit de la rivière, et enlever un banc de sable situé à côté de l'entrée du grau : bientôt après, dans la vue de dissiper une barre qui gênait l'entrée elle-même, on prolongea la jetée de l'ouest, de 60 mètres au-delà de sa correspondante. Au moyen de ces ouvrages, on obtint un fond d'eau de 29 à 33 décimètres, et le grau se maintint en très-bon état pendant une douzaine d'années. On commença, dès 1725, à border la rivière de digues; mais les quais ne furent entrepris que postérieurement à 1764, et la ville fut chargée des dépenses qu'entraîna leur construction. En 1735, il arriva un phénomène qui ne s'est pas renouvelé. L'embouchure de la rivière était obstruée par des dépôts; après avoir tâché, mais en vain, de la rendre libre, en y appliquant un des pontons de Sette, qui travailla pendant deux mois sans le moindre succès, pour ne pas s'engager plus avant dans une dépense qui paraissait inutile, on s'était déterminé à renvoyer le ponton; peu de jours après, une crue enleva la barre au bout de quelques heures, et remit l'entrée du grau dans son état ordinaire.

Les ensablemens firent des progrès rapides vers la fin de la seconde époque, et donnèrent les plus vives alarmes au commerce d'Agde ; des coups de mer occasionnèrent des brêches aux jetées, et détruisirent la majeure partie des ouvrages qu'on avait construits depuis 1764. Ces accidens échauffèrent les esprits: pendant que les Etats ordonnaient de nouvelles impositions pour réparer et perfectionner les ouvrages endommagés, la ville d'Agde présentait des mémoires, et demandait, avec instance, l'établissement d'un ponton permanent à l'embouchure de l'Hérault. Les Etats avaient rejeté cette proposition en 1736, persuadés que le travail du ponton ne suppléerait jamais au défaut des crues: mais en 1773, ils ne purent résister aux démarches du commerce; et cédant à ses pressantes sollicitations, ils autorisèrent des ouvrages dont la province fit bientôt tous les frais.

La troisième époque, qui s'étend jusqu'à nos jours, commença sous de malheureux auspices. Malgré les enlèvemens dispendieux de sables, qu'on avait faits à l'aide du ponton, malgré la restauration complète des ouvrages, les dépôts s'étaient accumulés, au point que la profondeur de l'eau, en 1781, se trouvait réduite à deux mètres environ. Garipuy, dont les lumières et l'expérience avaient fixé l'attention publique, consulté sur les moyens à prendre pour détruire les obstacles à la navigation, répondit qu'il n'en connaissait pas de certains. Des sondes faites avec beaucoup de soin par le même Garipuy, et après sa mort, par des inspecteurs de travaux publics, démontrèrent, le 27 mai 1782, que dans l'espace de quatre mois, quoiqu'on n'eût pas discontinué la manœuvre du ponton, la hauteur réduite de la barre avait augmenté d'un tiers de mètre;

et sa largeur d'environ 156 mètres. La passe des bâtimens, sur une longueur de 195 mètres et une largeur de 98 environ, n'avait alors que 66 décimètres de profondeur : des sables, recouverts seulement de 13 décimètres d'eau (quantité moyenne), occupaient une étendue de 234 mètres, dans la direction du lit de la rivière, et de 663, dans le sens transversal.

Dans cette extrémité, les négocians d'Agde, considérant que par délibération des Etats, du 13 décembre 1781, la commission des travaux publics se trouvait chargée de faire au grau les ouvrages nécessaires pour l'entretien du chenal, demandèrent quatre pontons, afin qu'il fût procédé, sans délai, à l'enlèvement de la barre. Ils ne purent les obtenir, parce que ces pontons étaient tous employés au curage du port de Sette : mais la commission leur offrit le fonds de 12000 liv. que les Etats avaient déterminé devoir être mis à la disposition de la ville d'Agde, si elle présentait quelqu'autre moyen de rétablir la passe de l'Hérault. Il parut alors, presqu'en même temps, divers projets qui tendaient tous à la prolongation du chenal par des jetées continues, ou des jetées isolées, les unes et les autres plus ou moins étendues, et ayant des directions diverses.

Nous ne citerons un de ces projets, celui des jetées à caisses isolées, que pour en tirer occasion d'énoncer un principe confirmé par un fait, qui méritent d'être rappelés ici. L'application qu'on avait prétendu faire, de l'action d'une rivière autour des piles d'un pont, tendait à compromettre l'existence des caisses isolées, sans produire une augmentation de fond; car, dans ce cas, le fluide agit près de l'obstacle, et non dans l'intervalle de deux obstacles voisins. En effet, lorsque le courant d'une rivière rencontre un ouvrage d'art, tel qu'une pile de pont ou une jetée isolée, en se divisant à sa rencontre, l'eau contracte un mouvement qui tend à fouiller le pied de cet obstacle, et quelquefois à le déraciner. Cela arrive, lors même que l'eau transporte des matières spécifiquement plus pesantes qu'elle; et il est d'autant plus essentiel de le remarquer, qu'ainsi chargée de matières étrangères, elle dépose d'ailleurs, par-tout où elle trouve un obstacle autour duquel elle ne peut circuler librement.

Le même effet a lieu pour tout autre obstacle et dans tout autre fluide. Quand un arbre, par exemple, surmonte une dune sablonneuse, et qu'il présente une certaine surface à l'action du vent, alors il se forme autour un vide qui a la figure d'un entonnoir ou d'un cône renversé ; et c'est ce que j'ai observé en Egypte sous les sycomores, qui croissent sur les dunes de la province de Giseh, près de Bénisalamé.

En 1782, Groignard, ingénieur général de la marine, que sa grande réputation dans les travaux des ports de mer avait fait appeler à Agde, pour dissiper les incertitudes produites par la variété des projets qui avaient été présentés, attribua la formation de la barre à trois causes :

1°. Aux sables charriés par le courant littoral, qui rase les deux pointes de l'anse sans y pénétrer;

2°. Aux sables que les vents portent, des dunes du couchant, dans le lit de la rivière.

3°. A ceux qui filtrent à travers les jetées.

Pour remédier aux inconvéniens que présentait la barre à la sûreté de la navigation, Groignard proposa de prolonger successivement les jetées, sur-tout celle de l'est, de manière qu'elles fussent toujours au-delà des ensablemens, à mesure qu'ils se formeraient. Il assurait qu'ils n'augmenteraient plus, lorsque les jetées auraient atteint la ligne droite passant par les deux pointes de l'anse, dont la profondeur est de 1200 mètres. Il réduisait la largeur du chenal de 100 mètres à 80, en courbant la jetée de l'est vers celle de l'ouest. Il proposait aussi d'applanir les dunes, et de les couvrir d'une plantation de tamaris et de pins maritimes, qui garantiraient les sables de l'action des vents; et enfin, de regarnir les fondations à travers lesquelles les sables pénètrent.

Mercadier, dans son Mémoire sur les ensablemens, tout en approuvant les deux derniers articles du projet de Groignard, fait plusieurs observations importantes sur la partie relative au courant de Brescou. On sait que ce courant a sa direction de l'est à l'ouest. L'auteur remarque, d'après cela, qu'en prolongeant les jetées jusqu'au courant, il ne se formera plus, à la vérité, d'ensablemens à la gauche, ou à l'est des jetées; mais qu'on n'évitera pas pour cela ceux de la droite; qu'au reste, la passe demeurera libre du côté de l'est. Quant au prolongement successif, Groignard s'appuyait sur ce que l'ensablement n'augmentait que de 195 centimètres par année. Mercadier réfute ce principe, et fait voir au contraire, d'après l'expérience, que l'ensablement est d'autant plus considérable, que les constructions sont plus récentes; d'où il conclut que les jetées doivent être faites de suite. Il pense aussi qu'il serait désavantageux de les prolonger au-delà du courant, et de les faire d'inégale longueur, sur-tout si la plus longue était celle de l'est; ainsi que le proposait Groignard.

Quoi qu'il en soit, le projet de Groignard réunit alors tous les suffrages. Pour établir les jetées avec économie et célérité, il proposa de les fonder dans de grandes caisses construites sur un terrain commode, et conduites après au-dessus de l'emplacement qui leur était destiné, pour être échouées, en les remplissant d'eau par le moyen de robinets.

La construction de la première caisse réussit parfaitement: mais le sol sur lequel on l'établit, formé de sables mobiles, céda bientôt ; il en résulta l'affaissement de la caisse qui, dans cet état, ne put résister aux coups de mer, et fut brisée. Pour conserver ce qui restait de la maçonnerie, on imagina de l'environner d'une jetée à pierres perdues.

Depuis 1785, on a exécuté à l'embouchure de l'Hérault, deux jetées d'environ 300 mètres, sur lesquelles on se propose d'élever, par la suite, des digues en pierres de taille, sur deux mètres de hauteur et six de largeur. Elles convergent un peu, et sont dirigées vers le sud-sud-ouest. La profondeur de la passe, qui n'était auparavant que de deux mètres tout au plus, se trouvait, en l'an 3, de plus de quatre mètres ; mais on reproche plusieurs défauts à ces jetées. D'abord, par leur direction vers le sud-sud-ouest, elles présentent le flanc au vent de sud-est, qui produit les tempêtes dans ces parages, et aux vagues, qui en en détachant des pierres, et les roulant jusques dans le lit de la rivière, en rétrécissent considérablement le chenal : il était réduit, en l'an III, à 64 mètres à-peu-près. Cette direction empêche encore les vaisseaux d'entrer à la voile dans l'Hérault par le vent du nord-est, qui souffle fréquemment. Les dimensions données aux jetées ne sont plus suffisantes : la tête de la jetée de l'est se trouvant actuellement dans un fond de près de 11 mètres, les vagues agissent sur sa surface avec une violence proportionnée à cette hauteur, la dégradent continuellement, et en transportent les pierres à 18 et 20 mètres dans l'embouchure.

Il aurait donc fallu que, loin de faire prendre à la jetée de l'est une courbure vers celle de l'ouest, on eût conservé à l'entrée du port la même largeur qu'au reste du chenal. Il aurait en outre fallu, qu'en étendant beaucoup plus la base de ces jetées, principalement de celle de l'est, on les eût mises à l'abri des dégradations que leur causent les vents du sud-est, en leur donnant du côté du sud, un talus capable de les défendre contre l'impétuosité des flots ; ce qu'on a négligé de faire.

On a remarqué un autre inconvénient bien grave, à prolonger la jetée de l'ouest, autant que celle de l'est ; les vaisseaux, qui arrivent dans les temps orageux, sont exposés à se briser contre la première jetée, comme l'expérience l'a prouvé. Cette observation mérite de n'être point négligée ; elle confirme d'ailleurs cette vérité, qu'en fait de pareils travaux, la meilleure théorie doit être soumise à l'expérience, pour conduire à des résultats certains.

Le prolongement des jetées du grau d'Agde a déjà procuré à la passe près de cinq mètres de profondeur, au lieu de deux mètres qu'elle avait auparavant. La passe se soutiendrait à cette hauteur dans toute l'étendue du chenal, si à la distance d'environ 1,000 mètres au-dessous de la ville, vis-à-vis la fontaine du Noyer, on ne rencontrait les restes d'une digue de moulin, qui traversait diagonalement la rivière, et sur lesquels il y a moins de 3 mètres d'eau : cette profondeur diminue encore par les dépôts qui s'accumulent devant cet obstacle pendant les crues ; c'est véritablement un embarras pour la navigation ; mais rien ne serait plus facile que de le faire disparaître. Les inconvéniens qui en résultent, se réduisent seulement à mettre les plus gros navires dans la nécessité ; lorsqu'ils partent, de ne prendre leur entière cargaison, qu'après avoir franchi cette espèce de barre ; ou bien, lorsqu'ils arrivent, de s'arrêter à mesure qu'ils en approchent, pour en déposer une partie dans des allèges, opération qui, se faisant dans l'intérieur du chenal, n'expose ni les navires ni les marchandises à aucun risque.

HISTOIRE

§. IV.

Rade de Brescou.

La bonté des ports dépend presque toujours du choix de leur emplacement : cette vérité s'applique plus particulièrement aux ports situés sur les plages du golfe de Lion, qui se trouvent exposés aux ensablemens, comme les côtes de ce golfe le sont aux atterrissemens.

Bien des personnes pensent que ces ports n'auront jamais qu'une existence précaire. On regardait déjà leur établissement comme impossible, lorsque les Romains dominaient dans le pays des Volsces. Il existe cependant sur cette côte un point remarquable, auquel sa situation donne des propriétés particulières très-intéressantes ; c'est le golfe en arrière du fort Brescou dont je veux parler.

Ce point était connu depuis long-temps pour l'emplacement d'une rade parfaitement sûre. Des observations faites pendant près de deux siècles, avaient garanti ces avantages : des ouvrages d'art exécutés sans intelligence, avaient décelé des inconvéniens qu'il eût été facile de prévoir ; mais il ne me paraît pas que, pour pouvoir affirmer les uns et trouver les moyens de remédier aux autres, on ait fait connaître les causes de ces avantages et de ces inconvéniens.

On convient généralement, que le courant littoral de la Méditerranée a une influence très-marquée sur la nature de ses ports. M'étant trouvé, le 5 messidor an IX, au fort Brescou, l'inspection de la côte à l'est du cap d'Agde, le rapport de situation de ce cap avec celle du rocher de la Lauze et du banc de rochers sur lequel est bâti le fort Brescou, m'ont fait connaître que par le gisement de cette côte, le courant littoral était rejeté bien au large du fort Brescou, et à plus de 200 mètres de ce fort : dès-lors ce courant ne peut point amener dans la rade les sables qu'il charrie. Ceci explique pourquoi les sondes faites dans la rade de Brescou, à diverses époques depuis 1680 jusqu'à ces derniers temps, ont indiqué une profondeur constante ; et le même fond d'algues, de vases et de sables, sans altération. Les marins ont reconnu, en avant du fort Brescou, le courant dont nous parlons : il existe, à la vérité, entre les rochers de Brescou et la terre, un autre petit courant, mais qui ne charrie point de sables, comme le prouve l'observation citée plus haut. On ne doit pas être surpris, que dans les mouvemens généraux de la mer, le resserrement de l'intervalle cité plus haut, détermine ce courant particulier, et qu'il devienne plus sensible par les vents de sud-est et d'est-nord-est ; ainsi tout sert à prouver que le courant du large est le courant littoral, que le gisement de la côte a dévié de sa direction.

Il suit de-là, que le port de Richelieu, formé en 1630, à l'ouest du cap d'Agde, par une digue de plus de 780 mètres de longueur perpendiculaire à la côte, n'a point reçu les alluvions produites par ce courant, mais les alluvions des sables soulevés et chassés le long de la plage par les vents tenant de l'ouest, qui sont extrêmement violens sur cette côte. C'est ainsi qu'une partie de la vallée du Nil, comme nous l'avons prouvé ailleurs (1), a été comblée par les amas provenans du transport des sables poussés de l'ouest vers l'est. Ici, comme en Egypte, la marche des sables dans cette direction est constamment observée. La jetée de Richelieu s'étant offerte comme obstacle, les sables s'y sont arrêtés, et les comblemens successifs ont eu lieu, de proche en proche, dans le fond de l'anse ; tandis que si ces comblemens

---

(1) Mémoire sur la vallée des lacs Natron et celle du fleuve sans eau.

eussent été produits par le courant littoral, les dépôts se seraient formés sur la ligne qui joint les deux pointes du golfe. Ce qui prouve ce que nous venons de dire, c'est que l'anse de la Conque, à l'est du cap d'Agde, a conservé un fond invariable; cependant ce petit golfe est une eau morte dans laquelle le courant littoral aurait abandonné une partie des sables qu'il entraîne: ainsi l'anse de la Conque semble placée à côté de la rade de Brescou, pour annoncer son état présent, et prédire son état à venir.

On peut conclure de ce que nous venons de dire, que les ouvrages d'art, que l'on construirait pour former la rade de Brescou, et qui se trouveraient établis en grande partie sur des bancs de rochers, devant conserver, relativement au courant littoral, le même rapport de situation que ces bancs, n'amèneraient aucun changement dans l'état de la rade : propriété particulière dont aucun autre point de la côte ne saurait jouir aussi éminemment; je n'en excepte pas même l'anse de la Franqui, quoique ce mouillage réunisse, à d'autres égards, des avantages qu'on doit apprécier.

Il paraît que la nature du port de Richelieu n'avait point changé, pendant un assez grand nombre d'années; il recevait des galères, jusqu'à la naissance de sa digue en 1714, comme en 1634. La coupe des forêts de pins qui couvraient la côte, et retenaient les sables, ainsi que les défrichemens qui ont eu lieu par la suite, à l'ouest du cap d'Agde, sont les causes qui ont amené l'atterrissement du fond du port. Ces changemens ont été très-rapides : de 1724 à 1755, les comblemens se sont faits le long de la digue sur une étendue de plus de 580 mètres, et on les a vus se prolonger de plus de 117 mètres, depuis 1755 jusqu'en 1782; les plantations de tamaris, de chênes et de pins maritimes, deviennent donc d'une nécessité absolue. Il suffirait, par rapport au projet dont nous venons de parler, de faire une plantation de pins, des deux côtés de la rivière d'Hérault, depuis le grau de Vias jusqu'au cap d'Agde.

On a d'abord proposé, pour former la rade de Brescou, de construire deux jetées en demi-cercle de 600 mètres chacune, et dont le rocher de Brescou occuperait le milieu; dans un second projet, on élevait du côté de l'est un môle un peu courbé, de 584 mètres de longueur sur 20 de largeur au couronnement, et à l'ouest, un môle en ligne droite de même longueur et largeur. Cette forme serait préférable à la première, en ce qu'elle laisserait plus de capacité au bassin dont la profondeur est de 1200 mètres, sans y comprendre l'espace occupé par le fort, qui est de 97 mètres; la distance de Brescou à la terre était, en 1750, de 1500 mètres. La légère courbure du môle de l'est suffirait, pour procurer un très-bon abri aux vaisseaux, contre les coups de vent du sud-est, les plus violens de ces parages.

La forme du môle de l'ouest est indiquée par la nature, qui a placé sous cet alignement, un banc de roches, à une profondeur moyenne d'un mètre; et ce banc contribuerait beaucoup à l'économie de la dépense, et à la solidité de l'ouvrage. Les matériaux, pour la construction des jetées, se trouveraient sous la main: il existe sur le bord de la mer, vis-à-vis de Brescou, une carrière de pierre extrêmement dure, et très-propre aux jetées. Ces môles devraient être faits par enrochement et à pierres perdues; l'expérience a prouvé que ce genre de travaux était le plus solide, le moins dispendieux, et le seul qui convînt sur les plages de la Méditerranée.

En isolant la pointe du cap d'Agde du reste de la côte par un canal assez large, on pourrait y pratiquer facilement un lazaret vaste, sûr et commode: on a calculé qu'un million suffirait pour porter à sa perfection un établissement, que l'humanité, l'intérêt général et l'intérêt particulier du commerce du Midi réclament depuis bien long-temps. Marseille, déjà si favorisée par sa position et par tous les avantages de son port, n'aurait plus pour elle le motif de la contagion, qu'elle oppose toujours victorieusement à la fréquentation de nos côtes par le commerce du levant.

Nous avons observé précédemment, que la rade de Brescou jouissait de la propriété d'avoir un fond invariable, et pouvait la conserver : un canal de dérivation, de peu d'étendue et d'une exécution sûre et facile, partant de la rivière d'Hérault derrière Notre-Dame, et aboutissant au commencement de la jetée de Richelieu, d'où, en longeant cette jetée qui lui servirait de franc-bord d'un côté, il se rendrait à la mer vis-à-vis le milieu de la rade, maintiendrait ce débouché du Canal du Midi.

On trouve au pied du cap d'Agde trois puits abondans en eau douce; et on peut en ouvrir d'autres s'il est nécessaire. Le revers de la montagne de Saint-Loup fournirait des légumes et herbages de toute espèce, autant que pourraient en avoir besoin les bâtimens qui aborderaient dans la rade : enfin c'est la seule partie de la côte, favorable à la culture, qui soit liée au continent; tout le reste n'est que lagunes et sables arides.

§. V.

Grau de la Nouvelle.

Depuis que, par la construction du canal de Narbonne et le perfectionnement de la navigation de la Robine, le grau de la Nouvelle est devenu un des débouchés du Canal du Midi, on a élevé des digues dans ce grau, et on l'a converti en un port, qui est particulièrement fréquenté par les Espagnols.

L'état du grau de la Nouvelle dépend des vents du large, et du courant qu'ils occasionnent. On savait, d'après de longues et fréquentes observations, que la profondeur du grau variait de 26 à 32 décimètres. Après les constructions faites dans le Canal de Sainte-Lucie, ainsi appelé du nom d'une petite île située entre l'étang de Bages et celui de Gruissan, les mouvemens de la mer portèrent d'abord la profondeur à 62 décimètres ; et l'on attribua ce changement à la disposition des ouvrages, dont les levées traversent l'intervalle de 2534 mètres qui se trouve entre les hauteurs de l'île et le chenal, espace dans lequel les eaux se balançaient, sur une grande étendue, de la mer à l'étang et de l'étang à la mer. Ce balancement ne devant avoir lieu à l'avenir, que par le chenal dont la largeur moyenne est d'environ 58 mètres et demi, on se flattait qu'il entretiendrait le fond qu'on avait obtenu, en faisant l'effet d'une écluse de chasse ; mais la profondeur de l'entrée est redevenue la même qu'auparavant.

Les effets des marées sont presque insensibles sur nos côtes et très-irréguliers. Le P. Pezénas trouva dans le port de Marseille, que la hauteur des petites marées qu'on y éprouve, n'allait qu'à 13 ou 14 centimètres. On ne connaît à Agde, par exemple, d'autre marée, que l'affluence irrégulière de la mer dans la rivière à certaines époques, sur-tout dans le printemps. L'élévation moyenne des eaux, dans ces circonstances, est depuis 33 centimètres jusqu'à 130.

On espérerait en vain sur les plages du midi, que l'élévation de l'eau, causée de temps en temps par le vent, creusât un fond, ou bien empêchât un atterrissement ; ces mouvemens ondulatoires n'ont d'autre effet, que d'enlever quelques dépôts, sans toucher à l'inclinaison du fond primitif, qui se maintient en pente douce. On en voit la preuve sur les côtes du Zuiderzée, où les eaux enflées par le vent, s'élèvent quelquefois de 23 à 26 décimètres au-dessus de la marée ordinaire, tandis qu'elles ne sont soulevées que de 11 à 13 décimètres sur nos côtes. Les eaux du Zuiderzée peuvent bien corroder le rivage, qui n'est point garanti, et diminuer sa hauteur; mais elles ne changent rien à son inclinaison.

Il n'en est pas ainsi de l'eau soumise au mouvement des marées, qui a lieu dans toute la masse. Pour donner une idée de sa force, nous citerons le Nieuwe-Diep, port que le célèbre Brunnings a procuré à son pays, par son intelligence supérieure et sa grande habileté dans les travaux hydrauliques.

Avant lui, le Nieuwe-Diep était un simple Canal fort étroit, resserré entre la terre ferme (le Heldre) et un banc de sable d'une très-grande étendue, qui restait presqu'à sec pendant la basse-marée, et qui, durant la haute, se trouvait recouvert de 10 à 11 décimètres d'eau. Brunnings établit sur le banc de sable, et par conséquent en face de la terre ferme, une digue de fascines revêtue de pierres, qu'il conduisit parallèlement au bord du Heldre, et à 360 pieds (rheinland) de ce bord, sur une longueur de 3600 pieds; ensuite il l'écarta de cette direction sous un angle de 120 degrés, pour former une espèce d'entonnoir à l'extrémité du Canal. Le courant du flux, qui maintenant s'introduit dans le Canal par cette embouchure, est contenu entre la digue et le bord du Helder, jusqu'au moment du reflux; forcé alors de s'échapper par où il est entré, il fournit à un écoulement de 13440 à 15360 pieds cubes (rheinland) par seconde, sous une section de 160 pieds de base, 24 de hauteur moyenne, et une vitesse de $3\frac{1}{2}$ à 4 pieds par seconde, lorsque le vent d'est, qui est le plus favorable de tous, a soufflé pendant quelque temps. C'est à la force de ce courant, que le

Nieuwe-Diep doit l'augmentation de profondeur qui le rend accessible aux plus gros vaisseaux. Cette profondeur à l'embouchure n'était, lorsqu'on commença les ouvrages, que de 11 à 12 pieds dans la marée ordinaire; elle est à présent de 25,30, 36 et 41 pieds dans la même circonstance. L'immense quantité d'eau, qui autrefois pendant le reflux se perdait, partie en se répandant sur le banc de sable, partie en s'écoulant à côté de celui-ci dans le Zuiderzée, interceptée maintenant par la digue divergente, et forcée de suivre sa direction, a rendu plus réguliers les mouvemens de la mer. Avant la construction de ces ouvrages, la durée du flux était de huit heures, et celle du reflux de quatre; mais à présent les marées sont égales, c'est-à-dire de six heures chacune.

Revenons à notre sujet. Le grau de la Nouvelle n'ayant que 227 à 260 centimètres de profondeur, les tartanes du chargement de 9790 myriagrammes, ne peuvent s'y présenter sans alléger. Le goulet de ce grau est si étroit, que les barques courent des dangers, si les vents du sud ou du sud-est, qui sont les seuls à la faveur desquels on y peut entrer, sont trop violens. Malgré cette imperfection du port de la Nouvelle, il sera toujours intéressant pour le commerce, ou dans le cas d'une guerre en Catalogne, à cause de son voisinage de l'Espagne et du département des Pyrénées orientales.

CONCLUSION.

Si l'on examine la position du port de Sette, on reconnaît bientôt le mauvais choix de son emplacement, puisqu'il est entièrement ouvert aux alluvions marines. En comparant les sondes de ce port, faites à deux époques éloignées d'un siècle l'une de l'autre, on est effrayé du progrès de son ensablement, et de l'extension de la plage qui s'y rattache sur la gauche.

Le port de la Nouvelle avait paru acquérir quelque avantage par les travaux de Sainte-Lucie ; mais bientôt après, comme nous l'avons observé précédemment, le fond s'est exhaussé de nouveau.

L'anse de la Franqui, dont la profondeur se trouve de 58 décimètres, et paraissant, à cause de sa position au nord du promontoire de Leucate, qui s'avance d'environ 2340 mètres dans la mer, le point le plus sûr de la côte, est exempte, à la vérité, des alluvions terrestres ; mais il n'en saurait être de même des alluvions marines. Cette anse est fermée à l'est par un banc soumarin, qui laisse une seule entrée près du cap de Leucate : il est certain que, tant que la digue d'atterrissement ne surmontera pas le niveau de la mer, les alluvions seront employées à augmenter cette digue, et qu'il n'en résultera pas un changement notable dans l'état du port ; mais lorsque par les travaux de l'art, elle présentera un obstacle plus élevé, et qu'elle sera frappée obliquement par les vents du large, le courant littoral, infléchi par cette action, glissera contre sa surface, s'introduira dans le port où il abandonnera ses sables ; ainsi l'anse de la Franqui n'offre point autant d'avantages qu'on l'avait cru d'abord.

La rade de Brescou est exposée aux alluvions terrestres ; mais c'est le seul point qui se trouve à l'abri des alluvions marines ; et on connaît les moyens d'arrêter les premières sur cette importante plage.

Une grande question, c'est de discuter avec soin, pour l'emplacement des ports de cette plage, l'effet des deux causes destructives des ports de la Méditerranée, les alluvions terrestres et les alluvions marines ; et, d'après la statistique des départemens méridionaux, et les mouvemens du commerce maritime, de déterminer si un ou plusieurs ports sont suffisans, et de faire un choix entre ceux qui existent, et ceux qu'on pourrait établir.

L'étude des localités est un des objets les plus essentiels dans les projets de travaux publics, et sur-tout de travaux maritimes. Nous nous sommes attachés à faire voir qu'on s'efforcerait en vain de remédier à l'inconvénient de certains ports, par d'autres moyens que des curages, et qu'on n'y réussirait jamais, par cela même que leur emplacement n'a pas été fixé avec intelligence. Lorsqu'elle est contraire, la nature rend insensiblement nuls les ouvrages des hommes ; ou bien réunissant en silence toute son énergie, après une certaine période, elle attaque ces ouvrages avec une vigueur dont aucun effort ne peut triompher, et dont les résultats deviennent souvent irrémédiables.

SECTION DEUXIÈME.

De la Garonne, considérée comme débouché du Canal du Midi : examen du système de navigation fluviale, et application à la rivière de Garonne.

Nous avons déjà remarqué dans l'Introduction, que, dès la fin du quatorzième siècle, la régence de Lubeck avait rendu navigable la petite rivière de Stecknitz, au moyen de digues ou barrages, auxquels on avait pratiqué des passages ou pertuis : mais on sent qu'à moins de multiplier considérablement les barrages, ils ne peuvent être d'une grande utilité. Les rivières, qui ont près de trois millimètres de pente par mètre, sont regardées comme des torrens ; et il serait dangereux d'établir des pertuis aux sections des rivières où il y aurait plus d'un mètre de pente. Si l'on s'attache ensuite à considérer un des objets les plus essentiels, qui est l'économie de l'eau, il serait aisé de voir que les pertuis des rivières en consomment une bien plus grande quantité, que les sas. C'est néanmoins de cette manière, qu'on a donné une hauteur de section suffisante à presque toutes les rivières, jugées propres pour la navigation ; et on y a été conduit par l'effet des digues dont on a traversé, depuis des siècles, pour le service des moulins, les cours d'eau naturels.

Ces digues, construites par économie et bâties en pierres sèches, avec pieux, fascines, piquets et graviers, n'offrent que des ouvrages précaires qui laissent perdre l'eau; elles éprouvent en outre, à chaque débordement, des dégradations inévitables. Leur direction et leur emplacement ont été, pour la plupart, si mal déterminés, que le régime des rivières sur lesquelles on les avait établies, en a dû être sensiblement altéré. Ces circonstances, jointes à la difficulté et aux dangers d'une pareille navigation, qui contrastent d'une manière frappante avec la sûreté et la régularité des navigations artificielles, a fait totalement négliger les cours d'eau, dont la nature, comme nous l'avons dit ailleurs, a si bien ménagé les directions et les pentes.

Il est certain, néanmoins, qu'indépendamment des avantages qui résulteraient des soins donnés à l'entretien des rivières, il conviendrait, dans le système général de la navigation intérieure d'un état, de donner la priorité à la navigation fluviale, parce qu'elle seule peut marquer le point où doit commencer la navigation des canaux artificiels. La plupart des rivières, à raison de leur pente dans une très-grande partie de leur cours, n'ont point assez de hauteur de section pour être navigables; et lors des grandes eaux, elles sont privées de cette propriété par le danger qu'elles offrent dans la descente, et l'impossibilité que l'on éprouve à les remonter. On ne peut donc se servir des cours d'eau naturels, qu'en modérant leur pente par des barrages ; ce qui procure une élévation, et conséquemment une profondeur d'eau constantes ; mais ce qui établit des différences de niveau qu'il faut franchir d'une manière simple, sûre, et sans une dépense trop considérable d'eau. Les écluses à sas sont le seul artifice, que l'on puisse employer pour remplir cet objet.

En 1609, la navigation du Mincio, au-dessous de Mantoue, fut régularisée au moyen d'une écluse à doubles portes busquées, construite sur sa rive gauche, à Governolo, et de poutrelles formant barrage, qui entraient dans les rainures d'une pile, placée au milieu de l'intervalle entre le bajoyer du large et la rive droite.

Les rivières des départemens du Nord et du Pas-de-Calais ont très-peu de pente ; et le système de navigation fluviale s'y trouve établi depuis les temps les plus anciens. De ces rivières, je ne citerai que la Lys, et je vais indiquer de quelle manière s'opère sa navigation.

Il n'y a qu'une espèce de portes servant à la navigation de la Lys, depuis le fort Saint-François d'Aire jusqu'à Gand, où cette rivière perd son nom en se jetant dans l'Escaut. Il en est cependant quelques-unes qui, au lieu d'être droites, se trouvent busquées ; telles sont celles du bassin de Merville ; mais elles sont toutes à claire voie, et se ferment par le moyen de planchettes attachées à des perches : on place ces planchettes les unes sur les autres jusqu'à la hauteur nécessaire.

On a préféré les portes à planchettes, parce qu'étant à larges et claires-voies, elles conviennent mieux à cette rivière, qui fournit beaucoup d'accoulins, auxquels elles donnent un plus libre passage; au lieu que l'emploi des sas, en rétrécissant beaucoup plus le lit de la rivière, pourrait occasionner des atterrissemens, qui gêneraient et interrompraient bientôt la navigation.

Ces portes sont, sans contredit, de l'espèce la plus convenable pour la navigation de la Lys; elles sont préférables aux poutrelles, aux vannes, et même aux portes busquées ordinaires. Pour le prouver, nous allons rapporter ce qui se passe dans les retenues des écluses de la Cense à Witz et au fort; il sera aisé de faire le même raisonnement, pour toutes les autres écluses au-dessous.

La longueur du bassin compris entre les écluses précitées, est de 6000 mètres environ; et la pente, d'une extrémité à l'autre, est de 190 centimètres: il s'ensuit qu'en soutenant les eaux à 245, aux écluses de la Cense à Witz (et l'on ne peut les soutenir plus hautes sans craindre les inondations), il ne doit s'en trouver, sur la partie inférieure du seuil de l'écluse du fort, que 55 centimètres, la surface du bassin supposée exactement de niveau, l'écluse du fort étant fermée.

Il est maintenant question d'ouvrir cette écluse, pour faire monter au-dessus, ou descendre au-dessous, les bateaux, qui prennent jusqu'à 13 décimètres d'eau. Pour cela, on lève les trois vannes de l'écluse de décharge, et on retire toutes les planchettes de la porte; cette manœuvre se fait dans l'espace d'un quart-d'heure. La porte dégarnie de ses planchettes, s'ouvre immédiatement, et donne la liberté aux bateaux qui descendent la rivière, de filer avec le courant des eaux que soutenait cette même écluse.

La manœuvre très-prompte qui s'est opérée, n'ayant pas permis aux eaux de s'écouler entièrement, les bateaux d'aval profitent de ce moment, pour monter au-dessus de l'écluse, sur le seuil de laquelle il se trouve encore jusqu'à 16 décimètres d'eau.

Il serait impossible d'obtenir le même avantage avec une porte busquée ordinaire, puisque pour l'ouvrir, il faut que les eaux soient, à peu de chose près, de niveau au-dessus comme au-dessous.

Les écluses à vannes, à poutrelles, et celles à planchettes établies sur le cours de la Lys, opèrent la prompte évacuation des eaux surabondantes en hiver ; ces ouvrages sont généralement d'une belle exécution : on a cependant commis des fautes assez graves. On aurait dû construire des sas à la Cense, à Witz, et à Saint-Venant, comme on l'a fait à Merville, et augmenter les débouchés ouverts latéralement pour l'écoulement des eaux qui causent presque toujours des inondations, surchargent les digues, et les dégradent. Du défaut de sas, il résulte une dépense d'eau trop considérable en été, et, dans les grandes eaux, des difficultés pour remonter des bateaux contre le courant qui, étant très-rapide, cause encore des affouillemens en aval des écluses.

On a opéré, sur cette même rivière, des redressemens dont les effets n'ont pas été prévus. Des sinuosités considérables ont été réduites au quart de leur développement ; et la vîtesse des eaux, par l'accroissement de la pente, est devenue telle, que ces eaux n'ont pas conservé la hauteur nécessaire à la navigation.

A l'occasion de la navigation du Doubs, Bertrand, inspecteur des ponts et chaussées, a proposé et fait construire à Gray sur la Saône, une écluse rase et submersible dans les grandes eaux ; elle est absolument sur les mêmes principes que les écluses ordinaires. La particularité la plus remarquable dans sa construction, c'est que les éperons sont ouverts pour entretenir le nettoiement de la chambre des portes ; et ce moyen serait même insuffisant, si l'on ne tenait les portes ouvertes pendant les crues. L'emploi des écluses rases devrait conduire à une construction de portes, qui ne dépassât point le plan supérieur des maçonneries des bajoyers.

Une écluse du même modèle, de 29 décimètres de chute, a été substituée au pertuis de Rabastens, afin d'assurer dans cette partie de la rivière de Tarn le libre cours de sa navigation, interceptée depuis sept ans par l'entier délabrement du pertuis, que l'on y avait pratiqué : le Tarn, torrent intraitable qui s'élève à une très-grande hauteur dans les inondations, parvint, au mois de novembre 1766, à onze mètres au-dessus de son état ordinaire.

Ici se présentent plusieurs difficultés, qu'il est essentiel de résoudre.

Peut-on adopter le système de navigation fluviale sur des cours d'eau quelconques ?

Comment remédier, dans ce système, à l'inconvénient des grandes eaux ?

D'après quels principes doit-on déterminer la direction des digues et l'emplacement des écluses ?

Le système de navigation artificielle latérale n'offre-t-il pas de graves inconvéniens ?

J'observe, quant à la première question, qu'avec des barrages continus, les rivières qui reçoivent des affluens considérables, ne sont point susceptibles d'être rendues navigables, puisque les retenues seraient bientôt comblées par les dépôts, et que ces récipiens principaux seraient absolument dans le même cas, où se trouvait le Canal de Languedoc, avant qu'on eût détourné de son lit, et fait passer sous des aqueducs, les cours d'eau qui l'ensablaient, en le traversant pour se rendre à leurs récipiens. D'après le procès-verbal de M. d'Aguesseau, intendant de

Languedoc, du mois de juillet 1684, dans l'espace de trois années le Canal des deux mers avait éprouvé des ensablemens sur 4300 mètres de longueur en trente-quatre endroits, et sur différentes hauteurs; savoir, de 3, 5 et 6 décimètres, ce qui faisait 26730 mètres cubes de dépôts à enlever. Nous voyons que le barrage du Mincio, formé en poutrelles, n'était destiné qu'à interrompre le cours de cette rivière pendant les crues du Pô, dont on voulait empêcher les troubles de pénétrer dans le lac inférieur de Mantoue; mais on sent quels embarras on devait éprouver à retirer ces poutrelles, pressées dans leurs rainures par une charge d'eau relative à leur hauteur.

Un moyen très-simple de remédier en partie à l'inconvénient des dépôts, et à la submersion trop prolongée des écluses, serait d'adopter pour ces barrages les épanchoirs mobiles de la rivière d'Orb, qui permettraient de régler, en quelque sorte à volonté, le mouvement des eaux de la rivière, en conséquence de leur affluence plus ou moins grande, et qui nettoyeraient le fond, en produisant l'effet des écluses de chasse.

La direction et l'emplacement des écluses ne sont nullement arbitraires, et dépendent de considérations auxquelles il faut nécessairement avoir égard, si l'on ne veut s'exposer à contrarier la nature, et conséquemment à porter le désordre dans les lits des cours d'eau naturels.

Il résulte de ces considérations, que les eaux des rivières sont soumises à deux pentes, l'une dans le sens de leur longueur, et l'autre dépendante de la topographie générale du terrain, qui détermine le courant principal, c'est-à-dire, celui que suit la navigation, à affecter plus particulièrement une des deux rives (1) : je dis *affecter*, parce que ce courant principal est

---

(1) Je crois être le premier qui ait énoncé ce principe dans mon *Mémoire sur*

détourné de sa direction par les atterrissemens qui se forment de ce côté, à l'embouchure d'un affluent, ou par la saillie de quelque obstacle naturel ou artificiel dans le lit de la rivière.

La direction du courant principal, aux anomalies près dont nous venons de parler, correspond constamment à l'intersection du plan de pente générale, et du plan de contre-pente. C'est à l'intersection de ces deux plans, que viennent aboutir les lignes de plus grande pente ; et comme les affluens et les récipiens coulent sur des plans inclinés dans le même sens, il s'ensuit que les affluens, ou les lignes de plus grande pente, forment un angle aigu avec la partie amont des récipiens, ou avec l'intersection de ces plans.

Il résulte de ce que nous venons de dire, que les digues de barrage doivent suivre la direction des lignes de plus grande pente, et qu'au-dessous des affluens, on doit placer les écluses sur la rive qu'affecte le courant principal, lorsque ce courant s'y est reporté, et que l'eau s'y meut librement et sans obstacle. L'établissement de ces écluses ne nuirait point du tout à l'existence des moulins qui se trouvent sur ces rivières, puisqu'on pourrait les accoler aux écluses, comme on le pratique sur les canaux de navigation.

Les principes que nous venons d'énoncer, n'ont lieu que lorsque les rivières coulent dans les montagnes, et ne sont point parvenues à l'origine des digues ; car, depuis cette origine jusqu'à la mer, la direction du cours des rivières dépend de la manière dont les obstacles naturels, tels que les vents et les marées, déterminent les atterrissemens, en retenant les eaux

---

le lac *Menzaleh*. (Voyez les *Mémoires publiés pendant les campagnes du général Bonaparte en Egypte*, tome premier, page 188.) Je donnerai la démonstration de ce principe dans mes Considérations générales sur la géographie physique, appliquées spécialement au dessin de la topographie.

des rivières sur les basses plaines, avant de leur permettre de déboucher dans la mer.

Dans une grande vallée, le système de navigation artificielle ne peut remplacer le système de navigation naturelle, qu'en l'éloignant considérablement des bords des rivières, c'est-à-dire jusqu'au-delà des limites des eaux dans les débordemens, conséquemment, en dehors des terrains d'alluvion et dans les parties supérieures à ces terrains. Il résulte de cette disposition, que le Canal se trouve creusé dans un terrain consistant, moins sujet aux filtrations, et que les débouchés des aqueducs sont tenus au-dessus des plus fortes crues.

La navigation des cours d'eau naturels a été extrêmement négligée, et ne mérite cependant point de l'être. Mais afin de tirer, sur-tout des grands cours d'eau, tous les avantages qu'ils peuvent offrir, il conviendrait de les assujettir, pour leur restauration et leur entretien, à un système déterminé, et de faire dépendre leur administration, comme celle des canaux artificiels, de la même intention et des mêmes vues, seul moyen de concevoir et d'exécuter des projets durables.

Après avoir recherché les principes qui servent de base à l'établissement d'une navigation fluviale, nous allons suivre le cours de la Garonne jusqu'au point, où elle commence à être navigable sans le secours de l'art : et nous exposerons les moyens qu'on a proposés en dernier lieu, pour assurer la communication des deux mers entre Toulouse et l'Océan.

La Garonne prend sa source dans les Pyrénées, entre le Canigou et le Mont-Perdu : son berceau est formé par le versant nord des Pyrénées occidentales et le versant ouest des Corbières qui se détachent du Canigou, s'étendent à l'ouest obliquement à la direction de la chaîne, et forment, comme nous l'avons déjà dit ailleurs, la séparation des eaux entre les deux mers.

Les derniers troncs des Corbières se terminent vers l'Agout.

De ce point à la Dordogne, la Garonne s'appuie à l'extrémité des appendices des montagnes de l'Ardêche, ou du moins en reçoit les eaux ; ainsi une portion du périmètre du bassin de la Garonne s'étend du Mézin le long du Rhône, jusqu'à la montagne Noire, suit le faite de cette montagne, passe sur les appendices des Corbières, remonte au Canigou, et couronne la cime des Pyrénées occidentales.

Les versans, dont cette ligne est l'origine, dépendent en partie de montagnes dont le sommet est couvert de neiges, et se trouvent presque tous sous des climats pluvieux ou sujets à des orages subits. Le volume des eaux qu'ils fournissent à la suite de grandes pluies, ou lors de la fonte des neiges des Pyrénées, est assez considérable, pour que la Garonne charrie des arbres entiers bien au-delà de Toulouse, malgré quelques barrages continus qui existent dans la partie supérieure, et dont le plus considérable est la digue du Bazacle à Toulouse, qui traverse la rivière perpendiculairement à sa direction. Cependant les barrages continus, ne donnant que des débouchés de superficie, favorisent singulièrement les dépôts, en même temps qu'ils désolent les propriétés riveraines par des inondations trop étendues.

La Garonne, depuis Toulouse jusqu'à la Réole, coule dans un lit très-large et très-plat, sur un fond de gravier assez profond et parsemé de roches. Ses eaux, rejetées pendant les crues, tantôt à droite, tantôt à gauche, par les ouvrages de défense des propriétaires riverains, auxquels on a laissé toute liberté jusqu'en 1775, se sont, avec le temps, frayé une route au travers de ces ouvrages : les rochers qu'elles ont mis à nu, les piquets plus ou moins élevés qu'elles n'ont pu emporter, les moulins à nef établis au milieu du courant, présentent de grands obstacles à la navigation.

On remédie à ces inconvéniens par l'isolement, ou par la suppression des moulins à nef, et principalement par des épis ou clayonnages, destinés à réunir toutes les eaux de la Garonne, lorsqu'elle se bifurque ou qu'elle menace de le faire, à resserrer son lit, lorsqu'il est trop large, enfin à éloigner le courant des roches, contre lesquelles les bateaux risquent de se briser. En outre, dans le temps des basses eaux, on écrête les rochers, on arrache les piquets qui se trouvent dans le cours de la rivière ; on retire les troncs d'arbres qu'ont amenés les grandes eaux, et qui deviennent des écueils dangereux, dès que la Garonne baisse.

Si l'on vouloit convertir la navigation de la Garonne en navigation fluviale par des ouvrages d'art, il faudrait former des retenues par des barrages ouverts ou continus, qui seraient terminés sur une rive ou sur l'autre par des écluses à sas : il faudrait restaurer et consolider ses bords, les couvrir d'épis de distance en distance, afin de former ou de modifier le courant principal, suivant l'indication de la topographie du terrain, et les atterrissemens qui se déduisent des points d'incidence de ce courant principal. Lorsqu'on aurait déterminé la grandeur que doit avoir la section de la rivière, pour l'écoulement de ses eaux, il conviendrait en outre, sinon de renfermer le volume de ces eaux entre des digues, du moins de le contenir dans les inondations ordinaires, et d'appuyer les barrages par des digues en terre, d'assez forte dimension pour n'être point surmontées et emportées par les eaux.

Mais les nombreuses alluvions auxquelles la Garonne, qui forme un récipient du premier ordre, est exposée, et le volume d'eau qu'elle roule pendant les inondations, exigeraient des travaux immenses, et exposeraient aux plus grands dangers pour la rupture des berges, le changement de lit de la rivière, et l'isolement des ouvrages. En supposant même qu'on se décidât à substituer aux barrages continus, des épanchoirs mobiles, l'effet des alluvions serait prévenu ou détruit en partie, mais ne le serait pas entièrement.

On voit donc que plus une rivière, un récipient principal sur-tout, s'éloignera pour son profil (l'étendue en longueur restant la même) du profil des canaux navigables, moins il y aura d'avantages et de sûreté dans sa navigation.

Sans doute Vauban était pénétré de ces considérations, lorsqu'il proposait en 1686, d'ouvrir de Toulouse à Moissac, un Canal qui aurait eu 62 kilomètres de longueur, 23 mètres de largeur réduite, 29 décimètres de profondeur, et qui aurait nécessité la construction d'un contre-fossé et d'une rigole, portés ensemble à 150,000 francs de ce temps-là, de 15 sas, estimés chacun 22,000 francs, de deux ponts-aqueducs pour faire passer le Canal sur deux rivières, et dont la dépense combinée se serait élevée à 60,000 francs, de trente aqueducs, à 3,000 francs l'un, et de 26 ponts évalués à 5,000 francs la pièce : le prix de ce Canal se monterait aujourd'hui à près de quatre millions.

Garipuy s'était occupé d'un projet analogue à celui de Vauban ; mais son travail n'était pas heureusement conçu. Le Canal qu'il proposait, dirigé parallèlement au cours de la Garonne, et trop rapproché des inondations de cette rivière, outre le défaut de passer dans des terrains d'alluvions peu favorables à la solidité de sa construction, et d'un trop haut prix pour l'agriculture, aurait encore eu l'inconvénient de déboucher à l'angle même du confluent, où la Garonne et le Tarn se disputent, à chaque crue, le domaine de leurs communes alluvions.

Quelques personnes pensent que le Canal de Toulouse à Moissac ne serait pas suffisant, pour assurer la communication des deux mers, sans prises d'eau intermédiaires ; l'état de la

Garonne, au-dessous de Moissac et jusques près de Langon, paraissant contraire à la circulation des barques qui naviguent sur le Canal du Midi. Il faudrait donc changer en entier les circonstances du cours de la Garonne dans cette partie, et pratiquer dans le lit de cette rivière les ouvrages dont nous avons parlé plus haut; ce qui jetterait dans une dépense, bien supérieure à celle qu'exigerait un Canal, sans qu'on pût obtenir par ce moyen une navigation aussi prompte et aussi sûre.

CHAPITRE V.

De la comparaison des produits et des consommations des sources, et des prises d'eau du Canal du Midi.

EN même temps que le Canal du Midi reçoit la vie et l'activité des eaux recueillies, distribuées et dépensées avec l'art qu'exigent la durée et l'importance de la navigation, la frêle existence de cette grande machine se trouve en prise, d'un côté aux pluies d'orage qui descendent à torrens en suivant les pentes des collines qui la dominent; de l'autre, aux crues des récipiens principaux qui s'élèvent quelquefois jusqu'à la hauteur de ses bords, et rompent la faible barrière qui retient ses eaux dans leur lit.

Nous avons vu dans le troisième chapitre, de quelle manière l'art était parvenu à surmonter, par des ouvrages appropriés à leur nature, les obstacles que les torrens opposaient à la navigation du Canal : mais quoique la trop grande abondance des eaux soit plus à redouter que leur pénurie, celle-ci n'est pas exempte d'inconvéniens. Tandis que les filtrations minent sourdement les digues du Canal, et consomment beaucoup d'eau en pure perte, l'évaporation journalière accroît un déchet qui est d'une importance majeure, sur-tout dans les temps de disette; car le climat sous lequel se trouve le Canal du Midi, présente, dans certaines années, les météores les plus terribles; et dans d'autres, l'absence totale de ces météores, pendant plusieurs mois, condamne le pays à la sécheresse la plus alarmante.

Ces deux causes de déperdition demandent à être appréciées; et leurs quantités doivent entrer comme élémens, dans le calcul des dépenses d'eau du Canal, comparées avec les produits des sources de la montagne Noire et des prises intermédiaires.

Je dois à l'amitié de M. Clausade, ingénieur distingué du Canal du Midi, des notes intéressantes sur ce chapitre; il s'est d'ailleurs prêté, avec la plus grande complaisance, à me procurer tous les renseignemens que je lui ai demandés. J'aurais desiré trouver les mêmes avantages auprès d'autres personnes auxquelles je m'étais également adressé: mais si elles n'ont pas cru devoir me faire part de leurs lumières, auxquelles j'attachais beaucoup de prix, l'importance du sujet me fait espérer que je pourrai profiter de leur critique. Je dois donc prévenir que la question que je me propose de résoudre, ne peut être envisagée que sous le point de vue de la méthode, et non comme présentant des résultats très-rigoureux.

Ce chapitre sera divisé en quatre parties.

Nous examinerons, dans la première, les moyens qu'on emploie sur le Canal du Midi, pour régler la fourniture des eaux, soit au point de partage, soit aux retenues subséquentes.

Nous exposerons, dans la seconde partie, les principes et les formules nécessaires, tant pour évaluer les diverses dépenses qui se font à chaque écluse, que pour distinguer le volume qui doit remplacer en aval le déchet des filtrations et de l'évaporation. Les formules sur la dépense occasionnée par le passage des bateaux, nous mettront à même de juger si un ouvrage, d'après les consommations d'eau qu'il entraîne, a été bien conçu et bien exécuté.

Dans la troisième partie de ce chapitre, nous supposerons successivement le mouvement de la navigation lent, modéré et très-rapide; et réduisant, dans ces trois hypothèses, les prises intermédiaires au terme moyen de leur portée, nous rechercherons quelle doit être la fourniture des deux branches du Canal au point de partage, pour que le commerce n'ait point à souffrir de la pénurie des eaux. Nos calculs nous feront connaître les divers rapports, suivant lesquels la distribution des eaux doit se faire au point de partage, et le volume qui doit arriver annuellement à Naurouse.

Enfin, dans la quatrième partie, nous comparerons le produit des sources et des réservoirs au volume nécessaire, tant pour l'entretien journalier de la navigation, que pour son rétablissement annuel à la fin du chômage. Le résultat de cette comparaison nous fera voir que les ressources du Canal ne sont jamais au-dessous des besoins d'une navigation active, et qu'on peut même détourner journalièrement une partie de ses eaux, pour l'employer à des usages particuliers, en s'imposant la condition de fournir à la grande retenue, durant les mois de floréal, prairial et messidor, et pendant les vingt premiers jours de thermidor, un débit correspondant.

§. I.

Des moyens qu'on emploie sur le Canal du Midi, pour régler la fourniture des eaux.

On appelle *empèlemens*, sur le Canal du Midi, les pertuis qu'on a pratiqués à tous les ventaux des portes d'écluses.

L'ouverture des empèlemens, qui n'est pas la même à toutes les portes, et dont l'aire varie de 54 à 64 décimètres carrés, est un pentagone irrégulier dont les grands côtés sont horizontaux, les moyens verticaux, et le petit côté incliné à l'horizon. Le plus grand côté, qui se trouve le plus bas, peut avoir 135 centimètres, et le côté vertical le plus long, 50 centimètres.

Cette figure est donnée par l'intersection des arêtes de grosses pièces de charpente, dont les faces n'ont pas moins de 55 centimètres de largeur ; aussi est-il nécessaire de considérer celles de ces faces qui répondent au fil de l'écoulement, comme les parois d'un tuyau additionnel adapté à l'orifice.

La pale se lève en cinq tours de vis ; un quart de tour s'appelle *trou*, du nom de l'ouverture où l'on place l'extrémité du levier pour faire tourner la vis. La tête des vis est percée de deux ouvertures qui se croisent à angles droits, et forment un trou sur chacune de ses faces.

C'est par le moyen des trous, qu'on règle la fourniture du Canal au point de partage. La fourniture ordinaire est de trois trous pour chaque versant ; dans les temps d'abondance ou de grands mouvemens, elle est de quatre trous.

Tous les suffrages ne peuvent manquer de se réunir, en faveur d'une manière aussi simple de régler et de mesurer les eaux, parce qu'elle est à la portée de tous les éclusiers : mais il est bon d'observer que la distribution qui en résulte, n'est pas la même pour les deux versans. Le plus grand volume coule du côté de la Garonne ; et ce phénomène peu remarqué, est l'effet de la position de l'écluse de Montferrand qui, se trouvant située immédiatement au-dessous de la chute de Naurouse, doit profiter de toute la vîtesse due à la hauteur des eaux, vîtesse que diminue beaucoup l'éloignement de l'écluse du Médecin, qui fournit vers la Méditerranée. Pour tenir compte de cet avantage donné au versant de la Garonne, il faudrait des expériences qui nous manquent ; et malgré l'influence des vîtesses et des hauteurs que nous venons de considérer, nous serons obligés, en évaluant le débit, de nous en référer aux appréciations d'usage.

La propriété de régler et de mesurer les eaux du Canal, n'est pas affectée exclusivement aux empèlemens et aux trous d'empèlement : on emploie aussi pour module le débit des meules de moulin.

Les coursiers sont en pierres de taille : ils sont composés de deux parties, dont la première, qui communique au Canal, est un prisme horizontal à quatre pans, et la seconde, qui s'adapte à ce prisme pour former un coude, est un tronc de pyramide à bases verticales. Le prisme a 97 centimètres de hauteur, 73 de largeur, et 100 à 110 de longueur. Le tronc de pyramide s'appuie sur la base même du prisme, et a pour axe une ligne d'environ 30 décimètres de longueur, inclinée de 13 degrés sur l'horizon; il se termine par un rectangle dont la hauteur est à la largeur comme sept à cinq, et dont l'aire doit entrer comme élément dans le calcul du débit.

La veine fluide au sortir d'un empèlement, se contracte d'une manière frappante, jusqu'à une certaine distance de l'orifice, après laquelle on la voit s'élargir de nouveau et s'applatir. Ce phénomène a sa cause dans les filets qui s'écoulent obliquement de l'orifice.

M. Pin, le père, ancien ingénieur en chef du Canal du Midi, a mesuré la distance de la plus grande contraction, à l'orifice, et la largeur de la veine fluide à cet endroit : il a trouvé, pour la première quantité, 108 centimètres, et pour la seconde, 76. Ces mesures ont besoin d'être confirmées par un grand nombre d'expériences, et principalement la seconde, qui paraît trop petite; car en l'admettant, et supposant la similitude des coupes transversales de la veine, hypothèse qui n'est pas conforme à la vérité, mais qui n'en diffère pas considérablement, il est possible de comparer la dépense effective à la dépense théorique, au moyen du principe d'hydraulique, d'après lequel ces dépenses sont entre elles comme les aires au point de la plus grande contraction, et à l'orifice, ou comme les carrés des largeurs de ces aires; et si l'on établit cette analogie, on trouve entre les dépenses le rapport d'environ $(7^{\text{décimètres}}, 6)^2 : (13^{\text{décimèt.}})^2$ qui revient à 0,3642, nombre très-inférieur à celui que donne l'expérience. (*Voyez* les tableaux qui se trouvent à la fin de ce chapitre.)

Nous avons appelé *dépense effective*, le débit évalué d'après l'expérience, et *dépense théorique*, celui qui résulte du produit de l'aire de l'orifice par la vitesse constante, relative à l'enfoncement du centre de gravité de cette aire.

Outre le phénomène de la contraction, la veine fluide présente encore une singularité remarquable dans ses coupes transversales; elles sont arrondies vis-à-vis des angles supérieurs de l'orifice, et échancrées en forme de gorge sous le milieu du côté qui joint ces angles.

On attribue l'échancrure à l'air absorbé par les entonnoirs, qui se dégage par l'orifice où il trouve un passage ouvert; ce dégagement a lieu dans la partie supérieure de l'ouverture, parce que l'air est spécifiquement plus léger que l'eau; il se fait exactement dans le milieu, parce qu'il n'y a pas de raison pour que l'air cède à la pression latérale, plutôt d'un côté que de l'autre.

Ce que nous venons de dire sur la veine fluide, au sortir d'un empèlement, se réduit à de simples observations; ce que nous allons ajouter sur le débit des empèlemens, des trous d'empèlement et des meules d'eau, est aussi l'exposé de quelques expériences.

Dans une retenue abaissée de plusieurs décimètres, relativement à l'entre-toise supérieure de sa porte de défense, on a successivement reçu les eaux que débitaient l'un des deux empèlemens, ou les deux empèlemens, ou les trous d'empèlement d'une porte appartenant au corps d'écluses supérieur. La retenue de ce corps d'écluses restait à-peu-près à la même hauteur pendant la durée de chaque expérience, et le temps du débit se comptait sur une montre à secondes, du moment où l'on avait fini de mesurer l'abaissement de la première retenue, jusqu'à celui où le niveau de cette même retenue s'élevait à la hauteur de l'entre-toise. Après avoir ainsi déterminé les dimensions du récipient et le temps de l'écoulement, on trouvait, par un calcul facile, le débit qu'on avait en vue.

Quelquefois, au lieu de recevoir les eaux dans une retenue, on les a versées dans le sas inférieur d'une écluse multiple, d'où elles se répandaient dans le sas voisin, l'éperon de ce dernier, au commencement de l'opération, étant surmonté d'eau, et sa porte basse étant ouverte. On n'a fait usage de cette légère modification, que dans les cas où il s'agissait du débit de meules ou de parties d'empèlement.

Pin et Lespinasse ont appliqué cette méthode à divers empèlemens et à diverses meules, sous différentes charges; le premier dans la division de Trèbes, et le second dans celle de Toulouse. Leurs résultats consignés dans les tableaux, qui se trouvent à la fin de ce chapitre sous les n°˙ 1 et 2, s'accordent à prouver que le débit simultané de deux meules ou de deux empèlemens voisins, n'est pas égal au double du débit d'une seule meule, ou d'un seul empèlement.

A la vue des tableaux qui renferment leurs expériences, on est d'abord frappé de la grande conformité qui se trouve entre la dépense effective des meules et leur dépense théorique; et cette remarque peut être énoncée de la manière suivante : *lorsque l'eau, sous une charge égale et constante, coule par des tuyaux additionnels de trois mètres de longueur, et beaucoup plus larges à l'entrée qu'à la sortie, la dépense effective s'éloigne peu de la dépense théorique.*

L'idée qui se présente ensuite au sujet des empèlemens et des trous d'empèlement, c'est de considérer le rapport de la dépense effective à la dépense théorique, comme une quantité variable, dépendant à la fois de la grandeur de l'orifice et de la hauteur de la charge, et de comparer entre elles les expériences dans lesquelles une de ces trois quantités est demeurée constante, ou a très-peu changé, afin de connaître la liaison réciproque des deux autres.

J'ai donc extrait successivement des tableaux n°ˢ 1 et 2, 1°. les expériences faites avec une même grandeur d'orifice; 2°. celles où la charge d'eau était demeurée à-peu-près la même; 3°. enfin celles où le rapport de la dépense effective à la dépense théorique paraissait constant : et j'en ai tiré les conséquences suivantes, qui peuvent être regardées comme des principes donnés par l'observation :

1°. *Lorsque l'eau, sous une charge constante, coule par des tuyaux prismatiques d'environ cinq décimètres et demi de longueur, la dépense effective s'éloigne plus ou s'éloigne moins de la dépense théorique, suivant que l'ouverture est plus grande ou plus petite.*

2°. *Lorsque l'eau coule par des tuyaux prismatiques de mêmes dimensions, sous des charges inégales, le décroissement de la dépense effective par rapport à la dépense théorique, augmente avec la charge.*

3°. *Lorsque l'eau coule par deux tuyaux prismatiques de dimensions peu différentes, sous des charges très inégales, et qu'à la plus grande charge répond la plus grande ouverture, la diminution de la dépense effective, par rapport à la dépense théorique, peut être la même de part et d'autre.*

Pour reconnaître comment ces principes résultent des expériences que nous avons citées, il suffira de jeter un coup-d'œil sur la table suivante, où les données de chaque expérience sont placées sur une même ligne de gauche à droite.

GRANDEUR DE L'ORIFICE.	HAUTEUR DE CHARGE.	RAPPORT DE LA DÉPENSE EFFECTIVE à la dépense théorique.
PREMIER PRINCIPE. Nota. Les hauteurs de charges sont censées constantes.		
0,53.34.80 ⎫ 0,31.80.28 ⎬ Ces valeurs vont en décroissant. 0,15.79.18 ⎭	4,185 ⎫ 4,117 ⎬ Ces valeurs sont regardées comme égales. 3,925 ⎭	0,7221 ⎫ 0,7443 ⎬ Ces valeurs vont en augmentant. 0,8067 ⎭
1,26.99.25 1,26.99.25 1,24.93.64 1,24.93.64 1,24.78.88 0,63.39.06 ⎬ Ces valeurs vont en décroissant. 0,63.39.06 0,62.46.82 0,62.46.82 0,62.39.44 0,13.17.74 0.09.88.95	2,037 2,021 1,976 ⎬ Ces valeurs sont regardées comme égales. 1,949 1,914 1,904 1,895	0,5684 0,7739 A.0,5259 0,5541 0,5552 0,6450 ⎬ Ces valeurs sont, en général, croissantes, malgré les anomalies marquées par A. 0,6574 A.0,5940 0,6157 0,6215 A.0,5112 0,5145
SECOND PRINCIPE. Nota. La grandeur de l'orifice est censée constante.		
0,53.42.13 ⎫ Ces valeurs sont regardées comme égales. 0,53.54.80 ⎭	3,925 ⎫ Valeurs très inégales et décroissantes. 1,354 ⎭	0,7221 ⎫ Valeurs croissantes. 0,8494 ⎭
TROISIÈME PRINCIPE. Nota. Le rapport des dépenses effectives et théoriques est censé constant.		
0,63.97.65 ⎫ Orifices à-peu-près égaux. 0,63.39.06 ⎭	4,456 ⎫ Charges très inégales. 1,904 ⎭	0,6450 ⎫ Ces valeurs sont regardées comme égales. 0,6896 ⎭

§. II.

Des principes et des formules nécessaires pour évaluer les diverses dépenses qui se font à chaque écluse, et pour distinguer le volume qui doit remplacer en aval le déchet des filtrations et de l'évaporation.

Lorsque les eaux du Canal, surveillées avec le plus grand soin, sont par-tout distribuées avec l'exactitude que réclame la plus sévère économie, la dépense qui se fait à chaque écluse consiste, 1°. dans les cours d'eau réguliers débités, pour le service des moulins, ou des retenues subséquentes, par les coursiers ou par les empèlemens et les trous d'empèlement; 2°. dans les volumes qu'on lâche pour le passage des barques; 3°. dans les pertes inévitables causées par les petites ouvertures des portes de tête, soit aux pourtours et aux joints des empèlemens, soit aux feuillures rondes, soit enfin entre les poteaux délardés.

Nous avons vu dans le paragraphe précédent, les expériences qu'on a imaginées pour s'assurer du débit des empèlemens, des trous d'empèlement et des meules d'eau. Quelque défectueuses que puissent être les régles fondées sur un aussi petit nombre d'observations, nous ne connaissons pas de principes propres à donner une évaluation plus certaine.

On déduit des expériences sur les empèlemens des portes de tête, que leur ouverture moyenne est de 612908 millimètres carrés; que la charge moyenne répondant au centre de gravité de leur ouverture, est de 185 centimètres, et que le rapport moyen de leur débit effectif à leur débit théorique, est de 0,6638: on peut donc poser en principe que le débit d'un empèlement de porte de tête est de . . . . 2450 litres par seconde.

On reconnaîtra de la même manière que le débit simultané

de deux empèlemens de porte de tête est de. . . 4396 lit. par sec.
Le débit d'une meule isolée de. 270
Le débit simultané de deux meules voisines
de. 535

Quant au débit de trois et quatre trous d'un empèlement de porte de tête, quoique les tableaux ne présentent qu'une seule expérience sur chacun de ces volumes, comme le débit effectif diffère peu de celui qu'on trouverait, en partageant proportionnellement aux aires des orifices, le débit de l'empèlement entier, nous pensons qu'on ne s'écarte pas beaucoup du vrai, lorsqu'on s'en rapporte à ces deux expériences. Nous supposerons, en conséquence, que le débit de trois trous est de.. 303 lit. par sec. et celui de quatre trous de. 400

Quelles que soient la profondeur et les autres dimensions d'un Canal, la dépense qui se fait à chacune de ses écluses pour la manœuvre de la navigation, consiste dans les quantités d'eau qu'il faut lâcher journellement et à plusieurs reprises, pour opérer la montée d'un nombre déterminé de barques, partagées en un certain nombre de convois de forces données, et pour opérer la descente de plusieurs autres convois, dont le nombre et la force sont également donnés.

L'évaluation générale de cette dépense repose sur la question de savoir quelle doit être, pour une écluse multiple, d'un nombre de sas connu, la quantité d'eau à tirer de la retenue supérieure pour le passage d'une file déterminée de bateaux, soit montans, soit descendans.

On arrive à la solution de cette question, après avoir décomposé convenablement, par la pensée, la masse d'eau qui remplit un sas, examiné ses différentes parties, et fixé l'état du corps d'écluses, avant l'introduction du premier bateau.

La masse d'eau qui remplit un sas a été décomposée en trois

parties, dont la supérieure est un prisme dû à l'enfoncement des bateaux, et l'inférieure, un prisme dû à l'élévation des buscs. La tranche intermédiaire est toujours surabondante pour la manœuvre de la navigation.

Cette remarque a fait donner le nom d'éclusée à la masse d'eau qui se trouve dans un sas, lorsque la tranche intermédiaire est nulle, soit que le niveau superficiel de cette masse s'élève, ou non, à l'arrase de l'entre-toise supérieure de la porte qui s'oppose à l'écoulement.

Plusieurs dénominations ont été proposées à l'occasion des prismes extrêmes. M. Clausade, qui a fait le premier l'heureuse distinction de ces volumes, dans un mémoire écrit, il y a plus de douze ans, s'était servi, pour les désigner, des expressions suivantes : *section de tirant d'eau*, et *section de chute*. Les mêmes appellations avaient été employées par M. Ducros, dans un mémoire en date du 25 floréal an IX, sur la dépense des bateaux, et où cet inspecteur général a publié le premier la distinction des différentes parties qui composent une éclusée; mais M. Prony les désigne par des termes plus convenables. Dans son rapport du 21 prairial an IX, à l'assemblée des ponts et chaussées sur le mémoire de M. Ducros, il appelle *prisme de flottaison*, le volume relatif à l'enfoncement des bateaux, parce que c'est en effet sur un pareil volume que les bateaux flottent; et *prisme de remplissage*, le volume qui complète chaque éclusée.

Pour peu que l'on réfléchisse sur les deux élémens que nous venons de distinguer, on s'appercevra de leur variabilité, provenant ou des différences de tirant d'eau des divers bateaux, qui traversent à la file les sas d'une écluse multiple, ou des inégalités qui se trouvent entre les sections horizontales et les buscs des mêmes sas : mais on ne doit pas s'arrêter à cette considération. Lorsque plusieurs bateaux marcheront en convoi, on leur supposera le même tirant d'eau qu'on estimera sur le bateau qui enfonce le plus ; et cette hypothèse entraînera l'égalité de tous les prismes de flottaison. On choisira de même, parmi les prismes de remplissage, celui de la plus forte dimension, pour lui égaler tous les autres; avec d'autant plus de raison, que, dans la construction des écluses, l'égalité des sas est un des principes qui dirigent les ingénieurs.

On ne doit pas manquer d'observer que le volume d'eau déplacé par chaque bateau, empêche que les prismes de flottaison ne soient tous complets, tant que les bateaux séjournent dans les sas. L'effet de cette altération, qu'il est facile d'apprécier *à priori*, et dont M. Prony a tenu compte, est d'augmenter, la dépense de chaque bateau montant, d'un volume d'eau d'un poids égal au sien, et de diminuer de la même quantité la dépense d'un bateau descendant.

Ce qu'il importe actuellement de remarquer, c'est l'état que l'on attribue aux sas, avant l'introduction du premier bateau. Les ingénieurs qui se sont occupés les premiers de la dépense relative à la manœuvre de la navigation, ont calculé, dans l'hypothèse tacite, qu'il y avait dans tous les sas un prisme de flottaison. MM. Clausade et Ducros ont supposé, au contraire, que tous les sas des écluses multiples étaient tenus constamment vides, à l'exception néanmoins du sas d'aval, où l'eau se trouve nécessairement au niveau de celle de la retenue aboutissante.

Les principes qui se déduisent des notions précédentes, et que nous allons exposer, doivent être, comme nous l'avons déjà dit, modifiés à chaque montée ou à chaque descente, par l'addition ou par la soustraction d'un volume d'eau, d'un poids égal à celui de chaque bateau passé.

DU CANAL DU MIDI.

Lorsque plusieurs bateaux, soit montans, soit descendans, se présentent à la file, à un corps d'écluses dont les sas sont déjà pourvus de prismes de flottaison, le premier bateau de montée dépense autant de prismes de remplissage qu'il y a de sas accolés, et chacun des suivans ne dépense qu'un prisme de remplissage. Le premier bateau de descente et tous les suivans ne dépensent également qu'un prisme de remplissage chacun. Mais si tous les sas sont tenus ouverts avant l'arrivée du convoi, alors le premier bateau de montée dépensera autant de prismes de flottaison qu'il y a de sas moins un, et autant de prismes de remplissage qu'il y a de sas ; tandis que les bateaux suivans dépenseront chacun un prisme de remplissage. La dépense du premier bateau de descente, si l'écluse a au plus trois sas, sera d'autant de prismes de flottaison qu'elle aura de sas moins un, et d'un prisme de remplissage ; si l'écluse a au moins trois sas, la dépense du même bateau sera de deux prismes de flottaison, et d'un prisme de remplissage. Dans le premier cas, la dépense des bateaux suivans ne sera que d'un prisme de remplissage pour chaque bateau, attendu que le premier bateau aura laissé dans tous les sas un prisme de flottaison. Dans le second cas, l'écluse étant d'un ordre impair, les sas ne seront pourvus de prismes de flottaison que lorsque le nombre des bateaux passés égalera la moitié du nombre des sas diminué d'une unité ; alors les bateaux qui passeront n'auront plus à dépenser qu'un prisme de remplissage chacun, tandis que tous les précédens auront dépensé chacun deux prismes de flottaison et un prisme de remplissage. Mais si l'écluse est d'un ordre pair, tous les sas, à l'exception du sas d'amont, seront pourvus de prismes de flottaison, lorsque le nombre des bateaux passés égalera celui des sas diminué d'une unité et divisé par deux. Le bateau suivant dépensera donc un prisme de flottaison et un prisme de remplissage; ceux qui le suivront ne dépenseront qu'un prisme de remplissage, et tous ceux qui l'auront précédé auront dépensé, chacun, deux prismes de flottaison, et un prisme de remplissage.

Pour choisir parmi ces principes généraux ceux qui sont applicables au Canal du Midi, et parvenir enfin à l'expression de la dépense causée par la manœuvre de la navigation, il faut observer :

1°. Qu'après le passage des barques, on est dans l'usage d'ouvrir les sas des écluses multiples.

2°. Qu'en général, les montées et les descentes sont simples; que néanmoins la réunion des barques en convoi a lieu dans la retenue de Notre-Dame, mais seulement pour celles qui doivent remonter l'écluse octuple de Fonserane.

3°. Qu'à toutes les écluses, excepté à celle de Fonserane, le nombre des montées est annuellement et presque journellement égal à celui des descentes, et que par conséquent les quantités d'eau versées à chaque écluse pour le service de la navigation, doivent être proportionnelles aux dépenses occasionnées par un double passage, c'est-à-dire, par une montée et par une descente.

4°. Que les montées combinées de l'écluse octuple de Fonserane ont lieu tous les deux jours; et que durant chaque période, il s'effectue à cette écluse autant de descentes simples qu'il y a de bateaux dans les convois de montée.

Voici donc l'expression générale de la plus grande dépense causée par la manœuvre de la navigation : à toutes les écluses dont le nombre de sas n'excède pas trois, deux fois autant de prismes de flottaison par double passage, qu'il y a de sas moins un, et autant de prismes de remplissage qu'il y a de sas plus un : à toutes les écluses dont le nombre de sas n'est pas moindre

DU CANAL DU MIDI.

que trois, autant d'éclusées plus une par double passage, qu'il y a d'unités dans leur ordre : à l'écluse octuple de Fonserane, qui exige une expression particulière à cause de ses montées combinées, tous les deux jours deux fois autant d'éclusées au-delà de sept qu'il y a de bateaux de montée.

On rapporte ordinairement l'évaluation générale de la dépense due à la navigation, aux données immédiates qui résultent des dimensions des écluses et de l'enfoncement des bateaux, et il convient de le faire pour la facilité des calculs.

Soient donc x le nombre de sas accolés, b la section horizontale de ces sas, h la chute totale depuis le niveau de l'eau de la retenue supérieure jusqu'à celui de la retenue inférieure, et t l'enfoncement des bateaux.

Le nombre des sas et la chute totale de chaque écluse du Canal se trouvent dans l'analyse des planches, tome II, et dans le chapitre XI, tome premier, qu'il faudra consulter pour les applications particulières.

La section horizontale des sas est à-peu-près la même à tous les corps d'écluses, et sa valeur est de 266 centiares.

Quant à l'enfoncement des bateaux, il varie de 130 à 162 centimètres. On doit employer le dernier de ces nombres dans les calculs qui ont pour objet de faire connaître la plus grande consommation des écluses.

D'après les notations précédentes, chaque prisme de flottaison aura pour expression bt; et chaque prisme de remplissage, dont la hauteur est égale à la chute totale divisée par le nombre des sas, aura pour expression $\dfrac{bh}{x}$.

Actuellement, si l'on désigne par q, la dépense d'un double passage relative au nombre x de sas, les quantités d'eau versées pour un double passage aux écluses dont le nombre de sas n'excède pas trois, seront données par la formule

$$(A') \quad q = 2bt(x-1) + \frac{bh}{x}(x+1);$$

et les quantités d'eau versées, pour un double passage aux écluses dont le nombre de sas n'est pas moindre que trois, seront données par la formule

$$(A'') \quad q = (x+1)\left(bt + \frac{bh}{x}\right).$$

La formule particulière à l'écluse de Fonserane, se trouvera, en appelant y le nombre des bateaux qui la remontent tous les deux jours, V sa consommation durant cet intervalle, et a, le volume d'eau contenu dans une éclusée (1) : on aura donc

$$(B)\ldots\ V = 7a + 2ay.$$

Le lieu géométrique de l'équation (A'), en prenant q et x pour coordonnées, est une hyperbole ; sa branche positive est renfermée dans un angle dont la cotangente est $2bt$; l'un des côtés de cet angle est l'axe des q, et son sommet se trouve à une distance $bh - 2bt$ de l'origine des coordonnées.

La branche positive de l'hyperbole représentée par l'équation (A''), est renfermée dans un angle dont la cotangente est bt ; l'un de ses côtés est l'axe des q, et son sommet se trouve à une distance $bh + bt$ de l'origine des coordonnées ; cette hyperbole coupe la première dans un point qui correspond nécessairement à $x = 3$.

Si par un point pris sur l'axe des q, et dont la distance à l'origine représente la consommation d'une certaine combinaison de sas, on mène une ligne parallèle à l'axe des x, elle

---

(1) Ce volume est de 1129 mètres cubes 37 centièmes, lorsqu'on suppose l'enfoncement des bateaux de 162 centimètres.

coupera la branche positive de l'hyperbole représentée par l'équation (A''), en deux points dont les abscisses feront la séparation entre les combinaisons de sas qui consomment moins que la combinaison donnée et celles qui consomment davantage.

L'opération analytique équivalente à ce procédé, consiste à éliminer q de l'équation (A'') au moyen de la consommation donnée, et à dégager x. On sera conduit à une équation du second degré, dont les racines seront deux limites entre lesquelles se trouveront comprises toutes les aggrégations de sas propres à donner une dépense moindre que la dépense proposée.

Considérons maintenant l'équation (B) : sans la circonstance du passage périodique de la rivière d'Orb, les montées seraient simples à l'écluse de Fonserane comme à toutes les autres écluses multiples, et la consommation de cette écluse serait tous les deux jours d'une quantité d'eau relative à y doubles passages et par conséquent égale à $9ay$.

Cette quantité surpasse la dépense effective durant cet intervalle d'autant de fois sept éclusées qu'il y a d'unités dans $y-1$.

Le nombre moyen y des barques de montée peut aller à huit tous les deux jours, lorsque la navigation est dans la plus grande activité, et quatre environ, dans le cas contraire.

Il résulte de ce fait, que les montées combinées de l'écluse de Fonserane produisent à ce point une économie d'eau équivalente à un débit continu de 320 litres par seconde au plus, et de 137 litres au moins.

C'est à l'aide des principes que nous venons d'exposer, qu'on a résolu la question de savoir combien il convenait de donner de sas à la nouvelle écluse de Fresquel, qui aura 6 mètres 33 centimètres de chute totale. Cette écluse devant être construite à l'extrémité d'une branche de Canal, qui n'est alimentée que par les dernières eaux de la montagne Noire, on s'est proposé, avec raison, de réduire, autant que possible, ses consommations d'eau pour chaque double passage, condition qui ne peut être remplie qu'en donnant à cette nouvelle écluse la forme d'une écluse double.

Dans toutes les questions de cette nature, il faut s'attacher à connaître, 1°. le plus grand tirant d'eau des bateaux; 2°. la section horizontale des sas, et la chute totale de l'écluse à construire; 3°. les quantités d'eau qui arrivent par jour durant la plus grande sécheresse, au point fixé pour l'emplacement d'une écluse; 4°. le nombre de montées et le nombre de descentes, soit simples, soit combinées, que comporte à ce point la navigation la plus active.

Quand on aura sous la main toutes ces données, on considérera que la quantité d'eau qui arrive dans un temps déterminé à l'écluse qu'il s'agit de construire, ne peut jamais être moindre que les consommations d'eau nécessitées à ce point par la navigation, et représentées par une expression algébrique où il n'entre d'autre inconnue que le nombre des sas de l'écluse. On égalera donc entre elles ces deux quantités; et de l'équation résultante, tirant la valeur de l'inconnue, on trouvera deux limites, entre lesquelles seront comprises toutes les aggrégations de sas, compatibles avec l'affluence des sources et la distance où l'on se trouve du point de partage. On déterminera ensuite la forme de l'écluse, en choisissant parmi ces nombres celui qui divisera la chute totale de la manière la plus favorable aux constructions.

Le problème que nous venons de résoudre est d'un grand intérêt pour la pratique. Dans tout Canal qui n'est alimenté que par un de ses points extrêmes, le volume des sources va toujours en diminuant, soit par filtration, soit par évaporation ; il faut donc que les dépenses pour les divers services soient, autant que cela se peut, distribuées dans la même progression décroissante.

Il nous reste à parler de la dépense qui se fait à chaque écluse par l'impossibilité d'étancher exactement les portes de tête. Plusieurs expériences directes ont été faites par M. Pin, dans la vue d'évaluer cette dépense ; il a trouvé, en prenant un terme moyen entre les divers résultats de ses observations, qu'elle était de 10 litres par seconde.

Voici maintenant les faits qui nous serviront à distinguer, dans la masse fluide qui se débite à chaque écluse, le volume nécessaire pour remplacer en aval le déchet des filtrations et de l'évaporation.

Tous les ans lorsque le Canal est mis en partie à sec, et qu'on procède à ses réparations ordinaires, on a soin de mesurer la hauteur des eaux tenues en réserve pour la comparer à celle des mêmes eaux à la fin du chômage, et prendre un terme moyen entre les résultats de ces diverses comparaisons. Une longue série d'opérations pareilles a fait connaître que le terme moyen de l'abaissement journalier des eaux tenues en réserve est de 112 déci-millimètres pour les retenues comprises entre la Garonne et l'écluse d'Argens, et d'une quantité double pour la grande retenue.

Des observations particulières sur l'évaporation de l'eau douce, ont appris à M. Pin que durant le chômage, l'abaissement partiel dû à l'évaporation, est les deux cinquièmes de l'abaissement total des eaux tenues en réserve, et que durant les 320 jours de navigation, la hauteur moyenne du prisme d'eau enlevé par l'évaporation sur la superficie du Canal, est de 812 millimètres.

HISTOIRE

On doit à M. Clausade la remarque suivante : durant le mois de Juin 1786, mois de la plus forte sécheresse qui ait eu lieu depuis un très-grand nombre d'années, les retenues voisines de l'écluse de Foucaud en amont, baissèrent un peu, et M. Lespinasse, directeur de la division de Trèbes, fit des demandes d'eau réitérées, quoique d'une part il se fût effectué, pendant ce mois, 49 doubles passages à l'écluse de Saint-Roch comme à celle de Foucaud, et que de l'autre, les deux meules du moulin haut de Saint-Roch aient été en jeu pendant 116 heures. Toute la masse fluide débitée, soit par l'écluse, soit par le moulin de Saint-Roch, au-delà du volume nécessaire pour les 49 doubles passages à l'écluse de Foucaud, fut entièrement consommée dans les retenues intermédiaires. Nous faisons abstraction du débit continuel occasionné par les pertes de la porte de tête de l'écluse de Saint-Roch, qui se trouvèrent compensées par celles de l'écluse de Foucaud. D'après ces données, voyons quel fut le déchet des filtrations et de l'évaporation.

Quarante-neuf doubles passages à l'écluse quadruple de Saint-Roch, occasionnèrent le versement d'une masse fluide de. . . . . 262,765,440 litres,
et le moulin haut débita, durant 116 heures, à raison de 535 litres par seconde,
ci. 223,416,000

Le débit total fut de. 486,181,440

d'où il faut déduire la consommation de 49 doubles passages à l'écluse triple de Foucaud, ci. . . . 201,331,886 litres,
et les pertes qui se firent aux épanchoirs de fond de Villepinte, Rebenty, Villeseque et Foucaud, dont la largeur est d'environ huit mètres. Nous avons évalué la consommation

Ci-contre. 201,331,886 litres.
de ces quatre épanchoirs, à raison d'un litre
et demi par seconde chacun, ou de six litres
par seconde pour les quatre ensemble :
ci. 15,552,000

Total de la consommation. 216,883,886

Il reste, pour le déchet des filtrations et
de l'évaporation. . . . . 269,297,554 litres.

Ce volume, réparti sur toute la surface du Canal depuis l'écluse de Saint-Roch jusqu'à celle de Foucaud (1), équivaut à un prisme de 38 centimètres 83 déci-millimètres de hauteur, dont la trentième partie représente l'abaissement journalier des retenues comprises entre ces deux points.

Que conclure de ces observations ? Nous pensons, 1°. que la remarque de M. Clausade s'accorde avec les mesures prises pendant le chômage, pour prouver que l'abaissement journalier des retenues, comprises entre la Garonne et l'écluse d'Argens, peut aller à 12 millimètres dans les temps de la plus forte sécheresse, et celui de la grande retenue à 24 millimètres.

2°. Que pour obtenir la quantité moyenne de l'abaissement journalier, d'après les trois cent vingt jours de navigation, il vaut mieux suivre les indications de M. Pin, qui donnent pour le déchet moyen de l'évaporation, durant cet intervalle de temps, un prisme de 812 millimètres de hauteur, et le rapport de 3 à 2 entre le déchet des filtrations et celui de l'évaporation.

Nous avons, en conséquence, adopté les propositions suivantes, qui mettront à même d'évaluer, dans plusieurs cas, le

---

(1) Nous prévenons, une fois pour toutes, que pour évaluer la surface du Canal, il faut avoir recours au chapitre XI, qui donne la largeur et la longueur exacte de chaque retenue.

volume qui doit partir d'une écluse pour subvenir aux pertes continuelles des retenues d'aval.

L'abaissement journalier des retenues comprises entre la Garonne et l'écluse d'Argens, est de 12 millimètres dans les temps de la plus forte sécheresse.

Le même abaissement est de 7 millimètres durant la moyenne sécheresse.

L'abaissement correspondant de la grande retenue est, dans le premier cas, de 24 millimètres, et de 14 dans le second.

§. III.

De la quantité d'eau nécessaire pour les besoins du Canal.

Des principes que nous venons de poser, résulte l'évaluation de la quantité d'eau que doit fournir dans une seconde, et pour une navigation d'une activité donnée, le point de partage. Seulement, à cause des prises intermédiaires, il faut distinguer les élémens qui influent sur leur portée, c'est-à-dire, les cas d'extrême sécheresse ou de sécheresse moyenne, et les années stériles, ou médiocrement pluvieuses. Le tableau ci-dessous fera connaître dans ces différentes hypothèses, quels sont les nombres que nous avons choisis pour servir de base à nos calculs.

TABLEAU *des portées approximatives des prises intermédiaires, indiquant le nombre de litres qu'elles fournissent par seconde.*

DÉSIGNATION DES ANNÉES.	PRISE DE FRESQUEL.		PRISE D'ORBIEL.		PRISE D'OGNON.		PRISE DE CESSE.	
	Grande sécheresse.	Moyenne sécheresse.	Grande sécheresse.	Moyenne sécheresse.	Grande sécheresse.	Moyenne sécheresse.	Grande sécheresse.	Moyenne sécheresse.
Années sèches...	130	260	200	260	0	20	240	330
Ann. médiocrement pluvieuses.	200	370	300	370	0	30	400	550

Pour former ce tableau, nous avons profité des mesures prises par M. Clapiès en juillet 1759, et par M. Lespinasse fils, en messidor an 2, et nous les avons rapprochées des apperçus donnés par M. Clausade et par M. Pin.

Les mesures dont il s'agit, ont pour objet d'assigner la largeur, la hauteur et la vîtesse moyenne du courant, et de faire connaître sa portée par le produit de ces nombres. Nous ignorons comment M. Clapiès appréciait la vîtesse; M. Lespinasse la mesurait avec deux corps, l'un flottant, l'autre d'une pesanteur spécifique à-peu-près égale à celle de l'eau, liés entre eux par un fil qui retenait au centre de la section fluide, le corps submergé.

Il serait très-important d'avoir pour le jaugeage des ruisseaux des procédés sinon rigoureux, ce qui paraît impossible, du moins capables de donner, à un grand degré d'approximation, le volume d'eau que peut fournir un courant dans un temps déterminé. Les belles théories qu'ont établies plusieurs hommes célèbres sur l'écoulement des fluides ne sont malheureusement applicables qu'à l'aide d'hypothèses qui, s'éloignant de la vérité, altèrent nécessairement beaucoup l'exactitude des résultats. M. Prony, dans son *Mémoire sur le jaugeage des eaux courantes*, a fait sentir les inconvéniens attachés aux différentes méthodes. Il en propose une, fondée sur la seule expérience, d'où il déduit, au moyen de l'interpolation, une formule générale. Comme cette méthode paraît mériter la plus grande confiance, et se trouve intimement liée au sujet que nous traitons, on nous saura gré de l'exposer ici en peu de mots.

L'auteur choisit une partie du ruisseau dont on puisse prendre commodément plusieurs profils en travers. Au point le plus bas, il établit un barrage avec un pertuis d'écoulement, et au point le plus haut, une vanne disposée de manière qu'on puisse la fermer instantanément. Cette vanne, maintenue à une ouverture fixe demeure levée jusqu'à ce que l'eau ait acquis une hauteur constante ; ce dont il s'assure au moyen de *flotteurs* dont il explique l'emploi, et qui doivent être alors parfaitement stationnaires. Quand cette condition est remplie, on ferme la vanne instantanément, de manière que l'eau s'écoule par le pertuis, sans se renouveler dans le réservoir; et l'on observe alors, à l'aide des flotteurs, les temps correspondans à différens abaissemens de l'eau. Si l'on fait un nombre suffisant de profils en travers, pour déterminer avec exactitude les volumes d'eau qui correspondent à ces différens abaissemens, comme ces volumes sont sensiblement les mêmes que les produits du ruisseau, surtout lorsque les intervalles de temps sont très-petits, et que la distance entre le barrage et le lieu où l'on a établi la vanne est assez grande, il est aisé de voir qu'au moyen de la méthode d'interpolation (1), on obtiendra sans peine le produit du ruisseau.

Revenons à l'objet principal de ce paragraphe, et supposons que le nombre de doubles passages qui doit s'effectuer à chaque écluse dans la période de quarante-huit heures, soit compris entre 0 et 21 inclusivement.

---

(1) Sans entrer dans les détails du calcul, il nous suffira d'indiquer le résultat analytique.

Soient $\tau, 2\tau, 3\tau, \ldots n\tau$ les temps observés en seconde, n indiquant le nombre d'observations,

$q', q'', q''', \ldots q^{(n)}$ les volumes d'eau écoulés,

on aura généralement pour un nombre n d'observations, q étant le volume d'eau fourni par le ruisseau,

$$q = \frac{1}{\tau}\left(nq' - n.\frac{n-1}{2}\frac{q''}{2} + n.\frac{n-1}{2}.\frac{n-2}{3}\frac{q'''}{3} \ldots\ldots\ldots\ldots \right.$$
$$\left. \pm n.\frac{n-1}{2}\ldots\ldots\frac{n-(p-1)}{p}.\frac{q^{(p)}}{p} \mp \&\text{c}. \pm \frac{q^{(n)}}{n}\right);$$

le signe $+$ appartenant aux termes impairs, et le signe $-$ aux termes pairs.

Nous prenons la période de quarante-huit heures, parce que c'est dans cet intervalle que s'effectuent les montées combinées de l'écluse octuple.

Pour trouver la quantité d'eau qui doit couler par seconde au point de partage, voici la marche que nous avons suivie.

Après avoir divisé le Canal en différentes parties marquées par le point de partage et le Canal de Saint-Pierre d'une part, et de l'autre, par le point de partage, la prise de Fresquel, celle d'Orbiel, d'Ognon, de Cesse, d'Orb et d'Hérault, nous nous sommes bornés à considérer les parties comprises entre l'écluse de Montferrand et celle de Garonne, entre l'écluse du Médecin et celle de l'Evêque, entre l'écluse de l'Evêque et celle de Trèbes, entre l'écluse de Trèbes et celle de Pechlaurier, entre l'écluse de Pechlaurier et celle d'Argens, entre l'écluse d'Argens et celle de Fonserane inclusivement. Les autres parties du Canal ont toujours de l'eau en abondance, quelle que soit la fourniture du point de partage.

Nous avons commencé notre examen par le versant de la Garonne, en écrivant dans une même colonne verticale le nom des écluses de ce versant, dans l'ordre de leur distance à celle de Montferrand que nous avions placée en tête, et en mettant à côté du nom de chaque écluse le nombre de litres nécessaires pour faire face, dans une seconde, à la déperdition continuelle des retenues d'aval et de leurs portes de défense.

Nous avons trouvé ces divers nombres de litres, en multipliant la surface du Canal en aval de chaque écluse (suivant que nous supposions la sécheresse portée à son terme extrême ou réduite à son terme moyen), par 12 ou par 7 millimètres, divisant le produit par le nombre des secondes contenues dans la durée du jour, puis ajoutant au quotient 10 litres qui représentent la déperdition d'une porte de défense pendant une seconde.

Cette opération nous a fait connaître, outre la dépense d'eau régulière qui doit avoir lieu à l'écluse de Montferrand pour o double passage depuis ce point jusqu'à l'écluse de Garonne, le volume qui doit se débiter à chaque écluse pour remplacer en aval le déchet des filtrations et de l'évaporation.

Nous avons alors cherché, pour un des nombres ci-dessus désignés de doubles passages, le volume d'eau qu'il fallait ajouter à cette première dépense de l'écluse de Montferrand.

Nous avons obtenu ce volume, en évaluant en litres, au moyen des formules du paragraphe second, la masse d'eau relative au nombre fixé de doubles passages, puis en divisant cette quantité par le nombre de secondes égal à quarante-huit heures, et retranchant du quotient le nombre de litres suffisant pour remplacer en aval le déchet des filtrations et de l'évaporation.

Après avoir inscrit les nombres trouvés de cette manière, dans une même colonne verticale, chacun à côté de l'écluse dont la dépense avait servi à le former, nous avons ajouté le plus considérable à celui que la première opération a donné pour la dépense régulière de l'écluse de Montferrand, afin d'avoir la dépense de la même écluse, relativement au nombre de doubles passages que nous avions choisi pour toute cette partie de la ligne de navigation.

Les résultats de ces opérations sont consignés dans le tableau inséré à la fin de ce chapitre, sous le n° 5, qui comprend en outre des résultats analogues applicables aux différentes parties du Canal depuis l'écluse du Médecin jusqu'à celle d'Argens.

Ces premiers calculs nous ont appris, que le point où la disette d'eau doit se faire sentir d'abord durant l'extrême sécheresse, est pour le versant de la Garonne, l'écluse de Bayard, lorsqu'on se renferme dans la limite de trente-huit doubles passages en quarante-huit heures, et qu'au-delà, ce serait l'écluse de Castanet. Sur le versant de la Méditerranée, le point le plus exposé à l'effet de l'extrême sécheresse pour les diverses parties que nous avons spécifiées, s'est trouvé comme il suit :

1°. *Entre l'écluse du Médecin et celle de l'Évêque :* l'écluse de Foucaud, tant qu'on se borne à douze doubles passages en quarante-huit heures, et passé ce terme, l'écluse de Saint-Roch.

2°. *Entre l'écluse de l'Évêque et celle de Trèbes :* l'écluse de Villedubert, tant qu'on se borne à quatre doubles passages en quarante-huit heures, et passé ce terme, l'écluse de l'Évêque.

3°. *Entre l'écluse de Trèbes et celle de Pechlaurier :* l'écluse d'Ognon, tant qu'on se borne à quatre doubles passages en quarante-huit heures, et passé ce terme, l'écluse de Fonfile.

4°. Enfin *entre l'écluse de Pechlaurier et celle d'Argens :* l'écluse de Pechlaurier.

Nos calculs relatifs à la grande retenue, ont eu pour objet de déterminer sa consommation et d'apprécier le volume qui doit passer à l'écluse d'Argens pour compléter la fourniture de la prise de Cesse : ils ont donné lieu au tableau n° 4.

La consommation de la grande retenue est causée, soit par les filtrations et l'évaporation dont l'effet est augmenté par la déperdition des portes de tête, soit par la manœuvre de la navigation à l'écluse octuple, soit par le service du Canal de Narbonne. Nous avons supposé que le Canal de Narbonne, outre le volume de 10 litres par seconde qui se perd par sa porte de tête, dépense, à cause des filtrations et de l'évaporation, un débit continu de 110 litres par seconde durant la grande sécheresse, de 65 litres durant la sécheresse moyenne, et de plus, autant de fois 16 litres par seconde qu'il s'effectue de doubles passages en quarante-huit heures à l'écluse double de Salelles. Notre supposition s'accorde avec la dépense qu'on attribue ordinairement à ce petit Canal, durant l'extrême sécheresse.

Ces recherches ont été suivies de l'évaluation de la quantité d'eau qui arrive dans les diverses saisons des différentes années, à l'écluse de l'Évêque, et aux écluses de Trèbes, de Pechlaurier et d'Argens, eu égard au mouvement de la navigation sur le versant de la Méditerranée. Le tableau n° 5 présente l'évaluation de cette quantité que nous avons obtenue, en retranchant du nombre de litres qui arrive par seconde à chaque écluse de tête, un volume égal au déchet des filtrations et de l'évaporation dans l'étendue de chaque partie du Canal.

Nous avons remarqué alors, que la partie de la ligne navigable, depuis l'écluse de l'Évêque jusqu'à celle d'Argens, n'éprouve jamais de pénurie, quel que soit le mouvement de la navigation, tant que la branche alimentée par les seules eaux de Naurouse peut suffire à ce mouvement.

Il n'en est pas ainsi de la grande retenue; et sa consommation exige, lorsqu'il tombe peu d'eau dans l'année, que la fourniture nécessaire pour les besoins de la branche supérieure du versant de la Méditerranée, durant l'extrême sécheresse, soit augmentée de 24, 30, 35, 41, 47, 52, 58, 62, 68, 73, 78, 83, 91, 89, 87, 85, 83, 81, 80, 78, 76, litres par seconde, suivant qu'il s'opère 1, 2, 3, etc. ou 21 doubles passages en quarante-huit heures, sur tous les points de ce versant.

Toutefois, lorsque l'année est médiocrement pluvieuse, ou même dans le cas d'une sécheresse moyenne, il se débite à l'écluse d'Argens un superflu qui s'emploie entièrement à des chasses d'eau, soit au débouché du Canal de Narbonne dans la rivière d'Aude, soit au débouché du grand Canal dans la rivière d'Orb. Les tableaux n° 5 et n° 4 mettant à même d'évaluer dans tous les cas ce volume surabondant, nous ne l'avons point rapporté.

Enfin, nous avons reconnu que la quantité d'eau à tirer du point de partage dans les années stériles, durant l'extrême sécheresse, est, pour tout le versant oriental, de 203, *idem*, 207, 236, 265, 295, 324, 354, 382, 411, 440, 469, 498, 527, 556, 585, 614, 643, 672, 702, 731, 760 litres par seconde, suivant que le mouvement de la navigation est de 0, 1, 2, 3, 4, etc. 21 doubles passages en quarante-huit heures, sur ce versant.

Dans toute autre circonstance que celle d'une extrême sécheresse et d'une année stérile, le volume d'eau à délivrer au versant oriental, n'excède pas la fourniture de la branche qui se termine à l'écluse de l'Évêque.

En rapprochant ces deux résultats de celui que nous avons trouvé pour le versant occidental, et comptant le déchet des filtrations et de l'évaporation dans la retenue du Médecin, à raison de 13 litres par seconde durant l'extrême sécheresse, et de 8 litres durant la sécheresse moyenne, on pourra toujours répartir dans la juste proportion des besoins la masse fluide débitée à Naurouse.

C'est à l'aide des mêmes résultats que nous avons évalué le volume d'eau qui doit arriver annuellement à Naurouse, en supposant le mouvement de la navigation lent, modéré ou très-rapide.

Pour cela, nous sommes partis de ce principe, qu'on peut compter au plus, durant l'année de navigation, 1280 doubles passages à chaque point de la ligne navigable, lorsque le commerce est très-actif, 1120 lorsqu'il est modéré, et 960 lorsqu'il est réduit à la plus grande lenteur. Cela revient à la quantité moyenne de 8, 7 ou 6 doubles passages tous les deux jours, parce que l'année de navigation est de 320 jours. Nous avons ajouté à ces remarques, que l'extrême sécheresse, qui commence ordinairement vers le premier messidor et finit aux brumes d'automne, pouvait durer jusqu'au premier brumaire, et que le reste de l'année pouvait être regardé comme un temps de sécheresse moyenne. Il s'ensuit que l'année de navigation est composée de quatre-vingts jours de sécheresse extrême, et de deux cent quarante jours de sécheresse moyenne. L'introduction de cette hypothèse, dans le calcul, doit nécessairement conduire à une valeur plus considérable, que celle du volume cherché ; mais ce n'est pas un inconvénient de substituer à la véritable valeur une quantité supérieure, qui en diffère peu.

On voit dans le tableau n° 6, à la fin de ce chapitre, les résultats sommaires de nos opérations. Nous avons réuni dans le même tableau le volume qui se débite à Naurouse pour le remplissage du Canal, et qui s'ajoute à la consommation rigoureuse des 8, 7 ou 6 doubles passages en quarante-huit heures, répétée quarante fois durant l'extrême sécheresse, et cent vingt fois durant la sécheresse moyenne, consommation exclusivement applicable au mouvement commercial.

Nous avons calculé le volume nécessaire pour le remplissage, d'après l'hypothèse que le vide à remplir par les eaux de Naurouse, est égal aux deux tiers de la capacité de la voie d'eau, depuis l'écluse de Garonne jusqu'à l'écluse de Notre-Dame, plus les deux tiers de la voie d'eau du Canal de Narbonne, moins le volume fourni par les prises de Fresquel, Orbiel, Ognon et Cesse, pendant la durée du remplissage, c'est-à-dire, pendant dix jours d'extrême sécheresse. Nous n'avons pas manqué d'ajouter à la mesure de ce vide une quantité égale au déchet des filtrations et de l'évaporation pendant les dix jours de remplissage. Les profils des voies d'eau du grand Canal et du

Canal de Narbonne devant entrer dans nos calculs, nous leur avons donné la valeur constante de 30 mètres carrés. Nous avons supposé, en outre, que la longueur du vide à remplir dans le Canal de Narbonne, était de 3900 mètres.

Il y a une troisième dépense dont nous n'avons pas fait mention dans le tableau n° 6, parce qu'elle ne peut être établie que sur l'excédent des eaux nécessaires à la navigation; nous voulons parler du volume qui remédie aux fausses manœuvres, et qui coule au profit des moulins. Il en sera question dans le paragraphe suivant. Nous dirons par anticipation, que le travail moyen des moulins paraît être de 9 à 10 heures par jour, pendant lesquelles deux meules sont continuellement en jeu, et dépensent ensemble 535 litres par seconde.

On ne trouve des moulins qu'aux écluses suivantes, savoir : des Minimes, de Matabiou, de Bayard, de Castanet, de Saint-Roch et de Trèbes. Chacune de leurs meules donne de 15 à 17 myriagrammes de farine par heure.

La nature des considérations que nous avons employées dans nos calculs, nous porte à croire que nous avons obtenu, avec une précision à laquelle on n'était pas encore arrivé, le volume d'eau nécessaire à Naurouse pour les besoins annuels du Canal. Nous trouvons dans cette évaluation, la preuve que le bassin de Lampy, qui fut construit à l'occasion du Canal de Narbonne, rend beaucoup plus d'eau à Naurouse, que dans les années les plus sèches il n'en faut tirer du point de partage, pour le surcroît de dépense causé par cet embranchement de la grande retenue. En effet, le *maximum* de cette dépense s'obtient, d'après le tableau n° 6, en retranchant de la consommation du versant oriental relative au mouvement commercial, le plus rapide pendant les années sèches, la consommation du même versant, lorsque la navigation est active pendant les années médiocrement ou abondamment pluvieuses. On voit donc que cette dépense se monte au plus à 713,664 mètres cubes, tandis que le bassin de Lampy, dont la capacité est d'environ 2,665,000 mètres cubes, rend au moins à Naurouse les neuf dixièmes de ce volume, c'est-à-dire, plus de trois fois un tiers l'excédent qu'exige le Canal de Narbonne.

§. IV.

Du produit des sources de la montagne, et du volume qu'on peut retirer du Canal pour l'employer à des usages particuliers.

Nous nous proposons, dans ce paragraphe, d'évaluer le volume d'eau qui arrive annuellement à Naurouse, de le comparer à celui qu'exige le mouvement du commerce, de distinguer les quantités fournies par la rigole de la montagne et par celle de la plaine, d'apprécier la quantité d'eau qui se perd annuellement dans ces deux rigoles, et de l'ajouter à la masse perdue par les réservoirs : nous chercherons ensuite le volume qu'on peut retirer du Canal, pour l'employer à des usages particuliers.

Trois choses influent sur le volume qui arrive annuellement à Naurouse; la projection horizontale et la nature des terres qui versent leurs eaux dans les réservoirs et rigoles, et la quantité de pluie que reçoivent ces terres.

Leur projection horizontale est connue par apperçu ; on l'évalue à 6080 hectares.

Pour s'assurer de la quantité de pluie qui tombe annuellement sur ces terres, ou plutôt sur l'étendue superficielle qui borde le Canal et ses dépendances, on a établi des udomètres à Saint-Ferréol, Toulouse, Trèbes et Béziers. Ces udomètres ne sont autre chose, que des entonnoirs qui reçoivent la pluie sur une aire de 11 à 12 décimètres carrés : ils la portent dans un petit récipient gradué, qui fait connaître à chaque fois le volume d'eau tombé sur leur ouverture supérieure ; et ce volume, divisé par la mesure de l'ouverture, donne la hauteur du prisme d'eau fourni par chaque pluie.

En ajoutant les hauteurs trouvées de cette manière pour une année entière, on obtient celle d'un prisme d'eau équivalent aux prismes fournis par toutes les pluies d'une année ; et cette suite d'opérations, répétée pendant une série d'années pour un même canton, fait connaître la quantité de pluie qu'il reçoit annuellement.

Le tableau ci-dessous présente le résultat des observations que nous avons pu nous procurer.

De la quantité d'eau qui tombe annuellement sur l'étendue superficielle, correspondante au Canal et à ses dépendances.

INDICATION DES LIEUX où l'on a fait des observations.	HAUTEURS, en millimètres, des prismes équivalant aux volumes observés durant chaque année.				
	Années extraordinairement sèches.	Années stérilement ordinaires.	Années médiocrement pluvieuses.	Années humides ordinaires.	Années extrêmement humides.
Saint-Ferréol........	514	541	677	812	947
Toulouse............	406	541	677	812	866
Trèbes.............	524	558	697	836	1083
Béziers.............	226	353	440	530	677

On peut remarquer, à l'inspection de ce tableau, que pour tous les points de la superficie qui borde le Canal et ses dépendances, le produit des années humides surpasse d'un tiers environ la quantité d'eau qui tombe pendant les années stériles ordinaires.

Cette proportion s'accorde assez avec le rapport connu du nombre de jours de pluie des différentes années, relativement aux divers cantons. Sur la montagne Noire, où des personnes attachées au Canal notent les météores qui arrivent journellement, on a compté, dans les années stériles ordinaires, 88 jours de pluie, et 125 dans les années humides.

Parmi les observations que nous venons de rapporter, celles de Saint-Ferréol sont seules directement applicables à la superficie qui a sa pente vers les rigoles et réservoirs; mais au défaut d'un nombre suffisant de résultats pareils, on peut, sans exagération, prendre pour terme moyen de la hauteur d'eau qui tombe annuellement sur le terrain qui alimente les rigoles, les nombres fournis par les observations de Trèbes.

Cela posé, la portion d'eau qui revient annuellement aux terrains tributaires des rigoles et réservoirs, se trouve, en multipliant la projection horizontale de ces terrains par les nombres cités; et voici en mètres cubes la mesure de cette quantité :

Années extraordinairement sèches . . . . 31,859,200 mèt. cub.
Années stériles ordinaires 33,926,400
Années médiocrement pluvieuses 42,377,600
Années humides 50,828,800
Années excessivement humides 65,846,400

Ces volumes diminués de leur tiers, expriment assez bien, comme l'expérience l'a prouvé, la quantité d'eau qui arrive annuellement à Naurouse, ou qui pourrait y arriver, si l'on n'avait l'attention de rejeter hors du lit des rigoles, les eaux surabondantes que produit trop souvent la chute irrégulière des pluies.

Ayant ainsi déterminé la fourniture annuelle des sources de

la montagne, si l'on compare à la masse fluide qui arrive ou qui peut arriver à Naurouse, la quantité d'eau qu'exige le mouvement du commerce, soit dans les années sèches, soit dans les années médiocrement ou abondamment pluvieuses, on verra que le débit des sources est toujours supérieur aux besoins de la navigation, puisqu'on trouve les différences suivantes :

	NAVIGATION LENTE.	NAVIGATION MODÉRÉE.	NAVIGATION ACTIVE.
	mèt. cubes.	mèt. cubes.	mèt. cubes.
Années extraordinairement sèches........	5,090,814	3,943,422	2,796,030
Années stériles ordinaires	6,468,947	5,321,555	4,174,163
Années médiocrement pluvieuses	12,747,625	11,641,705	10,521,961
Années humides	18,381,758	17,275,838	16,156,094
Années excessivement humides...........	28,393,491	27,287,571	26,167,827

Il est vrai que ces différences n'arrivent complètement à Naurouse, que dans les années peu communes, où les pluies sont modérées, et tombent à des intervalles convenables. Alors les volumes que nous venons d'assigner, coulent durant les trois cent vingt jours de navigation, sur les deux versans du Canal, moitié vers la Garonne et moitié vers la Méditerranée, remplacent les pertes causées par les fausses manœuvres, et mettent les deux meules de chaque moulin en jeu pendant un nombre d'heures, dont le tableau ci-dessous présente pour chaque jour le terme moyen.

	NAVIGATION LENTE.		NAVIGATION MODÉRÉE.		NAVIGATION ACTIVE.	
	h.	min.	h.	min.	h.	min.
Années extraordinairement sèches.........	4	7	3	12	2	16
Années stériles ordinaires	5	14	4	19	3	23
Années médiocrement pluvieuses	10	20	9	26	8	32
Années humides	14	54	14	00	13	6
Années excessivement humides...........	23	2	22	8	21	13

Il serait difficile d'évaluer exactement la portion de ces volumes qui se perd année commune ; mais afin de mettre le lecteur à même de s'en former une idée, nous allons exposer la manière dont les pluies se succèdent dans l'année.

Il pleut abondamment vers la fin de l'hiver et durant le printemps : les pluies de cette époque forment la grosse provision et remplissent les réservoirs.

La pénurie se fait sentir, comme nous l'avons déjà dit, vers le premier messidor, et continue jusqu'au premier brumaire.

Pour soutenir la navigation depuis le premier messidor jusqu'au 20 thermidor, époque du chômage, il faut joindre aux eaux naturelles, un complément que l'on tire des réservoirs. L'usage introduit à cet effet par M. Clausade, est de baisser d'abord le réservoir de Saint-Ferréol d'environ deux mètres, pour le remplir ensuite, en y introduisant à grand volume les eaux du réservoir de Lampy. Cette manœuvre a le double avantage de prévenir les pertes d'eau, qui résulteraient d'écoulemens à petit flot dans la rigole de la montagne, et de réduire à la seule surface du réservoir de Saint-Ferréol le déchet de l'évaporation. On a d'ailleurs l'attention de régler le débit de Saint-Ferréol, de manière que le volume qui part de ce point pour couler à Naurouse pendant le jour, soit proportionné aux besoins connus de la navigation, et que le volume qui doit couler à Naurouse pendant la nuit, suffise au simple entretien des retenues.

Comme les eaux emploient 12 à 14 heures pour se rendre de Saint-Ferréol à Naurouse, on donne pendant la nuit à Saint-Ferréol le volume qui doit arriver pendant le jour au point de partage, et réciproquement. Le rapport entre les deux volumes de la nuit et du jour, varie à raison du volume des eaux naturelles qu'il suffit de compléter, et des besoins de la navigation

DU CANAL DU MIDI.

auxquels il faut satisfaire; mais dans l'état ordinaire, un robinet donné pendant le jour à Saint-Ferréol, suffit, avec les eaux naturelles, pour entretenir les retenues du Canal pendant la nuit; deux robinets, et quelquefois trois sont nécessaires, pour fournir avec les eaux naturelles, aux besoins de la navigation pendant le jour.

Les pluies qui surviennent dans l'intervalle du chômage, forment la seconde provision, et rétablissent les réserves en tout ou en partie : d'un autre côté, elles raniment les sources; et il arrive ordinairement que les eaux naturelles, jointes à celles des réservoirs, suffisent pour le remplissage du Canal et pour son entretien, jusqu'au retour des brumes d'automne.

Passé le premier brumaire, les pluies sont assez abondantes, pour que la navigation puisse être alimentée par les seules eaux naturelles. Alors les réservoirs sont tout-à-fait vidés; et l'on travaille sans relâche à leur réparation, jusqu'à ce qu'ils soient en état de recevoir les eaux; on introduit dans celui de Lampy les premières eaux de réserve.

Une nouvelle pénurie se fait sentir au cœur de l'hiver, à cause des gelées qui concourent à diminuer le volume des sources. La navigation se rallentit par suite de cet effet; et si les glaces viennent à s'étendre sur la ligne qu'elle parcourt, elle reste tout-à-fait suspendue.

Telle est la marche constante des pluies. Dans les cas les plus défavorables, les pluies de l'hiver et celles du printemps ne sont pas assez fortes, pour remplir en entier les réservoirs; et l'on a vu des années où le complément à prendre sur les réserves, pour soutenir la navigation depuis le premier messidor jusqu'au chômage, a épuisé tout ce qu'avait pu conserver le bassin de Lampy, et réduit la réserve de Saint-Ferréol au repaire de 26 mètres, qui ne laisse plus que les trois cinquièmes de son contenu total. En pareil cas, s'il ne pleut pas assez pendant le chômage pour rétablir les réserves, il arrive, comme en octobre 1784, que le remplissage du Canal est impossible jusqu'au retour des grandes pluies, parce que la partie inférieure du bassin de Saint-Ferréol ne peut se vider assez vîte par la petite ouverture des robinets. Hors ces cas extraordinaires, la pénurie des eaux ne va guère jusqu'au point d'arrêter la navigation.

Les deux années qui viennent de s'écouler peuvent être mises au nombre des plus sèches. On n'a point suspendu la marche du bateau de poste; et l'on a évité de réunir les barques en convoi. La réunion des barques paraît nuisible dans l'état de disette, puisqu'elle occasionne une plus grande consommation d'eau, sur la même étendue et dans le même temps : au lieu qu'en isolant les barques, et les tenant disséminées sur la longueur du Canal, non-seulement elles profitent complètement de leurs dépenses respectives, mais encore elles se bornent à une consommation proportionnée à l'affluence des sources. Une simple règle suffit pour établir l'équilibre entre le mouvement commercial et la fourniture de la tête d'eau ; c'est qu'aucune barque ne soit admise au passage d'une écluse, qu'autant que les retenues conservent leurs eaux entre le *maximum* et le *minimum* des repaires déterminés. Cette mesure a été mise en usage pendant les années XI et XII : et en conséquence le mouvement commercial a été ralenti, toutes les fois que le volume des eaux s'est trouvé au-dessous de l'exigence momentanée de la navigation ; mais en dernier résultat, le retard dans le mouvement de la masse totale du commerce a été peu considérable. Cette année, la pénurie s'est fait sentir depuis le 14 vendémiaire jusqu'en pluviose : cependant le produit des droits de navigation, durant cette crise, a été de beaucoup supérieur au produit moyen; et il est de fait, que pendant un seul mois, le Canal a été parcouru, d'un bout à l'autre, par une masse de plus de 979000 myriagrammes; ce qui n'a pas exigé plus de 412 litres d'eau par seconde, pour le terme moyen des variations journalières du débit de Naurouse.

Les détails dans lesquels nous venons d'entrer, ne sont pas seulement propres à donner une idée de la masse fluide, que le Canal reçoit au-delà de ses besoins, et qui coule au profit des moulins; ils ont encore l'avantage d'appuyer nos calculs sur le volume qui arrive à Naurouse, en montrant que notre évaluation n'est point démentie par l'expérience.

Il s'agit maintenant de distinguer dans ce volume, la partie fournie par la rigole de la montagne, et celle que verse la rigole de la plaine, qui est la moins abondante.

Des mesures fréquentes, prises en amont des Thomases sur les deux rigoles, ont démontré que leurs portées moyennes, calculées sur les trois cent vingt jours de navigation, sont entre elles dans le rapport de 1572 : 1000.

Ignorant quel est le volume qu'il faut retrancher de la masse totale arrivée à Naurouse, pour avoir le produit des deux rigoles pendant l'année de navigation, nous avons supposé qu'il était égal à la somme des capacités des deux réservoirs, c'est-à-dire, à 9,621,000 mètres cubes. Nous avons ensuite partagé le résidu en deux parties proportionnelles aux nombres 1572 et 1000, persuadés que l'une représentait, d'une manière assez approchée, la fourniture de la rigole de la montagne, et l'autre, celle de la rigole de la plaine.

L'hypothèse qui a servi de base à notre évaluation, n'est pas tout-à-fait gratuite, puisqu'elle conduit à des résultats que l'expérience a souvent confirmés ; les voici :

Mesure en litres, et par seconde, de la portée moyenne des rigoles, déduite des trois cent vingt jours de navigation.

DESIGNATION DES ANNÉES.	RIGOLE de LA MONTAGNE.	RIGOLE de LA PLAINE.
	lit.	lit.
Années extraordinairement sèches............	256 , 9	163 , 3
Années stériles ordinaires	287 , 4	182 , 7
Années médiocrement pluvieuses............	412 , 0	261 , 9
Années humides	536 , 5	341 , 1
Années excessivement humides.............	757 , 9	481 , 9

Nous avons, pour évaluer la perte d'eau qui se fait annuellement dans les rigoles, quelques observations de M. Pin.

Dans un des jours du mois d'octobre 1786, cet ingénieur, ayant mesuré, en plusieurs endroits, la portée des deux rigoles, a fait les remarques suivantes.

Le prisme d'eau qui coulait par seconde sur la maçonnerie de Conquet, et qui avait 325 millimètres de hauteur, équivalait à 926 litres : celui qui coulait dans le même temps sur la maçonnerie des Campmazes, avait 271 millimètres de hauteur, et un volume de 907 litres ; et celui qui coulait sur l'éperon de Laudot, et qui avait 325 millimètres de hauteur, contenait un volume de 833 litres.

Nous observerons en passant, qu'il y a, entre la hauteur des eaux qui se succèdent sur l'éperon de Laudot, et le volume de celles qui arrivent à Naurouse, dans l'espace de vingt-quatre heures, la relation suivante : Lorsque cette hauteur est de 271 millimètres ou de 325, la fourniture journalière du Canal est de 3 ou 4 trous pour chaque versant.

DU CANAL DU MIDI.

Pendant que M. Pin opérait sur les rigoles, il se débitait au sommet du Canal quatre trous à chaque versant, c'est-à-dire, 820 litres par seconde, à cause de la déperdition des portes de tête de la retenue du Médecin. Si l'on ajoute à ce débit le déchet des filtrations et de l'évaporation dans la même retenue, qui pouvait aller à huit litres par seconde, on verra que le volume, qui passait sur le débouché de la rigole de la plaine, était de 828 litres, par seconde.

M. Pin observe que, le jour où il mesura la portée des rigoles, l'évaporation était presque nulle; d'où il suit que la perte qu'éprouvait le volume d'eau, à mesure qu'il s'éloignait des sources, provenait uniquement des filtrations.

Pour mettre à profit les données qui résultent de ces faits, nous avons supposé que toutes les parties de la rigole de la montagne étaient d'une égale perméabilité. Cette hypothèse permet de comparer le déchet des filtrations, depuis la prise d'Alzau jusqu'aux Thomases, à la perte que le volume d'eau, suivant les calculs de M. Pin, éprouvait dans l'intervalle compris entre le saut des Campmazes et la maçonnerie de Conquet. Le rapport de ces deux volumes se trouve, en prenant, dans le chapitre XI, la longueur de la rigole de la montagne, et la distance de la maçonnerie de Conquet au saut des Campmazes, puis divisant ces deux quantités l'une par l'autre; une simple multiplication fait connaître ensuite que le déchet des filtrations, depuis la prise d'Alzau jusqu'aux Thomases, est de 104 litres par seconde. Nous avons pris ce terme pour une des bases de notre évaluation.

Les deux dernières observations de M. Pin donnent immédiatement le déchet des filtrations dans la rigole de la plaine, depuis les Thomases jusqu'à Naurouse, et par analogie, depuis le pont Crouzet jusqu'aux Thomases. La consommation sur toute l'étendue de cette rigole est d'environ sept litres par seconde.

D'après ces apperçus, on peut facilement évaluer le volume d'eau, que les filtrations absorbent dans les deux rigoles ; il se monte annuellement à 3,500,496 mètres cubes.

Le prisme d'eau, enlevé par l'évaporation sur les mêmes rigoles, n'atteint guère dans un an la hauteur de 758 millimètres ; car c'est le terme auquel s'arrête l'évaporation de l'eau, dans les cantons plus chauds que traverse la ligne navigable entre Toulouse et Trèbes. Nous avons cependant donné toute cette hauteur à ce prisme, quoiqu'elle paraisse un peu exagérée ; et nous avons trouvé que son volume était seulement de 201,717 mètres cubes, parce que la surface réunie des deux rigoles n'est que de 266,118 mètres carrés.

En rapprochant les déchets que nous venons de calculer, on verra qu'il se perd annuellement, dans les deux rigoles, une masse d'eau équivalente à 3,702,213 mètres cubes.

Quant à la perte qui se fait dans les réservoirs, nous n'avons d'autre moyen de l'apprécier, que de l'assimiler à celle qu'éprouvent les retenues du Canal, dans les temps d'extrême sécheresse, et qui tend à baisser leur niveau de 12 millimètres en vingt-quatre heures. La surface du réservoir de Saint-Ferréol est de 6491 ares, et celle du réservoir de Lampy peut aller à 2200 ares ; total, 8691 ares, qui, multipliés par 12 millimètres, donnent 10,429,200 litres de déchet par jour ; et ce volume, répété environ 335 fois, représente à-peu-près le déchet d'une année ; qui se porte, par apperçu, à 3,493,782 mètres cubes.

Si l'on ajoute ce déchet à la perte qui se fait, soit par filtration, soit par évaporation dans les rigoles, on trouvera une somme de 7,195,995 mètres cubes.

Nous avons successivement parcouru les questions que nous

nous étions proposées sur le produit des sources de la montagne; nous allons maintenant chercher à déterminer le volume d'eau qu'on peut, pour l'employer à des usages particuliers, retirer du Canal.

Nous avons vu au commencement de ce paragraphe, que les eaux qui arrivent à Naurouse, ne sont jamais trop abondantes pour le service des moulins : il s'ensuit qu'aucune distribution d'eau ne peut être faite au point de partage, sans nuire à ce service.

Sur le versant occidental, les moulins sont établis vers le seuil du Canal; on ne peut donc encore se permettre aucune distribution d'eau dans toute l'étendue de ce versant.

Le premier moulin qu'on rencontre sur le versant oriental, est celui de Saint-Roch ; jusques-là toute distribution est impossible.

Passé ce point, le seul moulin qui reste, est celui de Trèbes, qui se trouve suffisamment pourvu par les prises réunies de Fresquel et d'Orbiel. On peut donc détourner depuis l'écluse de Saint-Roch, et employer à des usages particuliers toutes les eaux surabondantes à la navigation.

Pour apprécier le volume de ces eaux, nous ferons abstraction de la pénurie qui se fait sentir au cœur de l'hiver, et nous distinguerons deux époques dans l'année de navigation : la première comprendra les mois de ventose et de germinal, et ceux de brumaire, frimaire, nivose et pluviose ; la seconde s'étendra depuis le premier floréal jusqu'au chômage.

Pendant la première époque, les eaux surabondantes à la navigation sont si volumineuses, qu'elles équivalent au débit continuel d'un demi-empèlement.

Pendant la seconde, il ne serait pas possible de fournir, pour des usages particuliers, la moindre portion d'eau, si l'on ne s'imposait la condition de rendre à la grande retenue le même volume, qu'on aurait soustrait du Canal et pris sur les réserves.

En satisfaisant à cette condition, on sera le maître de détourner du Canal, passé l'écluse de Saint-Roch, et d'employer à des usages particuliers, durant les mois de floréal, prairial et messidor, et pendant les vingt premiers jours de thermidor, une quantité d'eau égale à celle qu'exige l'augmentation de dépense, occasionnée par le Canal de Narbonne dans les années les plus défavorables, et qui s'ajoute à la consommation annuelle ordinaire du versant oriental.

Cette quantité, que nous avons calculée dans le paragraphe précédent, et qui se monte à 713664 mètres cubes, équivaut à 132 *canons d'eau* de 34 litres par minute chacun (1).

Tel est le débit continuel qu'on peut enlever journellement au Canal passé l'écluse de Saint-Roch, en s'imposant la condition de fournir à la retenue de Fonserane un débit presqu'égal dans les mois de floréal, prairial, messidor et thermidor. Le même débit ne pourrait avoir lieu en amont de l'écluse de Saint-Roch, sans compromettre le service de la navigation ou celui des moulins; tout autre débit plus considérable ne pourrait avoir lieu constamment en aval, sans produire le même inconvénient.

Nota. Ayant déjà indiqué dans le cours de ce chapitre la méthode proposée par M. Prony, pour le jaugeage des eaux courantes, je pense qu'on verra ici avec intérêt les formules suivantes que ce savant a bien voulu me communiquer.

---

(1) On verra dans le chapitre VII, pourquoi nous avons considéré le débit continuel de 34 litres par minute, désigné sous le nom de *canon d'eau*.

DU CANAL DU MIDI.

Formule qui exprime les relations générales entre la longueur d'un tuyau, sa pente, son diamètre, les charges d'eau sur l'une et l'autre de ses extrémités, et la vitesse de l'eau dans ce tuyau, établie sur un très-grand nombre d'expériences, et extraite des Recherches physico-mathématiques sur la théorie des courans d'eau de R. Prony. (Ouvrage sous presse.)

Vitesse de l'eau dans le tuyau = ... U
Longueur du tuyau = ... λ
Diamètre du tuyau = ... D
Charge d'eau sur le centre de l'orifice supérieur = ... h'
Différence de niveau entre le centre de l'orifice supérieur et celui de l'orifice inférieur = ... ζ
Charge d'eau sur l'orifice inférieur = ... h''
Force accélératrice de la pesanteur = ... $g = 9^{\text{mét.}}, 80879.$

Soient
$$\frac{h' + \zeta - h''}{\lambda} = j$$
$$a = 0{,}00017$$
$$c = 0{,}003416,$$

on aura l'équation
$$a\,U + c\,U^2 = \tfrac{1}{4} g\,D j.$$

L'unité linéaire est le mètre.
L'unité de temps est l'ancienne seconde, ou le $\frac{1}{86400}$ du jour.

Nota. Lorsque l'orifice inférieur dégorge dans l'air, on fait $h'' = 0$, et $j = \frac{h' + \zeta}{\lambda}$.
Si le tuyau a ses deux orifices de niveau, on a $\zeta = 0$.

Formule qui exprime les relations générales entre la longueur d'un canal découvert, sa pente (supposée uniforme), sa section transversale, le périmètre de cette section et la vitesse de l'eau qui coule dans ce canal, établie sur un grand nombre d'expériences et extraite de l'ouvrage de M. Prony, cité ci-dessus.

Longueur d'une partie du Canal dont la pente est uniforme, et la section transversale constante .... λ
Pente totale, sur la longueur λ .... ζ

Aire de la section transversale . . . . ω

Longueur de la partie du périmètre de ω sur laquelle le fluide est en contact avec la paroi du lit . . . . χ

Force accélératrice de la pesanteur . . . . $g = 9^{\text{mèt.}}, 80879$

Vîtesse moyenne, ou vîtesse qui, multipliée par l'aire ω, donne le produit par seconde . . . . U

(Cette vîtesse est moindre que celle à la surface.)

Soient

$$\frac{\omega}{\chi} = R$$

$$\frac{\zeta}{\lambda} = I$$

$$a = 0{,}000436$$
$$c = 0{,}003034,$$

on a l'équation

$$a\,U + c\,U^2 = g\,R\,I.$$

L'unité linéaire et celle du temps, comme ci-dessus.

On trouvera dans l'ouvrage de M. Prony, plusieurs tables pour faciliter l'usage de ces formules.

TABLEAU N° I.

Expériences sur le débit des empèlemens.

INDICATION DES EMPELEMENS.		AIRES des ORIFICES.	HAUTEUR constante de l'eau au-dessus du centre de gravité des orifices.	DÉPENSE effective par seconde en litres.	DÉPENSE théorique par seconde en litres.	RAPPORT de la dép. effective à la dépense théorique.
PORTES DE TÊTE.	PORTES SECONDES.					
1°. Débit d'un seul empèlement.							
Écl. des Minimes	....	m. 0,62.46.82	m. 1,895	2261	3807	0,5940
— de Matabiou	....	0,62.39.44	1,976	2413	3883	0,6215
— Bayard..	....	0,62.46.82	1,949	2377	3861	0,6157
— Villaudy.	....	0,53.42.13	1,354	2338	2752	0,8494
— l'Évêque, (côté droit)...	....	0,63.39.06	2,021	2623	3990	0,6574
			1,904	2498	3873	0,6450
Id. (côté gauche)	....	0,63.60.19	»	»	»	»
Résultats moyens	....	0,61.29.08	1,850	»	»	0,6638
	Éclus. de Bayard.	0,62.46.82	4,141	3643	5628	0,6473
	— Lalande	0,63.97.65	4,436	4114	5966	0,6896
	— Trèbes..	0,53.34.80	3,925	3379	4679	0,7221
	Résultats moyens	»	4,167	»	»	0,6863
2°. Débit simultané de deux empèlemens voisins.							
Écl. des Minimes	....	1,24.93.64	1,895	4005	7614	0,5259
— de Matabiou	....	1,24.78.88	1,976	4312	7766	0,5552
— Bayard..	....	1,24.93.64	1,949	4278	7722	0,5541
Écl. de l'Évêque	....	1,26.99.25	2,037	4561	8024	0,5684
			1,914	4464	7778	0,7739
Résultat moyen..	....	»	»	»	»	0,5955

TABLEAU N° II.

Expériences sur le débit des trous d'empèlement et des meules d'eau.

INDICATION DES EMPELEMENS.		AIRES des ORIFICES.	HAUTEUR constante de l'eau au-dessus du centre de gravité des orifices.	DÉPENSE effective par seconde en litres.	DÉPENSE théorique par seconde en litres.	RAPPORT de la dépense effective à la dépense théorique.
PORTES DE TÊTE.	PORTES SECONDES.					
1°. Débit de trous d'empèlement.						
Bayard (3 trous)	....	0,09.88.95	1,812	303	589	0,5145
Idem (4 trous)..	....	0,13.17.74	1,799	400	783	0,5112
	Écluse de Trèbes (5 ½ trous)...	0,15.79.18	4,185	1154	1430	0,8067
	Idem (11 ½ trous)	0,31.80.28	4,117	2126	2857	0,7443
2°. Débit d'une seule meule.						
Moulin de		0,02.56.53	2,924	191	194	0,9849
Moulin haut de Naurouse (coursier à droite)		0,03.80.93	»	»	»	»
Idem (coursier à gauche)		0,04.06.26	»	»	»	»
Moulin haut de S. Roch (coursier à droite)		0,04.44.98	»	»	»	»
Idem (coursier à gauche)		0,04.20.60	»	»	»	»
Moulin de Trèbes		0,02.56.47	2,924	192	194	0,9867
Résultats moyens		0,03.60.96	»	»	»	0,9858
3°. Débit simultané de deux meules voisines.						
Moulin de		0,05.13.06	2,924	378	388	0,9740
Moulin de Trèbes		0,05.12.94	2,924	379 / 380	388	0,9765 / 0,9792
Résultat moyen		»	»	»	»	0,9766

Nota. Les aires dont il est tenu compte dans le débit des meules, ne sont autre chose que les pertuis de sortie des coursiers.

TABLEAU N° III.

De la quantité d'eau nécessaire pour le service particulier des différentes branches du Canal.

COLLECTIONS de DOUBLES PASSAGES à effectuer en 48 heures.	MESURE en litres et par seconde du volume correspondant que doivent débiter les écluses de tête des parties ci-dessous spécifiées.								
	De l'écluse de Montferrand à celle de Garonne excluse.		De l'écluse du Médecin à celle de l'Evêque.		De l'écluse de l'Evêque à celle de Trèbes.		De l'écluse de Trèbes à celle de Pechlaurier.		De l'écluse de Pechlaurier à celle d'Argens.	
	Grande sécher.	Moyenne sécher.	Grande sécher.	Moyenne sécher.	Grande sécher.	Moyenne sécher.	Grande sécher.	Moyenne sécher.	Grande sécher.	Moyenne sécher.
0	146	90	153	94	25	19	96	60	17	14
1	155	101	154	104	25	20	108	75	26	23
2	170	116	177	128	30	29	126	93	42	39
3	185	131	201	152	39	38	145	112	58	55
4	201	147	224	176	47	47	162	143	74	73
5	216	162	248	199	57	57	186	171	89	86
6	231	177	272	223	66	66	214	199	105	102
7	247	193	296	247	75	75	242	227	121	118
8	262	208	320	273	84	84	271	256	137	134
9	277	223	343	304	94	94	299	284	153	150
10	293	239	367	335	103	103	327	312	169	166
11	308	254	391	366	112	112	355	340	184	181
12	324	270	415	397	121	121	384	369	200	197
13	339	285	436	428	131	131	412	397	216	213
14	354	300	467	459	140	140	440	425	232	229
15	370	316	498	490	149	149	469	454	248	245
16	385	331	529	521	158	158	497	482	263	260
17	400	347	560	552	168	168	525	510	279	276
18	416	362	591	583	177	177	553	538	295	292
19	431	377	622	614	186	186	582	567	311	308
20	447	393	653	645	195	195	610	595	327	324
21	462	409	684	676	205	205	638	623	342	339

HISTOIRE

TABLEAU N° IV.

De la quantité d'eau nécessaire pour le service de la Grande Retenue.

COLLECTIONS de DOUBLES PASSAGES à effectuer en 48 heures.	CONSOMMATION de la grande retenue pendant une seconde, exprimée en litres.			MESURE en litres et par seconde, du volume nécessaire pour compléter la fourniture de la prise de Cesse.			
	FILTRATIONS et évaporation.	DÉPENSE de l'écluse de Fonserane.	DÉPENSE du Canal de Narbonne.	ANNÉES sèches		ANNÉES médiocrement pluvieuses.	
	Grande sécher. / Moyenne sécher.	Grande sécher. / Moyenne sécher.		Grande sécher.	Moyenne sécher.	Grande sécher.	Moyenne sécher.
0		10	120	75	182	»	22	»
1		69	136	91	257	1	97	»
2		82	152	107	286	30	126	»
3		95	168	123	315	59	155	»
4		108	184	139	344	88	184	»
5		122	200	155	374	108	214	»
6		135	216	171	403	147	243	»
7		148	232	187	432	175	272	»
8		161	248	203	461	205	301	»
9		174	264	219	490	234	330	14
10		187	280	235	519	263	359	43
11	292 / 171	200	296	251	548	292	388	72
12		213	312	267	577	321	417	101
13		226	328	283	606	350	446	130
14		239	344	299	635	379	475	159
15		252	360	315	664	408	504	188
16		265	376	331	693	437	533	217
17		278	392	347	722	465	562	245
18		291	408	363	751	495	591	275
19		305	424	379	781	525	621	305
20		318	440	395	810	554	650	334
21		331	456	411	839	583	679	363

DU CANAL DU MIDI.

TABLEAU N° V.

De la quantité d'eau qui peut arriver aux écluses de tête des différentes parties du versant oriental.

COLLECTIONS de DOUBLES PASSAGES à effectuer en 48 heures.	MESURE en litres et par seconde du volume qui peut arriver pendant les années sèches.								Idem, pendant les années médiocrement pluvieuses.							
	ÉCLUSE de l'Évêque.		ÉCLUSE de Trèbes.		ÉCLUSE de Pechlaurier.		ÉCLUSE d'Argens.		ÉCLUSE de l'Évêque.		ÉCLUSE de Trèbes.		ÉCLUSE de Pechlaurier.		ÉCLUSE d'Argens.	
	Grande sécheresse.	Moyenne sécheresse.	Grande sécheresse.	Moyenne sécheresse.	Grande sécheresse.	Moyenne sécheresse.	Grande sécheresse.	Moyenne sécheresse.	Grande sécheresse.	Moyenne sécheresse.	Grande sécheresse.	Moyenne sécheresse.	Grande sécheresse.	Moyenne sécheresse.	Grande sécheresse.	Moyenne sécheresse.
0	140	270	225	521	139	491	132	487	210	380	495	741	409	721	402	717
1	141	280	326	531	240	501	233	497	211	390	496	751	410	731	403	727
2	164	304	349	555	263	525	256	521	234	414	519	775	433	755	426	751
3	188	328	373	579	287	549	280	545	258	438	543	799	457	779	450	775
4	211	352	396	603	310	573	303	569	281	462	566	823	480	803	473	799
5	235	375	420	626	334	596	327	592	305	485	590	846	504	826	497	822
6	259	399	444	650	358	620	351	616	329	509	614	870	528	850	521	846
7	283	423	467	674	381	644	374	640	353	533	638	894	552	874	545	870
8	307	449	492	700	406	670	399	666	377	559	662	920	576	900	569	896
9	330	480	515	731	429	701	422	697	400	590	685	951	599	931	592	927
10	354	511	539	762	453	732	446	728	424	621	709	982	623	962	616	958
11	378	542	563	793	477	763	470	759	448	652	733	1013	647	993	640	989
12	402	573	587	824	501	794	494	790	472	683	757	1044	671	1024	664	1020
13	423	604	608	855	522	825	515	821	493	714	778	1075	692	1055	685	1051
14	454	635	639	886	553	856	546	852	524	745	808	1106	722	1086	715	1082
15	485	666	670	917	584	887	577	883	555	776	840	1137	754	1117	747	1113
16	516	697	701	948	615	918	608	914	586	807	871	1168	785	1148	778	1144
17	547	728	732	979	646	949	639	945	617	838	902	1199	816	1179	809	1175
18	578	759	763	1010	677	980	670	976	648	869	933	1230	847	1210	840	1206
19	609	790	794	1041	708	1011	701	1007	679	900	964	1261	878	1241	871	1237
20	640	821	825	1072	739	1042	732	1038	710	931	995	1292	909	1272	902	1268
21	671	852	856	1103	770	1073	763	1069	741	962	1026	1323	940	1303	933	1299

TABLEAU N° VI.

De la quantité d'eau nécessaire à Naurouse pour les besoins annuels de la navigation marchande.

DÉSIGNATION des DIVERSES DÉPENSES.	ANNÉES SÈCHES, quelle que soit leur stérilité.			ANNÉES MÉDIOCREMENT PLUVIEUSES, et autres.		
	NAVIGATION LENTE.	NAVIGATION MODÉRÉE.	NAVIGATION ACTIVE.	NAVIGATION LENTE.	NAVIGATION MODÉRÉE.	NAVIGATION ACTIVE.
	mèt. cub.	mèt. cub.	mèt. cub.	mèt. cub.	mèt. cub.	mèt. cub.
Filtration et évaporation de la retenue du Médecin durant l'année de navigation.	255,744	255,744	255,744	255,744	255,744	255,744
Consommation des 6, 7 ou 8 doubles passages en 48 heures sur le versant occidental, répétée 40 fois durant l'extrême sécheresse, et 120 durant la sécheresse moyenne.	5,266,944	5,709,312	6,124,032	5,266,944	5,709,312	6,124,032
Consommation analogue sur le versant oriental.	6,863,616	7,568,640	8,301,312	6,504,192	7,167,744	7,872,768
Remplissage de la retenue du Médecin : volume absorbé par les filtrations et l'évaporation durant le remplissage : déperdition de la porte de tête de l'écluse de Montferrand et du Médecin.	124,679	124,679	124,699	124,679	124,579	124,679
Remplissage du versant occidental : volume absorbé par les filtrations et l'évaporation pendant les dix jours de remplissage.	1,138,856	1,138,856	1,138,856	1,138,856	1,138,856	1,138,856
Remplissage du versant oriental et du Canal de Narbonne : dépense causée par les filtrations et l'évaporation : déperdition de la porte de tête du Canal de Narbonne pendant les dix jours de remplissage.	2,498,814	2,498,814	2,498,814	2,213,694	2,213,694	2,213,694
Quantité d'eau nécessaire à Naurouse pour les besoins annuels de la navigation marchande.	16,148,653	17,296,045	18,443,437	15,504,109	16,610,029	17,729,773

CHAPITRE VI.

Des moyens d'augmenter la masse d'eau qu'on peut admettre dans le Canal du Midi.

C'est un fait constaté par une expérience de dix-sept années, et suffisamment éclairci par les calculs précédens, que les ressources actuelles du Canal se trouvent au-dessus des besoins d'une navigation marchande et active; et que, si parfois, durant l'extrême sécheresse, la pénurie des eaux retarde le mouvement des barques, cette même pénurie n'apporte aucune entrave au mouvement général du commerce.

Mais c'est peu que le Canal reçoive dans les années les plus critiques, assez d'eau pour opérer la circulation des diverses marchandises; il faut encore qu'il soit à même de servir, en cas de guerre, à des transports et à des exportations extraordinaires.

Le bassin de Lampy, dont le commerce retire un avantage sensible, et qui dispense les patrons de modérer leurs chargemens pendant l'extrême sécheresse, ne contient pas, à beaucoup près, le volume nécessaire pour qu'on soit libre de continuer ou d'interrompre la navigation, à l'époque des réparations ordinaires : tout l'effet de ce nouveau réservoir se borne à réduire d'une quinzaine de jours la durée moyenne du chômage, qui était, avant sa construction, d'environ deux mois.

Le ralentissement ou la cessation de la navigation du Canal du Midi, amenés par la pénurie des eaux, pouvant devenir, dans un besoin urgent d'approvisionner les armées ou la province, une calamité publique, il est indispensable de rechercher par quels moyens on augmentera la masse des eaux de ce Canal, afin d'assurer la navigation durant les trois cent soixante-cinq jours de l'année.

Nous examinerons d'abord si, par une meilleure administration des eaux destinées à cet usage, on ne pourrait point remplir le but proposé; ensuite comment on devrait s'y prendre pour en conduire de nouvelles à Naurouse, et enfin, si, dans les parties inférieures au point de partage, on ne trouverait pas des réserves d'eau dont on devrait profiter.

Commençons nos recherches par la rivière de Sor, et observons combien les prises faites sur ses bords consomment d'eau, dont elles privent nécessairement la rigole de la plaine.

Quelques irrigations de peu de conséquence ont lieu en amont du village de Durfort; mais celles à grande eau qui s'opèrent au premier moulin aval, et qui se succèdent près à près dans l'intervalle qui sépare Pont-Crouzet de ce village, sont d'une bien plus grande importance. La déperdition d'eau causée par la nature du terrain des prairies, peut être évaluée, vu la profondeur du sol et son étendue, à plus de 20 litres par seconde, volume que la rivière du Sor porterait de plus à Pont-Crouzet, si les irrigations étaient suspendues. Mais la prise la plus considérable est celle qui a lieu près de Pont-Crouzet même; elle prive la rigole de la plaine d'environ 130 litres par seconde, parce que les eaux qu'elle débite ne peuvent rentrer dans le Sor, qui alimente cette rigole, que sous la chaussée de dérivation : il serait nécessaire de fermer entièrement cette prise.

Le moulin de Lauzy, placé sur la rigole de la plaine, en élève tellement la superficie, qu'elle domine la campagne, ce qui donne lieu à des filtrations et à une prise d'eau. Or en baissant de 65 centimètres le couronnement du déversoir près du moulin, et réduisant ainsi la charge d'eau à 325 centimètres de hauteur, au lieu de 390 qu'elles en ont, les filtrations seraient moins abondantes, et la prise d'eau pourrait être supprimée avec plus de facilité.

Il existe encore, au-dessous de ce moulin, une prise d'eau pour la ville de Revel, qui fournit 47 litres par seconde, ce qui est exorbitant; car les besoins réels pour une ville étant de 22 centilitres par seconde, pour mille habitans, si celle de Revel en contient 2400, comme cela paraît être, il lui suffirait de 53 centilitres par seconde. Mais comme dans le trajet, depuis la prise jusqu'à la ville, il peut s'en perdre plus du tiers, on estime que ce serait à 75 centilitres par seconde, que la prise d'eau devrait être fixée dans les temps de stérilité; et on gagnerait, au profit de la navigation, plus de 46 litres.

Les eaux de la rigole de la montagne sont parfaitement conservées jusqu'au-dessous des Campmazes. A cet endroit, une grande partie des eaux est employée à l'irrigation des prairies du vallon de l'Aiguille; plus bas, il existe encore une prise d'eau pratiquée sur la rive gauche.

Les trois moulins consécutifs qui se trouvent sous le château de Vaudreüil, occasionnent encore des déperditions bien plus considérables; leurs biefs ont des déversoirs superficiels, et sont percés de divers épanchoirs de fond qui distribuent les eaux dans des prairies immenses, où la majeure partie est perdue entièrement; ce qui en reste, arrive sous un très-petit volume, au confluent du ruisseau de Laudot avec les eaux de la rigole de la plaine.

Le ruisseau de Montcapel qui coule dans le voisinage du Sor, est situé de manière à pouvoir donner une prise d'eau sans beaucoup de dépenses. D'après des notes sur l'ouverture des coursiers, et sur la hauteur de la chute qui détermine la vîtesse des eaux du moulin de Laffon établi sur ce ruisseau, au-dessus de Sorèze, et considération faite des chômages de la mouture, il résulte que les eaux du Montcapel ne fournissent, dans les temps de sécheresse, que 76 litres par seconde. Une partie de ces eaux est dérivée, à peu de distance en aval du moulin, par une prise latérale dont la destination est d'abreuver la ville de Sorèze. Elle fournit, en outre, au sortir de la ville, cinq prises d'eau pour arroser des prairies qui l'absorbent entièrement. Il est indispensable de laisser subsister la dérivation; mais on pourrait au moins intercepter, au sortir de la ville, le résidu qui coule dans les fossés, en bouchant les cinq prises d'irrigation.

A 600 mètres environ de la ville, il existe une pessière, qui a pour objet de soutenir les eaux à une hauteur suffisante, pour alimenter deux prises d'irrigation qui devraient être supprimées. Au-dessous, il s'en trouve encore une autre dont la destination est la même. On pourrait pratiquer des vannes dans ces deux pessières, au sortir de la dernière contenir les eaux dans leur lit, et les y resserrer au moyen de deux petites levées faites en gazon et terre battue, jusqu'à la métairie de la Condamine; d'où, après leur avoir fait traverser la grande route de Sorèze sous un aqueduc, on les porterait à la rivière de Sor au-dessus de Pont-Crouzet. La pente, depuis le point de dérivation de la métairie de la Condamine, jusqu'à l'endroit où les eaux du Montcapel seraient introduites dans le Sor, est de 6 mètres 971 millimètres, et la distance de ces deux points, de 458 mètres. Quoique ce ruisseau produise 76 litres par seconde, il n'en arriverait qu'environ 50 à la rigole; il s'en perdrait un tiers par la distribution des eaux dans Sorèze, et par le ruissellement jusqu'à Pont-Crouzet.

A la vérité, la plupart des suppressions dont nous venons de parler, ayant le double inconvénient de priver le pays des fourrages dont il a besoin, et d'obliger à indemniser les propriétaires des pertes qu'elles leur occasionneraient; il serait

DU CANAL DU MIDI.

bien avantageux de parvenir aux mêmes résultats sans nuire aux intérêts des particuliers. Examinons donc si l'on ne pourrait point tirer de nouvelles eaux de la montagne Noire.

Nous avons dit (chap. II, §. 1) que la montagne Noire a deux principaux versans, celui du nord qui porte ses eaux dans la Tore, affluent de l'Agoût; et celui du Midi qui les conduit au Fresquel. Ce dernier versant fournit la plus grande partie de ses eaux à la rigole de la plaine ; mais la totalité, après l'épuisement du réservoir de Lampy, se réduit à très-peu de chose; la même rigole ne peut prendre les eaux dans le reste de ce versant, et dans sa partie orientale, parce qu'elles coulent dans des points trop bas vers la rivière de Fresquel, et de-là dans le Canal, à 66 kilomètres du point de partage.

Pour mettre à profit les eaux du versant vers le nord, il faudrait les dériver de la rivière de Tore, par un Canal de 27 à 31 kilomètres qui les portât dans la rigole de la plaine; mais cet ouvrage, quoique physiquement possible, serait trop dispendieux par les constructions et les indemnités qu'il nécessiterait.

L'abondance de la rivière de Sor, en hiver, pourrait alimenter un réservoir d'une assez grande étendue, et fournir aux usines de Durfort.

Le lieu propre à former ce réservoir se trouve dans le vallon du Sor, près du moulin de Garbette. Le mur de barrage serait construit un peu en aval du moulin, entre deux rochers, dont la distance au fond du vallon est d'environ 39 mètres. Le terrain a 14 millimètres de pente par mètre, et le talus des joues est de $2\frac{1}{2}$ de base sur un de hauteur. Un mur de 25 mètres de hauteur donnerait à-peu-près 1643 mètres d'étendue à l'inondation. La largeur du vallon, dans le fond, se trouvant être de 97 mètres, il s'ensuit que celle du réservoir, à sa superficie, serait de

212 mètres, et la largeur réduite de 154 mètres et demi. La hauteur moyenne des eaux étant de 11 mètres et demi, la provision serait d'environ 2,919,200 mètres cubes. En distribuant régulièrement cette masse d'eau, de manière à n'en vider constamment que 444 litres par seconde, la durée du débit serait de 76 jours 2 heures; et il est presque sans exemple que la sécheresse ait lieu pendant aussi long-temps.

Le vallon d'Alzau, au-dessus de la prise de ce nom, présente l'emplacement d'un autre réservoir qui, sous la moitié moins de charge d'eau derrière la digue de barrage, que celui de Saint-Ferréol, aurait presque la même capacité. L'emplacement de ce réservoir fut déterminé en 1737 par M. d'Asté, ingénieur militaire. Je le visitai en 1800, le plan original et les profils de M. d'Asté à la main; et M. Clausade, ingénieur en chef, qui, dès les premiers momens de son administration, a porté un œil attentif sur les grands perfectionnemens du Canal, a proposé la construction de ce réservoir, qui paraît avoir été approuvée.

Le réservoir de Cals, c'est ainsi qu'on se propose de le nommer, sera situé dans une des parties les plus élevées de la montagne Noire, au milieu des bois de Ramondens, et dans un vallon où coule le ruisseau d'Alzau, qui a un cours abondant et continuel; il recevra conséquemment la quantité d'eau que comportera sa capacité. Le noyau de cette partie de la montagne est de granit recouvert de terre argileuse, ce qui assure l'imperméabilité du terrain. Dans l'endroit le plus resserré du vallon, non loin de la papeterie d'Alzau, un banc de granit se montre à fleur de terre, et pourra servir à établir, d'une manière solide, un barrage peu dispendieux.

En profitant, autant que possible, du profil en long et de la coupe en travers du réservoir de Cals, qui se trouvait sur le dessin de l'ingénieur d'Asté, et que l'on voit planche VI, voici de quelle manière la capacité de ce réservoir peut être déterminée.

Lorsque l'on veut soumettre au calcul, des corps irréguliers et non susceptibles de définition rigoureuse, il faut les rapporter à une forme précise par des hypothèses plus ou moins exactes. Si, dans l'emplacement du nouveau réservoir, l'Alzau décrivait une hélice tracée sur un cylindre vertical qui divisât en deux parties égales les normales à sa surface, prolongées de part et d'autre jusqu'à leur rencontre avec les côtés du vallon ; si le fond du réservoir était une surface sur laquelle prenant un point à volonté, et menant par ce point une normale au cylindre, cette normale fût toute entière dans la surface ; si les sections faites aux parois du nouveau réservoir par des plans verticaux perpendiculaires au cylindre, étaient des lignes droites également inclinées sur l'horizontale qui leur servirait de base, et d'une quantité constante, quelque part qu'on fît la section ; la capacité du nouveau réservoir aurait pour expression, *le sixième du rectangle fait sur la hauteur de la ligne de barrage, et sur la projection horizontale du cours de l'Alzau compris dans le bassin, multiplié par la somme des bases du trapèze de la digue de barrage, jointe à la plus petite de ces bases.*

En admettant ce résultat, fondé sur des hypothèses qui, à la vérité, s'écartent en plusieurs points de la nature, mais qui tendent à diminuer la capacité du bassin plutôt qu'à l'augmenter, et supposant que la digue de barrage ait 16 mètres un quart, que les bases de trapèze soient de 596 et de 864 mètres, et qu'enfin la longueur de la projection horizontale du cours de l'Alzau compris dans le bassin, soit de 1208 mètres, on trouve, pour la capacité du réservoir, un cube d'environ 6,726,547 mètres.

Un autre projet des plus utiles, serait de convertir en réserve

HISTOIRE

d'eau le grand étang de Marseillette. Cet étang jouit d'un avantage précieux, celui d'être situé près de la ligne navigable, et de pouvoir fournir immédiatement ses eaux au Canal sans perte de filtrations ni d'évaporation. Il est démontré, par des opérations faites avec soin par feu l'ingénieur Lespinasse, qu'il est possible d'amener les eaux de l'étang dans la retenue de Jouarres sous l'écluse de Puichérie : la surface de l'étang marquée par la hauteur d'un crampon de fer, fixé sur les rochers de Py, près de l'écluse de Fonfile, est élevé de 3 mètres 204 millimètres au-dessus de cette retenue ; la distance qui sépare l'étang de la retenue n'est que de 3633 mètres ; d'où il suit qu'en donnant à la rigole de conduite la pente de 58 centièmes de millimètres par mètre, il resterait aux eaux qui entreraient dans cette rigole, une hauteur vive de 1 mètre 97 millimètres au-dessus de sa base.

Le même ingénieur avait déterminé la surface de l'étang, lorsqu'il est à fleur du crampon de Py, et cette surface lorsque les eaux ont baissé de 974 millimètres et demi, comme il est arrivé en 1781. Il avait trouvé que le volume d'eau compris entre ces deux surfaces, sous cette hauteur, était d'environ 17,859,000 mètres cubes, volume immense, qui non-seulement assurerait, dans tous les cas, la navigation du Canal, mais encore seconderait un projet d'irrigation que nous développerons dans le chapitre suivant.

Rien ne serait plus aisé que d'entretenir l'étang de Marseillette à la hauteur suffisante, pour en tirer la fourniture ci-dessus. En effet, en construisant l'épanchoir projeté près de l'écluse Saint-Martin, on pourrait, pendant l'hiver, hors le temps des crues, admettre dans le Canal, et verser dans l'étang, les eaux des rivières de Fresquel et d'Orbiel, dont le volume, dans cette saison, est de plus de 3900 litres par seconde. En se bornant à jeter dans l'étang de Marseillette les $\frac{7}{8}$ de ce débit, cet étang recevrait, en moins de 61 jours, le même volume d'eau qui correspond aux 974 millimètres et demi d'abaissement de sa surface; que serait-ce, si on maintenait l'écoulement de l'épanchoir de Saint-Martin durant trois mois, savoir pendant frimaire, nivose et pluviose?

Nous observerons en passant, qu'on avait eu l'intention dans l'origine, de se servir, par les mêmes moyens, de l'étang de Marseillette, comme réserve d'eau. Ce projet est indiqué sur un plan manuscrit de ce temps, et dont je suis possesseur. On y voit les deux routes de la seconde entreprise depuis Trèbes jusqu'à la mer; c'est-à-dire, celles du chevalier de Clerville et de F. Andreossy. Malgré la diminution des sources du Canal du Midi, causée par les déboisemens, les défrichemens, et la grande culture dans les plaines, diminution qui s'accroît encore depuis quelques années par l'intempérie des saisons, on voit que ce Canal possède, à portée de son cours, des ressources considérables pour faire face à tous les accidens résultans de la pénurie des eaux.

Il serait bien essentiel d'acquérir les forêts qui couvrent les sources nourricières du Canal du Midi. On a remarqué une diminution considérable dans ces sources, depuis que les quarts en réserve des bois de Ramondens, Laloubatière et Fontbrune ont été abattus. La régie du Canal conserverait ces bois en futaie, et ne les exploiterait qu'à la manière des forêts de sapins.

La considération de la diminution des sources n'est pas la seule raison qui doit faire desirer qu'on veille avec le plus grand soin à l'aménagement des forêts. Les défrichemens des pentes des montagnes où l'on a fait des coupes, sont la cause des plus grands désordres. Les eaux des pluies qui tombent sur ces pentes, n'étant point contenues par les obstacles que leur opposaient les bois sur pied et les broussailles, affluent avec une grande vîtesse, et en plus grande quantité dans le lit des rivières, et augmentent l'effet des inondations. Cette circonstance avait été vivement sentie en Italie, en 1748, à l'occasion d'une crue de la Brenta. Une pluie de dix heures dans les montagnes où cette rivière prend sa source, occasionna les ravages les plus affreux, et entraîna la chute du pont de Bassano, construit par le célèbre Palladio. On reconnut alors que cette inondation aurait été beaucoup moindre, si l'on eût apporté plus de soin à la conservation des forêts qui couvraient ces montagnes.

Il résulte en outre de ces défrichemens, que les eaux des pluies, au lieu de glisser sur les pentes des vallées, sans presque se charger de matières étrangères, parce qu'elles sont ordinairement couvertes de pelouses si utiles comme pâturages, pénètrent plus facilement les terres cultivées, les ravinent et en amènent une grande quantité dans les lits des rivières, où elles forment des atterrissemens qui sont la cause de tous les changemens qu'éprouvent ces cours d'eau naturels.

Les canaux de navigation se ressentent des mêmes inconvéniens ; les rivières, les ruisseaux et les eaux provenant des écoulemens des terres cultivées, étant reçus dans les ouvrages d'art, par les cales et par les ravines, donnent de nos jours des dépôts en plus grande quantité qu'ils ne faisaient auparavant.

La puissance de l'homme est parvenue à modifier les pays neufs, les terres couvertes de bois, de lacs, de torrens et de fleuves; mais en resserrant le domaine des forêts et des grands végétaux, en contenant les torrens et les rivières, elle a diminué l'humidité de l'air et le froid de l'atmosphère. Bientôt une population devenue trop nombreuse, a coupé les bois et défriché le terrain, pour pouvoir fournir à sa subsistance journalière et à ses besoins immodérés de chauffage, de constructions, d'arts, de manufactures, de guerre et de navigation. L'homme ne songeant qu'aux jouissances présentes, n'a vu, dans le repeuplement des forêts, qu'un simple bénéfice pour ses héritiers; et il aurait dû l'envisager comme un des plus grands bienfaits. L'influence des arbres, et, en général, des végétaux sur la formation des sources, est trop connue, et les conséquences du danger des grandes sécheresses pour les productions de la terre; la santé de l'homme et la vie des animaux, sont trop bien démontrées, pour qu'un pareil état de choses ne fixe point l'attention d'un Gouvernement sage et réparateur.

L'aménagement des forêts devient donc, sous tous les rapports, un objet de la plus haute importance. Il est indispensable pour la conservation des sources qui alimentent les Canaux navigables, et le maintien du régime des cours d'eau naturels, dont la navigation combinée avec celle des cours d'eau artificiels, donne à un grand Etat le système de communications tout à-la-fois le plus avantageux et le plus économique. La théorie des Canaux navigables a été mise en pratique avec un grand succès; mais l'art de régler les rivières et les torrens ne me paraît être, ni aussi sûr, ni porté à un si haut degré de perfection, que celui des Canaux navigables. Les Italiens ont beaucoup écrit sur cette matière, et ils ont exécuté, dans ce genre, de grands travaux. Je ne sais s'ils doivent être pris exclusivement pour guides; et nous avons observé que la rectification du cours des rivières d'Italie avoit produit des inconvéniens majeurs.

En adoptant les principes de théorie qui se trouvent établis, et auxquels on doit s'empresser de rendre hommage, il ne faut point perdre de vue qu'il n'y a pas de matières où ces principes soient plus susceptibles d'être modifiés par les circonstances physiques. Il faudra donc faire entrer, comme élémens essentiels, toutes les circonstances qui dépendent de la topographie du terrain, et des anomalies des rivières qui sont rarement les mêmes dans deux cours d'eau différens.

CHAPITRE VII.

Canal du Midi, considéré comme Canal d'irrigation.

L'EAU est un des principes du développement et de la nutrition des plantes : mais, à certaines latitudes, les pluies étant incertaines, souvent même rares, les terrains par leur nature ne retenant pas long-temps l'humidité, et l'atmosphère étant presque toujours agitée par des vents qui augmentent considérablement l'évaporation, on n'obtiendrait dans ces contrées que des récoltes très-peu productives, si l'industrie des habitans n'était parvenue à remédier aux inconvéniens locaux. C'est par des irrigations, qu'on arrache dans ces circonstances les terrains à la stérilité.

Au rapport de Columelle, les anciens Romains regardaient l'aménagement ou la culture des prairies, comme un des premiers soins de l'agriculture; et ils connaissaient l'irrigation des terres : Columelle et Palladio en parlent expressément.

On ne trouve, ni dans Columelle, ni dans Caton, ni dans Palladio, ni dans Varron, de quelle manière les anciens produisaient l'irrigation des terres : Virgile est le seul qui en donne une légère idée, dans ce vers de l'une de ses églogues :

> Claudite jam rivos, pueri; sat prata biberunt.

et une idée plus développée, dans un passage du premier livre des Géorgiques, où l'on trouve ce vers qui indique la distribution des rigoles :

> ..... Satis fluvium inducit, rivosque sequentes ? (1)

---

(1) Voyez note VIII, aux notes et pièces justificatives.

Peut-être retrouverait-on chez les anciens Egyptiens, et chez les Egyptiens modernes, les dispositions les mieux entendues pour l'irrigation des campagnes. On voit effectivement encore, dans ce pays, quelques restes des digues qui traversaient le bassin de l'Egypte perpendiculairement à la longueur de la vallée ; elles s'appuyaient, d'une part au fleuve, et de l'autre, aux collines stériles qui la bordent. Ces digues sont percées d'épanchoirs, que l'on ouvre pour l'écoulement des eaux d'un carré supérieur au carré inférieur, lorsque les terres, largement et profondément crevassées par la chaleur, sont suffisamment abreuvées. On n'a besoin de donner aux terres aucune disposition particulière, la pente générale de la vallée suffisant pour l'écoulement des eaux. La plupart de ces digues existent dans leur intégrité avec leurs épanchoirs, et sont entretenues avec le plus grand soin : la partie de la Haute-Egypte, au-dessus de Thèbes, est celle où le système de ces digues paraît le mieux conservé.

Les Egyptiens modernes emploient le long du fleuve, pour les irrigations partielles et de peu d'étendue, une disposition de terrain en forme de labyrinthe, par de petites levées en terre, conduites sur un tracé et une élévation qui permettent aux eaux de circuler avec rapidité sur tous les points de la surface, de les y tenir à une certaine hauteur pendant le temps nécessaire à l'abreuvement, et de faire écouler l'excédent avec facilité. Nous ignorons si ce procédé remonte à des époques bien reculées.

On croit qu'Archimède avait inventé, pour les arrosages partiels des terres d'Égypte, la vis qui porte son nom. Cette machine n'est plus connue dans ce pays ; et on ne l'emploie en Europe qu'aux épuisemens. Les roues à jantes creuses, lorsque le Canal alimentaire n'est point très-bas, et les roues persannes avec leurs chapelets, qu'on allonge à mesure que le Nil baisse, sont les seules machines dont se servent aujourd'hui les Egyptiens. Ils élèvent aussi les eaux à une hauteur médiocre avec des coufes, que deux hommes mettent en mouvement au moyen de cordes de filamens de dattier, qui y sont attachées.

On assure que les Maures avaient rétabli dans le royaume de Grenade les canaux d'irrigation, que les Romains y avaient laissés : ils avaient aussi fait des réglemens sages et bien entendus, pour l'administration des eaux, qui était confiée, pour la partie contentieuse, à un jury de quelques paysans.

L'expérience a prouvé dans l'Aberdeenshire, en Angleterre, que, si l'on fait couler un ruisseau à la surface d'un marais couvert de bruyères, pendant un espace de temps assez considérable, non-seulement les bruyères disparaissent, mais le marais devient par degrés susceptible de donner de l'herbe en abondance, aussi bien que du blé et d'autres grains, que dans son état naturel il n'aurait pu produire. Ces effets continuent, long-temps après que l'eau en est retirée; et la fertilité de ce terrain ne peut se perdre, que par une trop grande négligence, et à une époque très-éloignée (1).

L'eau convient particulièrement à l'amélioration des terres dans les pays montueux, parce que leur situation les rend presque inaccessibles à d'autres engrais. Aussi est-ce dans les pays de hautes montagnes, qu'on voit l'industrie prévoyante et habile avec simplicité, suppléer à ce que la nature refuse à la terre dans ces régions, où de longues sécheresses, et des chaleurs dévorantes dépouillent les plantes et les arbres. C'est aussi dans les montagnes que des filets d'eau, favorisés par une hauteur de chute suffisante, mettent en mouvement d'utiles scieries, et de-là, vont alimenter ces canaux d'irrigation, qui forcent des terrains arides à se couvrir de fruits et de moissons.

(1) National irrigation, by William Tatham, London 1801.

Des obstacles qui paraissent insurmontables, ne rebutent point l'activité de l'habitant des montagnes ; par ses soins et son intelligence, la poudre ouvre le sein des rochers à pic, pour en dériver l'écoulement d'un glacier, dont les eaux circulant de toutes parts avec méthode, entretiennent la végétation dans toute son activité. Les montagnes couvertes de neige, et les glaciers donnent d'autant plus d'eau dans les plaines, que la température de l'atmosphère est plus élevée.

Ce moyen d'utiliser les eaux courantes, a été employé avec le plus grand succès en Piémont. Les souverains de ce pays étaient propriétaires des rivières; les dérivations de ces cours d'eau naturels, concédées à des particuliers, augmentaient leur apanage, et ils s'étaient attachés, soit par des encouragemens, soit par la construction d'ouvrages très-bien exécutés, à favoriser les entreprises de ce genre. C'est à la multiplicité des canaux d'irrigation, c'est au soin qu'on apporte à les régler et à les entretenir, que le bassin du Pô, et les pentes des montagnes qui l'entourent, doivent leur fertilité, leur richesse et leur population.

En Pensylvanie, la loi a ordonné que le droit sur l'eau fût à celui qui en possède la source, ou qui en est le plus voisin. Il peut en consommer autant qu'il veut ; mais il faut qu'il fasse rentrer le reste dans son ancien lit ; et il ne peut détourner le ruisseau ou en gaspiller les eaux, au préjudice de ceux qui sont au-dessous de lui.

Il faut pour un canal d'irrigation, une quantité d'eau suffisante, les moyens de la rassembler, et ceux de la répandre sur les terres que l'on veut abreuver ; après cela, il reste, pour un ouvrage public, à déterminer la quantité d'eau à fournir aux particuliers, sous une redevance proportionnelle aux besoins de leurs terres.

DU CANAL DU MIDI.

Les eaux sont supérieures aux terres, ou bien elles leur sont inférieures : dans le premier cas, l'étang, le glacier, les montagnes couvertes de neige, les inondations d'un fleuve comme le Nil, deviennent des prises d'eau; ou, si l'on est obligé de se servir d'une eau courante, on obtient une prise d'eau, comme dans les canaux navigables, au moyen d'une chaussée de dérivation. Si les eaux sont inférieures au faîte des terrains, on les y porte, en faisant usage des diverses espèces de machines, dont la propriété est d'élever un fluide au-dessus de son niveau.

A défaut des eaux de sources, qu'on met en mouvement avec des machines, ou de l'eau qu'on dérive d'une rivière ou d'un ruisseau, les Indiens recueillent les eaux de pluies dans de très-longs réservoirs appelés *tanks*, et les distribuent ensuite dans leurs rizières. Les réservoirs ne sont pas seulement destinés à cet usage; car, outre le poisson qu'ils y entretiennent, les sobres cultivateurs plantent dans le fond de ces étangs le *nymphœa lotus*, dont les grosses racines leur fournissent une portion considérable de subsistance.

Les eaux sont reçues dans un Canal alimentaire, fermé d'un épanchoir à son extrémité. La position de ce Canal est subordonnée à la direction de la pente générale du terrain que l'on veut arroser : il doit régner le long du faîte de ce terrain ; et il est le plus avantageusement placé, lorsque ce faîte se trouve être celui de deux pentes opposées. Les eaux devant abreuver le terrain et non y séjourner, il est évident qu'il faut un canal de décharge pour en recevoir l'excédent; ce canal sera placé dans la partie inférieure au canal alimentaire et à l'extrémité du plan de pente générale : dans la Basse-Egypte, le lac Menzaleh reçoit le déversement des rizières qui sont alimentées par des eaux dérivées du Nil.

Pour pouvoir répandre les eaux sur un champ ou une prairie,

de manière à recouvrir toute leur surface, on divise le terrain par des sillons, qui vont aboutir au canal de décharge, et n'ont aucune communication avec le canal alimentaire. Les ados compris entre deux sillons, portent à leur partie supérieure, une rigole, ou tranchée d'irrigation, qui communique avec le canal alimentaire, et n'est point ouverte du côté du canal de décharge.

La rigole, ou tranchée d'irrigation, est bordée des deux côtés de petites digues, dans lesquelles sont percées des ouvertures qu'on appelle *bondes*, comparables pour la forme à celle d'un tronc de cône à bases verticales, coupé, suivant son axe, par un plan horizontal. La nécessité de répandre les eaux en surface, fait que la grande base des bondes est du côté du terrain, que l'on doit soumettre à l'irrigation. Les grande et petite bases sont évasées en forme de trompe.

Le canal alimentaire a, de distance en distance, des barrages formés de vannes à demeure, de vannes à main, et de mottes de terre, ou gazons, qui servent à retenir les eaux, les faire regonfler, les porter dans les rigoles, et de-là les répandre sur les terres disposées pour les recevoir.

Le Canal de décharge étant placé dans une partie opposée au canal alimentaire, on voit, d'après la disposition ci-dessus, qu'entre deux tranchées d'irrigation, il existe, dans un plan inférieur, un canal d'écoulement, qui porte dans le canal de décharge les eaux excédentes au besoin des terres.

Les rigoles vont en se retrécissant, à mesure qu'elles s'éloignent du canal alimentaire, parce que le volume d'eau qu'elles reçoivent à leur origine, va lui-même en diminuant.

Les fossés d'écoulement au contraire s'élargissent, à mesure qu'ils s'approchent du canal de décharge, parce que le volume des eaux qui s'y rassemblent, devient de plus en plus considérable.

Si l'on est obligé d'arroser un terrain très-incliné, on le divise en bandes plus ou moins larges, que l'on couronne de rigoles continues, ayant leurs bondes du côté du versant; en sorte que la rigole supérieure devient tout-à-la-fois fossé d'irrigation, et canal alimentaire par rapport à la rigole inférieure, et que l'eau, en se rendant par déversement de l'une à l'autre, arrose le terrain qui les sépare.

Il est aisé de voir que le terrain destiné à l'irrigation, ne doit être ni trop incliné, ni trop creux : dans le premier cas, il consommerait trop d'eau; elle n'y séjournerait pas assez long-temps, et le terrain serait raviné : dans le second, elle y séjournerait trop, et produirait le mauvais effet des eaux stagnantes. Cette observation, très-conforme à la nature des choses, est due à Columelle; elle est rapportée par Palladio comme une observation judicieuse. Quelques auteurs pensent qu'il faut, pour une bonne irrigation, 32 centimètres de pente par 200 mètres, 50 à 60 pour 400 mètres, et 1 mètre pour 800 mètres. 15 centimètres par 200 mètres ne donnent pas une pente assez forte; et avec 32 centimètres, on aurait un écoulement trop rapide (1).

Il est certain que le trop long séjour des eaux sur une prairie, dans certaines saisons, rend les herbes de mauvaise qualité : mais il semble que les cultivateurs cèdent à cet égard au préjugé qui existe en Piémont, et probablement dans d'autres pays, que plus un terrain est inondé, plus il est productif; préjugé qui paraît très-nuisible au progrès de l'agriculture. Néanmoins diverses méthodes d'irrigation, employées dans quelques provinces des États-Unis d'Amérique, semblent devoir apporter des modifications à ce principe.

---

(1) *Dictionnaire d'Agriculture* de l'abbé Rozier, au mot IRRIGATION.

Dans le Connecticut, par exemple, on fait entrer l'eau sur le terrain, dès que l'atmosphère commence à s'échauffer au printemps; mais on ne l'y laisse que vingt-quatre heures: alors on la retire pour quelques jours; puis, on l'y fait rentrer pour vingt-quatre heures, et ainsi de suite, jusqu'à ce que la prairie soit propre à être fauchée.

Immédiatement après la fenaison, on administre l'eau de la même manière, pour se procurer la seconde récolte; et après celle-ci, on renouvelle l'irrigation pour le regain en automne; mais c'est toujours sur la récolte du printemps, qu'elle a le plus d'influence.

En Egypte, dans les irrigations artificielles, on ne laisse les champs sous l'eau, que pendant vingt-quatre heures.

Dans la même province de Connecticut, l'irrigation se fait d'une autre manière. Les vastes prairies basses, situées dans le voisinage d'eaux courantes, sont inondées, un peu avant l'hiver, jusqu'à une hauteur de 6 à 10 décimètres, en arrêtant le cours d'un ruisseau; et on les laisse ainsi couvertes jusqu'au printemps, afin *de les tenir chaudement et les garantir de la gelée*. Ces terres produisent, l'année suivante, une quantité considérable de gros foin; et, après la coupe, elles servent de pacage, jusqu'à la fin de l'année.

En Hollande, les prairies restent pendant tout l'hiver sous les eaux des pluies.

Par une autre application de l'eau à la culture, M. Hoyte d'Osbornby, dans le Lincolnshire, se sert de l'irrigation en temps de gelée, dans la vue de détruire les joncs, et de les remplacer par de la luzerne blanche.

Dans la Pensylvanie, on introduit ordinairement l'eau dans les prairies vers le milieu d'avril, et elle y séjourne environ deux mois; quelques jours après, la terre s'étant séchée, on coupe la récolte. Dès qu'elle est enlevée, on introduit l'eau de nouveau sur le terrain, et on l'y laisse pendant trois ou quatre semaines, ou jusqu'à ce que la terre ait assez de couvert, pour se défendre de l'ardeur du soleil : alors une seconde moisson est bientôt prête pour la faulx. Après qu'elle est faite, on laisse encore entrer l'eau dans la prairie, et elle y reste jusqu'à ce qu'on en ait besoin pour le pâturage. Ce n'est que quelques jours auparavant, qu'on l'en retire, afin de donner à la terre le temps de se raffermir assez, pour ne pouvoir être endommagée par les pieds des bestiaux (1).

On conçoit que la quantité d'eau qu'il convient de donner à un terrain, et l'époque à laquelle il faut l'administrer, dépendent de la qualité de ce terrain, des diverses cultures, de la température de l'atmosphère, de la nature des vents régnans, de l'époque où se trouve la végétation, etc. Relativement à ce dernier objet, dans le Haut-Languedoc, par exemple, le maïs, ou bled de Turquie, exige, pour une bonne récolte, des pluies du premier au 15 de juillet : si elles n'arrivaient point, on pourrait y suppléer par l'irrigation. Quoiqu'on ait quelques données sur les progrès de l'imbibition dans diverses qualités de terrains, l'expérience est le seul guide que l'on puisse suivre avec un peu de sécurité.

D'après des expériences faites en Piémont par le P. Deregi, il est résulté qu'en répandant des quantités égales d'eau, dans le même temps, sur une prairie sablonneuse et sur un champ, les surfaces couvertes par les eaux ont été comme les nombres 29 et 24. Nous rapporterons bientôt des expériences plus précises sur le même objet, et qui sont indispensables pour

---

(1) Communications of M. Stricklands to the Board of Agriculture, vol. III, pag. 165.

déterminer les dépenses d'eau, qu'une certaine étendue de terrain, dont la qualité est connue, doit occasionner.

Dans tous les cas, la déclivité du terrain ne peut être un obstacle aux grandes irrigations, parce qu'il sera toujours facile de diviser une surface donnée en compartimens que l'on cernera de levées en terre, plus ou moins considérables; on pratiquera, dans les levées parallèles au Canal alimentaire, des ouvertures, fermées d'épanchoirs à demeure ou d'épanchoirs à main. L'étendue de la surface et la qualité des terres étant connues, et les progrès de l'imbibition de ces terres, déterminés par l'expérience, il sera aisé d'en déduire la quantité d'eau que l'on doit laisser écouler, et le temps qu'elle doit rester dans chaque compartiment : en un mot, on imitera en petit ce que les Egyptiens avaient exécuté en grand, et suivent encore pour l'irrigation de leur territoire.

En traitant, dans les premiers chapitres de cet ouvrage, du Canal de Languedoc comme Canal de navigation, nous avons suffisamment indiqué ce qui était relatif à l'art de dériver les eaux, de les conduire à travers des terrains qui présentent beaucoup d'obstacles, et de les répartir avec exactitude, objets qui trouvent tous leur application dans les canaux d'irrigation. Nous venons de rechercher ce qu'il convient de faire pour le meilleur emploi de ces eaux : il nous reste à traiter le problême des canaux d'irrigation dans toute sa généralité, en considérant le Canal de Languedoc sous ce dernier point de vue. Nous aurons encore recours, pour cet objet important, à un Mémoire manuscrit de feu l'ingénieur Lespinasse, le même qui nous a fourni des données précieuses pour le dessèchement de l'étang de Marseillette : ces deux Mémoires sont remarquables par l'ordre, la clarté, la méthode et l'esprit de recherches, qui caractérisent les divers travaux de cet habile ingénieur.

Suivant le projet de Lespinasse, le Canal du Midi servirait de magasin d'eaux. Celles du bassin de Lampy seraient employées à l'irrigation des terres entre Toulouse et l'écluse de Fresquel : une partie des mêmes eaux, reportée dans le Canal par la prise de Fresquel, arroserait les terres situées entre l'écluse de même nom et celle de Puicherie ; et l'on trouverait dans l'étang de Marseillette des ressources suffisantes, tant pour dédommager la navigation de la perte des eaux de Lampy, que pour abreuver les propriétés du Bas-Languedoc, jusqu'à Béziers exclusivement.

On sent bien que ce projet a besoin d'être modifié, d'après les considérations qui se trouvent à la fin du cinquième chapitre.

Lespinasse établit les calculs, pour la dépense des eaux, sur ce résultat d'expérience que, pour abreuver les terres les plus légères au point de saturation, et à plus forte raison les terres grasses, il faut, tout au plus, répandre, une fois la semaine, 27 millimètres d'eau sur leur surface.

En effet, suivant Lespinasse, 14 à 16 millimètres d'eau de pluie suffisent, en Languedoc, pour rendre boueuses les terres les plus légères, d'un sablon fin ; et il faut deux ou trois jours de chaleur ou de vent, pour les sécher au point de pouvoir y introduire la charrue ; il en faudrait sept ou huit, s'il était tombé 20 à 25 millimètres d'eau de pluie.

Ces remarques sont encore appuyées par les faits suivans. A Millas, village situé sur la Têt, à six kilomètres au-dessus de Perpignan, on arrose des terres de nature grasse, dont le sol a beaucoup de profondeur, et dont la majeure partie est en prairies : la hauteur d'eau versée par semaine sur ces terres est de 34 millimètres. A Conques, village situé sur l'Orbiel, à 4 kilomètres au nord de Carcassonne, et éloigné de Millas de 72 kilomètres, les terres arrosées, qu'on laisse en prairies, et qui sont assez grasses sur une grande profondeur, mais friables, reçoivent, par semaine, une hauteur d'eau de 26 millimètres. Enfin, au village de Massaguel, qui se trouve à douze kilomètres de Castres, à 24 de Conques et à 96 de Millas, l'irrigation se fait sur des prairies, dont le sol consiste en une couche de terre végétale médiocrement grasse, de la hauteur de 13 à 16 centimètres, au-dessous de laquelle est un banc très-épais de terre argileuse ; et la quantité d'eau employée est de 23 millimètres.

Lespinasse estime le droit d'irrigation à raison de 12 francs par an et par hectare; mais il faut observer que les rigoles, qui partent du Canal alimentaire, doivent être faites et entretenues à la charge des particuliers, et qu'on se réserve la faculté d'établir, s'il y a lieu, sur ces rigoles, des moulins et autres usines. Les entrepreneurs du Canal de Provence qui se chargent de faire les principales rigoles, ont évalué le droit d'irrigation à 20 francs, prix moyen.

On prendrait pour module ou canon d'eau, le débit continu de 34 litres par minute, capable, comme on voit par le premier résultat cité, d'arroser cinq quarts d'hectare : la concession de ce volume se ferait moyennant une redevance annuelle de 15 francs.

Pour prévenir les difficultés qui pourraient naître au sujet du débit des prises d'eau, il conviendrait d'obliger les particuliers à donner à ces prises la forme d'un cône tronqué à bases circulaires et verticales, dont on réglerait la position et les dimensions de la manière suivante :

La grande base serait à l'entrée de l'eau ; la petite à la sortie : on ferait les bases dans le rapport de huit à cinq ; la petite se calculerait théoriquement par la connaissance de son débit en une seconde.

On établirait la ligne des centres horizontalement, et on la placerait à trois décimètres un quart au-dessous de la surface supérieure de l'eau dans le Canal alimentaire.;

La distance des centres serait égale au rayon de la grande base :

Toutes ces déterminations auraient pour but d'éviter la correction relative à la contraction de la veine fluide, et de rapprocher, autant que possible, le débit théorique du débit effectif.

Les eaux surabondantes du Canal, durant les mois de ventose et de germinal, suffiraient aux irrigations, sans qu'on fût obligé, pendant ce temps, de toucher à la provision de Lampy, ou de l'étang de Marseillette. Ces deux provisions seraient ménagées pour les mois suivans, et dureraient jusqu'au 20 thermidor, époque du chômage.

Lespinasse conclut de-là, que la provision de Lampy, rendue à Naurouse, et diminuée dans le trajet d'environ sa dixième partie, équivaudrait à un débit continu d'au moins 630 canons d'eau qu'on employerait à l'irrigation; tandis que l'étang de Marseillette, après avoir rétabli le même volume dans les parties inférieures du Canal, fournirait, calcul modéré, 3370 canons pour le même objet; total, 4000 canons qui rapporteraient 15 francs chacun, et produiraient une rente annuelle de 60,000 francs.

Nous pensons que les 630 canons d'eau comptés par Lespinasse pour l'irrigation des terres, entre la Garonne et la prise de Fresquel, ne pourraient être à la fois soustraits du Canal, sans nuire au service de la navigation ou des moulins, et qu'il faudrait se contenter d'en prendre 132, entre l'écluse de Saint-Roch et celle de Fresquel.

En admettant cette réduction, basée sur les principes que nous avons établis dans le chapitre V, et supposant 3370 canons pour la fourniture de l'étang de Marseillette, voici quelles seraient la recette et la dépense :

Droit d'arrosage par an	52,530 fr.
Rente des avances au centime 20 et dépense d'entretien.	6,349
Bénéfice annuel.	46,181 fr.

Le Canal du Midi, étant tracé à mi-côte, dans la plus grande partie de son cours, ne peut fournir qu'à l'irrigation des terrains inférieurs à son lit jusqu'au récipient principal, qui, dans ce cas, doit devenir Canal de décharge; la partie du terrain supérieure au lit du Canal, et toute la pente du vallon qui lui est opposée, restent encore privées d'eau. On ne saurait, sans être véritablement affligé, remarquer la prodigieuse quantité d'eau qui sert à peine à quelques usages domestiques, et qui, devenue ensuite inutile, va se perdre à la mer, tandis qu'il était possible d'en faire un emploi bien important pour la prospérité publique. On laisse dévorer par la sécheresse les plantations, les semences, souvent le seul espoir de la subsistance de nombreuses familles, lorsqu'à peu de distance, à deux pas, coulent des sources qui ranimeraient et féconderaient ces productions ! On est tenté de croire des eaux inutiles, parce qu'elles sont plus basses que le terrain qu'elles pourraient arroser; les frais d'une machine propre à élever les eaux, ses radoubs, son entretien, effrayent les propriétaires peu fortunés, et puis, en général, les machines hydrauliques n'élèvent point l'eau à une très-grande hauteur.

Les pays de montagnes, les têtes de vallées, peuvent seuls profiter de la grande pente du terrain et de celle des eaux courantes; mais les basses plaines, mais les pays plats, ne sauraient participer aux mêmes avantages ; il faut donc que l'art vienne au secours de ces pays, d'ailleurs favorisés par de très-bonnes qualités de terrains.

Si chez les Egyptiens, les Grecs ou les Romains, il s'était présenté un homme qui eût dit : J'ai une machine extrêmement simple, un *outil*, comme l'appelle son auteur, qui n'exige aucun soin, aucune habileté pour être mise en mouvement, qui peut prendre l'eau d'un récipient principal et la porter au faîte des collines qui l'avoisinent, d'où elles se répandront sur les pentes de ces collines pour arroser les terres ; dans ces pays où les objets d'utilité publique étaient placés au premier rang, on aurait regardé l'inventeur de cette machine comme un bienfaiteur de la société : une pareille machine est connue, c'est le *bélier hydraulique* de l'ingénieux Montgolfier ! Les avantages de cette machine sont encore contestés : dans le midi de la France, nos terres desséchées par la chaleur, manquent de l'eau qu'il serait si aisé de leur procurer ; et en Angleterre, où les champs n'ont pas le même besoin d'être abreuvés, le célèbre Watt, celui à qui la pompe à feu doit ses perfectionnemens les plus essentiels, a, le premier, rendu hommage à l'utilité du bélier hydraulique, en l'employant dans ses terres, depuis plusieurs années.

J'appliquerais donc cette utile machine aux moindres cours d'eau naturels ou artificiels, et dans ce cas-ci, aux récipiens principaux qui coulent dans le fond des vallons, où est conduit le Canal du Midi, et aux contre-canaux supérieurs à son lit, afin d'entretenir dans les parties plus élevées un canal alimentaire qui, en déversant les eaux sur des terres souvent frappées de sécheresse, procurerait des récoltes abondantes et certaines.

Afin de pouvoir apprécier les effets du bélier hydraulique,

nous allons tâcher d'en décrire le mécanisme d'une manière claire et précise.

Cette machine a pour objet de soulever une masse d'eau immobile, par l'action d'une masse d'eau en mouvement, et doit son effet à la pesanteur qu'elle met, pour ainsi dire, aux prises avec elle-même. Elle consiste dans un tube, ou conduite horizontale, terminée en amont par un tube vertical de même diamètre, et en aval, par un petit réservoir où se trouve l'insertion d'un tube qui doit porter les eaux à la hauteur désirée, et que nous appellerons *tube d'ascension*. On voit, sur la conduite horizontale, non loin du réservoir, un renflement cylindrique, préparé pour une soupape qui s'ouvre du dehors au dedans ; et dans la paroi qui sépare le réservoir de la conduite, on remarque une autre soupape qui s'ouvre du dedans au dehors ; elles ont toutes deux le même diamètre que la conduite.

Avant de mettre cette machine en jeu, on verse dans le tube d'ascension une quantité d'eau suffisante pour le remplir. Cette opération isole l'air du réservoir qui se condense à la partie supérieure, et fait équilibre par son ressort, à la colonne d'ascension.

Le mouvement qui pousse l'eau dans le tube d'ascension, est intermittent. Dans les intervalles de repos, le tube vertical et la conduite sont remplis d'eau stagnante ; la soupape du renflement, entraînée par son poids, s'écarte de son battement, et se tient ouverte ; celle du réservoir est maintenue fermée par le poids de la colonne d'ascension. Mais bientôt cet état cède à l'action de la pesanteur ; l'eau qui trouve une issue dans le renflement cylindrique, descend du tube vertical, et chasse devant elle la colonne horizontale ; alors la soupape du renflement, dont la tige touchait la paroi inférieure de la conduite, remonte et se referme, tandis que l'autre poussée de bas en haut, et forcée de s'ouvrir, soulève la colonne d'ascension, et permet à l'eau d'entrer dans le réservoir. Cependant la résistance que cette soupape éprouve, ne tarde pas à vaincre sa vîtesse ; pressée par la colonne d'ascension et par son propre poids, elle s'arrête et retombe : une nouvelle stagnation recommence, pour être de nouveau détruite par le mouvement de la colonne verticale (1).

Il nous reste à parler des canaux d'irrigation existans dans le Piémont, et à réveiller l'attention du public et du Gouvernement, sur le projet tant de fois renouvelé sans succès, de fertiliser par les irrigations, la Provence, une de nos plus belles contrées, et celle qui réclame, de la manière la plus pressante, les secours de ce moyen industrieux.

La longueur totale des canaux d'irrigation appartenant au Gouvernement dans le Piémont, aujourd'hui la 27ᵉ division militaire, est de 502,912 mètres ; ils arrosent une superficie de 111,396 journées de terre, ou 4,233,048 ares ; leur produit, en argent, déduction faite des charges et réparations d'entretien, s'élève à la somme de 308,071 francs. Mais ce n'est pas le seul avantage que produisent ces canaux ; les territoires des communes et les propriétés particulières, profitant, par droit acquis ou concédé, de la dérivation des eaux, ont obtenu une valeur bien supérieure à celle provenant d'une culture ordinaire, ce qui augmente l'aisance des tenanciers, les revenus de l'Etat, et favorise la population.

Dans le département des Pyrénées orientales, le prix des terres de labour les plus riches de la vallée de Pia, non arrosées, est à celui des terres de la même espèce, mais arrosées, dans le rapport de 1 à 1 $\frac{2}{3}$; et à Campan, dans le rapport de 1 à 1 $\frac{1}{2}$ ou 2.

---

(1) Journal des Mines, vol. XIII, n° 75.

Sans l'irrigation, les propriétés nationales du ci-devant Piémont ne rendraient que la moitié ou le tiers au plus de ce qu'elles produisent ; et en évaluant à 7 francs l'arrosage de chaque journal de terre, on ne le porte qu'au prix ancien, qui était de six livres de Piémont ; quoique les dépenses d'entretien fussent beaucoup plus considérables, à raison de l'augmentation survenue dans la valeur des denrées, et par conséquent, des ouvrages pour réparer et entretenir ces canaux.

On rapporte en Piémont la dépense des eaux à une unité de mesure qu'on appelle roue ou meule d'eau ; c'est la quantité de ce fluide qui sort par chaque seconde, d'un orifice carré d'un pied liprand de côté, placé à fleur d'eau ; cette quantité équivaut à deux pieds trois lignes cubes liprand, ou environ 343 litres.

On a recherché depuis long-temps, en Provence, les moyens d'y construire des canaux d'irrigation, et l'on y était parvenu dès 1558. Adam de Craponne, sous Henri II, avait desséché les marais de Fréjus, et procuré à son pays le canal d'irrigation qui porte son nom.

Ce Canal est dérivé de la Durance, près du village de la Roque, et se termine au Rhône à un quart de lieue au-dessous d'Arles. Le volume de ses eaux est très-peu considérable, coulant dans un lit de 6 à 10 décimètres de largeur sur un mètre de profondeur. Néanmoins, dans l'état où il se trouve, il fertilise la plaine de la Crau, entre Arles et Salon, cette terre ingrate en apparence, et tellement couverte de cailloux roulés, que les anciens l'avaient appelée *Campus lapideus*.

Colomby, Desmarets et Lombard, en 1645 ; le même Colomby, en 1662, par ordre de Louis XIV ; Vauban, en 1702 ou 1703 ; d'autres ingénieurs, en 1724, nommés par le roi sur la demande des Etats de Provence ; et enfin l'ingénieur Flocquet, en 1733, se sont spécialement occupés de grandes vues sur l'irrigation de cette partie de la France, comprise entre le Rhône et le Var, et qui formait la Provence. Voici le projet qui paraît avoir été préféré.

Le Canal flottable et arrosant, susceptible d'être rendu navigable, dont il est ici question, serait dérivé de la Durance ; on établirait sa prise d'eau dans le territoire de Joncques à travers le rocher de Canteperdrix (1), et son point de partage, près de Lambesc, où l'on formerait un réservoir : les seuils de ce Canal seraient Marseille et Tarascon.

Ce Canal serait conduit du rocher de Canteperdrix au point de partage, par les terroirs de Peyrolles, Merargues, Arnajon, Janson et Rognes ; et auroit, dans cette étendue, une longueur de 496 hectomètres.

Du point de partage à Marseille, il passeroit par les terroirs de Saint Cannat, Aiguilles, Aix, Gardannes, Bouc, Cabries et Septemes ; et sa longueur serait de 895 hectomètres.

Du point de partage à Tarascon, il aurait de longueur 752 hectomètres.

La possibilité du Canal de Provence est portée jusqu'à la démonstration, par les nivellemens de 1557, 1645, 1663, 1702, 1736, et 1737. La Durance est si abondante, même en hiver, qu'il ne pourrait jamais manquer d'eau. Il serait supérieur à environ 9000 bastides, ou fermes, et à plus de 306,432 hectares de terre. On établirait sur ses bords, et sur les rigoles qu'il alimenterait, des moulins et des machines de toute espèce ; il y aurait sur-tout beaucoup de moulins à blé aux environs de

---

(1) Ce rocher s'avance dans le lit de la Durance, et reçoit en tout temps le choc du courant des eaux de cette rivière.

Marseille et d'Aix, villes qui consomment par an plus de 250,000 charges de farine, et qui sont obligées d'envoyer moudre au loin et à grands frais. Le même Canal servirait au transport des bois de la Haute-Provence et du Dauphiné, et dispenserait Marseille de tirer des îles Saint-Pierre, sa provision de bois de chauffage.

Dans le calcul modéré de ses revenus, on n'a fait entrer en ligne de compte que les irrigations, les ventes d'eau en propriété aux possesseurs de bastides, et les moulins et machines.

Cinquante mille hectares de terre arrosés, au lieu de 306,432, produiraient, à raison de 20 francs l'un, 1,000,000 de francs.

Six mille bastides à deux canons d'eau chacun (quantité moyenne équivalente à un débit continu de 26 centilitres par seconde), employeraient par conséquent douze mille canons évalués à 1000 francs l'un une fois payé, et produiraient un total de douze millions en principal, ou 900,000 francs de rente.

Les moulins et machines, déduction faite de l'intérêt des sommes à dépenser pour leur construction, réparations et frais d'exploitation, rapporteraient tous les ans 400,000 francs.

Le revenu total serait par conséquent de 2,000,000 de francs.

Quant aux sommes nécessaires pour l'entière construction et l'entretien du Canal, et pour l'établissement de toutes les rigoles d'irrigation, elles ne sont point énoncées dans le mémoire analysé.

On a tenté plusieurs fois de mettre à exécution le projet dont on vient de rendre compte. Le baron d'Oppède, en 1718, avait ouvert des bureaux pour y recevoir la soumission des actionnaires. Le Pape fit échouer cette entreprise, en refusant de permettre que le Canal passât par le comtat d'Avignon. Le même dessein fut repris en 1751 par l'ingénieur Flocquet et

DU CANAL DU MIDI.

compagnie ; ils commencèrent les travaux avec l'applaudissement de toute la province, mais ils furent bientôt obligés de les abandonner, faute de fonds, la plupart des actionnaires ayant refusé de payer le total de leur quote part en argent. Enfin en 1762, il se forma une nouvelle compagnie qui offrit de continuer les ouvrages jusqu'à leur entière confection : ses propositions ne furent point écoutées.

 Les champs de la Provence, condamnés à la sécheresse, ne sont que d'un faible produit; et nous venons de voir que l'irrigation, parmi d'autres avantages, y féconderait 303,432 hectares de terre. Le docteur Anderson a judicieusement observé que, les irrigations ayant été pratiquées d'abord dans un pays dont la température est très-élevée, on en a conclu qu'elles ne servaient qu'à procurer aux terres le degré d'humidité nécessaire pour le développement des plantes, et qu'elles étaient inutiles dans les climats humides ; et il s'attache en conséquence à prouver, par des faits irrécusables, que l'eau, convenablement administrée, agit toujours comme un engrais permanent, également propre à fertiliser les champs dans les pays d'une haute latitude, et à produire des moissons abondantes dans les vallées des régions torrides : et ce n'est pas une des moindres améliorations rurales, que celle qui nous procure les moyens de déraciner une bruyère inutile, de fertiliser, par la simple application de l'eau, comme engrais, l'espace que cette mauvaise herbe occupait, et de le rendre également propre à produire des grains ou du fourrage. Quelle reconnaissance ne devons-nous point à ceux qui ont découvert ce principe, et en ont consacré la pratique! Car, d'après la pensée de Swift, *l'homme qui peut faire naître deux brins d'herbe, là où il n'en croissait qu'un, mérite des éloges bien supérieurs à ceux qu'on prodigue aux hommes, qui figurent sur la scène du monde d'une manière plus brillante que solide.*

CHAPITRE VIII.

Canal du Midi, considéré dans ses rapports avec les étangs de l'intérieur des terres qui l'avoisinent.

Outre les étangs qui longent les plages du midi, et dont nous avons parlé dans le quatrième chapitre, il y en a d'autres dans l'intérieur des terres : les uns sont situés au pied de la montagne Noire ; les autres s'en trouvent assez éloignés, et pourraient, comme nous le dirons plus bas, avoir été enlevés au domaine de la mer, par les atterrissemens : quelques ruisseaux et les eaux sauvages alimentent ces étangs. La stagnation des eaux, l'évaporation et la sécheresse, pendant la plus grande partie de l'année, en abaissant leur niveau, mettent une grande partie du fond à découvert ; la putréfaction des matières animales et végétales dont l'eau entretenait la vie, dégage alors des miasmes contagieux, funestes à la santé des habitans. Saussure a remarqué généralement, que *les chaînes de montagne, d'une longueur et d'une hauteur un peu considérables, ont à leurs pieds des vallées marécageuses, creusées sans doute par les eaux qui y descendent, et qui s'y accumulent* (1). L'amas des eaux, dans ces espèces de fondrières, ne provient-il pas du défaut de pente suffisante du terrain, et du barrage naturel que forment les dépôts occasionnés par la stagnation des eaux ? Quoi qu'il en soit, on ne commence à trouver des étangs en Languedoc, que vers Carcassonne, c'est-

---

(1) Voyage dans les Alpes, tome 2, page 55.

à-dire, lorsque le terrain suit la pente peu inclinée de la seconde partie du cours de la rivière d'Aude : jusqu'à ce point la pente abrupte de l'arête qui s'étend des Pyrénées à la montagne Noire, favorise l'écoulement des eaux.

On a cherché, de tout temps, à dessécher ces terrains inondés, tant pour la salubrité de l'air, qu'afin de pouvoir profiter d'un espace qui ne donne d'autre bénéfice que celui de la pêche, de la chasse des oiseaux d'eau, ou d'un mauvais pacage qu'on afferme aux riverains pour la nourriture des gros bestiaux. Le succès du desséchement de l'étang de Montady, près de Béziers, avait dû faire regretter qu'une partie des terres qui avoisinent la rivière d'Aude, fût recouverte par des eaux croupissantes, aussi nuisibles à la santé des habitans, que préjudiciables à l'agriculture : néanmoins, soit que les dessèchemens offrent communément des difficultés physiques, soit que ce genre d'entreprises exige des avances trop considérables, on ne s'est guère occupé de se débarrasser des eaux stagnantes du Languedoc que depuis 1768. A cette époque, les États envoyèrent Garipuy, père, en Hollande, pour y conférer avec les hommes de ce pays les plus habiles dans l'hydraulique, sur les moyens qu'ils se proposaient d'employer pour dessécher la *mer d'Harlem*.

Henri IV avait formé le projet de faire dessécher et mettre en valeur tous les marais et palus du royaume : voici de quelle manière ce grand prince exposait ses maximes et ses vues si sagement politiques, dans le préambule du fameux édit du 8 avril 1599, le premier dans lequel la paix lui permit de suivre l'impulsion de son cœur bienfaisant.

« La force et richesse des Rois et Princes, » disait le bon Henri IV, » consiste en l'opulence et nombre de leurs sujets; et » le plus grand et légitime gain et revenu des Peuples, même » des nôtres, procède principalement du labour et culture de

» la terre, qui leur rend à usure le fruit de leur travail, en
» produisant grande quantité de vins, grains, légumes et pâtu-
» rages, de quoi non-seulement ils vivent à leur aise, mais en
» peuvent entretenir le trafic et commerce avec nos voisins et
» pays lointains, et tirer d'eux or et argent, et tout ce qu'ils
» ont de plus d'abondant que nous, propre et commun à l'usage
» de l'homme ; ce que nous considérant, nous avons estimé
» nécessaire de donner moyen à nosdits sujets de pouvoir aug-
» menter ce trésor, joint que, sans ce labour, infinis pauvres
» gens détruits par le malheur des guerres, dont la plupart
» sont contraints mendier, peuvent travailler et gagner leur
» vie, et peu à peu se remettre et relever de misère.... Sachant
» bien qu'en plusieurs nos provinces et pays, même le long des
» mers, de l'un et de l'autre côté des grosses et petites rivières,
» et autres endroits de notre royaume, il y a grande quantité
» de palus ou marais inondés et entrepris d'eau, et pres-
» qu'inutiles et de peu de profit, qui tiennent beaucoup de
» pays comme déserts et inhabités, et incommodent les habi-
» tans voisins, tant à cause de leurs vapeurs et exhalaisons, que
» de ce qu'ils rendent les passages fort difficiles et dangereux,
» lesquels palus et marais étant desséchés, serviront partie en
» labours, et partie en prairies et pâturages, aussi en réparant
» les chaussées qui ont été autrefois navigables, en faisant de
» nouveaux ès endroits où il est requis, les chemins et passages
» en seront abrégés, la navigation se gagnera, et en provien-
» dront plusieurs autres profits et commodités pour le public.... ».

Nous avons déjà dit, dans le chapitre premier, que les étrangers auxquels Henri IV, à défaut d'hommes capables en France, avait confié l'exécution de ses projets, éprouvèrent tant de contradictions, qu'ils ne purent commencer leurs entreprises.

DU CANAL DU MIDI.

On voit d'après cela, que l'étang de Montady qui forme maintenant une plaine superbe, et qu'on croyait avoir été desséché sous Henri IV, devait l'avoir été antérieurement; et quelques auteurs ont même pensé qu'il pouvait se faire que ces travaux remontassent jusqu'au temps des Romains. Ce peuple, en effet, avait laissé plusieurs monumens dans ce genre. Le plus ancien et le plus mémorable, est le dessèchement du lac Fucin, entrepris du temps de Claudius, environ trois cents ans avant l'ère vulgaire. Trente mille hommes furent employés pendant douze ans à percer une montagne de roc, pour y faire passer un canal de trois mille pas de longueur, qui devait conduire les eaux de ce lac dans le Tibre (1).

Il est aujourd'hui prouvé, que le dessèchement de l'étang de Montady fut entrepris, vers le milieu du treizième siècle, par les propriétaires de cet étang, dont voici les noms : *Guillaume Raymond, seigneur de Colombier; Ermengand de Poilles, Bérenger d'Alzone* et *Bernard Scot.*

Ce fut le premier de février 1247, que ces particuliers achetèrent de l'archevêque de Narbonne, comme propriétaire de la terre de Capestang, et seigneur des territoires de Nissan et de Puisserguier, le droit de faire passer dans ses terres un Canal pour l'écoulement des eaux de l'étang de Colombiers et de Montady. Ce droit leur fut cédé pour 60 livres melgoriennes (2), et une redevance annuelle de vingt-quatre setiers d'orge, mesure de Capestang, portables en cette ville; ils s'obligèrent, en outre, à faire les frais de la conduite des eaux, jusqu'à l'étang du

---

(1) Encyclopédie méthodique, *Art milit.* tome I, art. CANAUX D'ARROSAGE, pag. 463.

(2) La livre melgorienne valait à-peu-près huit livres de France ; par conséquent les 60 livres melgoriennes peuvent être évaluées à 480 liv.

septième pont (1) (*Pons septimus*), qui ne peut être que l'étang de Capestang. On sait, en effet, que les Romains avaient construit un pont sur la rivière d'Aude : à cause des ruisseaux et des eaux stagnantes du pays, ce pont y fut prolongé depuis Narbonne jusqu'à l'étang de Capestang, qu'il traversait sur un mille d'étendue ; c'était là que se trouvait la dernière des sept parties, dont ce beau monument était composé, et qui formaient autant de ponts séparés.

L'acte de concession, dont nous avons parlé plus haut, fut dressé en latin à Capestang, alors appelé *Caput stagni* (tête de l'étang) (2). Ce n'est pas sans intérêt, qu'on lit dans cet ancien titre, que l'étang de Capestang était un étang d'eau salée, et qu'il existait des salines sur ses bords. Au sujet des eaux qui sortaient de l'étang de Montady, ou de quelques autres eaux qui allaient s'y rendre, l'acte s'exprime de cette manière : *S'il arrivait par hasard, qu'à l'occasion desdites eaux, les salines de Capestang ou des Pointes vinssent à se détériorer, et que ledit étang fût moins salé par rapport au mélange desdites eaux, vous êtes tenu, etc.........*

Quoique l'étang de Capestang soit aujourd'hui très-éloigné de la mer, son rapport de situation avec l'étang de Vendres, sa direction dans le sens de la vallée de l'Aude, la proximité où il se trouvait autrefois de cette rivière, la nature de la vaste plaine qui l'avoisine, et qui est l'égoût de nombre de ruisseaux et d'une quantité prodigieuse d'eaux sauvages, sa qualité d'étang salin qu'il avait encore dans le treizième siècle, enfin, les divers changemens que les plages du Languedoc ont éprouvés par les

---

(1) Ce pont ne subsiste plus depuis près de deux siècles ; mais l'endroit où il était placé, s'appelle encore aujourd'hui par corruption, *Ponserme* : c'est le nom d'un village au bord de l'étang de Capestang.

(2) Voyez cet acte aux notes et pièces justificatives, note XI.

atterrissemens, tout concourt à faire présumer, avec quelque vraisemblance, que l'étang de Capestang, plus prolongé, recevait la rivière d'Aude, et que le littoral de la mer était très-rapproché de cet étang.

L'étang de Capestang n'était élevé, en 1728 (1), que d'un mètre 110 millimètres au-dessus de l'étang de Vendres : dès que la mer est haute, et que la rivière est enflée, ces deux étangs sont de niveau. Un fait, peu important par lui-même, peut indiquer l'origine de cette différence de niveau, et le commencement des atterrissemens qui tendent à le maintenir. A la suite des vents du sud, qui sont très-violens, il n'est pas rare de voir les graux obstrués par les sables, et les terres du voisinage inondées par les étangs, dont la surface reste supérieure à celle de la mer, lorsqu'elle reprend son niveau. Pour faire cesser l'inondation, les propriétaires riverains sont obligés d'attaquer la barre, qui s'est formée entre la mer et les étangs. Après la rupture de cette barre, les eaux que les vents avaient fait refluer, s'écoulant avec force par une issue étroite, rétablissent les ouvertures des graux, à-peu-près dans l'état où elles étaient auparavant. Si un étang était obstrué, et qu'il reçût, comme celui de Capestang, une quantité prodigieuse d'eaux courantes et d'eaux sauvages, on y verrait de suite s'établir un niveau, de beaucoup supérieur à celui qu'il avait, et conséquemment à celui de la mer ; et les atterrissemens faire des progrès de part et d'autre de la digue de barrage, par les dépôts des eaux affluentes, et par ceux qu'amènent les mouvemens de la mer vers les côtes.

La surface de l'étang de Montady est de 430 hectares 81 ares.

---

(1) Je me sers d'anciennes observations, faute d'observations récentes ; mais les premières suffisent pour mon objet.

Pour opérer le dessèchement de cet étang, on a formé, dans la partie la plus basse, un réservoir circulaire, appelé *redondel*, auquel viennent aboutir, en rayons, dix fossés qui ont tous leur pente vers ce réservoir. Les eaux de l'étang qui tendent à se réunir dans cette espèce de bassin, s'en écoulent au moyen d'un grand fossé, qui les porte en ligne droite à l'entrée d'un aqueduc. Le bassin, dit *redondel*, les fossés et les chemins occupent une surface d'environ deux hectares.

L'aqueduc de Montady procure l'écoulement des eaux de l'étang du même nom vers l'étang de Poilles, en traversant la montagne d'Encerune, qui sépare les deux étangs; il est situé à 15 mètres 592 millimètres au-dessous du Canal; la distance en ligne droite d'un étang à l'autre, est de 3500 mètres.

Cet aqueduc est construit à la sappe; son ouverture, à l'entrée et à la sortie, est soutenue par deux piédroits et une voûte en maçonnerie. Sa longueur est d'environ 1364 mètres; il a un mètre et demi de largeur, et deux mètres à-peu-près de hauteur. Il est tracé à 30 mètres au-dessous de la crête de la montagne d'Encerune, dans un tuf glaiseux, souvent traversé par des bancs horizontaux de coquillages.

Il paraît que, dans la masse même de la montagne d'Encerune, et dans toute la direction de l'aqueduc qui n'était point à ciel ouvert, on avait pratiqué des regards pour retirer les terres provenant des excavations, et les répandre sur les terrains environnans. Ces regards de forme carrée, revêtus en maçonnerie, dont on apperçoit un assez grand nombre placés à peu de distance les uns des autres, eurent par la suite un autre usage: ils furent destinés, comme ils le sont aujourd'hui, à enlever les vases provenant des curages de la rigole d'écoulement.

Au bas du revers de la montagne d'Encerune, et à la sortie de l'aqueduc, une rigole prend les eaux d'écoulement, et les porte dans l'étang de Poilles. Cette rigole est très-sinueuse, et les eaux s'y meuvent avec rapidité ; ce qui fait présumer qu'elle a une pente assez forte : dans quelques endroits, son fond est pavé, et ses joues sont soutenues par des murs à demi-revêtement, d'un talus peu incliné.

Les hardis spéculateurs, qui s'étaient proposé le desséchement de l'étang de Montady, avaient aussi en vue l'établissement de plusieurs moulins sur la rigole de fuite : on voit dans l'acte déja cité, qu'ils se firent attribuer à cet effet le privilége exclusif d'employer les eaux de la rigole, ainsi que toutes celles du territoire de Nissan, qui tombaient dans cette rigole.

On a, dans le même canton, un autre exemple de terrains marécageux rendus à la culture. L'étang de Fach, situé dans le territoire de Puisserguier, a été desséché par écoulement, comme celui de Montady, au moyen d'un aqueduc et d'une rigole dont la longueur est d'environ 6000 mètres. L'aqueduc qui commence immédiatement à l'étang, peut avoir 600 mètres de long, et 13 décimètres de large : on découvre sur toute cette longueur une certaine quantité de regards, destinés sans doute au même usage que ceux de l'aqueduc de Montady, mais beaucoup plus rapprochés. La suite de cet aqueduc est une rigole qui, après avoir traversé le Canal sous l'aqueduc de Nostre-Seigné, va se jeter dans l'étang de Capestang. A peu de distance de cet aqueduc, il existe une fontaine portant à un de ses voussoirs le millésime de 1172 : la pierre dont elle est construite, semble, par sa couleur et sa qualité, être la même que celle employée à la construction de l'aqueduc; ce qui donnerait à cet ouvrage une ancienneté de plus de six cents ans ; en sorte que, d'après cette assertion, le dessèchement de l'étang de Fach aurait précédé celui de Montady.

Il paraît que le dessèchement de ce dernier étang a été

dirigé avec beaucoup d'intelligence; car il eût semblé plus naturel de faire écouler les eaux dans la rivière d'Orb, que de les conduire dans un étang situé du côté opposé de la montagne de Malpas, et de les y faire aller à contre-pente. Mais on avait dû voir que, la pente du terrain vers la rivière d'Orb étant peu considérable, la moindre crue de cette rivière ferait refluer les eaux de l'étang, et inonderait le terrain qu'on voulait dessécher, à moins qu'on ne le garantît par des portes de défense. D'un autre côté, cette même rivière charriant beaucoup de sables, l'embouchure du Canal d'écoulement serait souvent obstruée; et le projet, ainsi exécuté, présenterait encore bien des inconvéniens. Au lieu que, de quelque violence que soit le vent du sud, sur les côtes de la Méditerranée, il ne peut produire dans l'étang de Poilles un rehaussement assez sensible, pour que les eaux de l'étang de Montady n'aient pas un libre écoulement; et c'est la seule objection que l'on ait pu faire contre ce projet, tel qu'on l'a mis à exécution. Il n'en serait pas de même, si l'étang de Poilles avait une communication avec la mer; les eaux de la mer refluant dans l'étang, pourraient en élever le niveau de près d'un mètre, et dans ce cas, il gênerait ou arrêterait l'écoulement des eaux de l'étang desséché.

On pourrait alors, comme nous l'avons observé ci-dessus, détruire l'effet du reflux des eaux de l'étang de Poilles par des portes de défense, dont le jeu extrêmement simple est facilement applicable, sur-tout à des canaux d'écoulement qui communiquent à des lagunes. Je crois devoir rapporter un exemple de ces sortes d'écluses, que j'ai eu l'occasion d'observer dans le Frioul vénitien, auprès d'Aquiléia, sur le Canal d'Anfora, qui fait la jonction de la rivière de Natisa avec la mer.

Des terrains immenses à droite et à gauche de l'Anfora, étaient inondés par les crues du Natisa; Marie-Thérèse fit enfermer le Canal d'Anfora entre des digues, et pratiquer des rigoles d'écoulement. Depuis lors, les campagnes environnantes ont été rendues à l'agriculture ; l'air d'Aquiléia est devenu très-sain, et la population de cet endroit, qui n'était que de 400 ames il y a dix ans, s'est portée à 1,200, et augmente chaque jour : tel est le triste état auquel se trouve réduite cette superbe ville qui, par ses monumens, ses richesses et sa population, était appelée la seconde Rome, avant d'être tombée sous les coups du féroce Attila.

On a établi sur ce Canal des portes busquées, pour l'écoulement des eaux. Ces portes n'ont que la demi-hauteur de l'écluse; ce qui reste au-dessous est une fermeture en poutrelles, placées horizontalement dans des rainures. Les portes tournent sur un pivot ; elles sont contenues dans la partie supérieure par une crapaudine, qui s'ouvre dans le milieu de sa hauteur. Le tourillon supérieur est garni d'une virole de cuivre, afin d'avoir moins de frottement : le tout est graissé avec le plus grand soin. Les portes, pressées par les eaux qui affluent des canaux d'écoulement, en s'ouvrant, viennent heurter contre des arrêts saillans fixés dans les bajoyers ; ce qui, tenant les portes écartées des murs, les laisse exposées à l'action des eaux montantes du côté opposé ; et cela arrive toutes les fois que, par l'effet des vents ou de la marée, les eaux s'élèvent dans l'Anfora. A certaines écluses, on a placé une avant-porte beaucoup plus légère, et n'ayant que moitié de hauteur de l'autre, laquelle, recevant l'impulsion du courant, va heurter les volets de la porte principale, et produit le mouvement qui la ferme.

On voit ici qu'on a diminué les résistances pour obtenir la plus grande mobilité, et que la seule différence de niveau qui s'établit alternativement, suivant les circonstances, des deux côtés des portes busquées, en détermine le jeu.

L'angle que forment les deux volets, regarde la mer, afin que les eaux de l'Anfora ne puissent pas refluer sur les plaines desséchées; et c'est le seul objet de la manœuvre que nous venons de décrire.

L'étang de Montady indique la manière dont on dessèche généralement, par écoulement, un terrain inondé : mais on ne voit pas sur quelles règles les entrepreneurs de cet ouvrage ont déterminé la grandeur de l'aqueduc d'écoulement; cet objet est pourtant de la plus haute importance, soit pour la sûreté du dessèchement, soit pour l'économie dans les constructions : l'analyse d'un Mémoire de feu l'ingénieur Lespinasse sur le dessèchement de l'étang de Marseillette, va nous indiquer la méthode qu'il convient de suivre en pareil cas.

Celui des étangs du Languedoc, qui a les rapports les plus immédiats avec la navigation du Canal du Midi, est sans contredit l'étang de Marseillette, situé au pied de la montagne Noire, au-delà de Carcassonne, et dans le voisinage du Canal qui le sépare de la rivière d'Aude. Cet étang n'a aucune issue ; et il reçoit, outre les eaux pluviales qui y tombent directement, et qui découlent des terrains qui l'environnent, celles des ruisseaux d'Aiguesvives, de Saint-Frichoux ou Rescloses, et de Laure, dont la portée permanente est très-petite. Sa surface ordinaire est de plus de 2000 hectares. L'espace occupé par les eaux diminuant d'un sixième par la sécheresse, cette surface se trouve réduite, lorsque l'étang est bas, à 1673 hectares.

On sait, par des observations constantes, que les grosses pluies qui durent 24 heures, et arrivent une et souvent deux fois l'année, élèvent la surface de l'étang de 325, et quelquefois de 433 millimètres, et que par de violens orages, dont les époques sont rares, on a vu l'intumescence se porter à 866 millimètres. En prenant 433 millimètres pour la hauteur de l'accroissement des eaux, et 2000 hectares pour leur base moyenne, il est aisé de voir qu'il arrive dans l'étang, au bout de 24 heures, 8,660,000 mètres cubes; ce qui revient à 100 kilolitres 231 litres par seconde.

Quoique les eaux de l'étang de Marseillette n'eussent point d'écoulement naturel, on avait reconnu pourtant, par des nivellemens bien faits, qu'on pouvait les verser dans l'Aude au-dessus du moulin de Puicherie; ce qui détermine ce point pour seuil de dessèchement. On a même creusé une rigole qui, conduite dans cette direction, passe au-dessous de l'écluse de l'Aiguille, et, sous l'aqueduc de ce nom, fait traverser aux eaux de l'étang, le cours du Canal.

D'après ces données, voici la question que se propose Lespinasse, question qu'il est indispensable de résoudre dans tous les cas pareils.

Connaissant la pente, depuis l'embouchure des ruisseaux dont le concours, avec les pluies qui tombent sur l'étang et terres adjacentes, produit le volume connu des eaux stagnantes, jusqu'à la rivière d'Aude, seuil du dessèchement, et connaissant d'ailleurs la distance qui sépare de la rivière, les embouchures de ces ruisseaux; déterminer les dimensions d'un Canal de dessèchement, dont l'effet soit de vider les eaux, à mesure qu'elles arrivent dans l'étang, et de garantir de toute nouvelle submersion le sol de cet étang, une fois desséché.

Il paraît qu'avant Lespinasse, le problème du dessèchement de l'étang de Marseillette, qui avait fixé l'attention dès 1628, n'avait jamais été conçu nettement. Garipuy, qui s'en était spécialement occupé, avait proposé des moyens très-insuffisans pour une telle opération : il supposait que l'aqueduc actuel de l'Aiguille était capable de vider les eaux de cet étang; les calculs de Lespinasse prouvent combien cette hypothèse est éloignée de la vérité.

La pente générale, depuis les embouchures des ruisseaux jusqu'au-dessus du moulin de Puicherie, sur la rivière d'Aude, est de 5 mètres 360 millimètres; et en faisant aboutir le Canal de dessèchement au-dessous de la digue, la pente augmente de 1 mètre 834 millimètres, ce qui représente, avec assez de justesse, la hauteur du refoulement des eaux par les crues de l'Aude; en sorte que, suivant Lespinasse, on peut prendre 5 mètres 360 millimètres, pour la pente qui reste à l'écoulement libre des eaux.

La surface de l'étang, et du terrain qui y porte directement ses eaux, étant d'environ 2665 hectares 62 ares, tandis que la surface du sol qui verse les siennes dans les trois ruisseaux, est de 4798 hectares 79 ares, ces surfaces sont dans le rapport approché de 5 à 9. C'est donc dans ce rapport, que la largeur des sections réunies des trois ruisseaux doit être augmentée, pour donner celle de la section qui viderait les eaux des grosses pluies à la tête de la rigole : cette largeur serait par-là de 15 mètres 159 millimètres.

La distance de l'embouchure des ruisseaux à l'entrée de la rigole actuelle, est de 3900 mètres; et la pente dans cette étendue se trouvant de 2 mètres 753 millimètres, les eaux des ruisseaux qui versent dans l'étang, couleraient séparément sur une pente de 706 millièmes de millimètre par mètre, jusqu'à leur réunion en un seul corps d'eau, et conséquemment, en vertu de cette pente totale, avec une vitesse de 7 mètres 346 millimètres par seconde. On ne saurait donc les considérer comme y arrivant avec une vitesse trop grande, si cette vitesse est réduite à 3 mètres 180 millimètres. Au surplus, ces nouveaux ruisseaux, à raison de leur forme régulière, de la direction et de la brièveté de leurs cours jusqu'à leur confluent, opposeraient peu d'obstacles au mouvement des eaux, et ne pourraient en altérer sensiblement la marche.

Cette vîtesse devrait s'accroître dans le confluent, si le lit de celui-ci avait une capacité égale à la somme des capacités particulières de ces ruisseaux, puisqu'elle obtiendrait nécessairement une accélération notable, par l'effet de la réunion de quatre corps d'eau en un seul, ainsi que la théorie, d'accord avec la pratique, ne permet pas d'en douter (1); car les obstacles aux cours des eaux étant moins multipliés, par rapport au volume des eaux réunies, que par rapport à leur volume divisé, l'écoulement en serait plus libre, et par conséquent la vitesse plus grande.

Le lit commun aurait la même pente que celle des affluens, c'est-à-dire, 706 millièmes de millimètre par mètre : la distance du point de réunion à l'aqueduc de l'Aiguille étant de 1261 mètres, la pente totale auprès de cet aqueduc serait de 3 mètres 643 millimètres; la vîtesse des eaux, d'après la théorie, de 8 mètres 450 millimètres, et plus vraisemblablement, d'après l'expérience, de 4 mètres 873 millimètres ; et en supposant que la hauteur des eaux qui arriveraient près de cet aqueduc, fût de 1 mètre 733 millimètres, il reste à déterminer quels devraient être les diamètres des arches de l'aqueduc, pour donner passage au volume de 100 kilolitres 231 litres par seconde, dont nous avons parlé plus haut, sans qu'il éprouvât des obstacles sensibles.

Nous avons dit que la hauteur des eaux réunies auprès de l'aqueduc, serait de 1 mètre 733 millimètres; en effet, sous la pente de 706 millièmes de millimètre par mètre, et une vîtesse de 3 mètres 180 millimètres par seconde, le lit des ruisseaux

---

(1) Voyez dans le tome 2 des Mémoires de l'Académie de Toulouse, page 115, un Mémoire de Lespinasse *sur la jonction et la séparation des rivères*.

ayant 5 mètres 197 millimètres de largeur réduite, et leurs portées étant du quart de volume total, c'est-à-dire, de 25 kilolitres 58 litres par seconde, on aurait, pour la hauteur des sections, 1 mètre 516 millimètres; ajoutant 217 millimètres pour l'effet de leur réunion, et celui du remoux, la hauteur totale de la section près de l'aqueduc, serait de 1 mètre 733 millimètres.

Comparant cette hauteur de 1 mètre 733 millimètres avec la vitesse des eaux, estimée de 4 mètres 873 millimètres par seconde, on aura évidemment, pour la largeur de la section, 11 mètres 868 millimètres, et pour sa surface, 20 mètres carrés 567 millièmes.

La section de l'eau sous l'aqueduc doit avoir au moins cette surface: et comme le niveau général de la pente établit le radier à 1 mètre 949 millimètres au-dessous de la clavade, si l'on voulait que les arches fussent à plein cintre, on voit qu'elles auraient 3 mètres 898 millimètres de diamètre, comme celles de l'aqueduc actuel. Dans ce cas, chaque ouverture serait de 5 mètres carrés 967 millièmes, dont les eaux occuperaient 5 mètres carrés 539 millièmes, toutes les fois qu'elles s'élèveraient à 1 mètre 733 millimètres au-dessus des diamètres; et par conséquent, l'aqueduc ne devrait pas avoir moins de quatre arches. Mais rien n'oblige à donner à tous les cintres la courbure du cercle : il sera plus avantageux et plus économique de ne placer des ouvertures circulaires, qu'aux deux extrémités du pont, et de mettre dans l'intervalle une ouverture elliptique de 7 mètres 796 millimètres de grand axe, pour qu'elle soit équivalente à deux ouvertures circulaires. Cette disposition permet, aussi bien que la première, de conserver l'arche de l'aqueduc actuel, et satisfait pleinement à toutes les conditions.

Les détails dans lesquels nous venons d'entrer, sont plus que suffisans pour faire voir de quelle manière on peut, dans tous les cas, déterminer l'ouverture des aqueducs, pour la prompte évacuation des eaux d'un Canal d'écoulement.

Quant à ce qui concerne le projet de dessèchement de l'étang de Marseillette, considéré en lui-même, nous observerons que les calculs de Lespinasse reposent sur un fait qui a besoin de quelque explication. La hauteur du plus grand refoulement des eaux, ne se bornerait pas à 1 mètre 83 centimètres, comme l'a supposé cet habile ingénieur. La rivière d'Aude, pendant ses crues, s'élève souvent de 6 et quelquefois de 7 mètres; et en 1772, elle entra dans l'étang de Marseillette : elle doit donc recouvrir, au moins de 1 mètre 181 millimètres, et quelquefois de 2 mètres 181 millimètres, la clavade de l'aqueduc de l'Aiguille, qui, d'après un nivellement récent, n'est supérieure, du côté de la fuite, que de 4 mètres 819 millimètres, au niveau des eaux de la rivière dans leur état ordinaire, sous la chaussée du moulin de Puicherie.

D'après ce qui vient d'être dit, il peut arriver une des trois choses suivantes : le courant des eaux de l'Aude surmontera celui des eaux de l'étang, ou ce dernier courant vaincra le premier, ou ils se détruiront l'un et l'autre dans la rigole de l'Aiguille ; dans tous les cas, il s'ensuivra de très-graves inconvéniens. En supposant la circonstance la moins défavorable, qui est celle où le courant, produit par les eaux de l'étang, se fera un passage à travers le regonflement de la crue de l'Aude, il doit nécessairement en résulter une diminution dans la vitesse de ce courant, une plus longue submersion des terres desséchées, et l'atterrissement ou envasement des ouvrages creusés pour l'opération du dessèchement.

On ne conclura pas de toutes ces assertions, que le dessèchement est impossible ; mais que l'opération qu'il exige, est de nature à entraîner avec elle tant d'inconvéniens et de dépenses, qu'il serait préférable d'en rejeter l'idée : il paraîtrait plus avantageux de remplacer cette dernière par le projet sur la transformation de l'étang en réserve d'eau, qui réunirait les moyens d'assainir ses bords, d'alimenter le Canal du Midi dans des cas de pénurie, et de fournir au système d'irrigation développé dans le chapitre précédent.

Quel que soit le parti qu'on se décide à prendre au sujet de l'étang de Marseillette, on ne pourra se dispenser d'avoir recours au travail de Lespinasse ; travail vraiment précieux, et qui suppose des observations et des expériences suivies avec soin pendant plusieurs années.

Outre l'amélioration des terres par assèchement, il y en a encore une autre qu'on appelle par *accoulin;* elle se pratique en amenant dans l'étang qu'on veut dessécher, des eaux courantes qui charrient des troubles. Ces eaux y déposent peu à peu des sédimens qui élèvent le fond du bassin, et le mettent insensiblement au niveau des terres environnantes; alors on les détourne, ou bien on leur laisse un lit dans leurs propres alluvions. Le bassin de Naurouse s'est comblé par les dépôts successifs des eaux qui arrivaient de la montagne Noire, et qui étaient conduites par la rigole de la plaine ; la plupart des étangs maritimes du midi ont diminué de profondeur par la même cause : les Delta de l'Egypte se sont élevés, et se maintiennent au-dessus des inondations ordinaires du fleuve, par les sédimens successifs qu'il laisse à chaque crue. Les Delta de la Hollande, produits des dépôts de la Meuse et du Rhin, ont été conquis sur la mer, qui leur est restée supérieure, et les menace actuellement de submersion. Il en est de même en Italie, des terres qui avoisinent la Basse-Adige et le Bas-Pô, terres inférieures au lit de ces rivières diguées; on tremble, à chaque crue un peu forte, de les voir submergées. Enfin les vallées s'exhaussent sans cesse, parce que, la hauteur des eaux des fleuves restant à-peu-près la même, le fond de leur lit s'élève également ; et tout cela provient des dépôts formés dans les inondations.

Ces effets sont plus considérables qu'on ne pense, sur-tout si l'on fait attention aux circonstances diverses qui tendent à les favoriser. Il a été reconnu que depuis 1607 jusqu'en 1800, le fond du lac inférieur de Mantoue s'était élevé de 233 centimètres, par les alluvions provenant des crues du Pô.

D'après un journal tenu au pont de Plaisance, pendant les campagnes d'Italie de l'an VI, dans l'intervalle de neuf mois, le Pô éprouva six crues, dont les durées totales furent de cent un jours, c'est-à-dire, de plus de trois mois.

Pendant les mêmes campagnes, un orage violent étant survenu aux approches de l'équinoxe, les rivières du Frioul enflèrent prodigieusement : l'orage cessé, les eaux furent écoulées au bout de deux jours au pont de Pinzano, placé au débouché des montagnes; et elles se soutinrent, pendant vingt-huit jours, à la même hauteur, au pont de la Tisana, situé entre les digues qui resserrent le lit inférieur du Tagliamento, parce que les vents venant de la partie de la mer, s'opposèrent à l'écoulement des eaux : que l'on juge conséquemment de la facilité que les dépôts eurent à se former, dans des intervalles aussi longs !

La méthode d'assécher, ou plutôt d'atterrir, les endroits marécageux ou submergés, est très-longue : elle devient, malgré cela, nécessaire, lorsqu'on ne peut pas procurer d'écoulement, ou lorsque la quantité d'eaux affluentes, étant plus considérable que celle qu'on ferait écouler, entretiendrait les terres dans leur état de submersion. L'étang de Capestang, dont il a été question au commencement de ce chapitre, et dont celui de Poilles fait partie, se trouve dans ce dernier cas. Les moyens de vidange de cet étang, dans le vieux lit de l'Aude, sont dans un état d'insuffisance qui demande, outre les dépenses d'entretien, la construction de nouveaux ouvrages. L'étang de Capestang reçoit toutes les eaux, que le Canal d'atterrissement y apporte de l'Aude, une grande quantité d'affluens peu limoneux, tels que la Nauzoure, le roc Caudiez, la rivière de Quarante, les rigoles de Roubioles, de Nostre-seigné, de Capestang, de Saint-Pierre, de Guéri, de Poilles, de Régimon, de l'étang de Montady et autres, les rigoles de fuite de divers épanchoirs, réversoirs, syphons, toutes les transpirations correspondantes du Canal du Midi, et enfin toutes les eaux sauvages et pluviales, qui tombent au loin sur une immense surface de pays, et qui n'ont d'autre récipient que cet étang.

En 1688, M. de Niquet, ingénieur militaire, fit un projet pour joindre le grand Canal à la Robine, au moyen d'un Canal qui devait partir du Sommail, et aller aboutir par cinq écluses, au point de confluence des rivières de Cesse et d'Aude, et qui aurait conséquemment laissé à sa gauche la rivière de Cesse. L'ingénieur Niquet avait, en outre, projeté, à-peu-près dans le même temps, d'atterrir l'étang de Capestang, en y conduisant les eaux troubles de la rivière d'Aude, par un Canal à gueule-bée et en droite ligne, dérivé de l'Aude immédiatement au-dessous de la rivière de Cesse; cette disposition était bien plus conforme aux principes, et beaucoup plus avantageuse, que celle qui a été faite depuis. Sur une étendue de 6818 mètres la pente de ce Canal, depuis la superficie des basses eaux jusqu'à la superficie des eaux de l'étang de Capestang, était, d'après les opérations de Niquet, de 5 mètres 811 millimètres, ce qui faisait 852 millièmes de millimètre par mètre.

Le Canal de Narbonne, tel qu'il existe aujourd'hui, a sa prise d'eau dans la grande retenue, un peu au-delà de l'aqueduc de Cesse; il laisse par conséquent cette rivière à sa droite. A 195 mètres de l'embouchure de ce Canal dans l'Aude, il part de sa rive gauche une rigole qui va se rendre dans l'étang de Capestang. L'entrée de cette rigole est fermée de quinze vannes appartenantes aux pertuis, de quinze épanchoirs placés de trois en trois, à cinq niveaux différens. La hauteur des pertuis est de 19 centimètres, et leur largeur de 98; ces épanchoirs sont placés immédiatement au-dessous de l'écluse de Gaillousti, et dans la retenue d'Aude. L'embouchure du Canal de Narbonne est tournée vers le courant de la rivière d'Aude, pour recevoir les eaux troubles qu'elle porte dans les moindres crues, et les conduire dans l'étang de Capestang pour en opérer l'atterrissement.

Une condition essentielle dans ce cas, c'est que les eaux limoneuses circulent dans les canaux d'atterrissement en grand volume, et sur-tout avec une très-grande vitesse, afin qu'elles ne puissent pas y déposer leurs troubles. La courbe de 195 mètres de développement, la direction du Canal d'atterrissement presque perpendiculaire à la tangente de cette courbe, la position latérale des épanchoirs, la largeur des piles qui les séparent, tendent à ralentir considérablement la vitesse des eaux, et occasionnent, comme nous l'avons déjà remarqué, l'envasement de la bouche du Canal d'atterrissement, et le comblement de ce Canal; ce qui doit reculer beaucoup l'époque où sera desséché l'étang de Capestang. Il faut observer de plus, que l'entrée du Canal d'atterrissement est en même temps l'embouchure du Canal de navigation.

Les curages du Canal d'atterrissement ayant été négligés, il en résulte que le déblai à faire immédiatement à la suite de l'épanchoir, et qui était d'environ 1 mètre 137 millimètres, en 1788, s'est trouvé porté, en 1802, à plus du double. Cet exhaussement doit nuire à l'effet de la retenue d'Aude dans toute sa longueur, dans le bassin vis-à-vis de l'épanchoir, et même dans le sas de l'écluse contiguë, où les atterrissemens s'entretiennent inégalement de 650 à 975 millimètres au-dessus du lit naturel du Canal, malgré les chasses d'eau et autres manœuvres, attendu l'impossibilité de faire couler avec force les eaux de l'Aude dans le Canal d'atterrissement.

Il est sans doute bien à regretter que cet ouvrage n'ait pas été mieux conçu, et que sa base n'ait jamais été réglée de pente, sur toute sa longueur, depuis les seuils les plus bas de l'épanchoir du Gaillousti. Il est sûr que, malgré ces imperfections, dans l'espace de trois ans, à compter du 8 avril 1783, les dépôts occupaient dans l'étang de Capestang un espace de 58 hectares 65 ares, dont 6 hectares 8 ares étaient en culture, et 52 hectares 57 ares avaient acquis un rehaussement réduit de 406 millimètres. Trois ans après, les dépôts se faisaient sentir, au-delà de cette dernière partie, sur un nouvel espace d'environ 45 hectares 58 ares, et une hauteur d'environ 60 millimètres. Cet atterrissement a été depuis perdu de vue; et l'on ne connaît guère que par la voix publique et par l'aisance des tenanciers riverains, les progrès et les produits des dépôts, qui ne peuvent s'effectuer depuis long-temps, qu'avec une lenteur bien faite pour donner des regrets sur l'abandon d'un ouvrage aussi essentiel.

Un objet d'une toute autre importance, et qui dérive des mêmes principes d'amélioration des terres par accoulin, c'est le moyen de faire servir les eaux des crues de la rivière d'Aude à l'exhaussement des plaines de Coursan et de Narbonne, que ses inondations désolent maintenant.

DU CANAL DU MIDI.

Nous avons déjà dit que la rivière d'Aude, sujette à des crues considérables, roulait des eaux très-limoneuses dans la partie inférieure de son cours.

Nous avons dit aussi que la chaussée de Moussoulens dérivait une partie des eaux de l'Aude dans la Robine, et une partie dans le Canal d'atterrissement de l'étang de Capestang, et qu'on avait fait aboutir au-dessus de la même digue, le Canal de Narbonne, qui est un embranchement du Canal du Midi.

Avant les travaux de ce dernier Canal, les eaux de l'Aude n'étaient point resserrées, en amont de l'écluse de Moussoulens, entre cette écluse et le village de Salelles : leur élévation, dans ce point, s'est considérablement accrue, à la suite de la construction des deux retenues inférieures du Canal de Narbonne, savoir : celle de l'Aude, et celle de Gaillousti. Celle-ci, ayant près de 1200 mètres de longueur, a rétréci d'autant l'espace entre le bord droit de l'Aude et Salelles : les ouvrages adaptés depuis encore à l'écluse de Moussoulens, qu'une levée en terre lie aux coteaux du bord droit, ont fait, de cet espace, un étranglement resserré, dont le goulet est à-peu-près de 470 mètres en ligne droite, entre l'écluse et le bâtiment des épanchoirs de Gaillousti.

Les eaux du fleuve, ayant franchi ce détroit, sur la chaussée de Moussoulens, se portent avec impétuosité vers Cuxac ; et après avoir, dans une période d'environ trente ans, pris une direction tortueuse et très-variée, en amont de ce village, leur cours corrodait avec vitesse, depuis quelques années, sa berge droite, et menaçait d'atteindre bientôt et d'emporter le Canal de la Robine, en le rompant dans la retenue de Raonel : un nouveau lit vient de leur être ouvert sur environ 800 mètres de longueur, pour les éloigner de ce Canal.

Le village de Cuxac, sur le bord gauche de l'Aude, est souvent menacé d'en être submergé; la chaussée qui le défend, n'a heureusement jamais été rompue, qu'en dessous de ce village.

Entre Cuxac et Coursan, plusieurs canaux, ouverts sur le bord droit, portent les eaux des crues dans la plaine basse de l'étang salin, qui va se terminer aux étangs du Capitoul et de Gruistan vers le sud; le Canal de Sainte-Marie sur le même bord, et aval de Coursan, a la même direction et le même objet que les précédens.

A quelque distance au-dessous de Coursan, la direction du fleuve a été changée pour en abréger le cours, il y a environ quarante ans, en le rapprochant des coteaux qui bornent son bassin au midi. Ce redressement avait pour objet l'amélioration de la plaine; mais on croit s'appercevoir que, depuis que les eaux ne coulent plus dans leur ancien lit, déjà presque tout comblé, et ne submergent plus le nord de la plaine, ce terrain est presqu'entièrement devenu la proie des sels qui le dévorent. C'est pour qu'on rende à ces eaux leur ancienne direction, ou du moins pour qu'on avise aux moyens de les utiliser pour toutes les parties de cette plaine, que les communes environnantes ont fait, depuis peu, des réclamations qui paraissent avoir été prises en considération par le Gouvernement.

Il semble donc prouvé que les eaux limoneuses de la rivière d'Aude se rendent à la mer, sans aucun avantage pour les terrains adjacens qu'elles devraient fertiliser.

La pente de la rivière d'Aude, depuis le dessous de la chaussée de Moussoulens jusques vers l'étang de Vendres, est très-peu considérable; on la trouve de 161 à 564 millièmes de millimètre par mètre. Depuis le même point jusqu'au pas de Saint-Paul, dont la distance est d'environ 2400 mètres, l'Aude a

78 mètres de largeur; elle s'élève, dans cette partie, de 7 mètres 15 centimètres au-dessus des basses eaux, et seulement de 4 mètres 55 centimètres au port de Coursan; il s'échappe donc plus d'un tiers de ses eaux par les pas de Saint-Paul, de Lastour, et de Jalabert, qui les versent dans l'étang salin, et de-là dans celui de Capitoul, avec tant de rapidité, que la plaine de Narbonne en est ravagée.

Les désordres des inondations de l'Aude sont encore plus considérables, quand il souffle, pendant qu'elles ont lieu, un vent du sud : non-seulement les eaux de la mer, qui s'élèvent alors de 13 décimètres sur la côte, empêchent l'écoulement de la rivière; mais elles refluent dans l'étang, et celles-ci dans l'Aude.

Afin de prévenir les ravages que la rivière d'Aude fait dans les plaines de Narbonne et de Coursan, on a présenté, en différens temps, divers projets, parmi lesquels on doit distinguer celui de Boué en 1710, de Niquet en 1712, de Beauregard en 1714, de Clapiès en 1717, de la Blottière en 1728. Ces projets tendaient tous, à-peu-près, aux mêmes fins; et ils consistaient à aligner le lit et les principaux contours de la rivière d'Aude, à la saigner, et à dériver ses eaux dans quelque étang.

En 1755, une inondation extraordinaire amena la vérification ordonnée par les Etats de Languedoc; elle fut faite par Garipuy, qui crut devoir se borner à proposer le redressement de la rivière d'Aude, sur environ 3900 mètres, depuis Coursan jusqu'à la ferme de la Vernède.

Nous ne voyons pas quel avantage on pouvait retirer de cette rectification de la rivière d'Aude; si ce n'était d'élever le fond de son lit, et conséquemment la hauteur des eaux dans les inondations, ce qui nous semble contraire aux vues de

Garipuy. On sait quels inconvéniens il est résulté des digues et des redressemens dans les rivières d'Italie.

Les Etats eurent le projet, à la même époque, de disposer des crues de l'Aude, pour la bonification des terres voisines de cette rivière, qu'elles recouvrent dans les inondations. Pour citer encore à ce sujet nos premiers maîtres dans l'art de disposer des eaux, pour l'entière formation d'un sol qu'elles ont elles-mêmes créé, je me permettrai de rapporter un passage de mon Mémoire sur le lac Menzaleh, dans lequel j'indique la manière dont j'ai conçu que les anciens Egyptiens avaient dirigé leurs eaux au-dessous de Memphis, pour atterrir et donner à la culture le Delta, compris entre les montagnes de la Libye, et l'arête, qui sépare le golfe de Souez de celui de Gazah.

Avant que le cours du Nil eût été réglé, ses eaux, au sortir des montagnes, se répandaient, comme celles du Pô, sur une grande surface qu'elles inondaient pendant toute l'année. Sésostris réunit les eaux du Nil dans des canaux au-dessous de Memphis, les resserra entre des digues; et de cette manière, forma plusieurs Delta. Mais si les anciens Egyptiens eussent interdit l'entrée des eaux du fleuve à ces Delta, non-seulement, à raison de la nature du climat, ils les auraient privés de culture; mais d'après les principes que nous avons énoncés, au lieu de voir le Nil couler entre les bords qu'il s'est formés, nous aurions un fleuve compris entre des digues factices qui domineraient le sol de l'Egypte: concluons donc que les Delta de l'Egypte ont été formés par des alluvions favorisées par les travaux des hommes (1).

Nous observerons, comme nous l'avons indiqué page 188 du

---

(1) *Mémoire sur le lac Menzaleh*, tome premier, pag. 191, de la collection des Mémoires publiés pendant les campagnes du général Bonaparte en Egypte.

même Mémoire, *qu'il résulte de quelques faits historiques, et des considérations générales sur la topographie du terrain, que le Nil, dans l'origine, coulant le long des collines de la Libye, et frappant, par-là, de stérilité toute la partie du Delta vers l'est, avait dû être d'abord rejeté sur la rive droite, pour pouvoir ensuite, au sortir des montagnes, être divisé en plusieurs cours qui ont formé les sept branches, dont la distribution régulière annonce évidemment le travail des hommes.*

Il suit de ce que nous venons de dire, que le seul moyen d'utiliser les inondations de la rivière d'Aude, est de faire à cette rivière plusieurs dérivations, de border ces nouveaux lits de digues peu élevées qui, dans les inondations, n'empêchent pas les eaux de recouvrir les terres adjacentes ; on verrait alors les crues diminuer de hauteur, le terrain s'exhausser, les étangs salins se combler, et le domaine de la terre ferme s'étendre dans la mer. Les divers canaux d'atterrissement de l'étang salin, dérivés de la rivière d'Aude, entre Cuxac et Celeiran, sont les travaux préparatoires qu'il s'agirait de régulariser, pour leur faire remplir la destination que nous venons d'indiquer.

Le célèbre Brunings, directeur des travaux hydrauliques de la Hollande, et qui a maîtrisé, avec un grand succès, les eaux des fleuves de ce pays, a bien voulu me communiquer quelques résultats des nombreuses expériences qu'il a faites sur la portée comparative des rivières, avant et après leur séparation. En exprimant par 100 la quantité de l'eau du Rhin avant sa séparation, il a trouvé, par exemple, que celle du Vahal était représentée par le nombre 68,3, et celle du Bas-Rhin, par 30,7. La somme de ces deux derniers nombres ne diffère du premier que d'un centième, quantité qui doit être regardée comme très-petite, à cause de la double opération effectuée dans cette circonstance. Ayant donc déterminé d'avance la relation qu'il est nécessaire de laisser subsister entre les sections des récipiens, des affluens et des effluens, à une certaine hauteur des rivières, on peut, au moyen d'ouvrages appropriés à l'objet, parvenir à régler les sections des uns et des autres, suivant cette relation, du moins avec une exactitude suffisante pour la pratique.

Brunings observe, avec raison, que toutes les théories sur la vîtesse d'un courant, simple ou composé, et même les formules empiriques de certains auteurs, ne sont applicables qu'à une rivière régulière, qui ne saurait exister, à cause des résistances infiniment variées que les eaux éprouvent dans leur cours : il s'est donc rapproché des phénomènes, en se servant, pour mesurer les vîtesses des fleuves, d'une machine qu'il a fait construire, sur une première idée, tirée des écrits de Ximénès; et c'est d'après des milliers d'expériences, qu'il est parvenu à déterminer, avec une justesse admirable, les proportions des rivières de Hollande, et à préserver le pays de l'effet terrible de leurs inondations.

Les atterrissemens, leurs causes, leurs effets, sont suffisamment connus et appréciés, pour qu'on puisse les employer facilement, et avec avantage, au dessèchement des terrains inondés, ou à l'exhaussement des campagnes voisines des fleuves, arracher ainsi ces espaces à la dévastation des sels, ou élever leur superficie à mesure que le fond du lit des rivières s'exhausse. Il suffit, dans tous les cas, en plaçant des digues avec intelligence, de retenir assez long-temps sur les campagnes, les eaux des inondations, pour qu'elles puissent y déposer leurs troubles. Les digues, dont le bassin de l'Egypte était traversé perpendiculairement à sa longueur, du fleuve aux collines qui le bordent, avaient le double objet de laisser abreuver plus complètement les terres, et d'obliger les eaux à y déposer un limon réparateur. Au moyen d'épanchoirs, la pente générale de la vallée du Nil favorisait, et favorise encore, dans quelques parties, l'écoulement des eaux.

Les obstacles élevés qui séparent du seuil du dessèchement les terres inondées, semblent apporter à l'écoulement des eaux, des difficultés excessives, ou même insurmontables; mais on sera toujours rassuré et guidé par une considération générale, que nous avons présentée dans le chapitre II; savoir, que les collines suivent dans leur direction et dans leur revers les pentes générales et particulières des bassins dont elles font parties, c'est-à-dire, que leurs bases sont inclinées suivant le plan de pente générale vers la mer, et le plan de pente vers le récipient principal des eaux courantes. Le Canal d'écoulement de l'étang de Montady, dont nous avons parlé plus haut, prouve ce que nous venons d'avancer; car il n'est pas douteux que ce Canal ne se trouve au-dessous du niveau du fond de l'étang, qui est l'endroit le plus bas de la plaine située au nord de la montagne d'Encerune; et cependant les eaux de l'étang s'écoulent sous un aqueduc pratiqué dans cette montagne, et vont se rendre, en apparence par contre-pente, à l'étang de Poilles, placé au sud du côté de la mer. Cette contre-pente est la résultante du plan de pente générale vers la mer, et de celui du revers du contrefort d'Encerune qui regarde le sud-est, ce qui donne à la gouttière, que forment ces deux plans à leur rencontre, une direction oblique à celle des deux plans composans, et, dans ce cas-ci, une direction presqu'opposée à la pente générale de la vallée de l'Aude : je ne puis mieux comparer cette intersection, qu'à celle que forment, autour d'une place fortifiée, les glacis des branches du chemin couvert avec le glacis des faces des places d'armes rentrantes. De quelque manière que les auteurs du dessèchement de l'étang de Montady aient apperçu ce pli du terrain, ils n'en ont pas moins montré beaucoup de sagacité dans le tracé des travaux relatifs à ce desséchement, et nous ont transmis un bel exemple, qu'il serait bien important d'imiter.

Si l'on doutait de l'insalubrité de l'air dans les pays marécageux, il n'y aurait qu'à consulter les registres mortuaires des communes riveraines de ces foyers de corruption : la vue seule des habitans de ces malheureuses contrées, leur teint plombé, leurs figures livides, leur contenance abattue, annoncent assez clairement que, voués à la maladie, une cause aussi puissante que générale mine sourdement leur existence.

La salubrité des eaux et leur distribution est un des objets les plus importans pour l'administration publique. Ce fluide, livré à toute l'énergie de son mouvement et de sa nature dissolvante, dépouille les sommets, ravine les pentes de montagnes, porte le désordre dans les plaines, et finit par se créer lui-même des obstacles vers la fin de son cours. Actif, il contribue à la pureté de l'air; il donne la fraîcheur et la vie aux plantes et aux grands végétaux; il procure aux terres un limon qui les féconde. Privé de mouvement, il se corrompt, se dénature, n'entretient que des plantes grossières, gâte l'air ambiant, éloigne ou fait périr tout être qui respire. Arrêté dans de vastes bassins, il dérobe à l'homme la culture de cette terre si nécessaire à sa subsistance, et ne remplace ses produits que par de faibles bénéfices. En considérant les effets toujours subsistans du désordre des eaux, l'observateur croirait l'art dans l'enfance, le Gouvernement dans la barbarie, l'administration indifférente à tout ce qui tient au bien public : mais heureusement les principes sont connus et tracés, le Gouvernement veut le bonheur des peuples, et l'administration seconde avec zèle ses intentions bienfaisantes.

CHAPITRE IX.

De l'administration du Canal du Midi.

L'ADMINISTRATION du Canal du Midi a pour objets :

Son entretien,
Ses produits,
Et sa police intérieure.

Les divers actes du Gouvernement, à partir du mois d'octobre 1666, avaient pourvu à cette administration :

1°. Par l'adjudication à perpétuité de l'entretien du Canal, en faveur de l'entrepreneur et de sa famille.

2°. Par l'établissement d'un péage sur toutes les marchandises ; *afin*, était-il dit, *d'avoir un fonds perpétuel et certain, et non sujet à divertissement, pour l'entretien du Canal.*

3°. Par l'érection d'un tribunal de justice civile, criminelle et mixte, *pour assurer la conservation des ouvrages, la perpétuité des droits, la liberté de la navigation et du commerce.*

4°. Par l'organisation d'une régie intérieure.

§. I.

Titres primitifs.

En 1660, le projet de jonction des deux mers dans le midi de la France par un Canal de Navigation, fut proposé au Gouvernement.

Un arrêt du conseil du 18 janvier 1663, ordonna l'examen du projet.

Le creusement d'une rigole d'essai, pour conduire les eaux de la montagne Noire au point de partage, fut ordonné le 14 mars 1665. Au commencement de juin de la même année, le roi donna à M. de Riquet la qualité d'entrepreneur général.

Sur le succès de cette rigole, la construction du Canal fut résolue : on dressa le devis pour l'estimation des ouvrages à exécuter, depuis la rivière de Garonne au-dessous de Toulouse, jusqu'à celle d'Aude, proche de Trèbes ; et par arrêt du conseil du premier octobre 1666, il fut ordonné que ces ouvrages seraient publiés au rabais, et adjugés au moins disant.

Le 14 du même mois, la délivrance en fut faite à Riquet pour 3,630,000 francs. Le Gouvernement demeura chargé d'indemniser les propriétaires, des fonds de terre, et les seigneurs, des fiefs.

Peu de jours avant cette délivrance, il parut un édit qui érigeait en fief cette partie du Canal à exécuter, pour être mise en vente, et les deniers en provenant être employés à la confection des ouvrages, ainsi que les produits de divers offices de regrattiers, etc., et du droit de navigation établi sous le nom de *péage*.

Le 7 du même mois d'octobre, arrêt du conseil interprétatif de l'édit, lequel considérant que l'*on pourrait ci-après prétendre lesdits fiefs et péages du Canal être domaniaux*, ordonne que les adjudicataires et leurs héritiers en jouiront en toute propriété, *sans qu'ils puissent être censés réputés domaniaux ni sujets à rachat...... en satisfaisant par eux à l'entretien du Canal à perpétuité.*

Les lettres-patentes expédiées sur cet arrêt, furent enregistrées au parlement de Toulouse le 16 mars 1667.

Le fief, le droit de péage et autres objets mis en vente en

exécution de l'édit, furent délivrés à Riquet le 13 mai 1668, pour 200,000 fr.

Le 23 janvier 1669, Riquet se rendit adjudicataire des ouvrages de l'autre partie du Canal, depuis Trèbes jusqu'à l'étang de Thau, pour 5,832,000 fr., le roi demeurant toujours chargé des indemnités des fonds de terre et des droits féodaux.

Peu de temps après, l'entrepreneur obtint la vente de ce nouveau fief pour une autre somme de 200,000 fr.

Dès que les ouvrages eurent été achevés, reçus, et que le Canal fut en pleine activité, un arrêt du conseil du 26 septembre 1684, régla définitivement le tarif pour le droit de péage; et sur la demande de Riquet Bonrepos, un des fils de Pierre-Paul Riquet, il fut ordonné que, moyennant les droits portés dans ce tarif, Riquet Bonrepos serait *tenu d'entretenir en tout temps, et en bon état de navigation, ledit Canal, écluses, magasins, réservoirs, rigoles, chaussées, etc.*

§. II.

De l'ancien tarif de 1684, et du nouveau tarif de l'an v, qui l'a remplacé.

Il avait paru un premier tarif en 1666, qui établissait le droit du Canal sur la valeur des marchandises; il exigeait de plus un droit de 25 centimes, pour le passage d'un bateau à chaque écluse.

Ce tarif était vicieux; il fut remplacé par celui du 26 septembre 1684, qui a été suivi jusqu'en l'an v; et qui établissait un droit général, équivalent à $2^{centimes},1137076$ pour une étendue correspondante à cinq kilomètres, et pour un poids de cinq myriagrammes de toutes les marchandises, *sauf quelques articles tarifés spécialement, soit en plus, soit en moins, et au cube ou à la quantité.* Le tarif de 1684 cumulait à cette époque, et pour des raisons que nous verrons plus bas, le droit de navigation, qui fut réduit aux deux tiers du droit total, et celui de Nolis, qu'on évalue au tiers du même droit.

L'assemblée législative, après une discussion solennelle, déclara, par une loi du 21 vendémiaire an v, *que les grands canaux de navigation font essentiellement partie du domaine public.*

Elle fit un nouveau tarif pour le Canal du Midi, basé sur l'ancien, pour la simplicité des droits qui n'avaient pas varié depuis 1684, si ce n'était momentanément, durant les dernières années de la dépréciation du papier-monnaie.

Cette loi a augmenté le tarif des droits de navigation, mais l'article IV, qui détermine les bases de ce droit, renferme une erreur considérable qu'il importe de relever.

La dénomination nouvelle des poids et mesures ne se rapporte pas avec les valeurs exprimées par les anciennes dénominations; il reste à décider dans laquelle de ces dénominations la loi doit être entendue.

D'après l'énoncé en nouvelles mesures, le droit de navigation pour une étendue de cinq kilomètres, et un poids de cinq myriagrammes, est fixé à deux centimes; et d'après l'énoncé en mesures anciennes, le même droit serait seulement de $1^{\text{centime}},6539802$.

Le terme qui sert de base à la perception actuelle, est compris entre les deux énoncés, et répond à $1^{\text{centime}},673250$.

A ce taux, la quantité moyenne des transports d'un bout à l'autre du Canal étant annuellement d'environ six millions de myriagrammes, et la longueur totale du Canal de $253\frac{2}{3}$ kilomètres, la perception annuelle s'élève à 1,018,674 fr.; elle se monterait, d'après l'énoncé en nouvelles mesures, de la loi

DU CANAL DU MIDI.

du 21 vendémiaire an v, à la somme de 1,217,600 francs, qui surpasse la précédente d'environ 199,000 francs: il importe de statuer sur une telle différence.

L'augmentation très-peu considérable de ce dernier tarif ne peut nuire au commerce, parce qu'elle laisse toujours au trajet par le Canal, un grand avantage sur la voie de terre, les prix du transport par la première route et par la seconde, étant comme 1 à 6 : en sorte que la facilité, la sûreté et la modicité du prix des transports rendent préférable la voie des Canaux, qui tend d'ailleurs à animer l'agriculture, le commerce et l'industrie.

L'observation d'un siècle a prouvé que les denrées et les marchandises ayant triplé et même quadruplé de valeur, et les droits du Canal étant restés les mêmes, ces droits, tout faibles qu'ils étaient, donnaient encore un produit avantageux, parce que la modicité du prix des transports en augmentait la quantité.

Il suit de-là, qu'il ne faut pas trop élever les droits, pour ne point s'exposer à une diminution dans les produits des transports, parce que le commerce cherche toujours les débouchés les moins dispendieux; et que, lorsqu'il est gêné par des frais extraordinaires, il ne se livre plus à ses spéculations.

L'entrepreneur du Canal, en recevant la propriété de cet ouvrage à charge de l'entretenir, obtint encore la faculté exclusive d'y avoir des bateaux.

La forme du Canal et de ses écluses demandait des bateaux d'un gabarrit particulier, qui, ne leur permettant pas de naviguer sur les rivières, les bornerait au seul service du Canal. Il fallait, en outre, que l'emploi des eaux fût fait avec un ordre et une économie proportionnés aux circonstances, et ne dépendît point du caprice du premier venu qui, passant et repassant à vide, les épuiserait en pure perte.

Ce fut donc par des motifs pris dans la nature de la chose, pour l'aménagement des eaux et le maintien assuré de la navigation, qu'on en rendit maître le propriétaire du Canal; car il fallait que quelqu'un le fût.

Dès que la navigation fut praticable, le propriétaire fit construire des bateaux convenables, conduits par des patrons à ses gages; et les chargeurs payèrent l'équivalent de $2^{\text{cent.}},1137076$ de voiture, par distance de cinq kilomètres et par poids de cinq myriagrammes, selon le tarif de 1684.

Peu d'années après, les transports se multipliant, il se présenta des patrons étrangers qui avaient fait construire des bateaux, à l'imitation de ceux du propriétaire; ils offrirent de se louer eux et leurs barques, pour voiturer à sa décharge, moyennant un certain salaire.

Dans ces commencemens, le lit du Canal se trouvait moins parfait; les eaux étaient moins bien administrées; on passait dans quelques écluses étroites et peu profondes: aussi les bateaux étaient-ils petits, les chargemens de moitié moins pesans qu'aujourd'hui, les voyages plus longs et sujets à plus d'avaries, à cause des accidens plus fréquens; par conséquent la dépense des conducteurs beaucoup plus forte et le gain moindre. D'après ces considérations, le propriétaire, en permettant aux patrons étrangers d'introduire leurs barques dans son Canal, leur accorda verbalement, et sans autre formalité que celle dont on use avec un journalier, un salaire, qui revient à $0^{\text{cent.}},7045692$ par distance de cinq kilomètres et par poids de cinq myriagrammes, et se réserva $1^{\text{cent.}},4091384$ pour les dépenses d'entretien.

Peu à peu, le nombre des barques et des patrons étrangers s'accrut, au point que, leur service devenant suffisant, le propriétaire cessa d'avoir des bateaux à lui.

DU CANAL DU MIDI.

Le tiers du droit total ainsi cédé, était déjà un salaire considérable; mais il l'est devenu bien davantage par le perfectionnement du Canal, qui a rendu les voyages moins longs, et a permis de construire des barques, qui voiturent le double de ce qu'elles transportaient dans l'origine.

L'appât d'un gros bénéfice a fait accroître considérablement le nombre des barques, qui ne s'est plus trouvé en proportion avec les transports à effectuer. Dès-lors le patron ne pouvant aller s'occuper ailleurs, et forcé de solliciter la préférence des chargemens, s'est trouvé dans la dépendance absolue des chargeurs, et a fait des sacrifices sur le tiers du droit que lui avait abandonné le propriétaire. Ce droit de $0^{centime},7045692$, qui de Toulouse à l'étang de Thau, aurait dû rapporter au patron $35^{centimes},75$ par poids de cinq myriagrammes, était réduit à $24^{centimes},125$ par le chargeur; le patron perdait donc $11^{cent.},625$.

La loi du 21 vendémiaire an v, a confirmé la séparation qui existait de fait, mais par une convention tacite, entre le droit de navigation et le droit de voiture, ou nolis, qui demeure libre entre les négocians et les patrons, la loi n'ayant pas cru possible de fixer les traités respectifs de ces derniers d'une manière invariable.

Les barques du Canal du Midi, réduites par leur forme, comme nous l'avons dit, à cette seule navigation, dépérissent, si elles ne sont occupées. Pour qu'elles pûssent toutes travailler, il faudrait que leur nombre fût proportionné au travail moyen; il faudrait qu'à l'époque du moindre travail, elles y participassent toutes en gagnant de quoi s'entretenir; et que, dans les cas urgens, elles pussent pourvoir à la navigation la plus animée. Le nombre de 150 barques paraîtrait plus que suffisant pour remplir ce double objet : en voici la preuve.

La moindre barque du Canal peut charger 8800 myriagrammes ; beaucoup vont à 9800 et au-delà.

La plus longue navigation que puissent faire les barques de Toulouse à Beaucaire, et de Beaucaire à Toulouse, s'exécute en trente jours. On doit observer que la majeure partie des voyages a lieu de Toulouse à Agde, et qu'on peut faire ce trajet, pour l'aller et le retour, en vingt jours.

En partant de ces données, 150 barques naviguant pendant dix mois de l'année, feront, à un mois par voyage, en allant de Toulouse à Agde. . . . . 1500 voyages en charg.

On compte que d'Agde à Toulouse, il ne retourne guère, année moyenne, que les $\frac{4}{10}$ de ce qui part de Toulouse pour Agde ; les retours de ces 1500 voyages ne produiront donc qu'à-peu-près. 600

Total des voyages en allant et venant... 2100

En réduisant à 7000 myriagrammes chaque chargement, le transport total serait de 14,700,000 myriagr.

Si le chargement était de 8000 myriagrammes, ce serait un septième de plus, et pour le total. 16,800,000

Si les voyages se faisaient en 25 jours au lieu de 30, ce serait un cinquième de plus, ou. 3,360,000

Et pour la totalité. 20,160,000

En sorte que 150 barques pourraient voiturer, par le Canal et par les étangs, plus de 20 millions de myriagrammes chaque année, dans l'espace de dix mois ; et cela excède de moitié ce que peut demander le commerce le plus actif.

Le transport moyen d'une extrémité à l'autre du Canal, peut être fixé à six millions de myriagrammes : 150 barques l'effectueraient donc facilement ; et si l'on payait 25 centimes par poids de 5 myriagrammes, le salaire s'élèverait à 2000 fr. pour chaque barque.

Ce gain est suffisant pour trouver l'intérêt à 10 pour cent du prix de la barque, estimée d'achat 4000 francs, pour fournir aux réparations et aux agrès, pour nourrir le patron et ses aides pendant cinq ou six voyages, et pour avoir 600 francs de reste. On ne comprend pas dans cette évaluation le petit commerce personnel, qui ne manque jamais d'avoir lieu.

Le moindre transport, qu'on puisse supposer par le Canal du Midi, d'après les résultats d'une longue expérience, est de quatre millions cinq cent mille myriagrammes, qui, à raison de 25 centimes les cinq, font 225,000 francs pour les 150 barques, ou 1500 francs pour chacune. Ce travail, tout médiocre qu'il est, les soutiendrait pour attendre une bonne année, qui remet au niveau des bénéfices raisonnables.

Le nombre des barques réduit et fixé à 150, paraîtrait donc suffisant, pour assurer constamment la navigation du Canal du Midi.

Nous avons dit que le travail le plus animé d'un bout du Canal à l'autre, était de dix millions de myriagrammes, le moyen de six millions, et le moindre qu'on puisse supposer, de quatre millions cinq cent mille myriagrammes. On peut inférer, de ces différentes données, que le Canal voiture, année commune, entre Toulouse et Agde, pour l'allée et le retour, six millions de myriagrammes, qui coûteraient six millions de frais de voiture, à raison de cinq francs les cinq myriagrammes, prix le plus bas qu'on puisse supposer aujourd'hui, vu l'état des routes et les barrières.

Ces six millions de myriagrammes, voiturés par le Canal, ne reviennent, d'après le prix réglé par le nouveau tarif, qu'à 1,318,674 francs, d'où il résulte une économie de 4,681,326 fr. par an, dont la plus grande partie tourne au profit des propriétaires des terres, parce que les denrées sont le principal objet des transports du Canal.

On ajoutera encore à cette observation, que la voiture par terre coûterait vraisemblablement la moitié en sus du prix auquel elle est portée, sans la concurrence du Canal.

En réunissant le droit actuel de $84^{\text{centimes}},89$ par poids de cinq myriagrammes pour toute la ligne de navigation, avec le nolis du patron estimé à 25 et même à 30 centimes, tel qu'il peut être dans un temps de travail, le prix du transport de cinq myriagrammes de marchandise sera donc de 1 franc 14 à 15 centimes; il n'y a pas de Canal en France dont la voiture soit à meilleur marché, ni même de rivière, à distance égale de route.

Par exemple, les transports par la Garonne, de Toulouse à Bordeaux, trajet à-peu-près de même longueur que le Canal, coûtent 1 franc dans les temps favorables; ils s'élèvent jusqu'à 1 fr. 50 cent., lorsque les eaux sont basses. En remontant, le plus bas prix est de 1 franc 75 centimes à 2 francs; il s'élève quelquefois jusqu'à 3 francs 50 centimes. Les deux voyages réunis durent une vingtaine de jours, c'est-à-dire, le même temps qui est employé à parcourir la ligne du Canal, en allant et en revenant : d'après les données ci-dessus, on peut évaluer le prix moyen de cinq myriagrammes, par la Garonne, à 2 francs, ce qui est presque le double de celui qu'il coûte sur le Canal du Midi.

§. III.

De l'ancienne Régie.

Les actes du Gouvernement, depuis 1666, avaient pourvu à l'administration de la régie intérieure du Canal du Midi, par l'institution de sept directeurs (ingénieurs particuliers) pour la conduite des travaux et des affaires, et de douze gardes pour veiller à la conservation des ouvrages et au maintien du bon ordre.

La juridiction était érigée en châtellenie assimilée aux amirautés et aux sénéchaussées. Le Canal était inspecté, chaque année, par un agent du Gouvernement : il l'était aussi par un agent de la province, qui en rendait compte dans le plus grand détail à l'assemblée des Etats.

Cette tournée avait pour objet, de s'assurer de l'exécution du bail consenti par les propriétaires, de veiller aux intérêts des riverains, et d'aviser aux moyens d'arranger les affaires contentieuses, qui pouvaient survenir entr'eux et les propriétaires, à l'occasion des projets d'ouvrages relatifs à l'amélioration ou au complément du Canal. Cette vérification portait, quant à l'écoulement des eaux, sur l'entretien des contre-canaux, et des rigoles d'entrée et de sortie des aqueducs, et sur les obstacles qui pouvaient être causés par certains ouvrages du Canal, aux rivières ou ruisseaux qui le traversent, d'où provenaient des inondations funestes aux héritages voisins.

L'organisation intérieure de la régie fut laissée aux soins intéressés de la famille adjudicataire.

Le personnel de cette organisation consistait :

Dans un directeur général (ingénieur en chef) pour les travaux et les affaires ;

Un receveur général pour l'exploitation des revenus ;

Un procureur fondé, qui représentait les propriétaires dans tous les actes publics;

Et à diverses époques, dans un contrôleur général, ou contrôleur ambulant, dont l'office était de seconder les chefs par une surveillance active, directe, et en quelque sorte journalière.

Il résultait de cette organisation, une espèce de conseil d'administration auprès des propriétaires, qui recevait leurs décisions, et les transmettait, pour être exécutées, aux sept directeurs établis par l'édit de 1666.

Les directeurs avaient sous eux des contrôleurs, considérés comme élèves ou adjoints, pour les seconder journellement; ils prenaient en outre des contrôleurs extraordinaires pour les travaux pendant le chômage.

Les propriétaires établirent de plus, dans chacune des sept divisions de la ligne navigable, et aux résidences de Toulouse, Castelnaudary, Foucaud près de Carcassonne, le Somail, Béziers et Agde, un bureau pour les expéditions, les recettes et les paiemens.

Chaque bureau était composé d'un receveur, d'un contrôleur et d'un visiteur.

Le receveur était en même temps payeur et l'économe des revenus.

Le contrôleur, chargé d'assister le receveur dans son travail, était vérificateur des opérations du bureau. Il devait, pendant la campagne, être présent aux réceptions des ouvrages, et surveiller les ateliers qui lui étaient confiés par le directeur.

Le visiteur vérifiait les chargemens et connaissemens; il secondait les premiers employés dans les opérations de l'intérieur du bureau, et servait pendant le chômage au contrôle des travaux.

Les gardes établis par l'édit, étaient répartis, de manière qu'il y en avait toujours un en résidence auprès des bureaux.

Si l'on ajoute à tous ces employés autant de gardes particuliers, qu'il y a de corps d'écluses, d'épanchoirs, réservoirs et autres ouvrages d'art, et de plus, six gardes ambulans, qui avaient été ajoutés aux douze créés par le premier édit, on aura la totalité du personnel de la régie du Canal.

Tous les gardes et éclusiers, autres que les gardes créés par l'édit, étaient commissionnés par les directeurs, et révocables par eux.

D'après cette organisation, le directeur réunissait, dans chaque division, la principale correspondance avec les chefs, formant le conseil d'administration du Canal, qui résidaient à Toulouse, et y avaient leurs bureaux.

Régie particulière de la barque de poste. — Le fruit de l'économie des propriétaires, dirigé vers l'augmentation des revenus futurs, consistait dans le produit de la barque de poste, dans celui provenant de la culture des francs-bords, et dans le fermage des usines.

Avant l'année 1766, ces objets livrés à une régie malentendue, étaient d'un très-faible rapport.

Les revenus de la barque de poste, qui à cette époque rendaient à peine 8400 francs, affermés depuis aux sept directeurs, en représentation d'une partie de leurs honoraires, furent portés à 24,000 francs.

La régie de la barque de poste consiste dans l'entretien et la reconstruction de 36 bateaux, destinés au transport des voyageurs et de leurs effets, de Toulouse à Agde. Comme il y a trois écluses simples et vingt-deux multiples, dans lesquelles on a jugé à propos de ne point passer, soit pour gagner du temps ou pour économiser l'eau, il avait fallu une quantité plus considérable de ces voitures.

Cette administration exigeait un certain nombre de chevaux, de postillons, de patrons pour les conduire, et d'employés pour percevoir les droits.

Il n'y avait que deux contrôleurs et deux receveurs ambulans, attachés spécialement à cette régie ; ils correspondaient avec le receveur général qui en était chargé particulièrement.

Le droit sur les hardes avait été depuis long-temps cédé aux patrons.

Les auberges du Canal n'étaient d'aucun produit pour la régie.

A la fin de l'an deux, la régie de la barque de poste a cessé d'être au compte des directeurs ; elle pourrait, sans inconvénient, être liée aux autres parties de la régie du Canal, et soumise au régime commun.

Le bien du service exigerait qu'on établît sur ces voitures une chaîne non interrompue de contrôleurs, qui seraient très-utiles pour la surveillance des différentes parties de la régie, et le maintien de la police.

A la même époque de 1766, les francs-bords du Canal, qui avaient été cédés à vil prix, c'est-à-dire, pour 5600 francs, furent mis en régie économique. Après leur restauration parfaite, et pendant treize ans d'une pareille administration, les produits se trouvèrent élevés à 20,000 francs.

Les moulins à blé acquirent aussi une plus forte valeur, soit par une meilleure administration, soit par l'augmentation de prix du blé, qui porta leur produit à 24,000 francs.

Exécution des travaux. — Dans le système de propriété d'un ouvrage public, qui doit trouver en lui-même les ressources pour son entretien, l'économie ne consiste point à chercher à se procurer les meilleurs marchés pour l'exécution des ouvrages; mais à prodiguer les moyens qui peuvent assurer leur solidité et leur durée, à prévenir les accidens majeurs, et conséquemment les grandes dépenses, par l'attention la plus suivie à l'entretien journalier, et enfin à obtenir, autant que la bonne exécution le peut permettre, la célérité dans les travaux, surtout lors des accidens imprévus, afin de suspendre le moins de temps possible le mouvement productif de la navigation.

D'après ces principes, le mode d'adjudication au rabais était rejeté par l'ancienne administration. La régie fournissait les matériaux les plus importans à la solidité des ouvrages.

Elle avait à Castelnaudary un entrepôt de tous les bois nécessaires pour les constructions.

Les avantages reconnus de cet entrepôt avaient donné l'idée d'en former de pareils pour la pierre, à Trèbes et à Agde. Il eût résulté de cette disposition, à Trèbes, l'élargissement de la partie du Canal, où la voie d'eau est tracée dans le roc sur une trop petite largeur; et à Agde, l'exploitation des carrières, dirigée d'après le projet intéressant de faire déboucher le Canal dans la rade de Brescou.

Il existait, pour la construction des travaux, un devis général instructif qui était imparfait; il s'était trouvé changé presqu'en entier par les modifications qu'il avait subies.

Voici de quelle manière on avait procédé depuis, à la formation et à l'exécution des projets annuels.

Les projets de dépenses dressés par les ingénieurs particuliers, étaient décidés sur les lieux, dans la tournée que l'ingénieur en chef faisait tous les ans, après l'ouverture de la navigation.

Ces projets étaient très-détaillés; et l'on y joignait les dessins suffisans pour les nouveaux ouvrages.

Après qu'ils avaient été vérifiés et rédigés par l'ingénieur en chef, les propriétaires les décidaient, et arrêtaient les dépenses.

Les états, ainsi arrêtés pour l'année, revenaient, six mois avant le chômage du Canal, à l'ingénieur en chef, qui en délivrait des extraits certifiés aux sept ingénieurs particuliers.

Chaque ingénieur les détaillait à ses entrepreneurs et chefs d'ateliers, par des dessins et des instructions.

Un double de ces extraits et instructions était délivré aux contrôleurs des travaux.

Les fonctions de ces contrôleurs étaient de surveiller tous les détails de l'exécution, de faire peser et mesurer les matériaux et les effets fournis par la régie, et de tenir un journal de la main-d'œuvre.

L'ingénieur particulier prenait un double de ces journaux et contrôles, et les vérifiait ; il était, autant que possible, présent aux mesurages ; et s'il y avait quelque atelier considérable, il y établissait sa résidence.

L'ingénieur particulier était autorisé à pourvoir, sans délai, aux réparations imprévues ; il rédigeait tous les états de toisés, d'après ses propres notes et les journaux des contrôleurs signés des entrepreneurs. Ces derniers, choisis par lui, étaient à ses ordres, pour la solidité et la célérité à mettre dans l'exécution des ouvrages.

Les ateliers du Canal étaient privilégiés sur tous les ouvrages publics, pour se procurer les ouvriers nécessaires ; et en cas d'urgence, on pouvait requérir ceux employés chez les particuliers.

Les contrôleurs étaient payés par honoraires fixes, et les piqueurs à la journée.

L'ingénieur particulier, étant regardé comme responsable du

succès des ouvrages, avait le droit de choisir les entrepreneurs, les chefs d'ateliers, les piqueurs et les contrôleurs.

L'intérêt de famille étant devenu le principal véhicule de cette régie, le système d'hérédité s'étendait pour les emplois, jusqu'aux entrepreneurs et aux éclusiers.

Mode de paiement. — Toute dépense devait être préalablement autorisée, sauf le cas des accidens imprévus.

Aucun état de dépense ne pouvait être ordonnancé sans le certificat d'un contrôleur; et aucun ne pouvait être payé, sans le mandement ou l'ordonnance de l'ingénieur particulier.

Pour qu'une pièce comptable fût allouée, il fallait qu'elle fût revêtue du certificat d'un contrôleur des travaux, du mandement ou ordonnance de l'ingénieur, du vérifié d'un des employés du bureau de la recette, avec la quittance de la partie prenante; ou *le vu à payer* d'un contrôleur, d'un piqueur de l'atelier, ou de tout autre employé de la division, pour l'acquit des états de journées.

Ces formalités n'étaient point exigées pour les traités authentiques.

Le receveur était tenu de faire les paiemens individuellement, et par lui-même.

Les à-comptes étaient acquittés sur l'ordonnance et la responsabilité de l'ingénieur directeur des travaux.

On rapportait les à-comptes sur l'état définitif.

Les entrepreneurs n'étaient soldés, qu'après l'arrêté et la vérification du compte général de l'année.

La reddition de ce compte était accompagnée de dessins, de pièces justificatives, et de tous les détails nécessaires. Il était envoyé à l'ingénieur en chef, qui le vérifiait avec le plus grand soin. Lorsque les erreurs, s'il y en avait eu, étaient corrigées, on arrêtait les décomptes de chaque entrepreneur; on expédiait ensuite un mandement général ou ordonnance, signé de l'ingénieur en chef, de l'ingénieur particulier, du contrôleur général, et qui était soldé par le receveur de la division.

Les comptes de chaque division formaient les pièces justificatives de la dépense générale.

Chaque ingénieur particulier était obligé de joindre à son état général de l'année, un état de comparaison de la dépense projetée avec la dépense effective, article par article.

Perception des droits de navigation et des autres revenus. — Dans l'ancienne administration, comme dans la nouvelle, les nolissemens étaient libres; le patron et la barque répondaient du paiement des droits du Canal.

Le patron déclarait la marchandise au bureau de la recette; le visiteur sondait le chargement pour vérifier la déclaration; le receveur expédiait et donnait un passavant, sans lequel on n'aurait point ouvert la première écluse.

Les garde-écluses retiraient les passavants, et les portaient tous les mois au bureau de la recette, où ils étaient comparés avec le nombre des expéditions qui avaient eu lieu.

Les chargemens ayant pu s'accroître ou diminuer en route, la vérification en était répétée à chaque bureau intermédiaire; elle était renouvelée au dernier; et au plus tard dix jours après le déchargement des marchandises, le patron était tenu d'effectuer le paiement des droits du Canal.

Les opérations des bureaux se correspondaient et se vérifiaient mutuellement.

Ordre de la comptabilité. — Chaque mois, les receveurs particuliers envoyaient au bureau de la recette générale l'état des droits perçus et des revenus recouvrés, la note des chargemens expédiés, et un état de situation de la caisse, qui devait s'accorder avec les états de recettes et de dépenses, constatés par l'ingénieur particulier, et le contrôleur.

D'après les états de situation de chaque caisse particulière, le receveur général ordonnait les mouvemens de fonds relatifs à l'état arrêté pour les dépenses.

Il résultait de ces dispositions, que le service était toujours assuré, qu'il n'y avait point de stagnation de fonds, et que la variété de recettes et des dépenses entre les divisions, était régularisée par les versemens d'une caisse dans l'autre, suivant les besoins.

§. IV.

Des changemens apportés à la régie du Canal du Midi par la loi du 21 vendemiaire an V, et l'arrêté du directoire exécutif du 9 brumaire an VI.

Nous avons déjà vu que la loi du 21 vendemiaire an V a établi en principe, que les grands Canaux de navigation font essentiellement partie du domaine public. En créant pour le Canal du Midi un conservateur, un ingénieur en chef, sept ingénieurs et des gardes en nombre suffisant, mais indéterminé, la loi du 21 vendemiaire semble avoir voulu conserver, dans le même esprit, les élémens de l'administration du Canal, que l'édit de 1666 avait constituée.

Cette loi a confirmé la liberté du nolissement, augmenté les droits du Canal; et elle ne porte aucun obstacle au système d'une adjudication à perpétuité de son entretien.

L'arrêté du Gouvernement du 9 brumaire an VI, d'après les considérations les plus frappantes et les mieux développées, détermine en faveur de la régie, la préférence qui lui est due sur toute espèce de ferme : il reste à examiner quel est le meilleur mode de régie.

La régie propriétaire réunissait de grands avantages. Le principal de ces avantages, dans le sens de l'édit de 1666, était la garantie des fonds, destinés à l'entretien du Canal, exclusivement à toute autre destination. Ce qui en revenait aux propriétaires, n'était que le profit légitime d'une régie économique, et le bénéfice d'une entreprise, qui n'avait été calculé que sur la prospérité future d'un commerce qui n'existait pas, et que peu de têtes osèrent à cette époque concevoir comme probable.

La construction du Canal du Midi fut regardée comme problématique, même par la plupart des gens du métier. On voit, dans le recueil des séances des Etats-Généraux du Languedoc, des discours en réponse aux demandes des commissaires du Gouvernement, où l'on exprime des doutes sur le succès de cette entreprise, et où l'on fait considérer la prévention générale établie dans tous les esprits, comme une raison suffisante pour suspendre les travaux, et cesser de jeter au hasard les fonds de la province.

Nous avons dit que la régie propriétaire réunissait de grands avantages, et qu'une régie à terme rentrait dans le système des fermages qui doit être proscrit : il faut donc une administration qui se rapproche de la forme de la régie propriétaire, pour la surveillance, l'entretien et l'amélioration du Canal, et qui conserve au Gouvernement toute son action sur ses produits, parce que le Gouvernement doit connaître et pouvoir régler à son gré, suivant le besoin des circonstances, l'emploi des différentes perceptions qui composent le revenu de l'Etat.

Il est pourtant essentiel que les fonds, pour un pareil ouvrage, soient constamment assurés ; et cela devient indispensable pour le maintien de la navigation et pour l'économie.

Les nouvelles relations de la régie du Canal divisent son action, et ralentissent ses mouvemens. Elle dépend, sous le rapport des travaux, du Ministre de l'intérieur par l'intermédiaire de l'administration des ponts et chaussées ; sous le rapport des finances, du Ministre des finances par celui de la régie nationale : la juridiction qui réunissait la police et le contentieux, est remplacée par les administrations départementales et municipales, ainsi que par les justices de paix et de police correctionnelle.

Il est certain que dans l'état actuel des choses, les affaires ne peuvent, en général, prendre cette direction prompte et rapide d'une administration qui avait le principe de son mouvement en elle-même, et qu'il en résulte quelques inconvéniens.

Les arrêtés de projets, par exemple, étant retardés, les ouvrages deviennent plus chers, parce qu'on ne peut faire les approvisionnemens et les travaux préparatoires, dans la saison où il y a le moins de concurrence.

L'exécution des travaux serait déjà soumise au mode usité des adjudications au rabais, si, en conservant l'esprit de l'ancienne régie, on n'eût maintenu l'approvisionnement et le choix des matériaux, la tradition des moyens éprouvés, les attentions minutieuses auxquelles tient singulièrement le succès des réparations et des constructions, et enfin la prompte exécution des travaux pour diminuer le temps du chômage, célérité à laquelle un nouvel entrepreneur ne veut souvent pas se plier.

La régie propriétaire s'attachait principalement à connaître les détails d'exécution ; celle-ci paraît ne vouloir considérer avec attention, que les détails des projets.

L'arrêté du 9 brumaire porte *qu'au premier vendemiaire de chaque année, le compte général de la recette et de la dépense, pendant l'année précédente, sera réglé et arrêté.* Or à cette époque, il y a toujours beaucoup de travaux à achever; ils ne se terminent même, qu'un mois ou deux après; et il faut nécessairement que les mesurages et les états métriques soient ou partiels, ou tronqués, pour être réunis dans les états métriques de l'année suivante. Le mode scrupuleux de reddition de comptes de l'ancienne régie, ne permettait de les arrêter, qu'à la fin de mars.

Sans doute que l'époque du premier vendemiaire coïncide avec l'ordre général des affaires; mais il n'est pas possible de contrarier l'ordre constant de la nature, qui a réglé le temps des travaux du dehors et de leur cessation, ni même celui de la navigation du Canal, dont on a déterminé le chômage, dans l'intervalle tout à la fois le moins préjudiciable au commerce, et le plus favorable aux travaux, pour éviter leur concours avec ceux de l'agriculture.

On a aliéné du fonds du Canal du Midi, des terres qui avaient été acquises sur les bords des rivières, et à la proximité du Canal, quoique hors de ses limites, soit pour y attacher des ouvrages de défense contre l'approche des crues et des eaux ordinaires, soit pour fortifier les digues du Canal, ou pour diriger le cours de ces eaux dans les parties navigables.

On a aussi négligé les plantations, tandis qu'il eût été du plus grand intérêt de les faire tourner vers l'objet utile des constructions, en choisissant de préférence les chênes et les sapins, au lieu des frênes, des saules et des peupliers, qui forment les plantations actuelles; ces plantations se portent à plus de cent mille pieds de la plus belle venue.

Il n'y a plus ni châtellenie, ni juridiction spéciale pour le Canal du Midi; toutes les anciennes ordonnances sont comme abrogées. La faiblesse des moyens de répression, qui ont été substitués aux anciens, paraît laisser la police et les affaires contentieuses dans une stagnation nuisible à la conservation des plantations, des digues, et autres ouvrages, ainsi qu'au bon ordre de la navigation.

Dans l'ancienne régie, certaines parties de l'entretien du Canal, telles que les rigoles d'entrée et de sortie des aqueducs au-delà des francs-bords, étaient à la charge de la province, et exécutées par les communes, qui en étaient graduellement déchargées. Aujourd'hui ces parties sont négligées ; et il serait juste de les comprendre dans l'entretien général du Canal.

Quelque système de régie qui fût adopté, il serait important de fixer les attributions des sept ingénieurs particuliers, créés par l'édit de 1666, confirmé par la loi du 21 vendémiaire an v. Par l'esprit de l'une et de l'autre loi, ces ingénieurs doivent être considérés comme les conservateurs de la chose publique dans leurs divisions respectives ; ils seraient les chefs de chaque conseil particulier de division : ces conseils deviennent nécessaires, ou du moins utiles, pour éclairer les intérêts de la régie dans toutes les affaires.

Les branches de revenu du Canal paient la contribution foncière sur les moulins et magasins, regardés comme usines, sur les francs-bords, et sur la voie d'eau.

Les usines et les francs-bords, considérés comme fonds d'héritage, peuvent, à raison de leur produit, payer la contribution foncière ; mais je ne pense pas qu'il en doive être de même pour la voie d'eau.

La destination des Canaux navigables, déclarés nationaux, étant de faire le même service public que les routes de terre et de rivières, pourquoi soumettrait-on les premiers à des charges qu'on n'impose point aux derniers ?

En résumant, nous verrons que les revenus éventuels du

Canal du Midi pourraient se porter à 90,000 francs; savoir, les produits de la barque de poste à 20,000 francs, les produits des francs-bords, auxquels sont joints ceux des magasins construits depuis dix ans sur le port du Canal à Toulouse, la moitié de la propriété des moulins neufs à Béziers, quelques exploitations et émondages de plantations, et le revenu de la pêche; le tout s'élevant à 40,000 francs; enfin les moulins situés sur le Canal à Toulouse, Castanet, Naurouse, Castelnaudary et Trèbes, procurant un revenu net de 30,000 francs.

Ces sommes bien administrées, pourraient fournir au traitement de tous les employés du Canal du Midi.

Les droits de navigation resteraient en leur entier; ils formeraient alors un revenu de 600,000 fr., après qu'on en aurait prélevé la dépense pour les travaux annuels. On trouvera à la fin du chapitre, le tableau des revenus du Canal, par séries de dix années depuis plus d'un siècle.

Les époques périodiques des grands transports par le Canal du Midi, sont aux approches de la foire de Beaucaire, qui commence vers le 4 thermidor, et dure huit jours, et vers le temps des deux foires de Bordeaux, qui durent 15 jours chacune: la première commence le 25 vendemiaire, et la seconde, le 11 ventose.

Les marchandises qui sont amenées de Bordeaux par la Garonne, consistent dans les bois et drogues de teinture, le poisson salé, les tabacs en feuille de Hollande, les cafés et les sucres d'Amérique, dont le transport est nul aujourd'hui à cause de la guerre. Mais, à la paix, cette dernière branche de commerce prendra de l'extension, dès qu'elle ne sera plus entravée par la douane de Valence, qui obligeait ces marchandises à se détourner du Canal, leur route naturelle, pour se rendre à Lyon et pays circonvoisins, par les montagnes de la ci-devant Auvergne.

Les grains qu'on embarque depuis Toulouse jusqu'à Carcassonne, sont les objets les plus considérables, dont le transport ait lieu sur le Canal du Midi ; ils procurent les deux tiers de son revenu.

On exporte par Sette une grande quantité de vins et d'eaux-de-vie que les Suédois, les Danois, les Hambourgeois et les Liguriens viennent charger pour leur pays, ou pour la Russie, la Prusse et les villes anséatiques.

Les principaux objets d'importation consistent annuellement en huiles d'olive de toute qualité, venant de la Ligurie, en cordailles d'herbe, en liége, bouchons, bois à futaille et à teinture, que les Espagnols portent en France, et en savons de Marseille et autres marchandises, comme drogueries, épiceries, etc., venant du Levant. Depuis que le sel est devenu marchandise, la consommation de cette denrée est doublée, et le produit des transports par le Canal s'est accru d'autant.

C'est sur-tout par le port d'Agde, qu'on envoie dans les départemens des Bouches-du-Rhône, des Alpes Maritimes, du Mont-Blanc, les sucres, cafés, bois à teinture et autres objets de l'Amérique, venus de Bordeaux par le Canal du Midi. On expédie aussi, par le même point, toutes les subsistances en grains, vins et eaux-de-vie, soit pour les commerçans des départemens ci-dessus, soit pour la Ligurie ; ainsi que les munitions de terre et de mer nécessaires aux armées de la République et de ses alliés.

Le seul article des grains partis d'Agde pendant sept mois, à compter de celui de brumaire an VIII, se porte à deux millions de myriagrammes.

La majeure partie des marchandises qui entrent par le port

d'Agde, consistent en huiles et savons de Gênes et de la ci-devant Provence ; en productions du Levant, en vins d'Espagne, en fruits et en matières premières, comme laines, cotons, etc., pour les fabriques des départemens méridionaux.

On fait entrer et sortir par le port de la Nouvelle, les mêmes espèces de marchandises, que par les ports d'Agde et de Sette.

DU CANAL DU MIDI.

TABLEAU progressif des recettes, dépenses, et du produit net du Canal du Midi pendant cent six années, depuis 1686 jusqu'en 1791 (1).

SÉRIES de DIX EN DIX ANNÉES pour les 100 premières, et SÉRIE pour les six dernières années.	RECETTES.	DEPENSES.	PRODUIT NET DES SÉRIES.	PRODUIT NET DE L'ANNÉE COMMUNE de chaque Série.
De 1686 à 1695	18:2749 fr. 90 c.	906502 f. 81 c.	906247 f. 09 c.	90624 f. 70 c.
De 1696 à 1705	3323591 38	1124484 96	2199106 42	219910 64
De 1706 à 1715	4931950 50	1853943 94	3078006 56	307800 65
De 1716 à 1725	4004570 61	1494180 95	2510389 66	251038 96
De 1726 à 1735	4017991 61	1795970 83	2222020 78	222202 07
De 1736 à 1745	4156966 27	1928875 87	2228090 40	222809 04
De 1746 à 1755	6280274 20	3016004 88	3264269 32	326426 93
De 1756 à 1765	6697109 67	2614479 71	4082629 96	408262 99
De 1766 à 1775	7623986 22	3879540 29	3744445 93	374444 59
De 1776 à 1785	9881346 56	4385884 65	5495461 91	549546 19
Série des six dernières années.				
De 1786 à 1791	4724545 07	2670571 92	2053973 15	342328.85
TOTAUX, pendant les cent six années....	57455081 99	25670440 81	31784641 18	

(1) On s'est arrêté à l'année 1791, époque où le papier monnaie était en circulation, parce que la variation de valeur de ce papier monnaie ne permettait pas d'asseoir les calculs sur une base certaine.

CHAPITRE X.

Discussion sur le véritable Auteur du projet et de la construction du Canal du Midi.

Les hommes qui se sont rendus vraiment utiles par leurs travaux ou par leurs découvertes, méritent que leurs noms soient dérobés à l'oubli. Si leurs descendans n'en retirent d'autre avantage, que celui de compter parmi leurs aïeux un homme distingué, ce sentiment flatteur excite du moins dans leur ame cette noble et vertueuse émulation, qui nous attache plus fortement à nos devoirs, et nous rend des citoyens dignes de la patrie.

C'est le desir de se survivre, si puissant sur les ames fortes, et sur ceux que la nature a doués de génie, qui produit les belles actions, conduit aux grandes découvertes, et enfante ces projets dont l'exécution, à la fois utile et glorieuse, fait l'admiration de tous les âges.

Parmi les créations de ce genre, la France voit, avec orgueil, le Canal du Midi. Les Savans de l'Europe le mettent, depuis un siècle, au premier rang des ouvrages que la sagesse des Gouvernemens a dirigés vers le bien des peuples, et qui honorent le plus leurs auteurs. Il n'appartenait qu'au génie de le concevoir, et de surmonter les obstacles qu'opposaient à son exécution, la nature qu'il fallait sans cesse combattre, l'ignorance et l'envie qui cherchent à étouffer tous les projets utiles.

L'inventeur du Canal du Midi devait sans doute jouir du prix flatteur dont l'opinion des hommes récompense les grandes conceptions : cependant à peine l'histoire nous transmet-elle son nom ! Il ne se trouve que dans les ouvrages de ce petit nombre d'écrivains qui, sans prévention comme sans intérêt, n'écoutent que la voix de leur conscience, et désignent à la reconnaissance publique l'homme de mérite méconnu.

François Andreossy, l'ingénieur de ce grand ouvrage, s'en vit enlever la gloire par l'entrepreneur Paul Riquet; et le talent, moins heureux que le crédit, fut privé de toutes les récompenses.

Appuyés par les nombreux témoignages qui déposent en faveur de F. Andreossy, il nous paraît juste de le réintégrer dans ses droits, et de lui rendre l'hommage pur que nous avons recueilli auprès de ces vieillards qui, nés dans la province, ont, pour ainsi dire, été les contemporains de la construction du Canal; leur bouche, amie de la vérité, se plaît à redire des faits qu'ils avaient appris dans leur jeune âge.

F. Andreossy naquit à Paris, le 10 juin 1633, dans un temps où la saine philosophie portait les plus rudes coups à l'ignorance et aux préjugés, et où l'étude de la nature était préférée aux chimères du péripatétisme. La physique naissait, et le génie des Bacon, des Galilée, et des Descartes, préparait la grande révolution qui amena le siècle fameux de Louis xiv. Les mathématiques n'étaient plus en discrédit ; on commençait, au contraire, à les cultiver avec succès; plusieurs nations comptaient à la fois des géomètres qui faisaient des découvertes intéressantes ; et deux Français, Descartes et Fermat, jetaient les fondemens de cette sublime analyse, qui est devenue depuis si féconde entre les mains de leurs illustres successeurs.

Une telle disposition dans les esprits du premier ordre, devait nécessairement influer sur les autres, et donner une grande activité et un grand intérêt à l'étude des mathématiques. F. Andreossy, dans une capitale, qui déjà pouvait être appelée celle du monde savant, trouve toutes les ressources pour son éducation. Son goût le portant à cultiver les sciences abstraites, il se livre aux mathématiques avec cette ardeur qui décèle toujours l'objet pour lequel nous sommes nés : ses progrès furent rapides : sa réputation d'habile mathématicien et de profond mécanicien nous est parvenue; et l'ouvrage auquel il eut tant de part, en confirmant ces titres, lui assure également celui d'homme de génie.

Nous n'avons point à présenter d'autres détails sur la jeunesse de F. Andreossy : nous savons seulement, par un témoignage respectable qui subsiste encore, un acte d'amitié (1), qu'en 1656, il habitait le Languedoc. Cette pièce singulière prouve en outre combien, dans un âge encore tendre, le sentiment de l'amitié eut de charmes pour lui; et à quel point il excita dans trois jeunes gens une sorte d'enthousiasme, bien digne du siècle qui produisit tant de vertus!

Le 25 mai 1660, c'est-à-dire, à l'âge de vingt-sept ans, F. Andreossy partit de Narbonne pour aller en Italie (2). Il en parcourut plusieurs provinces, mais il ne pénétra point dans la partie méridionale, qui lui offrait peu de ressources pour les objets qu'il avait à considérer. Il s'était proposé de perfectionner les connaissances qu'il avait en hydraulique, ou d'en acquérir de nouvelles; et l'on sait, qu'à cette époque, l'Italie était le pays le plus propre à remplir ses vues.

Du moment où les beaux arts, transfugés de l'Egypte et de la Grèce, eurent été accueillis et fixés en Italie, l'heureux génie

---

(1) Voyez la note XII, aux notes et pièces justificatives.
(2) Il nous reste l'itinéraire de son voyage écrit de sa main, sous ce titre : *Route de mon voyage d'Italie*.

du peuple qui habitait cette belle contrée (1), ne cessa d'étendre son influence sur les objets d'utilité, comme sur ceux d'agrément; et dans un pays où l'on a toujours à lutter contre les eaux, la science de l'hydraulique, aidée de la théorie et de l'expérience, dut, au renouvellement de la géométrie, abandonner des pratiques incertaines ou erronées, pour s'asseoir sur des bases solides. Lorsque les lumières, dans cette partie, eurent fait quelques progrès, les eaux vives furent rassemblées, distribuées avec art, et réglées avec économie. Dès-lors les canaux de navigation, en ouvrant des communications peu dispendieuses et indépendantes des contrariétés des saisons, donnèrent une nouvelle vie au commerce; et les canaux d'irrigation procurèrent aux campagnes la plus grande fertilité.

Riche des lumières qu'il venait d'acquérir, et des matériaux qu'il avait rassemblés, F. Andreossy, de retour, fait goûter à Riquet, et celui-ci au ministre Colbert, l'idée de la jonction des deux mers dans le midi. On croit que les Romains avaient eu le même projet; mais cette conception hardie, quoique formée par un peuple accoutumé à de grandes choses, demandait, pour son exécution, des temps plus éclairés; la science de l'hydraulique n'avait point encore fait assez de progrès. Il est certain qu'on y pensa du temps de Charlemagne; mais on s'en occupa plus particulièrement sous les règnes de François premier, de Henri IV, et de Louis XIII : il était réservé au siècle de Louis XIV de le voir entreprendre, *et c'est*, lit-on dans l'Encyclopédie, *ce que M. Riquet osa faire sur les plans et sur les mémoires de M. Andreossy, profond mécanicien, son ami* (2).

---

(1) Si l'Italie avait produit, dans ces derniers temps, quelques hommes comme Lagrange, elle pourrait se croire encore dans ses beaux jours.

(2) Encyclopédie, article LANGUEDOC.

Pour faire agréer le projet du Canal de Languedoc à Louis XIV, Colbert exigea que le chevalier de Clerville, commissaire-général des fortifications, et qui jouissait d'un grand crédit à la cour, présentât le devis et démontrât l'utilité du Canal. Il est rare que les hommes portés à ces places éminentes, qui supposent la confiance exclusive d'un Gouvernement, se dépouillent assez de leur amour-propre, pour faire valoir des idées qui ne leur appartiennent pas, et dont néanmoins, par leur position, ils seraient censés devoir être les créateurs. Clerville se rend en Languedoc, voit F. Andreossy, et parcourt avec lui tous les endroits par où le Canal devait être conduit. Ce dernier, avec l'abandon que donne la jeunesse, dévoile son projet ; Clerville lui en demande une copie, et l'engage à s'occuper du devis de la dépense. Ces travaux, terminés en 1664, sont confiés l'année d'après au commissaire général, et lui servent à former son premier devis de 1666, qu'il présente au Roi, sans faire mention ni de l'auteur du projet, ni de M. de Riquet.

Il s'établit alors une défiance et une lutte, entre l'homme à talent qui veut conserver le mérite de son idée, et l'intrigue puissante qui cherche à s'en parer.

Forcé de ménager un homme en crédit, appercevant d'ailleurs quelques difficultés dans l'exécution de son plan, à cause des rivières de Lers et de Fresquel dont il devait faire usage, F. Andreossy livre sans peine ce premier travail au commissaire général. Il s'occupe d'un projet plus vaste, dont la conception simple, et conforme aux meilleurs principes, donne à son ouvrage cette pureté de tracé, qui est encore aujourd'hui à l'abri de toute critique raisonnable.

Cependant Colbert insistait toujours, pour que les devis du Canal fussent faits et présentés par le chevalier de Clerville. F. Andreossy devait craindre qu'en remettant son nouveau projet, il n'eût le sort du premier, s'il était renvoyé au commissaire-général pour en dire son avis : *Je fus convaincu*, dit-il, *dès ce moment, que toute la gloire de mon travail, en le mettant au jour, serait réservée au commissaire-général, que l'entrepreneur en aurait tout le profit, et qu'il ne me resterait, pour mon lot, que la peine de l'exécution, après en avoir démontré le premier la possibilité* (1). Fort de ses moyens, et moins confiant sans doute en ceux du chevalier de Clerville, il ne voit d'autre ressource que d'entrer en lice avec lui. Semblable à ce célèbre statuaire qui se plait à mutiler un de ses plus beaux ouvrages, afin de pouvoir, dans la suite, prouver qu'il en était l'auteur (2), F. Andreossy morcèle son projet, ne fait connaître que la première partie, et laisse la seconde, comme il le dit lui-même, *à la prudence et au savoir du chevalier de Clerville* (3). Le commissaire-général, livré à ses propres forces, après avoir parcouru le terrain, présente pour la partie, depuis Trèbes jusqu'à la mer, le projet d'un Canal dont la direction devait traverser deux fois la rivière d'Aude; projet mal conçu, et qui annonce que cet ingénieur n'avait pas les premiers principes de l'art des canaux navigables.

Riquet desirant avoir l'entreprise de cette seconde partie, et,

---

(1) Voyez chapitre premier, page 12.

(2) Michel-Ange égala les anciens : pour s'assurer du degré de mérite où il était parvenu, et que ses contemporains lui contestaient, il fit une statue de l'Amour : il lui cassa un bras, et enterra secrètement le reste du corps à Rome, dans un endroit qu'il savait qu'on devait fouiller, pour y chercher des statues antiques. La figure fut trouvée, on l'admira, et on la déclara antique. Comme telle, le cardinal de Saint-George en fit l'acquisition à un très-grand prix. Michel-Ange rapportant pour lors le bras mutilé, jeta tous les connaisseurs dans l'étonnement, et ses envieux dans la confusion. (Vasari, dans la Vie des Peintres, tom. II, *Vita di Michel-Angiolo Buonarotti.*)

(3) Voyez chapitre premier, page 12.

selon toute apparence, s'étant fait, dans cet intervalle, des partisans au conseil du Roi, accepta les clauses contenues au devis du chevalier de Clerville, avec la condition expresse de pouvoir changer la route du Canal, pendant son exécution, s'il le jugeait nécessaire ; ce qui lui fut accordé. Le projet du chevalier de Clerville tomba de lui-même, et celui de François Andreossy, suivi presqu'en entier, fait encore aujourd'hui l'admiration de l'Europe.

On voit tous les jours des gens à talent suggérer ainsi des projets à des personnes qui, par leur crédit ou leurs richesses, parviennent à les faire adopter, et finissent par s'en approprier tout le mérite. F. Andreossy fût resté du petit nombre de ceux que leur modestie et leur désintéressement dérobent à la reconnaissance de la postérité, si le temps qui met un sceau à toutes les réputations, n'avait pris quelque soin de la sienne. Sans lui, Riquet, qui n'était point un homme de l'art, n'aurait jamais pensé à joindre les deux mers par le Canal du Midi ; et la France aurait peut-être encore à desirer les avantages que lui procure, depuis plus d'un siècle, ce magnifique ouvrage.

Ecoutons ce qui est dit au sujet du Canal du Midi dans une production dont le titre paraît futile (1), mais qui dévoile avec le ton et les détails que donne la certitude, un fait dont nous avons déjà rendu compte, et que des ouvrages plus sérieux n'ont fait qu'indiquer :

« Quoique les Romains eussent pensé à joindre la Méditer-
» ranée avec l'Océan, soit qu'ils y trouvassent de grands obsta-
» cles, ou qu'ils n'eussent point des ingénieurs capables de les
» surmonter, leur dessein n'avait pas été mis à exécution. Un
» Italien (2) de grand génie, passant par Toulouse, vers le

---

(1) Amusemens des Dames, tome premier, page 152.
(2) F. Andreossy était né à Paris ; son père était de Lucques.

» milieu du règne de Louis XIV, y vit M. Riquet; il l'entre-
» tint de la jonction des deux mers, comme d'une entreprise
» dont l'issue n'était pas si difficile qu'on se l'imaginait, et il
» l'assura que, s'il pouvait compter sur une certaine somme,
» il en viendrait à bout.

» M. Riquet, qui était en état de la fournir, si le Roi le faisait
» payer des avances qu'il avait faites, pour la subsistance d'une
» assez grosse armée de ce monarque en Catalogne, jugea le
» projet digne de son attention. Il le saisit même comme un
» moyen à lui faciliter le payement de ce qui lui était dû. Le
» devis en fut fait avec beaucoup d'exactitude; on en présenta
» le projet au Roi, qui, après l'avoir sérieusement examiné, le
» trouva de son goût, et l'entrepreneur offrant d'en faire les
» frais, on lui en accorda l'agrément avec plaisir.

» Le Roi contracta donc avec M. Riquet, qui paraissait seul
» dans cette affaire......

» Riquet retourna à Toulouse, plein de confiance en son
» ingénieur italien, qui ne lui donna pas lieu de se repentir de
» l'avoir écouté. Ils mirent donc la main à l'œuvre...... »

Riquet mourut au mois d'octobre 1680, avant que le Canal fût achevé; son coopérateur conduisit l'ouvrage à son entière confection, et dirigea les travaux annuels jusqu'au moment où il paya lui-même le tribut à la nature. Il était à peine au milieu de sa carrière, lorsqu'il vit arriver sa fin à Castelnaudary, le 3 juin 1688. Il paraît, d'après quelques notes manuscrites qui nous sont parvenues, que le chagrin avança le terme de ses jours. Riquet était mort en 1680 : la reconnaissance de sa famille, pour l'auteur d'une entreprise qui la comblait tout d'un coup de richesses et de considération, devenait un fardeau trop pesant pour elle; il fallut se dissimuler qu'on devait à un étranger de si grands avantages: F. Andreossy, réduit insensiblement à l'oubli, ne put voir avec indifférence disparaître le fantôme de sa renommée, et le fruit de trente ans de travaux.

Dès 1669, c'est-à-dire, trois ans après le commencement de la construction des ouvrages, F. Andreossy publia la carte du Canal de Languedoc, et la dédia à Louis XIV (1). L'épître adressée à ce Monarque finit d'une manière remarquable, et met hors de doute la part qu'il avait au projet et aux premiers travaux. Voici ce qu'il dit :

« Votre Majesté me permettra, s'il lui plaît, que pour gage
» de mon zèle et de ma fidélité en mon particulier, je mette à
» ses pieds le plan que j'ai tracé de ce prodigieux ouvrage,
» comme ayant eu l'honneur d'y être employé pendant tout
» ce travail ; afin que, s'il a quelque rapport à la sublimité de
» ses idées, et le bonheur de lui agréer, je puisse me vanter
» d'être le plus satisfait de tous les hommes ».

Ce passage n'a pas besoin de commentaire. Si F. Andreossy n'avait point conçu et fourni les idées créatrices du Canal du Midi, en quoi devait le flatter le rapport que son plan pouvait avoir avec la sublimité des idées de Louis XIV ? et comment accorder le peu de soin qu'il avait de sa fortune et de sa renommée, avec les inquiétudes, et même le danger, qui accompagnent toujours les efforts qu'on fait, pour s'approprier la gloire due à un autre ?

L'époque de la publication de cette carte prouve que Riquet lui-même reconnut les droits que son coopérateur avait, au titre glorieux d'auteur du Canal : elle parut onze ans avant la mort de Riquet ; et ce dernier confirma, par son silence, tous les droits d'un homme qui se donnait aussi publiquement pour le promoteur de cette grande idée. Dans la légende de cette carte,

---

(1) Voyez la note XIII, aux notes et pièces justificatives.

F. Andreossy peint d'un seul trait, et d'une manière philosophique, les difficultés sans nombre que présenta l'exécution du Canal : *On éprouva*, dit-il, *de grands obstacles, tant de la part des hommes à qui presque tous on ne fait du bien que malgré eux, que de la part de la nature qu'il fallut toujours vaincre et toujours forcer* (1).

Un fait qui vient encore à l'appui des droits reconnus de F. Andreossy, c'est qu'il avait laissé un manuscrit considérable (2), où l'on eût trouvé réuni tout ce que le projet et la construction du Canal dont il avait dirigé l'ensemble et les détails, pouvaient offrir de plus intéressant. Combien on doit regretter qu'un pareil ouvrage ne soit pas connu, lorsqu'on pense au fragment (3) qui nous reste de F. Andreossy, et qui montre un écrivain aussi naïf qu'ingénieux ! il paraît également supérieur, soit qu'il juge les passions des hommes, ou qu'il envisage les différentes parties de son travail. On y voit le créateur d'un beau projet, lutter contre les prétentions et la mauvaise foi, prévoir qu'il sera la dupe de l'intrigue, de l'intérêt, et cependant conduire à sa fin, avec autant de sagacité que de persévérance, une vaste entreprise, dont l'idée ne peut le quitter. Telle est à-peu-près l'histoire de tous les grands travaux : l'homme habile à qui le succès est principalement dû, obtient rarement la récompense qu'il avait droit d'attendre.

F. Andreossy était né en 1633, et le projet du Canal fut arrêté en 1664 ; c'est donc à-peu-près à l'âge de trente ans, qu'il donna les plans et les mémoires, et qu'il suivit la construction d'un ouvrage (4) qui, comme il l'a très-bien dit, *avait été le*

---

(1) F. Andreossy, légende de la Carte de 1669.
(2) Notes et pièces justificatives, note xiv.
(3) Voyez ce fragment, chapitre premier, page 6—15.
(4) Suivant une note tirée des archives du Canal à Toulouse, et communiquée

souhait des siècles passés, et sera l'étonnement des siècles futurs (1). C'était sur un jeune homme de trente ans, que Riquet se reposait de sa gloire et de sa fortune. C'était à lui qu'il avait remis, pour ainsi dire, le soin de répondre aux vues d'un souverain, dont l'ame élevée ambitionnait les choses les plus extraordinaires. Mais les talens d'Andreossy étaient connus de Riquet; et l'entière confiance qu'il sut mettre dans un tel collaborateur, est un trait de plus qui l'honore. Les suites prouvèrent qu'il ne s'était point trompé; elles prouvèrent aussi que, s'il ne faut qu'être hardi pour entreprendre, il faut, pour exécuter, des lumières sûres, dirigées par la théorie, et des ressources pour parer aux événemens et aux cas imprévus; c'est alors que le génie se montre dans son éclat. Riquet, comme il a été dit plus haut, rencontra des obstacles sans nombre, qui lui auraient fait abandonner mille fois l'entreprise: mais les talens d'Andreossy firent triompher Riquet de tous ces obstacles, et ils assurèrent à celui-ci, et à ses descendans, les honneurs et la fortune.

Le suffrage des étrangers ne dédommage pas de celui des compatriotes, mais il est dicté presque toujours par la justice, et rarement altéré par la prévention. Un Anglais, ayant visité le Canal de Languedoc, et se trouvant au réservoir de Saint-Ferréol, témoigna sa surprise de n'avoir apperçu nulle part la statue d'Andreossy: *Les descendans de Riquet*, ajouta-t-il, *auraient dû la lui faire ériger; et cette générosité les aurait autant illustrés que l'ouvrage même.*

---

par une lettre du 20 septembre 1785, F. Andreossy fut inspecteur général des travaux du Canal pendant sa construction.

On voit, par l'extrait d'un des registres de l'église de Saint-Sébastien à Narbonne, du 6 juin 1669, que F. Andreossy prenait le titre de directeur général du Canal.

(1) F. Andreossy, *Epître à Louis* xiv, Carte de 1669.

L'opinion de Vauban est aussi trop flatteuse, pour qu'on renonce à s'en prévaloir. Cet homme immortel à tant de titres, et le plus grand ingénieur de son siècle, fut frappé d'admiration en parcourant le Canal de Languedoc, dont il était chargé de faire la visite par ordre du Roi; et il ne put s'empêcher de dire hautement : « Qu'il avait été surpris de n'y pas voir les statues » de MM. Riquet et Andréossy, auteurs de cette grande entre- » prise ». Ce fait, qu'on avait altéré, se trouve rétabli dans l'Encyclopédie, monument littéraire qui honore le siècle et la nation qui l'ont produit (1).

A des témoignages aussi glorieux, nous pourrions joindre ceux de plusieurs écrivains étrangers et nationaux (2). Les Zendrini, les Frisi, célèbres mathématiciens d'Italie, parlant du Canal de Languedoc, comme d'un ouvrage qui prouve jusqu'à quel point s'est élevé l'esprit humain dans la conduite et la manoeuvre des eaux, n'hésitent point à donner à F. Andréossy la gloire de l'invention. Ces deux savans, que l'Europe compte au nombre des juges les plus éclairés dans cette matière, regardent le Canal de Languedoc, comme le chef-d'œuvre et de l'art et du génie. Frisi sur-tout, après avoir relevé de prétendus défauts de construction, adoucit sa critique, et ajoute que l'ouvrage conçu par F. Andréossy avait été dirigé par Riquet; mais que ce dernier n'avait pas les lumières suffisantes pour une pareille entreprise. Ces auteurs étaient loin de penser qu'on pût, sans des connaissances très-étendues, venir à bout d'un si grand projet; et néanmoins, dans un ouvrage ayant pour titre : *Histoire du Canal de Languedoc*, on voit l'auteur, qui se dit lui-même étranger à cette matière, blesser tout à la fois la vérité

---

(1) Voyez l'Encyclopédie méthodique, *Art militaire*, première partie, au mot CANAL.

(2) Voyez la note xv, aux notes et pièces justificatives.

et la vraisemblance, en avançant que Riquet, sans théorie et sans secours étrangers, n'avait dû qu'à son génie, l'idée et l'exécution de ce Canal; d'où il résulterait que F. Andreossy n'y aurait point participé. Nous ne pourrions adopter un pareil jugement, sans discuter les raisons qu'on en donne, et sans examiner quelle est la source d'une erreur assez ordinaire, où tombent ceux qui se mêlent de distribuer la gloire sans en vérifier les titres; ils se persuadent qu'il convient mieux de l'allier à l'éclat du rang et de la fortune, que de la faire descendre sur la tête modeste de l'homme de mérite.

Lorsqu'un panégyriste ne peut rendre compte de l'emploi d'une longue carrière, pendant laquelle son héros a été ignoré, sa ressource est de supposer qu'il a toujours été occupé, en secret, de l'ouvrage qui l'a rendu célèbre dans la suite. Riquet avait soixante ans, lorsqu'on lui confia l'entreprise du Canal du Midi. Jusqu'à cette époque, il ne s'était jamais douté des principes et des connaissances nécessaires pour l'exécution d'un pareil ouvrage, quoique, suivant le texte de l'auteur, *M. Riquet eût employé les plus belles années de sa vie à combiner le grand et bel ouvrage, qui devait enrichir sa patrie à jamais.* Cette assertion nous paraît un peu contradictoire avec ce que le même auteur dit, quelques lignes plus haut: *Guidé par son génie naturel, Riquet suppléa aux connaissances qui lui manquaient dans la géométrie et dans l'hydraulique; il conçut et exécuta le Canal de Languedoc sans études préliminaires* (1).

L'histoire des arts et des sciences nous fournit, à la vérité,

---

(1) Canaux de navigation, préface, note, page 1. On se demandera toujours pourquoi M. de Lalande qui, dans l'article CANAL de l'*Encyclopédie*, écrit en 1772, associe F. Andreossy à la gloire de Riquet, n'en parle qu'une seule fois et incidemment dans son *Histoire du Canal de Languedoc*, publiée en 1778?..... M. de Lalande nous expliquera sans doute cette anomalie.

des exemples de quelques hommes sans instruction, devenus célèbres par des inventions qu'ils ne devaient qu'à leur génie ; ces découvertes, pour la plupart fortuites, peuvent se présenter à l'ignorant comme au savant. Mais je demande à tout lecteur instruit, s'il est possible à soixante ans, par la seule force de son génie, de suppléer à des connaissances liées essentiellement à la construction d'un chef-d'œuvre d'hydraulique ? *Que le génie le plus heureux,* dit Fontenelle, éloge du P. Sébastien, *pour une certaine adresse d'exécution, pour l'invention même, ne se flatte pas d'être en droit d'ignorer et de mépriser les principes de théorie, qui ne sauraient que trop bien s'en venger.* Et où ces principes et les connaissances qui en dépendent, sont-ils plus nécessaires, que dans la construction d'un ouvrage de la nature du Canal du Midi, où tant de parties se trouvent rassemblées, où les obstacles naissent à chaque pas, où il faut enfin remédier si souvent à des accidens imprévus, qui déconcerteraient l'entreprise la mieux formée ?

Mais après cela, continue Fontenelle, *le géomètre a encore beaucoup à apprendre pour être un vrai mécanicien ; il faut que la connaissance des différentes pratiques des arts, et cela est presqu'immense, lui fournisse, dans les occasions, des idées et des expédiens,* etc. Aussi, quoique dans un âge où l'on ignore communément les vues de la nature, F. Andreossy, loin de se reposer orgueilleusement sur son génie, sentit, au contraire, la nécessité d'étudier les grands modèles. Il alla donc en Italie, et parcourut le Milanez et le Padouan, deux provinces où l'on admirait déjà de beaux ouvrages d'hydraulique. Les canaux dérivés de l'Adda et du Tesin étaient construits depuis long-temps ; et suivant le P. Frisi (1), ils peuvent avoir servi de

---

(1) *Traité des rivières et des torrens*, introduction.

modèle au Canal du Midi : mais ceci ne doit s'entendre que relativement à l'application des écluses aux canaux navigables, qui est due à Léonard de Vinci : personne n'ignore, d'ailleurs, qu'il y a presque autant de différence dans les projets de cette espèce, que de variétés dans les sites et la nature des terrains qui doivent servir à leur exécution. Le Canal du Midi est le premier projet et le plus considérable qui existe en ce genre, et peut-être qu'il soit possible d'exécuter ; c'est le problème dans toute sa généralité : les canaux dérivés et les canaux à point de partage naturel, ne sont que des cas particuliers du problème général.

L'auteur de l'Histoire du Canal de Languedoc n'est pas le seul qui ait égaré l'opinion sur le véritable créateur de cet immortel ouvrage : on a été jusqu'à l'attribuer à Vauban, comme si ce grand homme avait besoin d'un chef-d'œuvre de plus pour rehausser sa gloire. Mais d'autres écrivains, plus impartiaux sans doute, envisageant la question sous son véritable point de vue, ont pensé, avec raison, que l'idée et l'exécution d'une pareille entreprise devaient appartenir à un homme de l'art, dont les talens supérieurs pussent répondre du succès. En effet, un ouvrage de cette nature exige, dans le projet et dans l'exécution, non-seulement du génie, mais encore des connaissances profondes et très-variées ; il faut avoir fait une étude particulière des sciences spéculatives et de la pratique des arts. Tous les travaux sont fondés sur des opérations, des calculs, des combinaisons qui demandent des lumières sûres, et une sagacité peu commune, afin d'approcher, autant qu'il est possible, de la plus grande économie et du point de perfection ; il faut songer enfin, qu'un ouvrage aussi vaste, et d'une utilité aussi générale, qui restera sous les yeux de tout le monde, ne doit craindre ni la critique de son siècle, ni le jugement de la postérité.

C'est donc à F. Andreossy, et non à un vieillard de soixante ans, qui n'avait point acquis jusqu'alors de connaissances positives, qu'il est naturel, qu'il est juste d'attribuer la double gloire d'avoir donné l'idée d'un projet utile, et tracé la route qu'on devait suivre pour parvenir à une exécution aussi brillante que solide. Cet ouvrage est son domaine, quant au génie; il le possédait tout entier avant qu'on pût se douter des moyens qu'il fallait employer pour l'exécuter : il en a dirigé les opérations, et surmonté les obstacles. L'achèvement du Canal du Midi lui a coûté plus de vingt-cinq ans de travaux assidus, pendant lesquels, éloigné de Paris, et sans cesse occupé du monument qui devait l'illustrer, il a ignoré, ou sans doute méprisé, les ressorts dont on usait pour lui ravir sa gloire.

Au contraire, à mesure que la construction du Canal approchait de sa fin, la réputation de Riquet devait s'étendre; lui-même devait avoir la confiance et prendre l'ascendant, que donne l'espoir du succès à l'auteur d'une grande entreprise. Les fréquentes apparitions de Riquet dans la capitale; son nom, comme entrepreneur, sans cesse répété dans les arrêts du conseil, dans les papiers publics; la perspective d'une grande fortune, et l'élévation d'une famille nombreuse; tout cela devait fixer sur lui les yeux de la multitude, et déterminer la voix de la renommée. De-là cette opinion générale, qui se perpétue par l'insouciance des hommes, peu jaloux de connaître la vérité, encore moins de combattre l'erreur, lorsqu'un motif pressant, tel que l'intérêt particulier, ne les anime pas. *On prononce sur quelques pages*, dit Bailly (1), *on se forme une opinion sur*

---

(1) Lettres sur les sciences, page 305.

l'entretien des cercles, on parle d'après les échos de la renommée qui ne sont pas toujours fidèles, et la vérité demeure ignorée ou mal connue.

Malgré cette assertion, qui, le plus souvent, n'est que trop vraie, la réputation des hommes n'est pas sujette à la prescription : et quels que soient les éloges qui ont été prodigués à Riquet, quels que soient les services de sa famille, qu'on a vue se montrer à diverses époques avec éclat, dans les Armes et dans la Magistrature, le temps n'a point encore placé Riquet dans cette perspective, où les hommes paraissent tels qu'ils doivent être aux yeux de la postérité. En rapprochant les deux auteurs du Canal du Midi, car leurs noms sont inséparables; en les considérant, comme nous l'avons fait, sous des traits moins vagues et mieux caractérisés, il sera facile de se convaincre que le succès de ce Canal, où Riquet avait paru seul comme entrepreneur, a dû nécessairement tendre à faire oublier le mérite réel, et les services signalés de l'ingénieur de ce grand ouvrage; tandis que F. Andreossy, occupé, pendant près de trente années, de la confection de ce monument national, et loin des regards d'un public dont on ne devient l'idole, que lorsqu'on le fatigue de sa présence ou de sa renommée, n'avait pu recueillir la gloire qu'on a cherché, mais inutilement, à lui ravir.

L'Histoire du Canal de Bourgogne offre un exemple encore plus frappant des moyens qu'on peut employer, pour arracher à l'homme de génie la palme qui lui est si bien acquise. L'auteur de ce beau projet, l'estimable M. Abeille, eut à lutter toute sa vie contre Espinassi, dont les talens étaient fort équivoques. Ce dernier parvint deux fois à se faire donner des lettres-patentes pour l'exécution d'un projet qui ne lui appartenait pas. Souvent, dans l'aveugle et légère opinion des hommes irréfléchis, il balança M. Abeille; mais dans cette opinion éclairée qui rétablit, avec le temps, la vérité dans ses droits, et les talens à leur place, il n'a plus occupé que celle d'un homme sans mérite. Cependant M. Abeille est mort presqu'ignoré, et réduit à cette profonde misère, trop souvent le partage des hommes qui ont été vraiment utiles. M. Kéralio, dont le nom rappelle les qualités les plus essentielles, a reproduit ses titres de gloire (1). Il a rempli cette douce obligation avec tout le talent qui le distingue; et en attirant sur M. Abeille l'honorable, mais tardive, justice de la postérité, il a plaidé une cause à-peu-près semblable à celle que nous défendons : nous aimons à croire que le succès en sera le même, quoique l'une ait ici sur l'autre un avantage dont M. Kéralio, s'il vivait, refuserait seul de convenir.

(1) Voyez l'Encyclopédie méthodique, *Art militaire*, première partie, art. CANAL DE BOURGOGNE.

CHAPITRE XI.

Stéréométrie du Canal du Midi et de ses dépendances.

Nous avons analysé, dans le chapitre III, le tracé et les principaux ouvrages d'art du Canal du Midi; nous allons, dans celui-ci, mettre sous les yeux du lecteur toutes les mesures, que nous avons pu nous procurer concernant le même Canal, et aux recherches desquelles nous avons donné tous les soins possibles.

Ce chapitre sera composé de deux articles : dans le premier, nous rapporterons la largeur et la profondeur des rigoles et du Canal dans la ligne navigable; dans le second, nous ferons connaître les dimensions longitudinales du Canal et de ses dépendances.

ARTICLE PREMIER.

De la largeur et profondeur des rigoles et de la ligne navigable.

Le tableau qui fait l'objet de cet article, n'exprime pas les largeurs particulières, données aux différentes parties du Canal du Midi, dans les endroits difficiles à excaver.

DENOMINATIONS DES DIVERSES PARTIES.	LARGEUR des DIVERSES PARTIES.		HAUTEUR ordinaire DE L'EAU dans les diverses parties.
	Largeur à la base.	Largeur à la surface de l'eau.	
	mèt. cent.	mèt. cent.	mèt. cent.
Rigole de la Montagne....................	3 , 00	3 , 50	0 , 50
Rigole de la Plaine depuis Pont-Crouzet jusqu'aux Thomases....................	4 , 00	4 , 66	0 , 33
Rigole de la plaine des Thomases à Naurouse....	5 , 33	6 , 00	0 , 33
Canal du Midi....................	11 , 00	19 , 50	2 , 00
Canal de Narbonne, { Retenues de Salelles et autres	11 , 00	19 , 00	2 , 20
{ Retenue du Gaillousty.....	11 , 00	19 , 00	1 , 60
Robine de Narbonne	7 , 00	10 , 00	1 , 50

ARTICLE II.

Des dimensions longitudinales du Canal du Midi et de ses dépendances.

Pour présenter avec ordre les dimensions qui font l'objet de cet article, nous avons suivi la rigole de la Montagne, depuis la prise d'Alzau jusqu'aux Thomases, et la rigole de la Plaine, depuis Pont-Crouzet jusqu'à Naurouse ; nous avons ensuite parcouru la ligne navigable, depuis la Garonne jusqu'à l'étang de Thau, et la même ligne depuis la naissance du Canal de Narbonne jusqu'au débouché de la Robine dans la mer.

Le tableau que nous avons formé, décompose le Canal et ses dépendances en dix grandes divisions, savoir : 1°. la division de la Montagne, qui comprend les deux rigoles ; 2°. les divisions de Toulouse, Naurouse, Castelnaudary, Trèbes, le Somail, Béziers et Agde, qui embrassent la ligne navigable, depuis la Garonne jusqu'à l'étang de Thau ; 3°. le Canal de Narbonne ; 4°. la Robine.

Chacune de ces divisions est inscrite dans l'ordre, où nous venons de la nommer, à la tête du tableau, et forme le titre de la première colonne.

Le corps de la même colonne présente l'énumération des parties, que nous avons distinguées dans les grandes divisions du Canal : les unes se terminent aux confluens, sur les rigoles, et aux écluses, sur la ligne navigable ; tandis que les autres, considérées comme parties des premières, aboutissent aux ponts et demi-écluses sur la ligne navigable, ou à des points remarquables que les rigoles renferment.

Pour que ce tableau contienne le plus de résultats possibles, et serve, au besoin, d'itinéraire, nous avons rapporté, dans l'ordre de leur éloignement au point de départ, tous les ouvrages compris dans les diverses parties d'une même section, ayant soin de mettre à côté des ouvrages contenus dans chaque partie, le numéro qui la désigne, surmonté d'un astérisque.

Nous n'avons point compris dans les sections principales de la ligne navigable, les intervalles occupés par les écluses; en joignant la somme de ces intervalles à celle des sections principales, on aura l'étendue totale de la ligne navigable.

Les nombres, qui désignent la longueur des différentes sections du Canal du Midi proprement dit, et celle de ses diverses écluses, ont été exactement calculés sur les quadrilatères qui furent levés pour la confection de la carte du bornage; ils s'obtiennent, en prenant un terme moyen entre les deux côtés de chaque quadrilatère. S'il existe des différences notables, entre la présente évaluation et les mesures contenues dans plusieurs itinéraires, c'est que leurs auteurs n'ont pas exprimé les mêmes quantités en nombres fractionnaires, ou qu'ils n'ont pas considéré les deux côtés de chaque quadrilatère.

Les chutes des écluses qui appartiennent à la ligne navigable, depuis la Garonne jusqu'à l'étang de Thau, proviennent aussi de la levée de la carte du bornage terminée en 1772. Elles diffèrent des résultats trouvés par d'Aguesseau en 1684, et par Touros en 1728, résultats qui ne s'accordent pas non plus entre eux, parce que Touros mesurait de la surface de l'eau inférieure à la surface supérieure; tandis que le jésuite Mourgues, qui assistait l'intendant d'Aguesseau dans sa visite pour la réception des ouvrages du Canal, mesurait du fond d'une retenue à l'autre.

A la fin du tableau dont nous venons d'exposer la formation, nous avons placé une récapitulation sommaire, faite d'après le même esprit d'analyse.

DU CANAL DU MIDI.

DIVISION DE LA MONTAGNE.	LONGUEUR des différentes SECTIONS de Rigole ou de Canal.	LONGUEUR des diverses PARTIES d'une même section.	CHANGEMENS DE NIVEAU.	
			Longueur des Écluses.	CHUTES.
RIGOLE DE LA MONTAGNE.				
Chaussée ou barrage d'Alzau, et vanne de prise.				
D'Alzau à l'épanchoir de Bernassonne............	mèt. 6385			
De l'épanchoir de Bernassonne au barrage et épanchoir du vieux Lampy............	6948			
De l'épanchoir et barrage du vieux Lampy au déversoir de Conquet, ancien débouché de la rigole de la Montagne dans le Sor.......	5213			
1. Du vieux Lampy au ruisseau de Rieutort...................	....	mèt. 4190		
2. Du ruisseau de Rieutort à la coupure qui porte les eaux du versant du midi, et du versant du nord......................	....	887		
3. Longueur de la coupure.......	....	164		
4. De la coupure au déversoir de Conquet, ancien débouché de la rigole dans le Sor.............	....	62		
Du déversoir de Conquet à la chute de Campmazes..........	5803			
1. Du déversoir de Conquet à l'épanchoir d'Embosc............	....	5030		
2. De l'épanchoir d'Embosc à la butte des Campmazes................	....	184		
3. Longueur de la (en voûte percée de la butte) à ciel ouvert...	....	121 113		
4. De la percée à la chute.........	....	355		
De la chute des Campmazes à la digue de Saint-Ferréol......	6580			
1. De la chute des Campmazes aux piles de l'entrée du réservoir....	....	4980		
2. Des piles de l'entrée du réservoir à la digue ou au barrage........	....	1600		

DIVISION DE LA MONTAGNE.	LONGUEUR des différentes SECTIONS de Rigole ou de Canal.	LONGUEUR des diverses PARTIES d'une même section.	CHANGEMENS DE NIVEAU.	
			LONGUEUR des Écluses.	CHUTES.
De la digue de Saint-Ferréol aux Thomases..............................	mèt. milli.	mèt. milli. 7200		
Nota. Rien n'a été déterminé d'une manière précise sur le nivellement de la rigole de la Montagne.				
RIGOLE DE LA PLAINE.				
Chaussée de Pont-Crouzet, prise d'eau du Sor.				
De l'épanchoir de Pont-Crouzet à l'épanchoir du Port-Louis	2745			
1. De l'épanchoir de Pont-Crouzet au moulin de Lausy	....	390		
2. Du moulin de Lausy au déversoir et épanchoir du moulin de Revel	....	2214		
3. De l'épanchoir du moulin de Revel au moulin de ce nom	....	7		
4. Du moulin de Revel à la chaussée de prise d'eau de la fontaine de Revel...........................	....	80		
5. De ladite fontaine de Revel à l'épanchoir du Port-Louis...........	....	54		
De l'épanchoir du Port-Louis aux déversoirs, épanchoirs et demi-écluse des Thomases	9225			
De la demi-écluse des Thomases au verseau de la Méditerranée débouché des eaux dans la ligne navigable du Canal	30540,35			
1. De la demi-écluse des Thomases au pont-aqueduc de Saint-Félix ...	....	7310		
2. Du pont-aqueduc de Saint-Félix au pont-aqueduc de Fondret...	....	8120		
3. Du pont-aqueduc de Fondret à l'épanchoir de la Marteillère....	....	14162		
4. De l'épanchoir de la Marteillère à l'épanchoir du bief du moulin de Naurouse	....	530		
5. De l'épanchoir du bief du moulin				

DU CANAL DU MIDI.

DIVISION DE LA MONTAGNE.	LONGUEUR des différentes SECTIONS de Rigole ou de Canal.	LONGUEUR des diverses PARTIES d'une même section.	CHANGEMENS DE NIVEAU.	
			LONGUEUR des Écluses.	CHUTES.
	mèt. milli.	mèt. milli.	mèt. mil.	mèt. mil.
de Naurouse à l'épanchoir du petit moulin..................	....	17, 50		
6. De l'épanchoir du petit moulin de Naurouse au débouché des eaux de la rigole dans le bassin de Naurouse....................	....	45,		
7. Du débouché de la rigole dans le bassin de Naurouse, à l'épanchoir de Fresquel...............	....	126,		
8. De l'épanchoir de Fresquel à l'ancienne écluse de Narbonne.....	....	131,		
9. Longueur de l'écluse ancienne de Narbonne...............	....	44, 82		
10. De l'ancienne écluse de Narbonne au verseau de la Méditerranée, débouché des eaux dans le Canal...	....	54,		
Le bassin de Naurouse a de pourtour 1060 mètres 250 millimètres.				
Chute du couronnement de la chaussée de Pont-Crouzet au moulin de Revel	....	....	....	2,274
Chute du moulin de Revel........	....	....	....	2,924
Chute du moulin de Revel aux Thomases....................	....	....	....	9,745
Chute des Thomases aux moulins de Naurouse sur le seuil du débouché de la rigole....................	....	....	....	21,439
Chute dudit seuil au niveau de la retenue du Médecin...............	....	....	....	5,847
DIVISION DE TOULOUSE.				
Des piles terminant le débouché du Canal dans la Garonne à l'écluse de Garonne	58,471			
Longueur de l'écluse de Garonne....	....	....	80,885	
Chute de cette écluse	....	....	....	5,082
De l'écluse de Garonne à celle du Béarnais	930,340			
1. De l'écluse de Garonne au pont de Granague................	....	247,528		

DIVISION DE TOULOUSE.	LONGUEUR des différentes SECTIONS de Rigole ou de Canal.	LONGUEUR des diverses PARTIES d'une même section.	CHANGEMENS DE NIVEAU.	
			Longueur des Écluses.	CHUTES.
	mèt. milli.	mèt. milli.	mèt. mil.	mèt. mil.
2. Du pont de Granague à l'écluse du Béarnais		682,812		
Longueur de l'écluse du Béarnais ...	....	....	44,828	
Chute de cette écluse				2,267
1*. Reversoir du Canal dans la Garonne, long de 30 mètres.				
De l'écluse du Béarnais à celle de Saint-Roch ou des Minimes ...	939,002			
Longueur de l'écluse de Saint-Roch..	....	....	79,916	
Chute de cette écluse				4,061
De l'écluse de Saint-Roch à l'écluse de Matabiou	1167,537			
1. De l'écluse de Saint-Roch au pont du grand chemin	....	31,834		
2. Du pont du grand chemin à l'écluse de Matabiou	....	1135,503		
Longueur de l'écluse de Matabiou ...	....	....	44,828	
Chute de cette écluse				1,985
De l'écluse de Matabiou à l'écluse de Bayard	277,738			
Longueur de l'écluse de Bayard	....	....	79,910	
Chute de cette écluse				4,494
De l'écluse de Bayard à celle de Castanet	12123,561			
1. De l'écluse de Bayard au pont du Guilheméri		1263,652		
2. Du pont de Guilheméri au pont de Saint-Sauveur	....	219,267		
3. Du pont de Saint-Sauveur au pont de Montaudran	....	1286,689		
4. Du pont de Montaudran au pont de Madron		5638,440		
5. Du pont de Madron à l'écluse de Castanet.		3715,513		
Longueur de l'écluse de Castanet . .	....	....	80,560	
Chute de cette écluse				4,886
4*. Aqueduc de Saint-Agne.				
5*. Aqueduc de Madron.				

DIVISION DE TOULOUSE.	LONGUEUR des différentes SECTIONS de Rigole ou de Canal.	LONGUEUR des diverses PARTIES d'une même section.	CHANGEMENS DE NIVEAU.	
			LONGUEUR des Écluses.	CHUTES.
De l'écluse de Castanet à l'écluse de Vic	mèt. milli. 1603,786	mèt. milli.	mèt. mil.	mèt. mil.
Longueur de l'écluse de Vic			44,828	
Chute de cette écluse				2,071
* Aqueduc de Castanet.				
De l'écluse de Vic à l'écluse de Montgiscard	7485,260			
1. De l'écluse de Vic au pont de Deyme		2298,387		
2. Du pont de Deyme au pont de Donneville		2947,755		
3. Du pont de Donneville à l'écluse de Montgiscard		2239,118		
Longueur de l'écluse de Montgiscard .			85,108	
Chute de cette écluse				4,467
1*. Aqueduc de Rieumory.				
2*. Aqueduc de la Joncasse.				
De l'écluse de Montgiscard à l'écluse d'Aiguesvives	3107,888			
1. De l'écluse de Montgiscard au pont du grand chemin		1948,211		
2. Du pont du grand chemin à l'écluse d'Aiguesvives		1159,677		
Longueur de l'écluse d'Aiguesvives . .			91,605	
Chute de cette écluse				4,399
De l'écluse d'Aiguesvives à l'écluse du Sanglier	1241,996			
Longueur de l'écluse du Sanglier			79,261	
Chute de cette écluse				4,331
* Aqueduc d'Aiguesvives.				
De l'écluse du Sanglier à l'écluse de Négra	3590,396			
1. De l'écluse du Sanglier au pont d'Enserni		1802,155		
2. Du pont d'Enserni à l'écluse de Négra		1788,241		

DIVISION DE TOULOUSE.	LONGUEUR des différentes SECTIONS de Rigole ou de Canal.	LONGUEUR des diverses PARTIES d'une même section.	CHANGEMENS DE NIVEAU.	
			Longueur des Écluses.	CHUTES.
	mèt. milli.	mèt. milli.	mèt. mil.	mèt. mil.
Longueur de l'écluse de Négra....			45,477	
Chute de cette écluse............				4,079
* 1. Aqueduc d'Encomps.				
De l'écluse de Négra à l'écluse de Laval.............	4182,876			
1. De l'écluse de Négra au pont de Vieille-Vigne............		1709,305		
2. Du pont de Vieille-Vigne à l'écluse de Laval............		2473,571		
Longueur de l'écluse de Laval.....			82,103	
Chute de cette écluse............				5,170
1*. Aqueduc de la Thezauque.				
De l'écluse de Laval à l'écluse de Gardouch...........	1338,717			
Longueur de l'écluse de Gardouch...			44,828	
Chute de cette écluse............				2,274
* Aqueduc de Gardigeol.				
De l'écluse de Gardouch à l'écluse de Renneville...........	4050,815			
1. De l'écluse de Gardouch au pont du Lers............		1905,711		
2. Du pont du Lers à l'écluse de Renneville............		2145,104		
Longueur de l'écluse de Renneville..			45,153	
Chute de cette écluse				2,626
De l'écluse de Renneville à l'écluse d'Encassan............	2873,976			
Longueur de l'écluse d'Encassan....			82,834	
Chute de cette écluse............				5,022
DIVISION DE NAUROUSE.				
De l'écluse d'Encassan à celle d'Enbourrel............	1452,357			
Longueur de l'écluse d'Enbourrel...			46,777	
Chute de cette écluse............				2,937

DU CANAL DU MIDI.

DIVISION DE NAUROUSE.	LONGUEUR des différentes SECTIONS de Rigole ou de Canal.	LONGUEUR des diverses PARTIES d'une même section.	CHANGEMENS DE NIVEAU.	
			Longueur des Écluses.	CHUTES.
	mèt. milli.	mèt. milli.	mèt. mil.	mèt. mil.
De l'écluse d'Enbourrel à l'écluse de Montferrand.	4146,467			
1. De l'écluse d'Enbourrel au pont de Maraval		1972,479		
2. Du pont de Maraval à l'écluse de Montferrand		2173,988		
Longueur de l'écluse de Montferrand			49,700	
Chute de cette écluse				2,842
1*. Aqueduc de Radel.				
De l'écluse de Montferrand à celle du Médecin.	4807,487			
1. De l'écluse de Montferrand au verseau de l'Océan		80,000		
2. Du verseau de l'Océan à celui de la Méditerranée		398,000		
3. Du verseau de la Méditerranée au pont du Ségala		1720,675		
4. Du pont du Ségala à l'écluse du Médecin		2608,812		
Longueur de l'écluse du Médecin			47,427	
Chute de cette écluse				2,703
3* Aqueduc de Baragne.				
DIVISION DE CASTELNAUDARY.				
De l'écluse du Médecin à l'écluse du Roc.	653,969			
Longueur de l'écluse du Roc			82,184	
Chute de cette écluse				5,195
De l'écluse du Roc à l'écluse de Laurens.	1134,650			
Longueur de l'écluse de Laurens			114,344	
Chute de cette écluse				6,535
De l'écluse de Laurens à l'écluse de la Domergue.	1176,487			
Longueur de l'écluse de la Domergue			46,777	
Chute de cette écluse				2,432

DIVISION DE CASTELNAUDARY.	LONGUEUR des différentes SECTIONS de Rigole ou de Canal.	LONGUEUR des diverses PARTIES d'une même section.	CHANGEMENS DE NIVEAU.	
			LONGUEUR des Écluses.	CHUTES.
	mèt. milli.	mèt. milli.	mèt. mil.	mèt. mil.
De l'écluse de la Domergue à celle de la Planque.	1187,992			
Longueur de l'écluse de la Planque.			45,802	
Chute de cette écluse.				2,362
De l'écluse de la Planque à l'écluse de Saint-Roch.	4270,419			
1. De l'écluse de la Planque au pont neuf de Castelnaudary.		3299,251		
2. Du pont neuf de Castelnaudary à celui près le bureau.		340,330		
3. Du pont près le bureau, au pont de Castelnaudary.		552,877		
4. Du pont de Castelnaudary à l'écluse de Saint-Roch.		77,961		
Longueur de l'écluse de Saint-Roch.			151,059	
Chute de cette écluse.				9,632
3*. Epanchoir du bassin de Castelnaudary.				
De l'écluse de Saint-Roch à l'écluse de Gay.	1534,243			
Longueur de l'écluse de Gay.			81,210	
Chute de cette écluse.				5,283
De l'écluse de Gay à l'écluse du Vivier.	1514,916			
Longueur de l'écluse du Vivier.			115,643	
Chute de cette écluse.				6,910
* Epanchoir du Vivier.				
De l'écluse du Vivier à l'écluse de Guilhermy.	456,178			
Longueur de l'écluse de Guilhermy.			45,802	
Chute de cette écluse.				3,492
De l'écluse de Guilhermy à l'écluse de Saint-Sernin.	549,994			
Longueur de l'écluse de Saint-Sernin.			45,802	
Chute de cette écluse.				1,981

DIVISION DE CASTELNAUDARY.	LONGUEUR des différentes SECTIONS de Rigole ou de Canal.	LONGUEUR des diverses PARTIES d'une même section.	CHANGEMENS DE NIVEAU.	
			Longueur des Écluses.	CHUTES.
De l'écluse de Saint-Sernin à l'écluse de Guerre..............	mèt. milli. 894,121	mèt. milli.	mèt. mil.	mèt. mil.
Longueur de l'écluse de Guerre.....			45,802	
Chute de cette écluse............				2,583
De l'écluse de Guerre à l'écluse de la Peyruque...............	1049,867			
Longueur de l'écluse de la Peyruque...			44,828	
Chute de cette écluse............				2,044
De l'écluse de la Peyruque à l'écluse de la Criminelle.............	455,235			
Longueur de l'écluse de la Criminelle			46,452	
Chute de cette écluse............				3,411
De l'écluse de la Criminelle à celle de Tréboul................	10347,908			
Longueur de l'écluse de Tréboul....			46,127	
Chute de cette écluse............				2,937
* Aqueduc de Tréboul.				
De l'écluse de Tréboul à l'écluse de Villepinte.................	5770,086			
1. De l'écluse de Tréboul au pont de Villepinte...............		2452,537		
2. Du pont de Villepinte à l'écluse de Villepinte................		1317,549		
Longueur de l'écluse de Villepinte...			45,802	
Chute de cette écluse............				2,795
1*. Réservoir de Mesuran.				
* Réservoir de Villepinte.				
2*. Aqueduc de Mesuran.				
* Épanchoir de Villepinte.				
De l'écluse de Villepinte à l'écluse de Sauzens................	1638,030			
Longueur de l'écluse de Sauzens....			45,802	
Chute de cette écluse............				2,486

DIVISION DE CASTELNAUDARY.	LONGUEUR des différentes SECTIONS de Rigole ou de Canal.	LONGUEUR des diverses PARTIES d'une même section.	CHANGEMENS DE NIVEAU.	
			LONGUEUR des Écluses.	CHUTES.
	mèt. milli.	mèt. milli.	mèt. mil.	mèt. mil.
De l'écluse de Sauzens à l'écluse de Bram.............................	1188,019			
Longueur de l'écluse de Bram........			46,127	
Chute de cette écluse................				2,518
De l'écluse de Bram à l'écluse de Béteille.............................	5545,222			
1. De l'écluse de Bram au pont de Bram...........................		624,017		
2. Du pont de Bram au pont du Diable		3815,076		
3. Du pont du Diable à l'écluse de Béteille.........................		1104,129		
Longueur de l'écluse de Béteille.....			45,802	
Chute de cette écluse................				2,337
2*. Aqueduc de Rébenty.				
De l'écluse de Béteille à l'écluse de Villesèque........................	7420,049			
1. De l'écluse de Béteille au pont de Villesèque......................		5348,548		
2. Du pont de Villesèque à l'écluse de Villesèque.....................		2071,501		
Longueur de l'écluse de Villesèque..			46,777	
Chute de cette écluse................				2,612
1*. Aqueduc de l'Espitalet.				
2*. Aqueduc Delfaix.				
* Épanchoir de Villesèque........				
DIVISION DE TRÈBES.				
De l'écluse de Villesèque à l'écluse de Lalande........................	4875,014			
1. De l'écluse de Villesèque au pont de Sauzens.......................		673,067		
2. Du pont de Sauzens au pont de Rocles............................		1939,440		
3. Du pont de Rocles à l'écluse de Lalande...........................		2262,507		
Longueur de l'écluse de Lalande.....			82,509	
Chute de cette écluse................				5,888
2* Aqueduc de Sauzens.				

DU CANAL DU MIDI.

DIVISION DE TRÈBES.	LONGUEUR des différentes SECTIONS de Rigole ou de Canal.	LONGUEUR des diverses PARTIES d'une même section.	CHANGEMENS DE NIVEAU;	
			Longueur des Écluses.	CHUTES.
	mèt. milli.	mèt. mill.	mèt. mil.	mèt. mil.
De l'écluse de Lalande à l'écluse d'Herminis.............	261,171			
Longueur de l'écluse d'Herminis....	....	....	45,802	
Chute de cette écluse...............	....	....	......	2,761
De l'écluse d'Herminis à l'écluse de la Douce..............	1333,669			
Longueur de l'écluse de la Douce....	....	....	46,777	
Chute de cette écluse................	....	....	......	2,802
De l'écluse de la Douce à l'écluse de Foucaud...............	1425,463			
Longueur de l'écluse de Foucaud....	....	....	118,242	
Chute de cette écluse...............	....	....	......	6,713
* Aqueduc de Saume. * Epanchoir de Foucaud.				
De l'écluse de Foucaud à l'écluse de Villaudy.............	3427,746			
1. De l'écluse de Foucaud au pont de Foucaud...................	....	507,074		
2. Du pont de Foucaud au pont de Gougens................,......	....	2056,761		
3. Du pont de Gougens à l'écluse de Villaudy.....................	....	863,911		
Longueur de l'écluse de Villaudy....	....	....	81,210	
Chute de cette écluse	....	....	......	4,358
2*. Aqueduc de Larnouse. 3*. Epanchoir de Villaudy.				
De l'écluse de Villaudy à l'écluse de Fresquel.............	1388,607			
1. De l'écluse de Villaudy au pont de la Daurade...................	....	417,337		
2. Du pont de la Daurade ou Villaudy, à l'écluse de Fresquel	....	971,270		
Longueur de l'écluse de Fresquel....	....	....	46,777	
Chute de cette écluse................	....	....	......	2,003

DIVISION DE TRÈBES.	LONGUEUR des différentes SECTIONS de Rigole ou de Canal.	LONGUEUR des diverses PARTIES d'une même section.	CHANGEMENS DE NIVEAU.	
			LONGUEUR des Écluses.	CHUTES.
De l'écluse de Fresquel à l'écluse de l'Evêque.............	mèt. milli. 3767,041	mèt. milli.	mèt. mil.	mèt. mil.
1. De l'écluse de Fresquel au pont de Conques.................	....	463,221		
2. Du pont de Conques au pont de la Méjeanne................	....	1262,001		
3. Du pont de la Méjeanne à l'écluse de l'Evêque..............	....	2041,819		
Longueur de l'écluse de l'Evêque....	....	....	47,102	
Chute de cette écluse	....	....	....	3,005
1*. Chaussée de Fresquel longue de 105 mètres jusqu'aux épanchoirs. * Epanchoirs de Fresquel. 2*. Reversoir de Vitrac. * 1er, 2e et 3e reversoirs de Baffies. 3*. Aqueduc et reversoir de Baffies.				
De l'écluse de l'Evêque à l'écluse de Villedubert.............	751,651			
Longueur de l'écluse de Villedubert..	....	....	46,777	
Chute de cette écluse	....	....	....	2,829
De l'écluse de Villedubert à l'écluse de Trèbes..............	4477,099			
1. De l'écluse de Villedubert au pont de la Rode..............	....	2782,737		
2. Du pont de la Rode au pont de Trèbes..................	....	1050,206		
3. Du pont de Trèbes à l'écluse de Trèbes.................	....	644,156		
Longueur de l'écluse de Trèbes......	....	....	115,968	
Chute de cette écluse.............	....	....	....	7,742
1*. Aqueduc de Dejean. 2*. Rigole d'Orbiel. * Aqueduc d'Orbiel long de 67$^{mèt.}$567. 3*. Aqueduc de Saint-Félix.				
De l'écluse de Trèbes à l'écluse de Marseillette.............	9313,010			
1. De l'écluse de Trèbes au pont de Milpetit.................	....	3132,372		

DU CANAL DU MIDI.

DIVISION DE TRÈBES.	LONGUEUR des différentes SECTIONS de Rigole ou de Canal	LONGUEUR des diverses PARTIES d'une même section.	CHANGEMENS DE NIVEAU.	
			LONGUEUR des Écluses.	CHUTES.
2. Du pont de Milpetit au pont de Milgrand.....................	mèt. milli.	mèt. milli. 1239,912	mèt. mil.	mèt. mil.
3. Du pont de Milgrand au pont de Marseillette....................	....	4002,335		
4. Du pont de Marseillette à l'écluse de Marseillette...................	....	938,391		
Longueur de l'écluse de Marseillette..	....	....	45,802	
Chute de cette écluse.............	....	....	......	3,857
3*. Aqueduc de Milgrand. * Aqueduc de Mercier. * Epanchoir à siphon.				
De l'écluse de Marseillette à celle de Fonfile..............	3043,310			
Longueur de l'écluse de Fonfile......	....	....	117,592	
Chute de cette écluse	....	....	......	8,906
De l'écluse de Fonfile à l'écluse de Saint-Martin...........	1164,102			
Longueur de l'écluse de Saint-Martin	....	....	80,560	
Chute de cette écluse.............	....	....	......	5,658
De l'écluse de Saint-Martin à l'écluse de l'Aiguille............	1703,411			
Longueur de l'écluse de l'Aiguille...	....	....	82,834	
Chute de cette écluse.............	....	....	......	5,847
* Aqueduc de l'Aiguille-Saint-Martin.				
De l'écluse de l'Aiguille à l'écluse de Puicheric..............	2943,505			
1. De l'écluse de l'Aiguille au pont de Rieux.....................	....	1691,547		
2. Du pont de Rieux à l'écluse de Puicheric....................	....	1251,958		
Longueur de l'écluse de Puicheric...	....	....	80,560	
Chute de cette écluse.............	....	....	......	4,456
1*. Aqueduc de l'Aiguille.				
De l'écluse de Puicheric à celle de Jouarres..............	6320,589			
1. De l'écluse de Puicheric à l'ancien pont de la Redorte	....	2891,152		

DIVISION DE TRÈBES.	LONGUEUR des différentes SECTIONS de Rigole ou de Canal.	LONGUEUR des diverses PARTIES d'une même section.	CHANGEMENS DE NIVEAU.	
			Longueur des Écluses.	CHUTES.
	mèt. milli.	mèt. milli.	mèt. mil.	mèt. mil.
2. De l'ancien pont de la Redorte au pont neuf de la Redorte.......	....	1 08,452		
3. Du pont neuf de la Redorte au pont de la métairie du bois........	....	713,220		
4. Du pont de la métairie du bois à l'écluse de Jouarres............	....	1607,765		
2*. Aqueduc de Ribaussel.				
3*. Epanchoir et reversoir d'Argendouble.				
* Aqueduc d'Argendouble.				
* Aqueduc de la Redorte.				
DIVISION DU SOMAIL.				
De l'écluse de Jouarres à l'écluse d'Homps.............	3645,480			
1. De l'écluse de Jouarres au pont de Jouarres................	....	979,228		
2. Du pont de Jouarres au pont d'Homps...................	....	1896,196		
3. Du pont d'Homps à l'écl. d'Homps	....	768,056		
Longueur de l'écluse d'Homps......	....	....	46,777	
Chute de cette écluse...........	....	....	....	3,167
1*. Aqueduc du ruisseau de Jouarres.				
2*. Aqueduc de l'étang de Jouarres.				
De l'écluse d'Homps à celle d'Ognon	588,609			
Longueur de l'écluse d'Ognon......	....	....	82,185	
Chute de cette écluse	....	....	....	5,820
De l'écluse d'Ognon à celle de Pechlaurier.............	2663,940			
1. De l'écluse d'Ognon à la demi-écluse d'Ognon................	....	187,121		
2. De la demi-écluse d'Ognon au pont d'Ognon	....	210,658		
3. Du pont d'Ognon à l'écluse de Pechlaurier.................	....	2266,161		
Longueur de l'écluse de Pechlaurier..	....	....	80,235	
Chute de cette écluse...........	....	....	....	4,683

DU CANAL DU MIDI.

DIVISION DU SOMAIL.	LONGUEUR des différentes SECTIONS de Rigole ou de Canal.	LONGUEUR des diverses PARTIES d'une même section.	CHANGEMENS DE NIVEAU.	
			LONGUEUR des Écluses.	CHUTES.
1*. Chaussée d'Ognon longue de 50 mètres.	mèt. milli.	mèt. milli.	mèt. mil.	mèt. mil.
* Epanchoir de la 1/1 écluse d'Ognon.				
3*. Aqueduc de Bassanel.				
* Aqueduc de Pechlaurier.				
De l'écluse de Pechlaurier à celle d'Argens.	2528,211			
1. De l'écluse de Pechlaurier au pont d'Argens.	....	1427,209		
2. Du pont d'Argens à l'écluse d'Argens.	....	1101,002		
Longueur de l'écluse d'Argens.	....	....	46,452	
Chute de cette écluse.	....	....	....	2,328
1*. Epanchoir de Pechlaurier.				
* Aqueduc d'Argens.				
De l'écluse d'Argens à l'écluse de Fonserane.	53747,843			
1. De l'écluse d'Argens au pont de Roubia.	....	2537,456		
2. Du pont de Roubia au pont de Paraza.	....	2735,865		
3. Du pont de Paraza au pont de Ventenac.	....	3248,123		
4. Du pont de Ventenac au pont de Saint-Nazaire.	....	1720,201		
5. Du pont de Saint-Nazaire au pont neuf du Somail.	....	2672,039		
6. Du pont neuf du Somail au pont vieux.	....	535,100		
7. Du pont vieux du Somail à l'entrée du Canal de Narbonne.	....	2886,724		
8. De l'entrée du Canal de Narbonne au pont neuf d'Argeliers ou de l'Étape.	....	2445,771		
9. Du pont de l'Étape au pont vieux d'Argeliers.	....	1496,088		
10. Du pont vieux d'Argeliers au pont de Pigasse.	....	5313,317		
11. Du pont de Pigasse au pont de Malviés.	....	2360,567		

DIVISION DU SOMAIL.	LONGUEUR des différentes SECTIONS de Rigole ou de Canal.	LONGUEUR des diverses PARTIES d'une même section.	CHANGEMENS DE NIVEAU.	
			LONGUEUR des Écluses.	CHUTES.
	mèt. milli.	mèt. milli.	mèt. mil.	mèt. mil.
12. Du pont de Malviès au pont de Saysse..........................	....	7919,936		
13. Du pont de Saysse au pont de Piétat..........................	....	572,137		
DIVISION DE BÉZIERS.				
14. Du pont de Piétat au pont de Trésille..........................	....	2857,693		
15. Du pont de Trésille au pont de Poilles..........................	....	2512,010		
16. Du pont de Poilles au pont de Régimont..........................	....	2068,253		
17. Du pont de Régimont à la voûte du Malpas..........................	....	2253,492		
18. Longueur de la voûte du Malpas.		165,668		
19. Du Malpas au pont de Colombiers.	....	1534,771		
20. Du pont de Colombiers au pont de la Gourgasse...............	....	3892,713		
21. Du pont de la Gourgasse au pont de Narbonne..................	....	1529,493		
22. Du pont de Narbonne à l'écluse de Fonserane.................	....	490,426		
Longueur de l'écluse de Fonserane..	....	....	297,553	
Chute de cette écluse	....	....	....	20,966
2*. Epanchoir de Roubia. * Aqueduc de Roubia. 3*. Aqueduc de Répudre long de 40 mètres. * Aqueduc de Saint-Paul. 4*. Aqueduc de Ventenac. * Epanchoir à siphon de Ventenac. 5*. Aqueduc d'Elfieu. 7*. Epanchoir d'Espatiasses. * Aqueduc de Cesse, long de 117 mètres. 9*. Reversoir d'Argeliers. 10*. Aqueduc de Frenicoupe. * Aqueduc de Seriéges. 11*. Aqueduc de Quarante. * Aqueduc de Malviés. 12*. Grand reversoir de Lalle. * Aqueduc de Robiolas.				

DU CANAL DU MIDI.

DIVISION DE BÉZIERS.	LONGUEUR des différentes SECTIONS de Rigole ou de Canal.	LONGUEUR des diverses PARTIES d'une même section.	CHANGEMENS DE NIVEAU.	
			Longueur des Écluses.	CHUTES.
* Epanchoir à siphon. * Nouveau reversoir de Lalle. * Aqueduc de Nostré-Seigné. 14*. Epanchoir de Piétat. * Aqueduc de Saint-Pierre. 15*. Aqueduc de Guerry. * Reversoir et aqueduc de Poilles. 16*. Aqueduc d'Eltou. 19*. Aqueduc de Colombiers.	mèt. milli.	mèt. milli.	mèt. mil.	mèt. mil.
De l'écluse de Fonserane à celle de Notre-Dame.	588,798			
Longueur de l'écluse de Notre-Dame. Chute de cette écluse.			78,611	2,869
De l'écluse de Notre-Dame à celle d'Arièges.	5212,089			
1. De l'écluse de Notre-Dame au pont de Notre-Dame		40,000		
2. Du pont de Notre-Dame aux piles et pont de Notre-Dame attenant la rivière d'Orb.		110,414		
3. Longueur du trajet sur la rivière d'Orb jusqu'au pont-rouge et portes de défense de ladite rivière		869,270		
4. Des portes de défense de la rivière d'Orb jusqu'à la demi-écluse des Moulins neufs.		522,383		
5. De la demi-écluse des Moulins neufs à celle de Saint-Pierre. . . .		779,615		
6. De la demi-écluse de Saint-Pierre au pont de Capiscol.		940,000		
7. Du pont de Capiscol à l'écluse d'Arièges.		1950,407		
Longueur de l'écluse d'Arièges. . . . . Chute de cette écluse			54,600	2,721
7*. Aqueduc de Saint-Victor.				
De l'écluse d'Arièges à l'écluse de Villeneuve.	1371,851			
Longueur de l'écluse de Villeneuve. Chute de cette écluse			44,178	2,382

DIVISION D'AGDE.	LONGUEUR des différentes SECTIONS de Rigole ou de Canal.	LONGUEUR des diverses PARTIES d'une même section.	CHANGEMENS DE NIVEAU.	
			Longueur des Écluses.	CHUTES.
	mèt. milli.	mèt. milli.	mèt. mil.	mèt. mil.
De l'écluse de Villeneuve à celle de Portyragne.............	4432,596			
1. De l'écluse de Villeneuve au pont de Caylus.................		2728,231		
2. Du pont de Caylus à l'écluse de Portyragne....................		1704,365		
Longueur de l'écluse de Portyragne..	....	....	54,600	
Chute de cette écluse	....	....	......	1,543
1*. Pale de Belpel.				
De l'écluse de Portyragne à l'écluse Ronde.................	12890,154			
1. De l'écluse de Portyragne au pont de Roucaute.................		3309,369		
2. Dudit pont au vieux Libron.....	....	1440,000		
3. Du vieux Libron au pont et ruisseau de Libron.................	....	2251,894		
4. Du ruisseau et pont du Libron, au pont vieux de Vias...........		1170,396		
5. Du pont vieux de Vias au pont neuf	....	2530,837		
6. Du pont neuf au pont de Vias à trois arches	....	618,494		
7. Du pont de Vias à trois arches à l'écluse Ronde	....	1569,164		
Largeur de l'écluse Ronde.........	....	....	52,949	
Chute de cette écluse	....	....	......	9,352
De l'écluse Ronde à l'écluse de Bagnas..................	4498,119			
1. De l'écluse Ronde à la rivière d'Hérault......................		387,858		
2. Longueur du trajet sur l'Hérault..		1175,269		
3. De l'Hérault à la demi-écluse de Prades......................		665,461		
4. De la demi-écluse de Prades au pont Saint-Bauzile.................	....	874,955		
5. Du pont Saint-Bauzile à l'écluse du Bagnas...................	....	1394,576		
Longueur de l'écluse du Bagnas....	....	....	45,802	
Chute de cette écluse.............	....	....	......	1,732
1*. Canalet qui conduit de l'écluse				

DU CANAL DU MIDI.

DIVISION D'AGDE.	LONGUEUR des différentes SECTIONS de Rigole ou de Canal.	LONGUEUR des diverses PARTIES d'une même section.	CHANGEMENS DE NIVEAU.	
			Longueur des Écluses.	CHUTES.
	mèt. milli.	mèt. milli.	mèt. mil.	mèt. mil.
ronde à Agde, en débouchant dans la rivière au-dessous de la chaussée : il a 526 mètres de longueur.				
De l'écluse du Bagnas à l'embouchure du Canal dans l'étang de Thau...	4937,613			
1. De l'écluse du Bagnas au pont des Onglous........................		3212,553		
2. Du pont des Onglous à la digue en pierres........................		1477,532		
3. Longueur de la digue...........		208,547		
4. Longueur de la jetée...........		38,98		
CANAL DE NARBONNE.				
Du Canal du Midi à l'écluse de Cesse..	210,700			
1. Du Canal du Midi au pont en bois de la demi-écluse de Cesse supprimée..........................		47, 90		
2. Du pont en bois à l'écluse de Cesse.		162, 80		
Longueur de l'écluse de Cesse......			81, 63	
Chute de cette écluse.............				2, 93
De l'écluse de Cesse à l'écluse de Truillas.......................	584, 70			
Longueur de l'écluse de Truillas....			86, 28	
Chute de cette écluse.............				3, 00
De l'écluse de Truillas à l'écluse d'Empare.......................	584, 70			
Longueur de l'écluse d'Empare.....			81, 70	
Chute de cette écluse.............				2, 89
De l'écluse d'Empare à l'écluse d'Argeliers........................	580, 60			
Longueur de l'écluse d'Argeliers....			88, 65	
Chute de cette écluse.............				2, 74
De l'écluse d'Argeliers à celle de Saint-Cyr......................	584, 00			
Longueur de l'écluse de Saint-Cyr...			81, 70	
Chute de cette écluse.............				2, 62

CANAL DE NARBONNE.	LONGUEUR des différentes SECTIONS de Rigole ou de Canal.	LONGUEUR des diverses PARTIES d'une même section.	CHANGEMENS DE NIVEAU.	
			LONGUEUR des Écluses.	CHUTES.
	mét. milli.	mét. mill.	mét. mil.	mét. mil.
De l'écluse de Saint-Cyr à l'écluse de Salelles..............	581, 00			
Longueur du pont et de l'écluse de Salelles..................			200, 40	
Chute de cette écluse........				5, 30
De l'écluse de Salelles à l'écluse du Gaillousty............	1063, 00			
Longueur de l'écluse du Gaillousty...			67, 73	
Chute de cette écluse.........				2, 70
De l'écluse du Gaillousty à la rivière d'Aude............	220, 95			
1. Bassin carré sous l'écluse du Gaillousty......		50, 85		
2. Courbe du Gaillousty.........		154, 10		
3. Mole.................		16, 00		
Du débouché du Canal de Narbonne à l'écluse de Moussoulens......	589, 68			
PASSAGE DE L'AUDE.				
1. Largeur de la rivière d'Aude.....		77, 94		
2. Chemin des barques dans le cours de l'Aude.................		311, 74		
ROBINE.				
Longueur de l'écluse de Moussoulens.			46, 76	
Chute de cette écluse.........				0, 00
De l'écluse de Moussoulens à l'écluse de Raonel............	3955, 23			
1. De l'écluse de Moussoulens à l'ancien pont de Moussoulens.....		594, 25		
2. Dudit pont à l'écluse de Raonel...		3360, 98		
Longueur de l'écluse de Raonel.......			48, 39	
Chute de cette écluse.........				2, 16
1*. Cale de Viard.				
2*. Déversoir de Pardaillan........				
3*. Déversoir de Bouque.				

DU CANAL DU MIDI.

ROBINE DE NARBONNE.	LONGUEUR des différentes SECTIONS de Rigole ou de Canal.	LONGUEUR des diverses PARTIES d'une même section.	CHANGEMENS DE NIVEAU.	
			Longueur des Ecluses.	CHUTES.
	mèt. milli.	mèt. milli.	mèt. mil.	mèt. mil.
De l'écluse de Raonel à l'écluse du Gua..................	4395, 54			
Le pont du Gua, à trois arches, qu'on vient d'exécuter pour le passage de l'eau qui alimente le moulin du même nom, lie le chemin du hâlage à la maçonnerie de l'écluse.				
Longueur de l'écluse du Gua......			48, 39	
Chute de cette écluse............				1, 73
De l'écluse du Gua à l'écluse de Narbonne...............	1995, 01			
1. De l'écluse du Gua au pont de la Mayral, à trois arches, qui reçoit les eaux de la Mayral et du bief inférieur du moulin du Gua....		633, 23		
2. Dudit pont à celui de l'Escoute situé sur la route de Paris en Espagne.		315, 64		
3. Dudit pont à celui des Carmes à l'entrée de Narbonne............		95, 48		
4. Du pont des Carmes à l'écluse de Narbonne................		50, 66		
Longueur de l'écluse de Narbonne..			47, 73	
Chute de cette écluse............				1, 70
De l'écluse de Narbonne à celle de Mandirac projetée...........	8904, 14			
1. De l'écluse de Narbonne au pont des Marchands................		179, 25		
2. Dudit pont à celui de Sainte-Catherine à la sortie de Narbonne.....		268, 88		
3. Dudit pont à l'écluse de Mandirac.		8456, 01		
Longueur de l'écluse de Mandirac...			72, 22	
Chute de cette écluse............				1, 62
De l'écluse de Mandirac au pli de Sainte-Lucie.................	6965, 69			
1. De l'écluse de Mandirac au pli de l'Ardaillon.................		5255, 00		
2. Du pli de l'Ardaillon au pli de Sainte-Lucie.................		1710, 69		

ROBINE DE NARBONNE.	LONGUEUR des différentes SECTIONS de Rigole ou de Canal.	LONGUEUR des diverses PARTIES d'une même section.	CHANGEMENS DE NIVEAU.	
			LONGUEUR des Écluses.	CHUTES.
	mèt. milli.	mèt. milli.	mèt. mil.	mèt. mil.
Du pli de Sainte-Lucie à l'embouchure de la Robine dans l'étang de Bages au Caragol.	1293, 50			
Nota. Du pli de Sainte-Lucie doit partir un Canal projeté et très-avancé, qui fera suite à la Robine, et débouchera dans le chenal de la Nouvelle. La branche actuelle, du pli de Sainte-Lucie au Caragol, sera abandonnée. On donnera au Canal qui la remplacera, les dimensions nécessaires pour que les tartanes puissent remonter de la Nouvelle à Narbonne. L'écluse de Mandirac sera construite de manière à les recevoir, et l'on doit établir un port en aval du pont Sainte-Catherine, où elles seront chargées et déchargées ; ainsi Narbonne deviendra port de mer.				
Du pli de Sainte-Lucie au chenal de la Nouvelle.	5845, 17			
1. Du pli de Sainte-Lucie à la pointe orientale de l'île.	. . . .	2338, 07		
2. De ce point au chenal de la Nouvelle.	. . . .	3507, 10		
RÉCAPITULATION SOMMAIRE.				
De la prise d'Alzau aux Thomases...	38129,000			
1. De la prise d'Alzau à la chute des Campmazes.	. . . .	24349,000		
2. De la chute des Campmazes aux Thomases.	. . . .	13780,000		
Chute de la prise d'Alzau aux Thomases.				
De Pont-Crouzet à Naurouse. . . .	42540,320			
1. De Pont-Crouzet aux Thomases. . .	. . . .	12000,000		
2. Des Thomases à Naurouse.	. . . .	30540,320		
Chute depuis le couronnement de la chaussée de Pont-Crouzet jusqu'au niveau de la retenue du Médecin. . .	. . . .	. . . .	. . . . . .	42,229

DU CANAL DU MIDI.

RÉCAPITULATION SOMMAIRE.	LONGUEUR des différentes SECTIONS de Rigole ou de Canal.	LONGUEUR des diverses PARTIES d'une même section.	CHANGEMENS DE NIVEAU.	
			LONGUEUR des Écluses.	CHUTES.
De l'embouchure du Canal dans la Garonne, à son débouché dans l'étang de Thau, écluses comprises............	mèt. milli. 238715,257	mèt. milli.		mèt. mil.
1. Longueur de la division de Toulouse, écluses comprises.....	....	45984,27^7		
2. *Idem*, de Naurouse............	....	10550,21^5		
3. *Idem*, de Castelnaudary.......	....	36907,51^8		
4. *Idem*, de Trèbes.............	....	47286,00^2		
5. *Idem*, du Somail............	....	46123,21^3		
6. *Idem*, de Béziers...........	....	24952,199		
7. *Idem*, d'Agde..............	....	26911,833		
Elévation du point de partage..... { au-dessus de la Garonne....			......	62,992
{ au-dessus de la Méditerranée.			......	189,084
Du point de diramation du Canal de Narbonne jusqu'au chenal de la Nouvelle, écluses comprises..	36521,710			
1. Longueur du Canal de Narbonne, écluses comprises....	....	5097,440		
2. Longueur de la Robine perfectionnée	....	31424,270		
Elévation de la grande retenue { au-dessus de l'Aude à Moussoulens...			......	22,180
{ au-dessus de la Méditerranée......			......	29,390
Etendue longitudinale du Canal du Midi et de ses dépendances....	355906,287			
1. Longueur des rigoles.........	....	80669,320		
2. Longueur de la ligne navigable, écluses comprises...........	....	275236,967		

CHAPITRE XII.

Notice sur le Languedoc et pays circonvoisins, pour faire suite à la stéréométrie du Canal du Midi.

Je te salue, ô belle Occitanie !
FLORIAN, dans Estelle.

LE Languedoc s'étendait du Rhône à la Garonne, des Cévennes et de leurs appendices aux montagnes des Corbières.

Les peuples qui l'habitaient, avant l'invasion des Romains, étaient appelés *Volsces Arécomiques* et *Volsces Tectosages*. Les premiers occupaient le pays compris entre la rivière d'Hérault, la mer, le Rhône, une partie des Cévennes, et avaient Nîmes pour capitale ; les seconds étaient établis dans le haut pays, depuis l'Hérault jusqu'à l'Aveiron ; ils s'étendaient dans les montagnes des Corbières, et le long d'une partie du cours de la Garonne ; leur capitale était Toulouse : les peuples du Vivarais, du Velai, et du Gévaudan, étaient appelés *Helvii*, *Velauni*, et *Gabali* ou *Gabales*.

Les Tectosages sont un des vieux peuples sur l'existence duquel l'histoire nous transmet quelques données ; les uns ont avancé qu'il était indigène ; les autres, qu'il était venu s'établir dans cette partie des Gaules qu'il occupa depuis. Il paraît que les Tectosages, déterminés par une guerre civile (1), ou par une trop grande population (2), quittèrent leur pays vers l'an 140 de la fondation de Rome, et firent une émigration au-dehors ;

---

(1) Strabon, liv. 4.
(2) Tite-Live, liv. 5.

ils se mirent sous la conduite de Bellovèse et de Sigovèse, neveux d'Ambigat, leur roi. Ceux que commandait Bellovèse, envahirent l'Italie, et se fixèrent le long du Pô, dans ce pays qu'on nomma depuis la Gaule Cisalpine, connue aujourd'hui sous le nom de Lombardie. Les autres, au nombre de trois cent mille (1), s'établirent dans l'Illyrie, la Germanie, la Pannonie, et se signalèrent autant par leur valeur, que par leur équité.

L'Allemagne et l'Italie ne sont pas les seuls pays où les Tectosages portèrent leurs armes victorieuses: nous les voyons chasser de la Hongrie les peuples de l'Istrie, envahir l'Asie sous la conduite de Belge, leur général, vaincre le jeune Ptolomée, roi de Macédoine, ainsi que Sosthène, son successeur, et fonder un grand État, appelé Galatie, ou Gallo-Grèce.

Le Languedoc, situé à l'extrémité méridionale de la France, arrosé par beaucoup de rivières, ayant d'ailleurs une étendue de trente lieues de côtes, devait être, à cause de son voisinage de l'Italie, une des premières conquêtes des Romains.

Ce fut sous le second consulat de Fabius Maximus, environ 634 ans après la fondation de Rome, que les vainqueurs du monde s'emparèrent de cette province, et de tout le pays compris entre le Rhône, le mont Jura, et la mer, auquel ils donnèrent d'abord le nom de province romaine, et puis de Gaule Narbonnaise. Ils trouvèrent dans cette contrée, un terroir fertile, qui procurait toutes les ressources pour étendre leurs conquêtes, et un climat agréable pour l'établissement de leurs nouvelles colonies. Ils allégèrent le joug imposé à ses habitans, en introduisant chez eux les arts, dont Rome se servait pour ajouter un nouvel éclat à la gloire de ses armes. Bientôt la Gaule Narbonnaise vit s'élever de belles villes, et de superbes monumens, dont les restes, échappés aux injures du temps et aux ravages

---

(1) Justin, liv. 24, chap. 3.

des barbares, excitent encore notre admiration. C'est principalement Toulouse, Narbonne, Béziers, Nîmes et ses environs, que les Romains enrichirent de beaux édifices : le pont du Gard, le temple de Diane, la Maison carrée, l'amphithéâtre des arènes, et d'autres dont il nous reste des débris, attestent surtout la magnificence de Nîmes, après leur invasion. Ces monumens ne furent pas les seuls dont ils dotèrent la Gaule Narbonnaise; ils creusèrent des canaux, et construisirent de très-beaux chemins, parmi lesquels on doit distinguer la voie militaire en partie conservée, et qui leur servit à franchir les Pyrénées, quand ils marchèrent à la conquête de l'Espagne.

La Gaule Narbonnaise resta sous la puissance des Romains, jusqu'au règne d'Honorius. A cette époque, elle fut envahie par les Goths, et reçut le nom de Gothie; on l'appela aussi Septimanie. Trois cents ans après, les Arabes, qu'on a désignés sous le nom de *Maures* et de *Sarrazins*, vinrent, après qu'ils eurent conquis l'Espagne, s'établir dans cette province; mais Charles Martel, après les avoir défaits, les en chassa en 725. Alors le Languedoc fut gouverné par des ducs de Septimanie, jusqu'en 936. Pendant l'intervalle qui sépara cette époque de l'année 1223, où Louis VIII s'en empara, le Languedoc fut sous la domination des comtes de Toulouse.

Ces nouveaux souverains avaient été les gouverneurs de la province, qu'ils érigèrent en Etat indépendant. Les Raymond furent les premiers qui en dépouillèrent la couronne, et gouvernèrent en maîtres une des plus belles portions de l'héritage des rois de France. Plusieurs de ces comtes furent dignes de leur fortune; mais le plus illustre d'entre eux, est Raymond de Saint-Gilles, quatrième de ce nom, et célèbre par ses exploits dans la Terre-Sainte : ce héros mourut en 1105, devant Tripoli. Alphonse et Bertrand, ses successeurs, déployèrent, comme leur père, un grand zèle pour la conquête de la Terre-Sainte. Leur petit-fils Raymond VI, qui comptait, dans sa famille et parmi ses sujets, tant de défenseurs de la religion, devint la victime du fanatisme : il vit ses Etats ravagés par Simon de Montfort, chef d'une croisade qu'avait formée le Pape Innocent III. Raymond excommunié, battu publiquement de verges par un légat, fut forcé de se croiser avec ses ennemis, pour faire la guerre à ses sujets, qu'il avait refusé d'abord d'exterminer : enfin, chassé de sa capitale avec son fils, on le dépouilla de ses possessions.

Raymond VII, fils du précédent, avait aidé son père à recouvrer ses Etats; il défendit avec succès son héritage contre Amauri de Montfort, et contre Louis VIII, roi de France : sa mort laissa des regrets à son peuple, qu'il aurait rendu plus heureux, s'il avait moins aimé la guerre, ou s'il eût su conserver la paix.

En 1292, après l'extinction de la famille des comtes de Toulouse, on sépara les provinces, réunies immédiatement à la couronne, en langue d'Oïl et en langue d'Oc, suivant que le mot *oui* était exprimé par *oïl* ou par *oc*. Le parlement de Paris eut la langue d'Oïl, et celui de Toulouse, la langue d'Oc. La dernière division renfermait tout le pays compris entre la Dordogne, l'Océan, la Méditerranée, et le Rhône : de langue d'Oc, est dérivé Occitanie, nom qui a souvent été donné à cette contrée méridionale.

Il est peu de parties de la France, qui offrent des sites plus agréablement variés, que l'ancienne province de Languedoc, entrecoupée de hauteurs et de plaines. Presque par-tout l'œil y rencontre un paysage agréable que termine un coteau riant. Des pluies abondantes y tempèrent la chaleur et entretiennent la fertilité. Mais la portion du Haut-Languedoc, de Toulouse à Carcassonne, située sur l'arête qui forme la séparation des eaux entre les deux mers, se trouve, par la même raison, au point de contact de deux températures opposées ; aussi les météores y sont très-fréquens : elle est souvent désolée par de grands vents, par la grêle et des orages qui détruisent en un instant les plus belles récoltes. Ces météores parcourent un cercle dont Naurouse, placée au col de la montagne, est le centre, et qui a pour rayon la demi-largeur de l'arête ; ils étendent donc leurs effets sur la montagne Noire et sur une partie des Corbières. Le voisinage des hautes montagnes des Pyrénées, doit influer aussi sur les variations de la température. Ces montagnes tiennent de trop près au ci-devant Languedoc, elles offrent de trop grands objets d'étude et de contemplation, pour ne pas essayer de tracer une esquisse du riche tableau qu'elles présentent.

La chaîne des Pyrénées traverse l'isthme qui est entre le golfe de Lion et celui de Gascogne. Son faîte, qui sépare la France de l'Espagne, forme la limite entre ces deux Etats.

Sa direction est presqu'en ligne droite du S. S. E. au N. N. O.

La longueur, depuis Collioure jusqu'à Fontarabie, est d'environ 40 myriamètres ; sa largeur n'excède pas 7 myriamètres.

Le faîte de cette chaîne atteint une hauteur de plus de 2500 mètres au-dessus du niveau de la mer. Il se maintient à cette grande hauteur dans une longueur considérable ; puis il baisse des deux côtés, principalement vers l'ouest, et semble se précipiter dans chacune des deux mers. Les neiges y sont permanentes, et leur terme inférieur se trouve à 2440 mètres d'élévation.

Le versant des Pyrénées, du côté de la France, forme pente générale ; le versant qui regarde l'Espagne est abrupte ; et du sommet du Mont-Perdu, la chaîne semble s'abaisser tout-à-coup de ce côté : « C'est, dit l'historien des Pyrénées, un
» précipice de mille à onze cents mètres, dont le fond est le

» sommet des plus hautes montagnes de cette partie de l'Es-
» pagne. Aucune n'atteint à 2500 mètres d'élévation absolue,
» et elles dégénèrent bientôt en collines basses et arrondies,
» au-delà desquelles s'ouvre l'immense perspective des plaines
» de l'Arragon.

» Au nord sont les montagnes primitives qui constituent l'axe
» de la chaîne : leurs cimes forment une bande de plus de trois
» myriamètres d'épaisseur transversale, dont l'élévation couvre
» totalement les plaines de la France. Telle est de ce côté l'insen-
» sible progression des abaissemens, que cette bande se compose
» de sept à huit rangs de hauteurs graduellement décroissantes.

» Vues du Languedoc, les Pyrénées présentent une suite de
» sommets découpés, aigus, hérissés, dont la couleur est le blanc
» des neiges qui les recouvrent (1) ».

Les penchans de ces montagnes sont sillonnés de profondes
vallées, perpendiculaires à la direction de la chaîne, qui sont
le berceau d'un grand nombre de torrens et de rivières. Ces
vallées et les montagnes qui les bordent, sont en partie couvertes
de forêts de sapins d'une très-grande étendue; celles d'Issaux et
de Pacte fournissent de belles mâtures. Ce fut sous le ministère de
Richelieu, que l'on commença l'exploitation des mâts des Pyrénées; mais cette exploitation ne put être considérable, parce
qu'il n'y avait ni chemins pour tirer les arbres des forêts, ni
rivières navigables pour les flotter.

Le granit forme le corps et le noyau des Pyrénées; c'est sur
sa masse, que reposent les couches des autres substances minérales, qui entrent dans la construction de cette chaîne.

Les roches primitives superposées au granit, les gneiss, les
schistes micacés, les schistes argileux et amphiboliques, consti-

---

(1) Ramond, voyage au Mont-Perdu, *Journal des Mines*, n° 83.

tuent des assises plus ou moins épaisses, et dont la direction est exactement parallèle à celle de la chaîne.

Les roches secondaires, médiocres en hauteur, en volume, en étendue, dans la partie septentrionale, offrent du côté du midi des masses étonnantes par leur grandeur ; elles sont le produit de cette formation de calcaire, postérieure à l'existence des êtres organisés.

Ramond a reconnu, entre les roches primitives et les roches secondaires, des roches de transition, où se rencontrent les plus anciens restes d'êtres organiques.

On trouve encore dans les Pyrénées des restes de quelques-unes de ces formations secondaires, que la nature présente en grandes masses dans d'autres contrées. On a trouvé du gypse strié près de la vallée d'Ossau, sur une des plus hautes montagnes de la chaîne. On a des fontaines salantes à son pied, notamment dans la partie occidentale. Quelques couches de combustibles minéraux, qui restent encore dans le pays de Foix et dans le Béarn, attestent l'ancienne existence de la formation des houilles dans les Pyrénées.

Les divers terrains secondaires dont nous venons de parler, sont eux-mêmes recouverts en partie par les terrains de transport.

Les Pyrénées recèlent un très-grand nombre de filons, de couches et même des masses de substances métalliques. On y comptait, en 1785, plus de 400 mines ou gîtes de minerai ; presque toutes ces exploitations sont abandonnées, à l'exception de celles de fer ; on avait en outre, quatre sources salantes, treize marbrières, etc.

Les mêmes montagnes possèdent, dans presque toute leur étendue, des eaux thermales, dont l'efficacité, pour la guérison des blessures, est bien constatée. Les plus renommées sont celles de Barèges, peu abondantes; mais qui peuvent être augmentées de celles de Sauveur et de Cautères. Il existe encore plusieurs autres sources minérales qui sont négligées, et dont on devrait tirer un meilleur parti.

Les habitans de Barèges, et ceux de toutes les villes situées aux débouchés des vallées, regardaient les pics qui dominent leurs cantons, comme les points les plus élevés des Pyrénées. Les Physiciens s'étaient attachés, de préférence, à déterminer leur hauteur, et ils avaient reconnu l'erreur dans laquelle on était; mais la hauteur d'aucun de ces points n'a été fixée d'une manière plus exacte, que celle du pic du midi de Bigorre, devenu célèbre par les beaux nivellemens de Reboul et de Vidal : ce pic se trouve élevé d'environ 3034 mètres au-dessus du niveau de la mer, et 226 mètres de plus que le Canigon.

Long-temps avant, M. de Plantade, l'un des premiers astronomes du Languedoc, entraîné par l'amour de la science, était venu, à l'âge de soixante-dix ans, chercher son tombeau sur cette même montagne.

Picot-Lapeyrouse a fait diverses recherches sur l'ornithologie des Pyrénées; Diétrich a présenté le tableau des mines que renferment ces montagnes; l'abbé Pallassou en a décrit les vallées, et a fait, sur les roches primitives superposées au granit, des observations importantes; elles ont été confirmées par Ramond, cet infatigable explorateur des Pyrénées, dont les nombreuses recherches sont journellement dirigées vers ces montagnes, devenues le théâtre de ses découvertes.

Quelles que soient les grandes idées et les hautes conceptions que font naître l'aspect et l'examen de ces montagnes, c'est à l'estimable Darcet qu'on revient avec affection, pour se rendre compte des phénomènes que nous présente un aussi vaste laboratoire de la Nature. La belle dissertation que ce savant nous a donnée, il y a déjà vingt-cinq ans (le 11 décembre 1775), sur l'Histoire naturelle des Pyrénées, et sur les causes de leur dégradation depuis deux mille ans, se lit encore avec le plus grand intérêt. C'est dans cet ouvrage, rempli de descriptions dignes du sujet, d'expériences et de vues, qu'on se plaît à reconnaître le Physicien habile, dégagé de tout esprit de système.

Darcet, après une longue et honorable carrière, a été enlevé aux sciences, à sa famille, à ses amis et à ses élèves, le 24 pluviose an IX : on regrettera long-temps un homme, qui avait enrichi par ses découvertes les sciences, qu'il ne cessait de rendre aimables par sa manière de les professer.

Avant d'être partagé en plusieurs départemens, le Languedoc se divisait en Haut et Bas-Languedoc : Toulouse était la capitale du premier.

Cette ville, dont la fondation remonte à une très-haute antiquité, était déjà célèbre avant la fondation de Rome. Les Tectosages furent ses premiers habitans. Elle eut pour prêtres des druides; le chêne était l'objet de son culte; et elle immolait quelquefois aux divinités qu'elle s'était choisies, des victimes humaines. Ses habitans furent chasseurs et guerriers; ils aimaient et cultivaient la poésie, et leurs bardes étaient très-considérés. La fréquentation des Phocéens adoucit les mœurs des peuples de cette contrée; Toulouse eut un sénat, et bientôt après, la Gaule, subjuguée par les Romains, reçut leur religion et leurs loix. Toulouse fut érigée en colonie de l'empire; on y éleva un capitole et des temples à ses nouveaux dieux : ces monumens de la magnificence romaine furent détruits par les Visigoths qui, après avoir chassé les Romains, avaient établi Toulouse la capitale de leur empire. Vainqueur des Visigoths, Clovis réunit Toulouse au domaine des rois de France. Dans le cours de ces diverses révolutions, Toulouse aima et cultiva les sciences et les lettres, ce qui lui fit donner le surnom de *palladia*.

Toulouse moderne eut à s'opposer à l'invasion des Sarrazins; elle éprouva les troubles et les malheurs inséparables des guerres de religion et des guerres civiles, et les horreurs de l'inquisition, fille atroce du fanatisme et de l'intolérance.

Toulouse, ville très-considérable, n'a pas une population proportionnée à son étendue; on y compte néanmoins soixante mille habitans. Elle est chef-lieu de préfecture et de division militaire. Un établissement central pour l'artillerie, devenu nécessaire depuis la suppression de celui de Perpignan qui se trouvait dans une position désavantageuse, ajoute encore à l'importance de cette ville.

Ainsi que nous l'avons observé, les arts et les sciences ont toujours été cultivés avec succès à Toulouse.

Dans le treizième siècle, les Troubadours vinrent illustrer le Languedoc. Ces pères de la poésie, qu'on a souvent appelés *poëtes provençaux*, n'appartenaient pas exclusivement à la Provence, mais à tout le pays qui, du temps des Romains, faisait partie de la Gaule Narbonnaise.

Réunis en société littéraire, connue sous le nom d'Académie des Jeux floraux, les Troubadours convoquaient chaque année tous les poëtes de la province, et les invitaient à un concours où l'auteur de la pièce couronnée recevait une violette d'or. Arnaud Vidal, de Castelnaudary, obtint le premier ce prix pour un *Cirventès* en l'honneur de la Vierge. Le prix décerné fut augmenté dans la suite d'une églantine et d'un souci, par les bienfaits de Clémence Isaure, dame toulousaine, dont on voit la statue dans la salle du consistoire. Une des salles de l'hôtel-de-ville est, en outre, ornée des bustes des personnages illustres que Toulouse s'honore d'avoir produits.

Ce n'était pas seulement à chanter l'amour et les héros que les Troubadours consacraient leur lyre; ils osèrent attaquer les vices d'un clergé corrompu : leurs chants influèrent sur les mœurs, en même temps qu'ils préparèrent la renaissance des lettres.

Toulouse eut, dans la suite, une Académie des sciences, une Académie des arts, plusieurs Observatoires, un Cabinet d'Histoire naturelle, un Amphithéâtre de Chirurgie, sur la porte duquel on lit une inscription où l'on trouve ce vers, qui exprime une idée heureuse :

Hic locus est ubi mors gaudet succurrere vitæ (1).

Une partie de ces établissemens subsiste encore aujourd'hui.

Parmi les hommes célèbres que cette ville a produits dans les temps modernes, nous citerons le chevalier Deville, savant ingénieur, qui enrichit l'art de la guerre d'un ouvrage sur la fortification, encore utile aujourd'hui.

Cujas, père de cette jurisprudence lumineuse, qu'il ne faut pas confondre avec celle des commentateurs.

Pierre Fermat, conseiller au parlement, habile jurisconsulte, profond mathématicien, et l'un des promoteurs de la haute géométrie; ceux de ses théorèmes sur la théorie des nombres, qu'il a laissés sans démonstration, exercent encore la sagacité des plus habiles géomètres. *Si Descartes*, dit Montucla (2), *eût manqué à l'esprit humain, Fermat l'eût remplacé en géométrie.* Fermat mourut en 1665, âgé de 57 ans (3).

Goudoulin, dans ses poésies, a manié l'idiôme languedocien avec beaucoup de grace (4).

---

(1) *Ici la mort se plaît à secourir la vie.*
(2) Histoire des Mathématiques, tom. II, page 136.
(3) Voyez son épitaphe, note XVI, aux notes et pièces justificatives.
(4) Goudoulin mourut en 1649, âgé de soixante-dix ans. Voici son épitaphe

Catel, Pibrac, Maynard, disciple de Malherbe; Palaprat, Campistron, Laloubère, Tourreil, et Marcorelle, sont recommandables comme hommes de lettres; Marc d'Arcis, comme statuaire; Rivalz, Despax, Subleiras, et de Froy, comme peintres; Lafage, comme dessinateur.

Antoine Rivalz, célèbre pour la correction du dessin et l'élégance de la composition, fut le premier qui, en 1726, ouvrit à Toulouse une école gratuite de dessin et de peinture, d'où se forma par la suite l'académie de peinture, sculpture et architecture de cette ville.

Le célèbre Duranti, l'avocat-général Dassis, Cambolas et Jean de Catellan, se sont distingués dans la magistrature, par leur savoir et leur intégrité.

Les ouvrages d'art qui méritent, dans cette ville, l'attention du voyageur, sont : la salle de l'histoire de Toulouse, peinte par P. Rivalz, Detroy le père, Boulogne et Jouvenet; les beaux tableaux de Despax aux Carmélites et à la Visitation, et les tableaux de Lafosse aux Carmes;

Un beau pont sur la Garonne, et la porte du faubourg Saint-Cyprien, construite sur les dessins de Mansart;

Le cours de Muret, fermé d'une grille de la plus belle exécution;

Le quai de la Dorade;

L'esplanade du côté de la porte Saint-Etienne;

---

faite par lui-même, et qui ne se trouve pas dans l'édition de ses Œuvres :

    Ayci l'an trigoussat le pauré Goudouli
    Perçoque le bougras bouillo pas y béni.

Pour donner une idée de la naïveté de ces deux vers, on peut en faire la traduction à-peu-près de cette manière :

    Ici l'on a trainé le pauvre Goudouli,
    Parce que le pendard n'y voulait pas veni.

Au point de réunion du nouveau Canal et de l'ancien, un bas-relief en marbre blanc, à grandes proportions, fait par Lucas, habile sculpteur.

En se reportant ensuite à des objets et à des souvenirs moins agréables;

On voit, dans l'église des Cordeliers, le tombeau de Duranti, premier président du parlement de Toulouse, victime malheureuse, ainsi que l'avocat-général d'Assis, des fureurs de la Ligue; dans celle de Saint-Etienne, la chaire où fut prêchée la croisade de saint Bernard. La chambre de saint Dominique rappelle ce lieu clandestin, où l'on établit l'inquisition pour la première fois : on y lit sur la porte, *Unus Deus, Una fides*, maxime exclusive, qui dut nécessairement contribuer à allumer les torches et à aiguiser les poignards de l'affreuse intolérance.

Toulouse n'a presque point de commerce, quoiqu'elle soit située dans l'endroit le plus étroit et au centre de l'isthme, au milieu d'un pays abondant et industrieux, dans le voisinage des Pyrénées, et de grandes communications par terre et par eau : une position aussi avantageuse semble inviter Toulouse à devenir l'entrepôt des deux mers.

La partie du Canal, depuis cette ville jusqu'à Naurouse, est plantée de diverses espèces d'arbres qui rendent ses bords très-agréables : ces arbres sont les peupliers d'Italie, les peupliers du pays, les frênes, les aulnes, les ormeaux et les platanes.

La communication par le Canal, entre Toulouse et Castelnaudary, est établie au moyen de deux bateaux de poste, qui partent le matin et arrivent le soir, l'un à Castelnaudary, l'autre à Toulouse; Négra est le point intermédiaire où dînent les voyageurs.

Le pays offre, de Toulouse à Castelnaudary, des plaines et

des coteaux très-bien cultivés, produisant des grains de toute espèce; les arbres y sont trop rares, tout est sacrifié au revenu des terres.

C'est à Castelnaudary que s'arrêtent le soir les bateaux de poste venant de Toulouse et de Trèbes. On part de là pour se rendre dans la montagne Noire. Nous avons vu, dans le chapitre premier, que cette montagne contient la partie savante du projet du Canal du Midi; elle renferme, en outre, des objets dignes d'intéresser les curieux.

Il paraît certain que le plateau supérieur, et la partie inférieure de la montagne Noire, sont entièrement composés de granit; mais ce granit offre, dans ses dispositions, des formes singulières. On le trouve, auprès de Lampy, en tables présentant beaucoup de surface et très-peu d'épaisseur. En allant des Campmazes à Saissac, on voit sur un espace considérable de terrains, un grand nombre de blocs irréguliers, plus ou moins approchant de la forme ronde et ovoïde; la matière de ces boules, disposée en couches concentriques, est ce même granit dont nous avons parlé plus haut.

On rencontre souvent, dans ce granit, des veines et des blocs de quartz, qui sont évidemment d'une formation postérieure. La vaste grotte du Calel, qui s'étend presque dans tout l'intérieur d'une portion de la montagne Noire voisine de Sorèze, appelée *la Causse*, renferme quelques albâtres et de belles stalactites. Un ruisseau la traverse, et donne sans doute origine à la belle fontaine, qui sourd en divers temps des rocs de la Fendeille. Un autre gouffre notable est celui de Malamort; le Sor s'y précipite, après s'être fait jour à travers les couches très-inclinées des rochers.

On trouve dans la montagne Noire, des matières calcaires et argileuses, des ochres, de l'ardoise grise, de la pierre à chaux très-compacte, des pyrites, des marbres d'une assez belle qualité, etc. (1).

Le chêne, le hêtre et le châtaignier viennent assez bien dans cette montagne; on y cultive le seigle et la pomme-de-terre; il y croît une sorte de genêt dont on se sert pour chauffer les fours; les pâturages y sont très abondans, et les troupeaux nombreux. Les coupes de bois, et les défrichemens ont éloigné presque tous les grands quadrupèdes; et l'on n'y voit plus le chevreuil, qu'on chassait, il n'y a pas plus d'un demi-siècle, dans les bois de Ramondens. C'est dans cette même montagne, qu'a été trouvée la tête d'un tapir, qui ne diffère que bien légèrement de celle du tapir vivant.

On voit, attenant la prise d'Alzau, une forge à la Catalane, un peu au-dessus une papeterie, et dans le vallon du Sor, plusieurs usines où l'on fabrique des ouvrages en cuivre.

On a remarqué de nos jours des effets sensibles de l'abaissement de la montagne Noire, occasionné soit par l'action des vents violens et des pluies abondantes, soit par les travaux des hommes.

En descendant de la montagne Noire par la gorge de Montcapel, on apperçoit, au débouché de la belle plaine de Revel, la ville de Sorèze, qui possède une maison d'éducation, dont l'établissement s'est formé en 1758.

Cette école, devenue depuis si célèbre, fit, dès 1760, une révolution dans l'éducation publique. L'enseignement qui, dans toutes les parties de la France, se bornait au grec et au latin, fut étendu, à Sorèze, à l'étude de la géographie, de l'histoire, des mathématiques et des langues étrangères. Ces études sérieuses

---

(1) Reboul, Voyage dans la montagne Noire, en septembre et octobre 1786, manuscrit communiqué.

étaient variées par des occupations agréables, telles que le dessin, la musique, et toutes les parties de la gymnastique.

Les succès de l'école de Sorèze engagèrent le Gouvernement à confier, en 1776, à cet établissement un certain nombre d'élèves de l'École militaire de Paris ; et ils y appelèrent, des diverses parties de l'Europe, un grand nombre de jeunes gens, dont la plupart se sont rendus ensuite recommandables.

Cependant, le créateur de cette école, qui l'avait dirigée pendant vingt-cinq années, avec un rare désintéressement, et avait perfectionné le systême d'instruction publique, n'offrant jusqu'alors qu'une espèce de routine scholastique, Despaux, ce vénérable septuagénaire, languissait à Paris dans le besoin, n'ayant d'autres ressources, que le faible produit d'un pénible enseignement, lorsqu'un Ministre, ami des arts (1), secondant les intentions bienfaisantes du Gouvernement, vint au secours de sa vieillesse : et le Gouvernement lui-même a couronné, depuis, ses travaux et ses années, en le nommant un des inspecteurs généraux de l'instruction publique.

L'école de Sorèze est actuellement entre les mains de MM. Ferlus, connus par leur goût pour les lettres, et auxquels on a l'obligation d'avoir maintenu, au milieu de la tourmente révolutionnaire, un établissement qui est devenu leur propriété.

La population de Castelnaudary est d'environ sept à huit mille habitans. Son commerce consiste principalement en grains, qu'on recueille, en grande partie, dans ses belles et fertiles plaines. On y cultivait, avec beaucoup de succès, le pastel, avant qu'on eût préféré à son usage pour la teinture, celui de l'indigo qu'on fait venir des Indes et de l'Amérique. C'est au-dessous de Castelnaudary, et près du ruisseau de Fresquel, que

---

(1) Chaptal, ministre de l'intérieur.

le duc de Montmorency fut blessé et fait prisonnier en 1632 ; on le conduisit ensuite à Toulouse, où Richelieu lui fit trancher la tête.

Castelnaudary a un chantier pour la construction des barques du Canal du Midi ; elle possède, dans l'église de Saint-Michel, le tableau de la Flagellation, un des beaux ouvrages du célèbre Rivals. Ce peintre était né à la Bastide, commune située à quatre kilomètres à l'ouest sur la route de Toulouse.

Germain de Lafaille, auteur des *Annales de Toulouse*, et Piganiol de la Force, étaient nés à Castelnaudary.

La ligne de poste passe à Castelnaudary : il part, de ce point, divers embranchemens, dont les uns vont dans les communes voisines et dans la Montagne-Noire, et les autres vers les Pyrénées.

Parmi ces derniers, le chemin de Mirepoix est le plus remarquable ; il conduit dans le département de l'Ariège, du côté de Foix ; et, de plus, établit la communication avec l'Espagne et le département des Hautes-Pyrénées, par le pays de Sault.

Le département de l'Ariège contient beaucoup de mines, savoir : celles de cuivre, de plomb, de sulfures de fer, de manganèse, d'ochres, d'alun ; il a aussi des argiles réfractaires au feu, et des rivières aurifères. Mais la plus grande richesse du pays consiste dans vingt-cinq mines de fer, dont une seule (celle de Rancié) située près la commune de Sem, canton de Vicdessos, alimente quarante-neuf forges, depuis trois siècles. Cette grande quantité de forges ne se trouve point en rapport avec les bois destinés à les entretenir ; il est donc essentiel de s'occuper du repeuplement des forêts et du perfectionnement de la carbonisation.

Ce sont les qualités de ces mines, qui ont fait découvrir, dans un temps reculé, le procédé métallurgique par lequel on les réduit immédiatement en fer pur, et on les étire de suite en barres, dans un seul foyer appelé fourneau à la Catalane, sans être obligé de les convertir d'abord en fonte de fer, pour les affiner ensuite en fer pur ou forgé. Six heures de temps suffisent pour cette opération.

Les mines de la vallée de Vicdessos sont presque toutes à l'état d'*hématites* ; elles donnent ordinairement en produit quarante pour cent de leur poids.

On se sert de trombes au lieu de soufflets, pour porter le vent dans le foyer : il paraît que la manière de produire un courant d'air par la chute de l'eau dans un tube vertical, a été pratiquée très-anciennement dans ces montagnes. Il n'y a pas de doute que l'air des trombes ne soit de l'air atmosphérique, qui, par la division de l'eau en gouttes, est porté dans la caisse à vent ; cet air peut être produit avec peu d'eau.

Les forges de Belesta, commune au-delà de Mirepoix, sont situées dans le vallon du grand Lers, immédiatement au-dessous de Fontestorbe, fontaine intermittente, qui est la source principale de cette rivière. Le P. Planque, et le savant Astruc, ont rendu raison de son cours périodique, par le jeu du siphon ; cette explication obtient un degré de vraisemblance de plus, depuis l'expérience en grand des déversoirs en siphons du Canal du Midi. Dans le phénomène dont nous venons de parler, l'intermittence doit être occasionnée par l'épuisement du récipient ; et il n'est pas nécessaire d'une ventouse pour en arrêter l'effet. Voici de quelle manière les eaux peuvent parvenir de nouveau dans le récipient :

Les montagnes qui forment le vallon du Lers se terminent à pic ; leurs pentes ne sont point sillonnées de ravines ; mais en s'élevant dans le pays de Sault, toute la partie supérieure de la montagne du côté de Fontestorbe, est remplie d'entonnoirs de dix à douze mètres de diamètre et d'autant de profondeur, qui se trouvent au bas de plusieurs pentes, et par où les eaux des pluies et des neiges pénètrent dans l'intérieur de la montagne. Ces eaux sortent par intervalles, et en plus ou moins grand volume, au niveau du fond du vallon : nous observerons que c'est en automne que les eaux de Fontestorbe sont sujettes à l'intercallation.

On voit au-dessus de Bélesta de très-belles forêts de sapins; on trouve dans les environs d'excellentes argiles pour les poteries et les creusets, des eaux minérales négligées, des mines de jayet qu'on exploite sans beaucoup de soin : les ouvrages fabriqués avec cette matière dans les communes de Payrat, Labastide, Saint-Colombe, forment une branche de commerce avec l'Espagne. La culture des bestiaux a porté dans le pays un autre genre d'industrie ; les cornes des bœufs et des moutons servent à faire des peignes dont la sciure et les recoupes forment un excellent engrais pour les vignes et les vergers.

Les bains d'Ussat, à une demi-lieue de Tarascon, et ceux d'Ax à deux lieues au-dessus, sont assez renommés dans l'Ariège; les eaux d'Ax sont savonneuses ou smectiques ; elles servent à laver les laines qu'on y apporte d'Espagne, et qui leur doivent en partie leur réputation.

On trouve, dans l'Ariège et le Salat, l'or en paillettes parmi du sable et de très-petites pierres ferrugineuses et lisses qui en sont l'indice le plus sûr.

L'Ariège proprement dite, petite rivière qui prend sa source au pied du pic de Lanoux, et ne passe que par la vallée très-resserrée d'Orlu, tombe dans l'Auriège ou l'Oriège, récipient principal qui traverse le département, et devrait lui donner son nom.

Le département de l'Ariège a vu naître Bayle, ce philosophe qui apprit à douter ; *Bayle, assez sage*, dit Voltaire, *assez grand pour être sans système.* Il naquit au Carla le 18 de novembre 1647.

Entre Castelnaudary et Trèbes, le Canal du Midi quitte le valon du Tréboul, pour entrer dans celui du Fresquel. Le bateau de poste, parti de Castelnaudary, rencontre à Béteille, lieu de la dînée, le bateau venant du côté opposé. Le Canal laisse sur sa droite, et à la distance de quelques lieues, la ville de Limoux, dont le terroir est fertile en bons vins ; on y fabrique des draps et des ratines.

Limoux est dans les Corbières ; ces montagnes recèlent des mines de turquoises, situées à Gimont, près de cette ville.

A cinq lieues de Limoux, et à deux d'Aleth, on trouve les bains de Rennes, qu'alimentent trois sources d'eaux thermales, dont la température est de 29 à 30 degrés du thermomètre de Réaumur.

Tout le pays dont nous venons de parler, dépend des Corbières. Ces appendices des Pyrénées appartiennent à la formation du calcaire coquilier. Cette substance constitue seule les Corbières, et y atteint même une hauteur considérable. M. Maraldi a trouvé, par des mesures trigonométriques, le pic de Bugarach élevé de 1263 mètres au-dessus du niveau de la mer. Cette pierre calcaire, dont nous venons de parler, est grise, dure, compacte, d'un grain souvent assez fin et assez pur, pour former un véritable marbre ; elle contient des cornes d'ammon et d'autres coquilles, dont les analogues ne sont point connues dans nos mers. Les Corbières, en se prolongeant jusques au-devant de la montagne Noire, forment la séparation des eaux entre l'Océan et la Méditerranée. C'est sur ces montagnes, qu'on a placé le bassin de partage du Canal, tandis que c'est à l'extrémité des dernières ramifications des Alpes, qu'on a été prendre les eaux nécessaires à sa navigation.

Avant d'arriver à Trèbes, la direction du Canal du Midi n'est pas très-éloignée de Carcassonne: on travaille en ce moment à une nouvelle branche, qui le rapprochera de cette ville; et l'on abandonnera l'ancien lit.

Carcassonne était une des villes de la province romaine; César en fait mention dans ses Commentaires. Elle est aujourd'hui chef-lieu de préfecture. Carcassonne eut un evêque dans le quatrième siècle; et après avoir été prise par *Simon de Montfort* en 1209, l'inquisition fut établie dans ses murs. Elle est distinguée en cité et ville basse, séparées par la rivière d'Aude. Cette commune a des fabriques de drap très-considérables, qui fournissaient au Levant.

Le climat propre à la culture de l'olivier, commençait à Carcassonne; mais depuis les hivers rigoureux de 1788 et de l'an 4, cet arbre, si utile et si lucratif, paraît avoir abandonné sans retour l'intérieur des terres; il est très-probable qu'il n'appartiendra bientôt plus, qu'aux rivages de la mer: la vigne l'a remplacé avec profusion; elle fournit, au-dessous de Carcassonne, des vins spiritueux qu'on exporte, ou que l'on convertit en eau-de-vie.

Les plantations du Canal, dans cette partie, consistent en mûriers, aulnes et platanes, qui s'y trouvent en petite quantité, et en peupliers du pays; peupliers d'Italie, frênes et saules, qui y sont très-nombreux.

Trèbes est le lieu de la couchée, pour les bateaux de poste venant de Castelnaudary et du Somail.

L'abbé de Gua, géomètre de l'Académie des sciences, génie vraiment original, qui fait regretter qu'on ait si peu d'ouvrages de lui, était né à Malves, commune au nord de Trèbes, sur le revers méridional de la montagne Noire.

En s'élevant sur le même revers, un peu au nord-est, on

arrive à Caunes, où l'on exploite les carrières de ce beau marbre rouge, marqué de grandes taches blanches, qui porte le nom de l'endroit d'où on le tire.

A quatre milles de Trèbes, le Canal du Midi passe dans un défilé très-étroit, compris entre la rivière d'Aude, qui coule à sa droite, et le grand étang de Marseillette, situé à sa gauche. Cet étang mérite d'être considéré avec soin, sous les rapports de projets de dessèchement, et comme pouvant servir de réserve d'eau pour le Canal.

C'est à la Redorte, que le bateau de poste s'arrête pour la dînée, le troisième jour après son départ de Toulouse; le Somail est le lieu de la couchée.

On trouve au-delà du Somail, le nouveau Canal de Narbonne, dérivé de la grande retenue; il fait la communication du grand Canal avec la rivière d'Aude, d'où, par la Robine, on se rend à Narbonne, aux étangs de Bages, Peyriac et Sijean, et à la mer, par le grau de la Nouvelle.

Narbonne était une des villes les plus considérables de la Gaule, lorsque Rome, voulant profiter des avantages de sa situation, y envoya en l'an 636, sous la conduite de L. Licinius Crassus, une colonie presqu'entièrement composée de citoyens romains. Environ cent ans après, César y fit passer une seconde colonie, dont la dixième légion faisait partie, et qui prit le titre de *Colonia decumanorum*. Narbonne eut un théâtre, des temples, des palais, des bains, des arcs de triomphe, des greniers publics, un beau pont: tous ces monumens du bon goût furent détruits par les Goths.

Narbonne avait vu dans le port, qui était sous ses murs, les flottes des Romains.

Le territoire de Narbonne est agréable et fertile; il est situé en partie dans les Corbières, montagnes qui se rattachent au

Canigou, devenu célèbre par les opérations de Cassini. Ce territoire est remarquable par la variété de ses productions : les bleds, les seigles et les avoines, les oliviers, les vignes et les mûriers y viennent également bien ; les prairies naturelles donnent beaucoup de fourrages ; les prairies artificielles y réussissent parfaitement. Indépendamment de ces avantages, le pays fournit des laines fines en assez grande quantité, de la soude grossière, connue sous le nom de salicot ; et du miel excellent, qui jouit d'une grande réputation : on pourrait établir, sur les bords de la mer, une saline qui produirait cent mille quintaux de sel.

La population de la ville de Narbonne est de 9850 habitans.

Les denrées du pays fournissent au commerce de Narbonne ; elle a de plus un commerce de transit.

Cette ville a plusieurs voies pour ses importations et ses exportations ; la mer, par le grau de la Nouvelle, le Canal du Midi, celui de la Robine, et de superbes routes.

Narbonne a vu naître, sous Jules-César, P. Terentius Varro, aussi grand capitaine qu'excellent poète ; sous Tibère, le fameux Votienus Montanus, éloquent orateur, grand poète, et habile grammairien ; sous Hadrien, L. Æmilius Papius Arcanus, à qui Martial dédia ses ouvrages, comme à un homme d'un goût exquis ; Saint Sébastien, dans le troisième siècle, qui brava deux fois l'empereur Dioclétien, et fut deux fois martyr ; l'empereur M. Aurelius Carus, célèbre dans le même siècle, et au commencement du quatrième, par ses victoires sur les Perses ; et enfin ses deux fils Carin et Numérien, auxquels il partagea l'empire.

Sur la fin du douzième siècle, les écoles juives de Narbonne étaient les plus fameuses du monde ; Moyse Kimschi, professeur à ces écoles, mit au jour, à cette époque, la meilleure grammaire hébraïque connue.

Narbonne eut, dans le dix-septième siècle, le savant Bourquet, évêque de Montpellier, M. de Massiac, chevalier de l'ordre de Saint-Louis, qui nous a laissé des Mémoires militaires estimés; et M. de Niquet, habile ingénieur, trop peu connu, parce qu'il était contemporain de Vauban.

Le dix-huitième siècle y a produit le célèbre Mondonville, rival de Lully, et M. Barthès le père, recommandable par lui-même, et dont le nom reçoit un nouvel éclat de son fils, médecin, un des hommes les plus étonnans par son génie et sa profonde érudition.

L'archevêque de Narbonne avait le titre de primat des Gaules, et était président-né des Etats de Languedoc.

La partie du Canal, entre le Somail et Béziers, ainsi que les plaines adjacentes, demandent à être examinées avec soin, par ceux qui veulent étudier le tracé du Canal du Midi, et les travaux relatifs au dessèchement de terrains. En perçant la montagne de Malpas, on a tranché, sans la résoudre, la difficulté que présentait la construction du Canal à ce point. L'étang de Capestang, qu'on rencontre à la droite du Canal, avant d'arriver au Malpas, offre un exemple de la manière dont on peut rendre un terrain inondé, propre à la culture, en y produisant des atterrissemens; et l'étang de Montady, au nord de la même montagne, fait voir comment on est parvenu à dégager un terrain des eaux qui le couvraient, en le coupant, en tout sens, par des fossés d'écoulement.

Le bateau de poste venant de Toulouse, arrive le quatrième jour, vers midi, à la vue de Béziers; il s'arrête en haut de l'écluse de Fonserane, et ne repart que le lendemain. Le chemin qu'on est obligé de faire, pour se rendre de cette écluse à Béziers, et de-là au Canal d'Agde, est assez considérable. On part pour Agde à deux heures de l'après-midi, dans un bateau qui ne fait d'autre trajet, que celui d'entre Béziers et cette ville.

Béziers a été une colonie des Romains ; elle avait alors deux temples fameux, qui furent détruits ensuite par les Goths. Charles Martel chassa, en 737, les Sarrasins de cette ville, et la ruina entièrement, afin qu'elle ne pût leur servir de retraite.

Béziers est située sur le penchant d'un coteau dont le pied est baigné par la rivière d'Orb. Son territoire est très-abondant en mûriers et en oliviers ; il produit aussi du blé et du vin en assez grande quantité.

Béziers est la patrie de Riquet, qui eut assez de courage et de génie, pour oser entreprendre le Canal du Midi ;

De Pélisson, historien de l'Académie française, homme éloquent, le seul qui, avec Lafontaine, n'abandonna point Fouquet dans sa disgrace.

Mairan, habile géomètre, né dans la même ville, prit la plume de l'histoire de l'Académie des sciences après Fontenelle, et ne se montra pas indigne de lui succéder.

M. de Thémines, maréchal de France, Guillaume Duranti, savant jurisconsulte, Barbeyrac, Jacques Esprit, sont compatriotes des hommes que nous venons de citer.

Le père Vanière, qui s'est fait connaître par son *Prædium Rusticum*, était né dans les environs de Béziers.

On trouve à Gabian, petite commune à quatre lieues de cette ville, deux sources d'eaux minérales ; la première est nommée la *Fontaine de Pétrole*, parce que ses eaux portent ce bitume ; la seconde, la *Fontaine de Santé*.

Les eaux minérales chaudes des bains de la Malon, près de Béziers, sont recommandées dans toutes les maladies, qui dépendent d'un vice de transpiration.

Le Canal du Midi communique à la mer par les ports d'Agde et de Sette.

Agde était une colonie de Marseille; elle est placée sur la rive gauche de l'Hérault, à une lieue de son embouchure.

La population d'Agde est d'environ sept mille ames; on y compte deux cents marins, occupés à une sorte de pêche, connue sous la dénomination de *pêche aux bœufs*, et à une autre pêche, vulgairement appelée *la traine*. En 1790, le commerce d'Agde avait 120 navires de 130 à 280 tonneaux; les différentes circonstances de la guerre les ont réduits à 27.

Le sol d'Agde est très-fertile en grains, vins et fourrages; cette ville a une soixantaine de fabriques de verd-de-gris (oxide de cuivre). Quand la récolte des vins est abondante, on y fait beaucoup d'eau-de-vie. A quelque distance d'Agde, la montagne de Saint-Loup, qui domine la rade foraine de Brescou, présente à son sommet, le cratère d'un ancien volcan. C'est l'extrémité de cette chaîne de volcans éteints, qui s'étendent depuis le Mont-Mézin, plateau des montagnes de l'Ardèche, jusques dans la mer à Brescou, et dont les produits entrent dans la constitution minéralogique du Languedoc, principalement de sa partie septentrionale. Ces vestiges volcaniques sont des coulées basaltiques, ou des monceaux de scories, de lapilli, et d'espèces de pozzolanes. On a essayé de faire usage de ces dernières, afin de pouvoir se passer de la pozzolane d'Italie; mais ces tentatives n'ont eu aucun succès.

Le sol d'Agde autour de la montagne de Saint-Loup, paraît n'être qu'un produit de volcan : la pierre qu'on en retire, est extrêmement dure; elle est employée avec beaucoup d'avantages dans les constructions sous l'eau.

Agde est l'entrepôt de la pozzolane, qu'on fait venir de Civita-Vecchia, et qu'on distribue ensuite, pour les travaux, dans les différentes divisions du Canal.

Le dernier recensement des habitans de Sette en porte le

nombre à 9225, parmi lesquels on compte 160 marins. On fait à Sette la pêche au bœuf, celle de la sardine et du thon. Le territoire de cette ville ne produit que quelques vignes, plantées sur la montagne qui la domine. Ses habitans se livrent principalement à la pêche, à la fabrication des futailles, et, comme matelots, au service des bâtimens marchands.

Les eaux minérales de Balaruc, commune située à une lieue et demie de Sette, sur l'étang de Thau, près la grande route de Narbonne à Montpellier, sont celles qui ont le plus exercé la sagacité des savans. Les médecins pensent que ces eaux sont d'une utilité générale, et qu'elles sont particulièrement efficaces dans les paralysies. Les bains de Balaruc furent connus des Romains. On a découvert, près de cette commune, au bord de l'étang de Thau, une portion d'aqueduc bâti en briques, correspondant à un ouvrage du même genre, trouvé au nord de la montagne de Sette; on ne sait à quelle époque rapporter une telle construction.

A l'est du port de Sette est située l'île de Maguelonne : cette île eut une ville et un port, qui furent long-temps fameux. La ville de Maguelonne, bâtie par les Goths, lui dut son agrandissement; et, après la ruine de l'empire des Visigoths, ce port servit aux Sarrasins, pour faciliter leurs communications de la Septimanie à l'Espagne. Charles-Martel en expulsa ces conquérans, et rasa la ville, dont il ne respecta que la cathédrale : elle fut rebâtie en 1037 par son évêque. Son port, rétabli, devint le plus important de la province, dans les onzième et douzième siècles. Aujourd'hui l'on chercherait en vain cette ville dans l'île qui porte son nom; la cathédrale, en fort mauvais état, est le seul monument qui subsiste. Maguelonne est la patrie du chanoine Bernard de Tréviez, auteur de l'ancien roman de *Pierre de Provence*, et *de la belle Maguelonne*.

La translation du siége épiscopal de cette partie du Languedoc, dans la ville de Montpellier, est une des causes modernes qui contribua le plus à la chute totale de la ville et de l'île de Maguelonne, et à l'accroissement de la ville de Montpellier, qui avait été fondée du temps des Sarrasins, après la ruine de Maguelonne, par Charles-Martel.

Montpellier est bâtie dans une situation extrêmement riante, entre la Mosson et le Lez, sur un monticule isolé, qui renferme des filons de mercure fluide : l'air y est très-salubre : son terroir abonde en huiles, en vins, en blés, et en plantes médicinales. Les arts, les sciences, le commerce, et l'industrie ont concouru, de tout temps, à rendre cette ville florissante ; elle était le lieu des séances des Etats de Languedoc.

Nous avons vu que les Goths, après avoir envahi la Gaule narbonnaise, y étouffèrent le goût des arts que les Romains y avaient fait naître. Les peuples de la Septimanie participèrent alors à la barbarie répandue sur toute l'Europe; mais ils furent les premiers à sortir des ténèbres de l'ignorance ; et l'université de Montpellier contribua singulièrement au progrès des lumières : on y enseignait le droit et la médecine, dès le 13ᵉ siècle.

Les Arabes, vainqueurs de l'Espagne, avaient introduit dans ce royaume l'étude de la philosophie, des mathématiques et de la médecine. Ils firent diverses incursions sur les côtes de la Septimanie ; et la plupart d'entr'eux se fixèrent à Montpellier, à l'époque où les Princes chrétiens reprenaient sur les Maures les provinces, que ces Orientaux étaient venus envahir.

La Faculté de médecine, créée en 1220, puisa chez eux ses premières connaissances.

En bâtissant, à côté de chaque mosquée, un collége et un hôpital, les Arabes alliaient le culte de la religion à l'étude des sciences et à l'amour de l'humanité. Leurs ouvrages, dont ils avaient eux-mêmes puisé les élémens chez les Grecs, furent traduits et commentés; et l'érudition, comme il est arrivé de tout temps, précéda l'observation.

Arnaud de Villeneuve, en ne s'arrêtant plus à l'imitation servile des auteurs étrangers, entrevit la perfection de son art, et y coopéra par des découvertes utiles. Les Arabes, très-versés dans la connaissance des plantes et de leurs propriétés, n'étaient pas aussi habiles dans l'anatomie, à laquelle ils n'avaient pu se livrer, la loi de Mahomet défendant l'attouchement des cadavres. Gui de Chauliac fut le restaurateur de cette science importante; et Montpellier vit s'élever, dans son sein, un amphithéâtre de chirurgie : elle vit également s'ériger une chaire de botanique, et se former un jardin des plantes sous la direction du célèbre Richer de Belleval. De cette école, sont sortis les Clusius, les Bauhin, les Jussieu. Enfin, dans le dix-septième siècle on y créa, pour la Chimie, une chaire qui compléta les études nécessaires à l'art de guérir.

C'est donc à la nation arabe, alors industrieuse et puissante, aujourd'hui plongée dans la barbarie, et reléguée dans de stériles déserts, que nous devons les premiers documens de l'art de la médecine, qui maintenant se trouve réduit, dans ces hordes errantes, à des pratiques superstitieuses, et à une sorte d'empyrisme. Les arts et les sciences, venus d'Orient, parviendront à se fixer, de nouveau, dans leur terre natale; perfectionnés par nos lumières, et embellis par nos habitudes, ils rouvriront les sources du bonheur et de la prospérité, chez des peuples qui furent jadis si florissans.

L'Université de Montpellier s'est toujours soutenue avec

éclat, depuis son origine; elle a produit les Hoffmann, les Rivière, les Sauvages, les Astruc, les Barthès, les Gouan, et d'autres hommes non moins recommandables.

Les ressources commerciales de Montpellier et des départemens méridionaux, se sont très-étendues par les nouvelles découvertes chimiques, et par les établissemens qu'elles ont fait naître.

Chaptal, habile chimiste, né à Montpellier, dirigeant les progrès de nos connaissances vers l'accroissement de nos richesses, a rendu la chimie une des sources du commerce, en faisant servir les résultats de la science au perfectionnement de la manipulation. Il a répandu les lumières de la chimie dans le midi, où cette science était, en quelque sorte, inconnue; et il a présenté, sur le *retard de nos progrès dans les arts*, des observations qui ajoutent à sa réputation de savant distingué, celle d'administrateur habile.

La ville de Montpellier, qui doit un si grand éclat à la médecine, dont elle a été le berceau, et aux autres sciences qui s'y développèrent de bonne heure, reçoit une autre espèce d'illustration des personnages célèbres qu'elle a vus naître.

Nous parlerons d'abord de Jacques premier, roi d'Arragon, fils de Pierre II, roi d'Arragon et seigneur de Montpellier. Ce Pierre II, l'un des plus aimables monarques du monde, dut le surnom de conquérant à soixante ans de victoires contre les Maures, usurpateurs de sa patrie; il gouverna ses États comme un père, et mourut, comme un héros, à la bataille de Muret.

L'infortunée Constance Cézelli, femme de Barry, brava, dans Leucate qu'elle défendait, les efforts réunis de la Ligue et de l'Espagne; et son héroïsme la priva d'un époux, immolé à la rage atroce des barbares assiégeans.

Nous devons à Sébastien Bourdon, peintre fameux, des chefs-d'œuvre qui lui assignent un des premiers rangs parmi les peintres français; et au célèbre Vien, la restauration de l'Ecole française, dégradée par le style maniéré de celle de Boucher.

Le père Castel, mathématicien, auteur du *Clavecin oculaire*, a publié des ouvrages qui décèlent un esprit fécond, inventeur, et une imagination brillante, mais déréglée.

Les Muses pleurent encore Roucher, le vertueux auteur du *Poëme des Mois*, et l'une des plus intéressantes victimes d'un tribunal de sang.

Enfin Montpellier se glorifiera d'avoir donné le jour à ce magistrat qui, dès sa jeunesse, se fit un nom dans la législation, et en devint l'oracle à la tribune des assemblées nationales, comme il le fut de nos relations politiques avec l'étranger, dans les comités de Gouvernement; une sagesse supérieure, une série croissante de services constamment utiles, l'ont porté à l'une des places les plus importantes de l'État.

La partie des Cévennes, qui s'élève au nord de Montpellier, est peuplée de chênes, qui peuvent donner des bois courbes pour la marine : on élève dans ces montagnes beaucoup de bétail.

Nismes est célèbre par ses précieuses antiquités, et par son industrieuse population.

Lodève a des manufactures renommées de draps et de chapeaux; et l'on fabrique à Gange les plus beaux bas de soie.

Ce pays a vu naître le généreux d'Assas, le Décius français; madame Viot, qui a rendu trois noms illustres; et Pitot, de l'Académie des sciences, qui a laissé dans la province des ouvrages publics du plus grand intérêt. A Nismes, le célèbre antiquaire Séguier a soulevé le voile, dont le temps avait enveloppé les époques et les circonstances de la construction des monumens romains ; plus loin, sur les bords du Gardon, la musette de Florian a charmé les ombres d'Estelle et de Némorin.

Les montagnes des Cévennes sont fameuses par les guerres de ces religionnaires, connus sous le nom de *Camisards*. La révocation de l'édit de Nantes, qui devint si funeste à la France, eut des résultats encore plus cruels pour le Languedoc, où les Protestans se trouvaient en grand nombre. La plupart d'entr'eux se réfugièrent dans ces montagnes; et la persécution leur mit les armes à la main. Fléchier, évêque de Nismes, avait frappé d'anathême les Protestans qui ne voulaient point abjurer. L'intendant Bâville, au nom du roi, les avait poursuivis avec une rigueur extrême. Le maréchal de Villars, comblé de gloire et d'années, envoyé pour les réduire, se vit obligé de traiter avec Cavalier leur chef, jeune homme de vingt ans : les Protestans posèrent les armes, mais ne furent point convertis. Il est bien difficile, quelques efforts que l'on fasse, d'opérer un changement total dans l'habitude des consciences. C'est ce qui faisait dire à Vauban, au sujet du grand nombre de troupes qu'exigeait, en 1686, la tranquillité des provinces de Guienne et de Languedoc : « Il n'en faut guère
» moins dans ces grandes provinces, où la plupart des nou-
» veaux convertis ne le sont que du bout des lèvres, et où il
» ne faudra guère moins de neuf à dix ans, pour achever d'éta-
» blir la religion catholique dans le cœur de tous ; encore est-ce
» à condition, que les vieux mourront entre ci et ce temps-là,
» et que ceux du moyen âge s'y accoutumeront par ennui ou
» autrement, et que les jeunes y seront élevés »,

La tolérance dans les idées religieuses, comme dans les idées politiques, peut seule éteindre les vieilles haines, et procurer un bonheur durable, en faisant naître pour tous, les jours prospères de concorde et de liberté.

FIN DU DOUZIÈME ET DERNIER CHAPITRE.

NOTES
ET
PIÈCES JUSTIFICATIVES.

NOTE PREMIÈRE.

Sur le pont du Gard.

Nous lisons, dans des observations sur les antiquités de Nismes:
« On attribue cet aqueduc à Agrippa, qui l'éleva, lorsqu'il vint dans
» l'Occitanie, dix-neuf ans avant la naissance de J. C. : on sait qu'il
» prenait le titre de *Curator perpetuus aquarum*. Les masses éton-
» nantes, qu'on a employées à construire cet aqueduc, ainsi que les
» autres antiquités de Nismes, ont fait croire que les Romains avaient
» le secret de fondre la pierre; cependant, à l'examen des carrières
» de Barutel et de Roquemalière, on voit, à la forme des coupes,
» qu'elles en ont été tirées ».

J'ignore si les Romains connaissaient le secret de fondre la pierre,
et cela n'a aucune apparence de probabilité ; mais ils pouvaient
avoir celui de la couler, c'est-à-dire, de mettre dans des moules
une espèce de mortier, susceptible de prendre corps par la dessica-
tion spontanée dans l'air, ou même quoique plongée dans l'eau.
Le béton, employé de nos jours, en offre un exemple frappant. Une
méthode analogue, pratiquée en Italie, a été décrite par Guglielмini, ou par Zendrini : elle est très-simple, et consiste à couler
un mélange indiqué dans des sillons creusés dans les champs. Il en
résulte des prismes triangulaires, qu'on laisse exposés pendant plusieurs mois à l'air libre : ils y acquièrent une si grande consistance,
qu'on peut les employer dans les travaux sous l'eau. Les revêtémens

des jetées du Pô devant Plaisance, ne sont faits qu'avec cette pierre artificielle.

NOTE II.

Sur les Canaux de la Chine.

M. T. Nieuhoff, qui avait été à la suite des ambassadeurs des Provinces-Unies vers l'empereur de la Chine, dans sa relation imprimée à Leyde en 1665, dit : « J'ai compté au Canal de Tun un
» grand nombre d'écluses bâties de pierres carrées ; chacune d'icelles
» a une porte par laquelle entrent les navires ; on les ferme avec
» des ais fort grands et fort épais ; puis les ayant levés par le moyen
» d'une roue et d'une machine, avec beaucoup de facilité, on
» donne passage à l'eau et aux navires, jusqu'à ce qu'on les ait fait
» passer par la seconde, avec le même ordre et la même méthode,
» et ainsi pour toutes les autres, etc. ».

Nieuhoff venait de quitter la Hollande, où il avait vu la manœuvre simple et aisée des écluses dans les Canaux dont ce pays est arrosé : il trouve que dans celle du grand Canal de la Chine, la manœuvre se fait avec beaucoup de facilité. Les Chinois savent donc non-seulement ce que c'est que le redoublement des écluses ; mais encore ils en ont pratiqué d'une espèce qui leur est propre, et qui n'ont de commun avec les nôtres, que la simplicité des moyens. On peut aussi rapporter, en faveur de ce témoignage, celui du Père Leconte; il dit, page 154, édit. de 1698, à Amsterdam, en parlant des petits Canaux de la Chine : « Il n'y a point de semblables écluses dans le
» grand Canal, parce que les barques de l'Empereur, qui sont
» grandes comme nos vaisseaux, n'y sauraient être élevées à force
» de bras, et se briseraient infailliblement ».

L'opinion générale est que le Canal de Tyn, ou grand Canal de la Chine, a été entrepris en 1289. Les écluses dont parle Nieuhoff, ont-elles été pratiquées sur ce Canal pendant sa construction, ou bien lui sont-elles postérieures ? C'est ce qu'il n'est pas aisé de décider ; car on ne trouve aucune trace de l'existence de ces écluses, ni dans les relations des anciens voyageurs qui ont pénétré à la Chine par terre, ni dans les voyageurs plus récens. L'époque de la construction des écluses, en Italie, est plus certaine, puisque, d'après l'assertion de Zendrini, cette invention a paru, pour la première fois, en 1481, et que d'après les témoignages irrécusables de l'histoire, Léonard de Vinci en a fait l'application aux Canaux dérivés de l'Adda et du Tesin, en 1497, c'est-à-dire, environ vingt ans après l'exécution de la première idée. Nous venons de voir que les écluses ont été inventées en Italie, dans le quinzième siècle, et il n'a été question de celle des Chinois que dans le dix-septième. D'après cela, si l'autorité de Nieuhoff et celle du Père Leconte ne sont point suspectes, nous pouvons conclure, ainsi que nous l'avons avancé dans le texte, que les Chinois et les Italiens ont pu inventer les écluses, chacun de leur côté.

NOTE III.

Sur le projet de 1664.

Le dessin du premier projet, arrêté pour la jonction des deux mers dans le midi, porte le titre de *Carte pour la communication des deux mers Océane et Méditerranée, en Languedoc, par F. Andreossy*, et a pour date l'année 1664 : cette Carte existe en original. Suivant ce projet, le Canal de jonction allait aboutir à Narbonne, après avoir traversé la rivière d'Aude entre les villages de Salelles et de Moussoulens. L'ancien Canal des Romains, connu sous le nom de Robine, conduisait ensuite de Narbonne à l'étang de Sijean ; et on communiquait de l'étang de Sijean à la mer par le grau de la Nouvelle. Des experts, et quatre géomètres, les sieurs Andreossy (1), Pélafigue, Cavalier (2) et Bressieus, furent nommés

---

(1) On voit que dans cette commission, F. Andreossy devait être l'homme de confiance de l'entrepreneur.

(2) Jean Cavalier, géographe du Roi et contrôleur-général des fortifications du Languedoc : nous ignorons ce qu'étaient Pélafigue et Bressieus.

pour l'examen de ce projet. On lira, note VIII, l'extrait du procès-verbal de ces commissaires. Le devis estimatif du projet de 1664, est présenté de la manière suivante sur la Carte de F. Andreossy.

« Dépense à laquelle pourra monter le projet du Canal pour la
» jonction des mers, et celui de la dérivation des eaux qui doivent
» être amenées jusqu'au point de partage.

» 1°. Si l'on approuve le projet du Canal entre Toulouse et Nar-
» bonne, depuis la Garonne jusqu'au moulin de Farrioles, distant
» de Narbonne de 10,528 toises, afin de le mettre à l'abri des débor-
» demens, qui surviennent ordinairement dans les plaines par les-
» quelles il doit être conduit, et afin de remédier aux grandes
» sinuosités de Lers, aussi bien que de modérer les rapidités de la
» rivière d'Aude, et d'éviter l'incommodité des rochers qui traver-
» sent le cours en plusieurs endroits ; il faut compter, pour la
» longueur du canal, depuis Toulouse jusqu'au moulin de Furrioses
» 86,195 toises courantes, suivant les mesures qui en ont été
» prises ; et si l'on se contente de donner à chacune de ces toises de
» longueur 42 pieds de largeur par en haut, sur 8 à 9 pieds de
» profondeur, elle reviendra à 10 toises cubes, chacune desquelles
» pourra coûter 3 livres pour l'excavation qui s'en fera ; et partant,
» chacune de ces toises reviendra à 30 liv. et ainsi les 86,195 toises
» courantes pourront, suivant cette estimation, revenir à la somme
» de... 2,585,850 liv.

» 2°. La rigole de dérivation qui sera faite pour conduire les eaux
» de la montagne Noire, contient, depuis la rivière d'Alzau jusqu'à
» Naurouse, qui est le point de partage, 27,076 toises courantes ;
» et comme il suffit de lui donner seulement 4 toises cubes de vui-
» dange pour chaque toise courante, ces 27,076 toises reviendront
» à 12 liv. chacune, ci........................... 324,912 liv.

» 3°. Si l'on se contente de ne faire passer par le Canal de jonction,
» que des bâtimens semblables à ceux qui passent ordinairement
» par la Garonne, il suffira d'y faire des écluses de 15 pieds d'ou-
» verture, de 15 toises de longueur, sur 18 pieds de hauteur ; la
» fondation comprise, l'on peut estimer que leur construction avec
» celle de leurs portes et tambours, ne doivent pas revenir à plus

ET PIECES JUSTIFICATIVES. 427

» de 15,000 liv. chacune ; mais comme la quantité des écluses doit
» être réglée sur la pente qu'il y a entre Toulouse et Narbonne, qui
» est de 624 pieds, il faudra 50 écluses, dont plusieurs seront acco-
» lées, lesquelles monteront à la somme de......... 750,000 liv.

» 4°. Les réservoirs qui seront nécessaires pour entretenir le Canal
» de navigation pendant le temps de sécheresse, peuvent se prati-
» quer dans les vallons adjacens au Canal de jonction ; il est certain
» qu'en se servant des avantages, qui se rencontrent pour cela en
» plusieurs endroits près de la rigole, l'on ne dépensera guère plus
» de 10,000 liv. pour chacun de ces réservoirs, et que le nombre
» de 20 pourra suffire ; les frais de cette dépense ne doivent pas
» monter à plus de .... 200,000 liv.

» 5°. On ne comprend pas toutefois l'achat des terres, qui s'esti-
» mera selon la proportion des lieux qui se trouveront plus propres
» pour ces réservoirs. Mais comme il faut faire une estimation du
» fonds des terres, qui pourront être occupées, pour l'excavation du
» Canal de jonction, aussi bien que de celles qu'occupera la rigole de
» dérivation, on peut compter sur 936 arpens ou environ, que l'un
» et l'autre occuperont, tant en excavations qu'en placement des
» terres qui seront rangées en digue sur les bords du Canal, à raison
» de 200 liv. pour chaque arpent, contenant 600 perches, mesure
» de Languedoc, ci............................. 211,800 liv.

» 6°. Il y a vingt-cinq moulins sur les rivières de Lers et Fresquel,
» dont il faut estimer le dédommagement, parce que l'eau sera ôtée
» aux propriétaires pour être transférée dans le Canal ; et comme
» ils ne valent guère moins de 5000 liv. l'un dans l'autre, l'on peut
» comprendre cet article pour la somme de .... 125,000 liv.

» 7°. Il y a encore quelques recreusemens à faire dans la robine
» d'Aude, quelques contre-canaux pour tirer, quand il sera besoin,
» de l'ancien lit des rivières les eaux superflues qui y seront jetées
» par la rigole de dérivation ; il y a aussi plusieurs digues et chaus-
» sées de maçonnerie à faire tant pour détourner les eaux de la
» montagne Noire, que pour faire un passage réglé à travers la
» rivière d'Aude, et un à travers l'Orviel ; de quoi il n'est point ici
» fait état, non plus que d'un percement de montagne de 10 toises

» de longueur qu'il faut ouvrir, parce que ces travaux ne se peuvent
» estimer au juste que dans leurs constructions. On ne peut pas
» mettre moins de 600,000 livres pour cela, et pour plusieurs
» dépenses que l'on ne sauroit prévoir présentement, et qu'il faut,
» de toute nécessité, remettre à la prudence de ceux qui seront
» préposés à la direction générale des ouvrages et dépenses du Canal
» de jonction, ci.. 600,000 liv.

» 8°. Il y a aussi quelques ouvrages de maçonnerie à faire, pour
» conduire les eaux pluviales par-dessus la rigole de dérivation aux
» lieux où elles tombent des montagnes avec le plus d'impétuosité.
» Il y a même quelques endroits où il sera bon de la défendre par le
» moyen de quelques contre-canaux; mais comme le tout ne peut
» être estimé au juste que dans son exécution, l'on peut cependant
» faire état, pour cet article, pour la somme de.... 100,000 liv. »

OBSERVATION.

« Nous ne comptons point ici les épargnes qui pourront se faire,
» par le soin que l'on prendra de se servir, en quelques endroits,
» des Canaux de Fresquel, de Lers et même de l'Aude, parce qu'il
» faut, avant cela, discuter les raisons qui doivent avoir été allé-
» guées; ou du moins qui le seront, sur la nécessité de tracer un
» Canal dans les terres, plûtôt que de se servir des eaux de rivières.

RÉCAPITULATION.

Article I............................	2,585,850 liv.
II.............................	324,912
III............................	750,000
IV............................	200,000
V.............................	211,800
VI............................	125,000
VII...........................	600,000
VIII..........................	100,000
Total général.................	4,897,562

N. B. Les 4,897,562 liv. valent à-peu-près 9,795,124 fr. monnoie d'aujourd'hui, l'argent étant à 52 fr. le marc, tandis qu'il n'était alors et jusqu'en 1679 qu'à 26 liv. 10 s. ; je n'évalue le marc qu'à 26 liv. moitié de 52 fr.

NOTE IV.

Extrait du procès-verbal tenu par les commissaires nommés, le 4 février 1664, par les États de Languedoc, pour faire faire à Toulouse et ailleurs, en leur présence, les vérifications et opérations nécessaires pour la construction d'un Canal à établir pour la jonction des deux mers.

L'an 1664, et le 7 de novembre, dans la ville de Toulouse, les commissaires nommés, tant par le roi que par les gens des trois États de la province de Languedoc, étant assemblés pour l'exécution de l'arrêt du conseil du 18 janvier 1663, par lequel Sa Majesté leur commet la vérification de la possibilité ou impossibilité d'un Canal proposé pour la communication de la mer Océane avec la Méditerranée, en dresser procès-verbal, et en donner leur avis, afin que le tout étant rapporté au conseil de Sa Majesté, il y soit ordonné ce qu'il appartiendra :

Le sieur Boyer, syndic général de la province de Languedoc, fit sentir aux commissaires nommés, la grandeur et l'importance de l'ouvrage, les avantages qu'en devaient retirer non-seulement la province de Languedoc, mais le commerce de tout le royaume : il leur dit que la jonction des deux mers n'était pas un projet nouveau ; qu'on s'en était occupé sous les règnes de François premier, de Henri IV et de Louis XIII ; mais que les guerres survenues à ces époques en avaient toujours empêché l'exécution ; il leur fit envisager les droits qu'ils auraient à la reconnaissance nationale, en effectuant cette grande entreprise, et les requit de désigner des ingénieurs, géomètres, niveleurs, arpenteurs et autres experts, pour se transporter sur les lieux et travailler, en présence de quelques-uns des commissaires, à la vérification du projet nouvellement présenté.

En conséquence, il fut nommé une commission, au nom du Roi et à celui de la province ; elle s'adjoignit les sieurs Andreossy, Pélafigue, Cavalier et Bressieus, géomètres, qui furent chargés de vérifier les ouvrages suivant l'indication qui devait leur en être faite par M. de Riquet.

Ils se rendirent tous à l'endroit où le Canal devait entrer dans la Garonne. Il fut décidé qu'il aboutirait à 100 toises plus bas que la pointe de l'île du moulin du Bazacle, où on prit le niveau, et on traça l'alignement du Canal, en plantant des piquets et jalons jusqu'à la métairie dite de Bassanel.

On remonta le petit Lers jusqu'à la métairie d'Aiga, où ayant vu que cette rivière ne pouvait servir à la navigation, il fut résolu qu'on ferait un Canal depuis la métairie d'Aiga jusqu'au moulin des Jassarts.

On partit des Jassarts, en remontant la prairie jusqu'au moulin de Monteal, près Bazièges.

Le travail fut repris au moulin de Monteal, et on continua la vérification jusqu'à la fontaine de la Grave, près les pierres de Naurouse, où devait être le point de partage. Après avoir calculé l'élévation du terrain et la longueur du toisé sur le registre des stations, il se trouva, depuis la Garonne jusqu'au point de partage, 26,299 toises de longueur et 25 toises 3 pieds 11 pouces et demi de pente ; de-là on jugea à l'œil et au niveau, la pente sensible jusqu'à la rivière d'Aude.

Il fut décidé qu'avant de s'engager à aucune autre vérification, on se transporterait à la montagne Noire près Revel, d'où M. de Riquet, suivant le projet qu'il avait présenté, prétendait tirer l'eau nécessaire pour alimenter le Canal. Les experts remontèrent vers la ville de Revel et la rivière de Sor, pour s'assurer de la quantité d'eau et de la possibilité de la conduire au point de partage.

Cinq jours furent employés à cette opération, et le travail fut porté au pied de la montagne Noire, près Durfort et le moulin du Purgatoire.

A Durfort, où la rivière de Sor tombe entre deux montagnes très-élevées, la commission fit appeler les consuls, les principaux

ET PIÈCES JUSTIFICATIVES.

habitans et le seigneur du lieu, pour savoir quelle quantité d'eau contenait le Sor dans tous les temps de l'année ; ils attestèrent, que dans les mois d'août, septembre et octobre, où il est le plus bas, il diminuait d'un tiers et jamais davantage. Etant assurée d'avoir la même quantité d'eau pendant neuf mois de l'année, elle fit ouvrir la chaussée, pour donner à la rivière son cours naturel, et les experts trouvèrent 15 pouces cubes d'eau.

Après la vérification exacte des lieux où devait passer le Canal, pour porter les eaux du Sor au point de partage, on trouva 22,747 toises de longueur sur 11 de pente, depuis Naurouse jusqu'au moulin du Purgatoire ; on jugea qu'il était possible, au moyen de cette pente, de porter les eaux au point de partage, malgré les sinuosités fréquentes qu'on devait rencontrer en chemin.

Comme on craignait de perdre une grande quantité de l'eau du Sor, et que M. de Riquet, dans son projet, avait en vue d'y remédier, en jetant dans son lit l'eau de quelques autres rivières de la montagne Noire, on se rendit sur les lieux pour s'assurer de la possibilité de l'exécution. Les experts, après avoir mesuré les eaux des rivières de Rieutort, Lampy, Lampillon, Bernassonne et Alzau, se convainquirent que les obstacles qu'opposaient les sinuosités et les élévations de la montagne, n'empêcheraient point de réussir ; mais qu'il faudrait construire plusieurs digues et autres ouvrages qu'ils marqueraient dans leur devis ; que ces rivières donneraient autant d'eau pour le moins que le Sor, et que toutes ensemble fourniraient suffisamment à l'entretien du grand Canal.

Il fut arrêté qu'on se transporterait au pont de Conques, à l'endroit où la rivière de Fresquel s'embouche dans celle de l'Aude, et que les experts vérifieraient la largeur et la profondeur de ces deux rivières.

On se rendit à Narbonne, où les experts rapportèrent que la rivière d'Aude ne pouvait servir à la navigation, à cause du peu d'eau qu'elle a en tout temps, du grand nombre de rochers et chaussées qui se trouvent dans son lit, et qu'il en coûterait autant pour la rendre navigable, que pour faire un nouveau Canal qui ne serait pas sujet aux inondations qui, de temps à autre, ruineraient les ouvrages faits sur la rivière. S'étant embarqués au port de Narbonne, la commission et les experts furent reconnaître la Robine où ils firent sonder en plusieurs endroits. Ils sondèrent aussi, chemin faisant, le Canal qui va de la Robine à l'étang de Bages ; ils allèrent jusqu'à la Goutetaillade, et ils entrèrent par le même étang dans le Canal appelé *Royal*, qu'ils suivirent jusqu'à 2 ou 300 toises de la mer près le Grau de la Nouvelle. Tous les lieux par où ils passèrent, furent sondés, et les experts reçurent l'ordre d'aller au port de la Franqui, pour savoir par quels moyens on pourrait le rendre meilleur.

Etant à Beziers, le 3 décembre, la commission ordonna aux experts de se rendre aux étangs qui sont sur la côte, pour s'assurer de la possibilité de les faire communiquer ensemble par des Canaux qu'on tirerait des rivières d'Hérault et d'Orb. La réussite de cette tentative paraissait d'autant plus facile à M. de Bezons, un des commissaires, que le principal ouvrage se trouvait fait au moyen des brassières qui portent l'eau du Rhône dans l'étang de Perols ; il fit sentir de quel avantage cette communication seroit au commerce, qui pourrait faire passer les marchandises des provinces méridionales et de l'orient à Bordeaux, et celles de l'occident à la foire de Beaucaire, sans franchir le détroit de Gibraltar et courir les risques de la mer.

Après avoir employé quatre jours à la vérification depuis l'étang de Thau jusqu'à celui de Vendres, les experts assurèrent qu'on pouvait aisément faire un Canal de la rivière d'Hérault à celle d'Orb, qui permettrait la communication des étangs, le terrain et les hauteurs étant fort à propos.

Ils retournèrent ensuite à la fontaine de la Grave, point de partage, pour faire le mesurage des ouvrages à construire pour la conduite des eaux, depuis la fontaine de la Grave jusqu'à l'endroit où le Fresquel se jette dans l'Aude, et de-là jusqu'à Narbonne.

Après cinquante et un jours de travail, ayant tout examiné et vérifié avec la plus grande exactitude, les experts rapportèrent que, depuis le pont de partage jusqu'au moulin de Farrioles, où le Canal devait entrer dans l'Aude, et de-là jusqu'à Narbonne, ils avaient trouvé 58,936 toises de longueur sur 80 toises 9 pouces de pente.

NOTE V, page 433.

TABLEAU COMPARATIF
DES DEUX ROUTES DE LA SECONDE ENTREPRISE DU CANAL DES DEUX MERS EN LANGUEDOC.

ÉTAT estimatif concernant la longueur du Canal de communication des mers, de la seconde entreprise de M. de Riquet, commençant à Trèbes et finissant à l'étang de Thau, tant par la route nouvelle que par l'ancienne; ensemble de la nature et qualité de terres occupées par ledit Canal; la quantité de toises cubes que chaque toise courante contient, suivant la proportion des divers talus, savoir: à raison de deux pieds et demi pour pied d'élévation de la nouvelle manière, et d'un pied et demi seulement en la manière portée dans le premier devis; comme aussi la valeur des terres à payer aux particuliers.

DEVIS DE LA PREMIÈRE ROUTE.

SAVOIR:	TOTAL des toises courantes qui sont rapportées	ROCHERS, pierres et tap pierreux	TOISES cubes de ces rochers et pierres	TUF, TAP et argile dure	TOISES cubes desdits tuf, tap et argiles	TERRES meubles ou terres ordinaires	TOISES cubes de ces terres	VALEUR des terres
Depuis le passage de la rivière d'Aude, où l'on devoit entrer suivant le devis, où finissoit le Canal de la première entreprise, jusqu'au pont de Trèbes.	350	»	0	»	0	350	3500	1190
Depuis le pont de Trèbes jusqu'au passage de la rivière d'Aude, au-devant de Puichéric, 1118 toises. De ce passage jusqu'à l'écluse 400	1518	388	12584	800	12360	1330	13763	50820
Depuis l'écluse de Puichéric, où l'on prend la route ordinaire, jusqu'à la rivière d'Ognon.	5527	360	6533	1050	16200	3997	68182	18620
Depuis la rivière d'Ognon jusqu'au moulin de Roubia, où l'on quitte la route une seconde fois.	3810	500	9553	600	11408	2710	30682	13300
Depuis le moulin de Roubia jusqu'à la rivière de Cesse, vers Sallèles.	7890	150	3487	600	11628	7140	78964	27680
Depuis la rivière de Cesse jusqu'à la rivière d'Orb, en passant par l'étang de Vendres.	34275	390	7130	440	6483	33445	337464	113860
Depuis la rivière d'Orb jusqu'à l'étang de Thau, en passant par les vignes de Marseillette.	17120	0	0	0	0	17120	307200	59340
	83490	1778	38737	3490	58786	78090	837635	306870

DEVIS DE LA SECONDE ROUTE.

SAVOIR:	TOTAL des toises courantes qui sont rapportées	ROCHERS, pierres et tap pierreux	TOISES cubes de ces rochers	TUF, TAP et argile dure	TOISES cubes desdits tuf, tap et argiles	TERRES meubles ou terres ordinaires	TOISES cubes de ces terres	VALEUR des terres
Depuis la fin du Canal de la première entreprise, jusqu'à la rivière d'Orbiel, c'est-à-dire, 850 toises au-dessus du pont de Trèbes, où commençera la route de la deuxième entreprise.	350	290	5685	0	0	60	975	1540
Depuis la rivière d'Orbiel jusqu'à l'écluse de Puichéric, où le Canal reprend la route ordinaire, compris la tour de l'étang de Marseillette.	13529	705	32924	870	41905	11953	206465	68310
Depuis ladite écluse de Puichéric jusqu'à la rivière d'Ognon, il y a 5327 toises, ce qui est de l'une et l'autre route.	6327	350	7962	1050	26100	3927	68182	23310
Depuis la rivière d'Ognon jusqu'au moulin de Roubia, passant par le détroit de la Garde de Roliand, ce qui ne nous écarte de l'une et l'autre route.	3810	800	11375	600	13975	2710	30360	16000
Depuis la nouvelle de Roubia jusqu'à la rivière de Cesse, 6790 toises : et il faut noter que la route nouvelle se reprend audit moulin.	6790	180	4685	680	12605	5930	64588	29880
Depuis la rivière de Cesse jusqu'à la rivière d'Orb, auprès de Béziers.	11555	3217	82250	690	14857	17719	210065	94290
Depuis la rivière d'Orb jusqu'à l'étang de Thau, en passant par un marais nommé le Bagnas.	1630	0	0	0	0	1630	16300	71260
	67462	5543	148805	3890	112015	58379	705998	293690

RÉCAPITULATION GÉNÉRALE des toises courantes et cubes de l'une et l'autre route.

	PREMIÈRE ROUTE			NOUVELLE ROUTE		
	TOISES COURANTES	TOISES CUBES		TOISES COURANTES	TOISES CUBES	
Rochers, pierres et tap pierreux	1778	38757	925438	5543	148859	966878
Tuf, tap et argile dure	3490	58786		3890	112019	
Terres ordinaires	78090	827655		58399	705998	
TOTAL	83290	925438		67462	966876	

Observations sur le résultat général du calcul et examen ci-contre.

Par le calcul ci-contre, il se trouve que la première route du Canal de la seconde entreprise, si elle avoit été suivie, auroit été de la longueur de .... 83290 toises courantes.
Et la nouvelle route que l'on calcule, monteroit seulement à .... 67462.

Partant, la nouvelle route est plus courte qui la première, de .... 15828 toises.

Mais cet accourcissement ayant eu pour objet d'éviter le passage et les désordres de la rivière d'Aude, et les inconvéniens de l'étang de Vendres auxquels la première route engageoit, a obligé l'entrepreneur à passer par des détroits indispensables, pour raison de quoi il faut percer des bouts de montagnes et de fréquentes élévations de terrains difficiles, pour se soutenir de niveau durant près de neuf lieues ainsi placer aucune écluse; de sorte qu'il se trouve par l'examen fait des deux routes, suivant les mémoires particuliers sur lesquels le premier état estimatif a été dressé, que la quantité de toises cubes contenues aux 83290 toises courantes du Canal de la première route du devis, montoit à .... 925438 toises cubes.
Et l'excavation des 67462 toises courantes de la nouvelle entreprise, monteroit à .... 966876.

Partant, l'excavation de la nouvelle route excédera celle de la première route, de .... 41718 toises.

Ce qui provient en partie des élévations extraordinaires des terrains et de l'augmentation de l'ouverture d'un haut du Canal pour incliner les talus comme il se pratique en la nouvelle manière du travail, ce qui augmente aussi le nombre des toises cubes dans ces grands enfoncemens.

Il reste encore à observer, qu'il y a dans ce nombre de toises cubes de la nouvelle entreprise, 460876 toises cubes de roc, pierres, tuf et tap, d'un travail difficile; au lieu qu'à la première entreprise, il y en a seulement pour .... 97523.

Partant, les rochers, pierres, tuf et tap, de la nouvelle route, excéderont ceux de la première route du devis de la quantité de .... 363355 toises cubes.

Fait à Castelnaudary, le 10 septembre 1675.
Signé, F. ANDREOSSY.

ET PIÈCES JUSTIFICATIVES.   433

D'après tous ces renseignemens, la commission ordonna aux experts et aux géomètres de travailler incessamment au devis des ouvrages, et de faire le plan du Canal avec toutes les dimensions nécessaires, pour soumettre le tout à la décision du Roi. Les experts présentèrent leur devis à la commission assemblée à Beziers le 10 de janvier 1665, et le procès-verbal fut clos le 17 du même mois (1).
Voyez pour la note v le Tableau ci-contre.

NOTE VI.

Analyse du procès-verbal de d'Aguesseau.

La visite pour la réception de tous les ouvrages du Canal commença le 13 de juillet 1684, à l'embouchure de la ligne navigable dans l'étang de Thau, et finit le 28 du même mois, à l'embouchure de la même ligne dans la Garonne : elle fut faite en exécution de l'arrêt du conseil du 10 janvier 1684.

Plusieurs ouvrages se trouvèrent incomplets; savoir, la chaussée de Cesse, qui avait été fortement endommagée l'hiver précédent, par des inondations extraordinaires; le pont de Répudre; douze écluses depuis celle de Gay jusqu'à celle de Villepinte inclusivement, dont il restait à achever le couronnement; une partie de grand mur du réservoir de Saint-Ferréol, et le quai du bassin de Naurouse.

Une jetée en pierres, projetée à l'entrée du Canal dans la Garonne, et mentionnée dans le devis de la première entreprise, n'avait pas encore été commencée. Le P. Mourgues ayant désapprouvé l'établissement d'une pareille jetée, il fut convenu qu'au lieu de cet ouvrage, on construirait, au débouché de la ligne navigable, deux quais de maçonnerie revêtus, pour prévenir les éboulemens causés par les inondations de la rivière.

A la réserve des ouvrages ci-dessus désignés, et qui restaient à confectionner, tous les autres furent reçus comme *étant bien et*

---

(1) Le procès-verbal dont nous venons de donner l'extrait, et qui était déposé au greffe des Etats de la province de Languedoc, contient environ cinquante pages de grand-papier *in-folio*, d'une écriture ancienne, mauvaise, et très-difficile à lire.

duement faits, et le procès-verbal de d'Aguesseau porte que non-seulement on avait satisfait aux conditions des devis, relatives au Canal, aux rigoles et à toutes les écluses, chaussées, magasins, réservoirs et bâtimens en dépendans ; mais encore qu'on avait exécuté diverses constructions, en plus grand nombre, de plus grande dépense, et dans une forme beaucoup meilleure que celle prescrite par les devis.

Parmi les ouvrages qui s'écartaient du devis, soit pour les dimensions, soit pour la forme et l'emplacement, on rangea 1°. les rigoles; 2°. la partie du Canal depuis l'épanchoir d'Orbiel jusqu'à celui de Ribausel; 3°. la construction relative au torrent de Répudre; 4°. la partie du Canal depuis le moulin de Roubia jusqu'à l'Orb; 5°. la partie du Canal qui avoisine la rive droite de l'Hérault.

Les travaux exécutés, sans aucune obligation de l'entrepreneur aux termes des devis, avaient eu pour objet l'établissement 1°. du port, du magasin et de l'hôtellerie du Somail; 2°. de la demi-écluse près l'aqueduc de l'Aiguille; 3°. de la chaussée du Pont-Rouge.

D'autres travaux prescrits par le devis de la seconde entreprise avaient été omis pour des raisons qui furent approuvées. L'épanchoir *del Rey* avait été réduit de longueur, parce que le rocher sur lequel il devait être prolongé, n'était pas suffisamment ferme ; et une écluse projetée à l'embouchure du Canal dans l'étang de Thau, était restée sans exécution, parce que, depuis la rivière d'Hérault jusqu'à ce point, il ne s'était trouvé qu'environ deux mètres de pente pour lesquels l'écluse du Bagnas était plus que suffisante.

On lit avec plaisir, dans le procès-verbal de d'Aguesseau, la description du réservoir de Saint-Ferréol qui nous a paru très-claire et assez complète, quoique très-courte ; la voici.

« Ayant achevé la visite de la rigole de la Montagne, nous nous
» serions transportés au magasin ou réservoir de Saint-Ferréol, que
» l'on a construit pour avoir un grand amas d'eau de réserve dans
» les temps de sécheresse. Ce magasin est éloigné de deux lieues du
» bas bout de la rigole de la Montagne (c'était alors la maçonnerie
» de Conquet), et y étant arrivés, nous l'aurions trouvé rempli à
» la hauteur de quinze toises et demie (302 décimètres) c'est-à-dire,

» qu'il y avait 93 pieds de profondeur d'eau, venant du ruisseau de
» Laudot, laquelle est soutenue dans un grand vallon, entre deux
» montagnes, par une forte chaussée de seize toises et deux pieds
» (31 mètres 83 centimètres) de hauteur sur soixante (117 mètres)
» de large à sa base. Cette chaussée est composée, premièrement, de
» trois grandes murailles, dont celle du milieu a 178 toises (347 mèt.)
» de longueur sur quinze pieds cinq pouces (5 mètres) d'épaisseur
» au couronnement, et de deux voûtes, faisant en tout 5478 toises
» cubes (40,559 mètres cubes) de maçonnerie ; la voûte haute
» sert pour aller donner l'eau, et la basse sert pour la conduire :
» l'espace qui est entre ces voûtes et ces murailles est rempli d'un
» terrassement de 16,000 toises cubes (118,464 mètres cubes),
» avec un bon courroi par-tout où il a été nécessaire ; le talus
» intérieur de la chaussée est couvert d'un gros pavé de pierres
» d'un pied (32 centimètres) d'épaisseur, pour résister au batillage
» des vagues de la reculade du réservoir, qui s'étend au-delà de
» 700 toises (1364 mètres); la superficie de l'eau occupe présen-
» tement plus de 114,000 toises carrées (4330^{ares},57), et l'on peut
» compter sur ce pied que le réservoir contient plus de 800,000
» toises cubes (5,623,110 mètres cubes) d'eau ; ainsi qu'il a été jugé
» par les mesures qui en ont été prises plus exactement que dans nos
» précédentes visites, où l'on s'était contenté de le faire par esti-
» mation. Nous l'avons trouvé en bon état, à la réserve d'environ
» 100 toises cubes (740 mètres cubes) qui manquent à la grande
» muraille, de quelque peu de réparations qu'il faut faire aux
» tuyaux qui sont au bout de la voûte haute, et qui donnent l'eau
» lorsque l'on ouvre le réservoir. Quand on l'a ouvert, les eaux qui
» sortent par la voûte basse ont leur cours dans le vallon de Vau-
» dreuille, et se rendent dans la rigole de la Plaine, joignant l'épan-
» choir de Languedoc ».

Dans la partie du même procès-verbal qui concerne la rigole de la Plaine, il est fait mention des 24 écluses qu'on avait établies sur cette rigole pour la rendre navigable : elles étaient pour la plupart ruinées, et d'Aguesseau nous apprend qu'elles avaient été abandonnées, parce qu'elles nuisaient à la navigation du Canal, en arrêtant les eaux qui la maintiennent, et dont il fallait souvent perdre une quantité notable par des épanchoirs.

Les tableaux que nous avons présentés dans le chapitre XI indiquent avec assez d'exactitude l'état actuel du Canal et de ses dépendances ; mais ils ne montrent pas son état primitif. Nous allons voir quels étaient, en 1684, les dimensions et les ouvrages d'art, soit des rigoles, soit du Canal du Midi proprement dit, lorsque d'Aguesseau fit la réception de tous ces ouvrages.

La profondeur des rigoles et celle de la ligne navigable n'ont presque pas subi de variation depuis la confection du Canal. La profondeur des rigoles fut, dès l'origine, de 2 mètres 92 centimètres, et celle du Canal, qui est relative à la pente et à la nature des terrains, ne fut jamais moindre que de 1 mètre 95 centimètres.

En 1684, les largeurs équivalaient aux nombres suivans, savoir :

RIGOLE DE LA MONTAGNE. { Largeur à l'ouverture..... $5^m,847$
{ Largeur à la base......... $3\ ,248$

RIGOLE DE LA PLAINE.... { Largeur à l'ouverture..... $7^m,796$
{ Largeur à la base......... $3\ ,898$

LIGNE NAVIGABLE ...... { Largeur à l'ouverture..... $19^m,490$
{ Largeur à la base......... $9\ ,745$

A la même époque, les longueurs des diverses sections de rigole ou de canal, les longueurs et les chutes des écluses, les ouvrages d'art compris dans une même section de rigole ou de Canal, étaient comme il suit :

ET PIÈCES JUSTIFICATIVES.

RIGOLE DE LA MONTAGNE.	LONGUEUR des différentes SECTIONS de Rigole ou de Canal.	CHANGEMENS DE NIVEAU.	
		Longueur des Écluses.	CHUTES.
	mèt. milli.	mèt. mil.	mèt. mil.
De la prise d'Alzau à Bernassonne.......	6386,992		
Chaussée d'Alzau.			
Chaussée de Coudière.			
Chaussée de Cantemerle.			
Chaussée de Bonnet.			
De Bernassonne à Lampy............	6950,264		
Chaussée de Bernassonne.			
Chaussée de la Falguette.			
Chaussée du Niguier.			
De Lampy à la chute des eaux dans le Sor....	5215,621		
Chaussée et aqueduc de Lampy.			
Chaussée de Lampillon.			
Trois autres chaussées qui n'avaient pas de nom en 1684.			
RIGOLE DE LA PLAINE.			
Du Pont-Crouzet au port de Revel.......	2747,167		
Du port de Revel aux Thomases........	8410,092		
Des Thomases au bassin de Naurouse......	33413,304		
Écluse de la Rigole de la Plaine.			
Épanchoir de Languedoc.			
LIGNE NAVIGABLE.			
De la Garonne à l'écluse de Garonne.....	68,216		
Longueur de l'écluse de Garonne............	....	91,605	
Chute de cette écluse...................	....	....	4,764
Quais de maçonnerie revêtus aux deux côtés de l'embouchure.			
Grand magasin pour les marchandises.			
De l'écluse de Garonne à celle du Béarnois...	999,856		
Longueur de l'écluse du Béarnois............	....	52,624	
Chute de cette écluse...................	....	....	2,409
De l'écluse du Béarnois à celle des Roquets...	960,875		
Longueur de l'écluse des Roquets...........	....	89,656	
Chute de cette écluse	....	....	4,439

LIGNE NAVIGABLE.	LONGUEUR des différentes SECTIONS de Rigole ou de Canal.	CHANGEMENS DE NIVEAU.	
		Longueur des Écluses.	CHUTES.
	mèt. milli.	mèt. mil.	mèt. mil.
De l'écluse des Roquets à celle de Matebiou...	1313,650		
Longueur de l'écluse de Matebiou.............	....	58,471	
Chute de cette écluse.......................	....	......	2,274
De l'écluse de Matebiou à celle de Bayard...	280,661		
Longueur de l'écluse de Bayard.............	....	93,554	
Chute de cette écluse.......................	....	......	4,385
De l'écluse de Bayard à celle du Perrier....	13280,753		
Longueur de l'écluse du Perrier.............	....	95,503	
Chute de cette écluse.......................	....	......	4,873
De l'écluse du Perrier à l'écluse de Vic....	1763,878		
Longueur de l'écluse de Vic.................	....	58,471	
Chute de cette écluse.......................	....	......	2,274
Epanchoir du Perrier.			
De l'écluse de Vic à celle de Montgiscard...	7538,872		
Longueur de l'écluse de Montgiscard.........	....	97,452	
Chute de cette écluse.......................	....	......	4,223
Epanchoir de Vic. Epanchoir de Rieumory. Epanchoir de Mirande. Epanchoir de Pelue. Cale de Donneville. Cale de Deymes. Cale de Pontpertulat.			
De l'écluse de Montgiscard à celle d'Aiguesvives...............................	960,875		
Longueur de l'écluse d'Aiguesvives..........	....	91,605	
Chute de cette écluse.......................	....	......	4,223
Epanchoir de Montgiscard. Cale de Nostre-Seigneur.			
De l'écluse d'Aiguesvives à celle du Sanglier...	1543,637		
Longueur de l'écluse du Sanglier............	....	87,707	
Chute de cette écluse.......................	....	......	4,223
Epanchoir et cale d'Aiguesvives.			

LIGNE NAVIGABLE.	LONGUEUR des différentes SECTIONS de Rigole ou de Canal.	CHANGEMENS DE NIVEAU.	
		Longueur des Écluses.	CHUTES.
	mèt. milli.	mèt. mil.	mèt. mil.
De l'écluse du Sanglier à celle de Négra....	3623,258		
Longueur de l'écluse de Négra..............	....	54,573	
Chute de cette écluse......................	....	......	3,573
Epanchoir de Couse.			
De l'écluse de Négra à celle de Laval.....	4414,567		
Longueur de l'écluse de Laval..............	....	93,554	
Chute de cette écluse......................	....	......	4,223
Chaussée et cale de Tezauque. Epanchoir de la Borde-Neuve.			
De l'écluse de Laval à celle de Gardouch....	1364,325		
Longueur de l'écluse de Gardouch...........	....	54,573	
Chute de cette écluse......................	....	......	2,274
Chaussée et ica du Gardyol.			
De l'écluse de Gardouch à celle de Renneville	5028,514		
Longueur de l'écluse de Renneville..........	....	58,471	
Chute de cette écluse......................	....	......	2,436
Epanchoir et cale du Lers. Epanchoir de Mons. Epanchoir de Lacombe. Epanchoir de Geriers.			
De l'écluse de Renneville à celle d'Encassan...	2828,052		
Longueur de l'écluse d'Encassan	....	81,860	
Chute de cette écluse......................	....	......	4,061
De l'écluse d'Encassan à celle de la Bourelle...	1662,528		
Longueur de l'écluse de la Bourelle	....	52,624	
Chute de cette écluse......................	....	......	2,436
De l'écluse de la Bourelle à celle de Montferrand.....................	4147,549		
Longueur de l'écluse de Montferrand........	....	56,522	
Chute *présumée* de cette écluse.............	....	......	2,274
Epanchoir de la Masquière.			

NOTES

LIGNE NAVIGABLE.	LONGUEUR des différentes SECTIONS de Rigole ou de Canal.	CHANGEMENS DE NIVEAU.	
		Longueur des Écluses.	CHUTES.
	mèt. milli.	mèt. mil.	mèt. mil.
De l'écluse de Montferrand à celle de Médicis..	5081,138		
Longueur de l'écluse de Médicis................			
Chute de cette écluse........................			2,274
Bassin de Naurouse. Écluse de l'Océan. Écluse de la Méditerranée.			
De l'écluse de Médicis inclusivement, à celle du Roc.................................	775,716		
Longueur de l'écluse du Roc...................		91,605	
Chute *présumée* de cette écluse...............			5,197
De l'écluse du Roc à celle du Laurent........	1165,524		
Longueur de l'écluse du Laurent...............		134,483	
Chute de cette écluse........................			6,821
De l'écluse du Laurent à celle de la Domergue.	1229,842		
Longueur de l'écluse de la Domergue...........		56,522	
Chute de cette écluse........................			2,599
De l'écluse de la Domergue à celle de la Planque	1185,014		
Longueur de l'écluse de la Planque............		58,471	
Chute de cette écluse........................			2,599
De l'écluse de la Planque à celle de S. Roch...	4601,675		
Longueur de l'écluse de Saint-Roch...........		167,617	
Chute de cette écluse........................			9,420
Bassin de Castelnaudary.			
De l'écluse de Saint-Roch à celle de Gay.....	1641,089		
Longueur de l'écluse de Gay...................		91,605	
Chute de cette écluse........................			5,197
De l'écluse de Gay à celle du Vivier.........	1613,802		
Longueur de l'écluse du Vivier...............		134,483	
Chute de cette écluse........................			7,146
De l'écluse du Vivier à celle de Guillermy....	498,953		
Longueur de l'écluse de Guillermy............		52,624	
Chute de cette écluse........................			2,761

ET PIÈCES JUSTIFICATIVES.

LIGNE NAVIGABLE.	LONGUEUR des différentes SECTIONS de Rigole ou de Canal.	CHANGEMENS DE NIVEAU.	
		Longueur des Écluses.	CHUTES.
	mèt. milli.	mèt. mil.	mèt. mil.
De l'écluse de Guillermy à celle de S. Sernin..	588,609		
Longueur de l'écluse de Saint-Sernin. Chute de cette écluse................			2,436
De l'écluse de Saint-Sernin à l'écluse de Guerre	947,232		
Longueur de l'écluse de Guerre.......... Chute de cette écluse..................		52,624	2,436
De l'écluse de Guerre à celle de la Peyruque...	1101,206		
Longueur de l'écluse de la Peyruque......... Chute de cette écluse................		52,624	2,274
De l'écluse de la Peyruque à celle de la Criminelle.................	508,698		
Longueur de l'écluse de la Criminelle......... Chute de cette écluse................		52,624	3,248
De l'écluse de la Criminelle à celle de Tréboul.	1368,223		
Longueur de l'écluse de Tréboul........... Chute de cette écluse.............		52,624	2,924
De l'écluse de Tréboul à celle de Villepinte...	3802,570		
Longueur de l'écluse de Villepinte. Chute de cette écluse................			2,924
Cale de Tréboul. Épanchoir de fond et déversoir de Villepinte.			
De l'écluse de Villepinte à celle de Sauzens...	1750,235		
Longueur de l'écluse de Sauzens. Chute de cette écluse................			2,274
De l'écluse de Sauzens à celle de Bram.....	1212,301		
Longueur de l'écluse de Bram. Chute de cette écluse................			2,382
De l'écluse de Bram à celle de Béteil......	5562,549		
Longueur de l'écluse de Béteil...... .... Chute de cette écluse.............		52,624	2,924
Cale de Bram. Épanchoir et cale du Rebenty.			

NOTES

LIGNE NAVIGABLE.	LONGUEUR des différentes SECTIONS de Rigole ou de Canal.	CHANGEMENS DE NIVEAU.	
		LONGUEUR des Écluses.	CHUTES.
	mèt. milli.	mèt. mil.	mèt. mil.
De l'écluse de Béteil à celle de Villesèque....	8312,640		
Longueur de l'écluse de Villesèque............		52,624	
Chute de cette écluse.........................			2,111
Déversoir et épanchoir de Villesèque.			
De l'écluse de Villesèque à celle de Lalande...	4978,814		
Longueur de l'écluse de Lalande...............		91,605	
Chute de cette écluse.........................			6,172
De l'écluse de Lalande à celle d'Arminis.....	513,795		
Longueur de l'écluse d'Arminis................		52,624	
Chute de cette écluse.........................			3,573
De l'écluse d'Arminis à celle de la Douce...	1362,376		
Longueur de l'écluse de la Douce..............		52,624	
Chute de cette écluse.........................			3,086
De l'écluse de la Douce à celle de Foucaut...	1724,897		
Longueur de l'écluse de Foucaut...............		123,764	
Chute de cette écluse.........................			6,822
Epanchoir de fond de Foucaut.			
De l'écluse de Foucaut à celle de Villaudy...	5510,214		
Longueur de l'écluse de Villaudy..............		91,605	
Chute de cette écluse.........................			4,764
Pont du grand chemin de Carcassonne à Pennautier. Epanchoir de fond de Villaudy.			
De l'écluse de Villaudy à celle de Fresquel...	1471,522		
Longueur de l'écluse de Fresquel..............		52,624	
Chute de cette écluse.........................			1,949
De l'écluse de Fresquel à celle de l'Evêque...	3761,640		
Longueur de l'écluse de l'Evêque..............		52,624	
Chute de cette écluse.........................			3,086
Chaussée de Fresquel. Déversoir et épanchoir de fond de Bafiès. Epanchoir de fond de Trapel.			

LIGNE NAVIGABLE.	LONGUEUR des différentes SECTIONS de Rigole ou de Canal.	CHANGEMENS DE NIVEAU.	
		LONGUEUR des Écluses.	CHUTES.
	mét. milli.	mét. mil.	mét. mil.
De l'écluse de l'Evêque à celle de Villedubert.	769,869		
Longueur de l'écluse de Villedubert..........	....	52,624	
Chute de cette écluse..................	....	....	2,274
De l'écluse de Villedubert à celle de Trèbes...	6038,114		
Longueur de l'écluse de Trèbes...........	....	124,738	
Chute de cette écluse..................	....	....	8,283
Chaussée et épanchoir de fond d'Orbiel. Epanchoir et déversoir de Trèbes.			
De l'écluse de Trèbes à celle de Marseillette...	9659,424		
Longueur de l'écluse de Marseillette..........	....	52,624	
Chute de cette écluse..................	....	....	3,898
Epanchoir et déversoir de Marseillette.			
De l'écluse de Marseillette à celle de Fonfile...	5365,986		
Longueur de l'écluse de Fonfile.............	....	124,738	
Chute de cette écluse..................	....	....	8,121
De l'écluse de Fonfile à celle de Saint-Martin...	1266,874		
Longueur de l'écluse de Saint-Martin.........	....	91,605	
Chute de cette écluse..................	....	....	5,279
De l'écluse de Saint-Martin à celle de l'Aiguille.	1779,470		
Longueur de l'écluse de l'Aiguille............	....	91,605	
Chute de cette écluse..................	....	....	5,847
Epanchoir de fond d'un seul empèlement.			
De l'écluse de l'Aiguille à celle de Puicheric...	3038,548		
Longueur de l'écluse de Puicheric............	....	91,605	
Chute de cette écluse..................	....	....	4,873
Aqueduc de l'Aiguille.			
De l'écluse de Puicheric à celle de Jouarres...	6503,934		
Longueur de l'écluse de Jouarres	....	52,624	
Chute de cette écluse..................	....	....	3,736
Epanchoir de Ribausel. Chaussée d'Argendouble percée de deux épanchoirs de fond.			

LIGNE NAVIGABLE.	LONGUEUR des différentes SECTIONS de Rigole ou de Canal.	CHANGEMENS DE NIVEAU.	
		LONGUEUR des Écluses.	CHUTES.
	mèt. milli.	mèt. mil.	mèt. mil.
De l'écluse de Jouarres à celle d'Homps....	5701,220		
Longueur de l'écluse d'Homps................		52,624	
Chute de cette écluse.......................			3,573
Aqueduc de l'étang de Jouarres.			
De l'écluse d'Homps à celle d'Ognon.....	600,503		
Longueur de l'écluse d'Ognon................		94,528	
Chute de cette écluse			6,822
De l'écluse d'Ognon à celle de Pechlaurier...	2633,473		
Longueur de l'écluse de Pechlaurier.			
Chute de cette écluse.......................			5,035
Chaussée d'Ognon percée d'un épanchoir de fond.			
Demi-écluse d'Ognon.			
De l'écluse de Pechlaurier inclusivement, à celle d'Argens................	2547,390		
Longueur de l'écluse d'Argens...............		52,624	
Chute de cette écluse.......................			2,436
Epanchoir près l'écluse d'Argens.			
De l'écluse d'Argens à celle de Fonserane...	59991,338		
Longueur de l'écluse de Fonserane...........		304,050	
Chute de cette écluse.......................			21,439
Epanchoir de Roubiac.			
Pont de Roubiac.			
Aqueduc et épanchoir de Répudre.			
Demi-écluse, port, magasin et hôtellerie du Somail.			
Chaussée de Cesse.			
Chaussée et épanchoir de la rivière de Quarante.			
Epanchoir del Rey.			
Epanchoir de Lalle.			
Pont de Saisse.			
Pont de Piétat.			
Pont du grand chemin.			
Epanchoir de Poilles.			
Percée de Malpas.			
Demi-écluse et Pont de Colombiers.			
Pont de Narbonne.			
Epanchoir de fond.			

LIGNE NAVIGABLE.	LONGUEUR des différentes SECTIONS de Rigole ou de Canal.	CHANGEMENS DE NIVEAU.	
		LONGUEUR des Écluses.	CHUTES.
	mèt. milli.	mèt. mil.	mèt. mil.
De l'écluse de Fonserane à celle de Notre-Dame	682,162		
Longueur de l'écluse de Notre-Dame		97,452	
Chute de cette écluse			3,898
De l'écluse de Notre-Dame à celle d'Ariège	4558,541		
Longueur *présumée* de l'écluse d'Ariège		54,573	
Chute de cette écluse			2,274
Chaussée du Pont-Rouge.			
Pont et demi-écluse près l'Orb.			
De l'écluse d'Ariège à celle de Villeneuve	1338,988		
Longueur *présumée* de l'écluse de Villeneuve		54,573	
Chute de cette écluse			2,111
De l'écluse de Villeneuve à celle de Portiragnes	4336,606		
Longueur de l'écluse de Portiragnes		54,573	
Chute de cette écluse			1,949
De l'écluse de Portiragnes à l'écluse Ronde	12935,754		
Longueur de l'écluse Ronde		27,286	
Chute de cette écluse			1,949
Epanchoir de Livron.			
Epanchoir de l'Ardaillon.			
Epanchoir de l'Averdisse.			
De l'écluse Ronde à l'écluse de Bagnas	4511,268		
Longueur de l'écluse de Bagnas		54,573	
Chute de cette écluse			1,949
Demi-écluse de Marseillan.			
De l'écluse de Bagnas à l'embouchure du Canal dans l'étang de Thau	5320,869		

NOTE VII.

Sur l'Oya et quelques autres espèces de plantes, qui croissent dans les dunes et servent à les fixer.

J'ai lu dans un Mémoire manuscrit une description de l'oya qui, je pense, ne paraîtra pas déplacée ici.

Oya, roseau des sables, *arundo arenaria* (Linn.), du genre des graminées, panicule en épis, feuilles glauques, droites, roulées et piquantes.

La nature prodigue ce roseau sur les dunes ; c'est par lui que débute la végétation. Sa structure est bien convenable à cette circonstance : on ne peut se refuser à l'admiration, quand on reconnoît la justesse des rapports établis entre son organisation, le sol et ses besoins.

Le sable des dunes est d'une mobilité extrême. Les racines de l'oya tracent beaucoup, et multiplient conséquemment les points d'attache. Ses feuilles, roulées pendant le jour, se développent à la fraîcheur de la nuit. Leur intérieur, tapissé d'une substance médullaire et spongieuse, se charge de l'humidité de l'air, et la conserve, en se contractant au lever du soleil. C'est de ce petit magasin, que l'individu tire sa modique subsistance : le sol la lui refuse en partie ; il met l'atmosphère à contribution. Qu'il est sobre, l'oya ! qu'il a besoin de l'être ! il l'est par tempérament ; il languit et meurt dans un terrain succulent. C'est un malheureux, qu'une nourriture simple et grossière entretenoit en santé, et que tue la bonne chère.

L'avantage de fixer la mobilité des sables paraît réservé aux graminées vivaces ; leurs racines les enchaînent ; leurs tiges forment des gazons touffus, qui ne laissent aucune prise aux vents pour les enlever ; et le détriment de ces mêmes tiges produit, à la longue, une couche de terre végétale, d'où dérive, par la suite, la fertilité du sol.

Les arbustes rampans qui croissent avec les graminées, les secondent, et contribuent, par l'épaisseur de leurs rameaux, à retenir les sables; tels sont, le *pinus sylvestris* variét. *rubra* de Linn., pin de Senève ou d'Ecosse; le *salix caprea*, le saule marceau; *l'acer pseudoplatanus*, l'érable de montagne ou faux sycomore; le *tamarix gallica*, le tamarisc de Languedoc, etc.

Nous allons faire connaître quelques-unes des plantes vivaces qui contribuent à fixer les dunes.

Triticum junceum, froment junci-forme; nom qu'on lui a appliqué à cause de ses feuilles roulées, ce qui leur donne l'apparence de joncs, tiges de deux à trois pieds, racines fibreuses.

Triticum sepium, autre espèce de froment qui s'élève autant que le précédent, et est de la nature du chiendent.

Convolvulus soldanella, liseron maritime; il s'élève peu, sa tige est rampante et rameuse, ses feuilles sont arrondies, épaisses et distantes les unes des autres.

Arenaria peploides, sabline péploïde. Cette petite plante n'a que trois à quatre pouces de hauteur, tige rampante, feuilles charnues.

Glaux maritima, glaux maritime; cette plante s'élève un peu plus que la précédente, sa tige est rampante, les ramifications étalées, les feuilles épaisses.

Eryngium maritimum; panicaut des sables, tige d'environ deux pieds, épaisse, rameuse, feuilles coriaces; croît avec les précédentes.

Statice limonium, statice maritime, gazon d'olympe, vient par touffes sur les pelouses, ne se trouve pas ordinairement mêlé avec les oyas, et paraîtrait ne pas s'accommoder d'un sable pur : on l'admet dans les jardins en bordures et en gazons.

Euphorbia paralias, euphorbe maritime; tige d'environ deux pieds, rameuse en sa partie inférieure.

Artemisia maritima, armoise, absinthe maritime; s'élève à deux pieds, est très-branchue, feuilles découpées comme celles de l'absinthe; blanchâtres. Cette plante vient principalement sur les jetées et près les fascinages.

Hippophaë Rhamnoides, argoumier, épine marante; arbuste épineux très-touffu, ses feuilles longues, étroites et blanchâtres, sont parsemées de petites écailles grises ; il y en a deux individus ; l'un mâle, l'autre femelle.

Ulex europeus ajonc, genêt épineux ; arbuste touffu, qui ne s'élève guère plus de trois pieds, feuilles épineuses.

Salix arenaria, saule des sables, à feuilles soyeuses, ovales et pointues, tiges d'environ deux pieds, couchées, les fleurs mâles sur un individu, les femelles sur un autre.

Salix repens, saule rampant, à feuilles soyeuses ; ovales arrondies, même port que le précédent.

Ces deux saules, étant foibles, peu touffus, et prenant moins d'accroissement que les arbustes précédens, ne peuvent s'opposer aussi efficacement aux envahissemens des sables.

NOTE VIII.

Sur un passage des Géorgiques de Virgile, relatif à l'irrigation des terres. Liv. 1, vers 104 et suiv.

Quid dicam jacto qui semine cominùs arva
Insequitur, cumulosque ruit malè pinguis arenæ ;
Deindè satis fluvium inducit rivosque sequentes ?

Et cum exustus ager niorientibus œstuat herbis,
Eccè supercilio clivosi tramitis undam
Elicit ; illa cadens raucum per levia murmur
Saxa ciet, scatebrisque arentia temperat arva.

TRADUCTION DE M. DELILLE.

Mais l'art du laboureur peut tout après les dieux.
Dans les champs la semence est-elle déposée ?
Il la couvre à l'instant sur la glèbe écrasée,
Puis d'un fleuve coupé par de nombreux canaux,
Court dans chaque sillon distribuer les eaux.

Si le soleil brûlant flétrit l'herbe mourante,
Aussi-tôt je le vois, par une douce pente,

Amener du sommet d'un rocher sourcilleux,
Un docile ruisseau qui sur un lit pierreux
Tombe, écume, et roulant avec un doux murmure,
Des champs désaltérés ranime la verdure.

NOTE IX.

État des sommes accordées au Roi par les États de la province; et état des sommes payées sur les fonds des bâtimens du Roi, pour la construction du Canal de Languedoc.

ARTICLE PREMIER.

État des sommes accordées au Roi par les États de la province de Languedoc pour la construction du Canal royal, qui ont été remises au trésor royal, suivant les quittances rapportées dans les comptes du sieur de Pennautier, trésorier de la bourse de ladite province.

Les Etats ayant délibéré le 2 mars 1667 d'accorder au Roi la somme de deux millions quatre cent mille livres payables en huit années pour les ouvrages du Canal, par autre délibération du 2 mai 1669, cette somme fut réduite à celle d'un million sept cent mille livres, sur ce qui fut représenté par M. Riquet que cette somme était suffisante, pour perfectionner les ouvrages qui avaient été commencés; et l'imposition en fut faite, savoir :

En 1667..................	300,000 liv.	
En 1668..................	300,000	
En 1669..................	300,000	1,700,000 liv.
Plus, en ladite année.....	500,000	
En 1670..................	300,000	

En 1671, les États ayant accordé, par leur délibération du 5 février, deux millions de livres pour la suppression de trois édits, et cette somme ayant

NOTES

De l'autre part................... 1,700,000 liv.
été destinée par Sa Majesté pour les ouvrages du Canal, elle fut imposée, savoir :

En 1671..................	400,000 liv.	
En 1672..................	400,000	
En 1673..................	400,000	} 2,000,000
En 1674..................	400,000	
En 1675..................	400,000	

.... 3,700,000 liv.

Le 11 janvier 1676, MM. les Commissaires du Roi ayant demandé aux États, de la part de Sa Majesté, le crédit de la province pour l'emprunt de la somme de seize cent mille livres, pour la continuation des ouvrages (1), cette somme aurait été empruntée et remise au trésor royal, savoir :

En 1676.............................. 400,000 liv.
En 1677.............................. 400,000
En 1678.............................. 400,000
En 1679.............................. 400,000
                          TOTAL......... 1,600,000 liv.

Par autre délibération du 20 décembre 1680, les États accordèrent à Sa Majesté, pour les mêmes ouvrages du Canal, la somme de .... 400,000 liv.

Dans les sept délibérations suivantes, les États accordèrent, savoir :

Par délibération du 13 novembre 1686...	150,000 liv.	
Par délibération du 4 novembre 1687....	150,000	
Par autre du 4 novembre 1688..........	150,000	
Par autre du 20 novembre 1690.........	75,000	} 750,000 liv.
Par autre du 6 novembre 1691..........	75,000	
Par autre du 23 novembre 1692.........	75,000	
Par autre du 21 janvier 1694..........	75,000	

---

(1) La province fut remboursée de la somme de seize cent mille livres, comprise dans cet article, et de celle de quatre cent mille livres de l'article suivant, au moyen des fonds que le Roi laissa.

ET PIÈCES JUSTIFICATIVES.

Autre état des sommes imposées par les États, pour le prix des terres occupées par le Canal, chôme des moulins, ou pour l'indemnité des dixmes, et autres droits seigneuriaux, lesquelles sommes ont été payées, en conséquence des ordonnances de MM. les Commissaires du Roi et des États, aux particuliers compris et nommés dans l'état de destination qui en a été dressé chaque année.

Il a été imposé avant l'année 1681, savoir :

En 1669............	102,624 liv.	0 s.	9 d.	
En 1671............	151,804	14	10	
En 1673............	37,096	4	1	
En 1674............	88,629	13	6	
En 1675............	27,496	15	1	
En 1676............	35,000	0	0	596,813 liv. 1 s. 1 d.
En 1677............	33,408	11	4	
En 1678............	36,228	0	0	
En 1679............	33,621	0	0	
En 1680............	50,904			

Il a été imposé depuis et compris 1681, savoir :

En 1681........	348,818 liv.		
En 1682........	246,884	12	10
En 1683........	11,685	14	6
En 1684........	38,117	18	
En 1685........	14,092	19	3
En 1686........	77,725		
En 1687........	26,250		
En 1688........	9,586		
En 1689........	4,018		
En 1691........	6,465	19	
En 1692........	23,742	11	
En 1693........	37,505	11	10
En 1694........	16,562	12	0

ARTICLE SECOND.

État des sommes payées sur les fonds des bâtimens du Roi pour la construction du Canal du Languedoc. (1).

1670 est la première année de la contribution des fonds de ce département, le marc d'argent étant à 26 fr.
elle a été de.......................... 125,000 liv. 0 s. 0 d.
En 1671, de....................... 525,000 0 0
En 1672, de....................... néant.
En 1673, de....................... 1,575,452 13 4
En 1674, de....................... 1,235,242 14 0
En 1675, de....................... 64,105 0 0
En 1676, de....................... 768,541 13 4
En 1677, de....................... 561,944 8 8
En 1678, de....................... 748,716 9 5
En 1679, de....................... 1,194,503 18 11

    TOTAL jusqu'à cette époque. 6,798,506 17 8

En 1680, de....................... néant.
En 1680, l'argent étant à 29 liv. 6 s. 11 d.
le marc, de........ 460,000 liv. 0 s. 0 d.
En 1682, de........ 449,057 0 0 } 938,049 1 8
En 1683, de........ 28,992 1 8

    TOTAL dans ces quatorze années!..... 7,736,555 19 4

Les 6,798,506 liv. 17 s. 8 d. du temps à 26 liv. le marc, valent, monnaie d'aujourd'hui, à 52 fr. le marc, ci... 13,597,013 fr. 77 c.
Et les 938,049 liv. 1 s. 8 d. à 29 liv. 6 s. 11 d.
le marc, valent, monnaie d'aujourd'hui, à
52 fr. le marc, ci........................ 1,662,219 88

    TOTAL de la contribution du département des
bâtimens du Roi, monnaie d'aujourd'hui, ci... 15,259,233 65

---

(1) Cet état, que je dois à la complaisance de M. Guillaumot, administrateur de la manufacture des Gobelins, est extrait du *registre manuscrit des frais de construction des bâtimens du roi, sous Louis XIV*, dont il se trouve possesseur.

ET PIECES JUSTIFICATIVES.

Cette somme cadre assez bien avec celle énoncée dans l'*Encyclopédie*, qui est de 15,230,000 liv. : la supputation se trouve ici d'environ 29,000 fr. plus forte.

Dans les observations imprimées de M. Guillaumot, sur les dépenses des bâtimens de Louis XIV, il a porté cette contribution à 15,473,111 liv. 18 s. 8 d., parce qu'il a supposé l'argent à 26 liv. le marc, pendant toute l'époque des quatorze années où cette contribution a eu lieu; mais les trois dernières années, l'argent ayant été à 29 liv. 6 s. 11 d. le marc, il en résulte une différence en moins de 213,901 fr. 29 cent.

Passé l'année 1683, le département des bâtimens du Roi n'a plus contribué à cette dépense.

Résumé des sommes fournies des deniers publics pour la construction du Canal de Languedoc.

		MONNAIE DU TEMPS.			MONNAIE D'AUJOURD'HUI.			
		liv.	s.	d.	fr.	c.	fr.	c.
Les États ont fourni	avant 1681.	4,296,813	1	1	8,593,626	11	11,409,912	80
	depuis cette époque....	1,589,351	10	8	2,816,286	69		
Les États ont avancé au Roi......	avant 1681.	1,600,000	0	0	3,200,000	00	3,908,788	87
	dans le courant de 1681	400,000	(*a*)		708,788	87		
Le Roi a donné...	avant 1681.	6,798,506	17	8	13,597,013	77	15,259,210	64
	depuis cette époque.,..	938,049	1	8	1,662,196	87		
TOTAL des fonds publics employés à la construction du Canal du Midi.................							30,577,912	31

(*a*) C'est cette somme qui a été accordée par la délibération du 20 décembre 1680. Comme elle n'a été perçue qu'en 1681, elle se rapporte à l'époque où le marc d'argent valait 29 liv. 6 s. 11 den.

NOTE X.

Sur un passage de l'Eloge de Vauban, couronné par l'Académie française en 1790.

L'ÉLOGE de Vauban couronné par l'Académie française en 1790, renferme une assertion qui mérite d'être relevée, parce qu'elle est absolument contraire à la vérité. On y insinue (page 30), et on dit positivement (note 36, page 84), que *le Canal de Languedoc projeté par Riquet, fut dirigé par Vauban*. Tant que cette assertion n'a existé que dans un écrit polémique, nous avons pensé que cela ne tirait point à conséquence. Mais aujourd'hui que le fait pourrait être regardé, en quelque sorte, comme consacré, par la sanction qu'il paraît avoir obtenue dans un ouvrage national, nous croyons devoir réclamer contre un passage dont il n'est pas difficile de faire sentir le peu d'exactitude.

Voici comment l'auteur de cet Éloge s'exprime dans la note cotée (36) : « Le Canal de Languedoc, projeté par Riquet, mais
» dirigé par Vauban. On ne doit pas omettre pour sa gloire, que,
» quoiqu'alors lieutenant-général et directeur-général des fortifica-
» tions du royaume, il ne dédaigna pas de s'occuper personnelle-
» ment des moindres détails de cet important travail. On conserve
» encore divers nivellemens, et les plans, élévation et profils des
» cinq bassins et des sept écluses qui forment, des deux côtés d'une
» montagne, près de Béziers, cet étonnant amphithéâtre d'eaux,
» tous faits et dessinés par lui-même ». Ce dernier ouvrage, dont on donne à peine une idée reconnaissable, est l'écluse de Fonserane, qu'on n'a sûrement pas vue sur les lieux, ni sur les prétendus dessins de Vauban. Cette écluse est formée de huit bassins, ou sas accolés, et cela ne revient pas au nombre dont on parle. D'ailleurs, pour que *ces cinq bassins et ces sept écluses* fussent situés des deux côtés du vallon dans lequel coule la rivière d'Orb, il faudrait supposer qu'il existe entre Béziers et Agde, ou pour mieux dire, entre la rivière d'Orb et celle d'Hérault, un point de partage, d'où les

ET PIÈCES JUSTIFICATIVES. 455

eaux coulent vers ces nouveaux seuils. On ignore sans doute que la rivière d'Orb alimente, par la rive gauche, la partie du Canal comprise entre Béziers et Agde, tandis qu'elle reçoit, sur la rive droite, les eaux qui lui sont versées par l'écluse de Fonserane : il n'était donc pas possible, dans cet état de choses, de faire figurer du côté de Béziers un amphithéâtre d'eaux, pareil à celui qu'on remarque sur la pente opposée. (Voyez le Chap. II, page 43).

On vient de voir qu'une des preuves de l'assertion de l'auteur de l'Éloge, n'a pas un fondement très-solide ; examinons si les autres sont aussi bien établies. M. Noël assure que, « quoique M. de Vauban » fût lieutenant-général et directeur-général des fortifications du » royaume, il ne dédaigna pas de s'occuper personnellement des » moindres détails de cet important travail ». J'observerai d'abord, que Vauban ne fut directeur-général des fortifications qu'à la mort du chevalier de Clerville, arrivée en 1678, c'est-à-dire, deux ans avant que le Canal fût achevé ; et il y a apparence qu'à cette époque, *les moindres détails relatifs à ce grand ouvrage* étaient bien avancés. En second lieu, si Vauban eût dirigé *personnellement* le Canal de Languedoc, un officier général, un homme de sa réputation aurait correspondu directement avec les ministres. Or, si on consulte les n°^{s} 123 et 202 des manuscrits de Colbert, qui contiennent un grand nombre de pièces relatives au projet dont nous parlons, on n'y trouvera pas une seule ligne de Vauban ; il n'y est question que de Clerville. Le n° 123, sur-tout, renferme les instructions données à cet ingénieur, allant visiter les ouvrages ordonnés dans les provinces de Poitou, pays d'Aunis, Guienne, Languedoc et Provence. A la suite de ces instructions, se trouve un grand nombre de lettres de Clerville à Colbert, où il lui rend compte des travaux du Canal de Languedoc, et des observations qu'il avait faites en le visitant. Une nouvelle considération se joint à celle que nous venons de présenter. Vauban, comme nous l'avons dit dans le texte, fut chargé, en 1686, de faire la visite du Canal du Midi, dont la navigation était en vigueur depuis 1681. On connaît les témoignages éclatans qu'il rendit au mérite des auteurs de ce bel ouvrage, et les moyens qu'il indiqua pour en améliorer l'état ; mais ces moyens, tels que la construction d'un plus grand nombre d'aqueducs, n'étoient qu'une continuation du projet; car la réduction du nombre de ces ouvrages avait tenu, dans l'origine, au manque de fonds nécessaires pour les exécuter.

Il paraît hors de doute, d'après ce que nous venons de dire, que Vauban n'a eu de l'influence sur le Canal du Midi, qu'après que cet ouvrage a été rendu navigable, et comme ayant eu commission expresse de le visiter et d'en rendre compte. — On ne peut donc lui attribuer la gloire d'en avoir conduit les travaux ; il est, je crois, bien différent d'ajouter, même avec intelligence, quelques accessoires à un grand projet déjà terminé, ou d'en concevoir l'idée, et d'en diriger l'ensemble et les détails avec autant de profondeur que de sagacité. C'est cette supériorité de vues et d'exécution, qui a fait dire à Frisi : *Que l'art n'a jamais été porté si loin que dans ce fameux ouvrage* (1); et à Zendrini, qu'il le *citoit, pour faire connaître jusqu'à quel point avoit pu s'élever l'esprit humain dans la conduite et la manœuvre des eaux* (2).

NOTE XI.

Acte de concession du terrain pour le desséchement de l'étang de Montady.

TEXTE.

In nomine Domini, anno incarnationis ejusdem 1247, regnante rege Ludovico, idibus februarii, ego Petrus Bedocius, vicarius domini Guilhemi Dei gratiâ Narbonnensis archiepiscopi, in villâ capitis stagni, de consensu et voluntate et expresso mandato ipsius domini archiepiscopi, et pro eodem domino archiepiscopo et nomini ejus, cum hâc præsenti publicâ scripturâ nunc et semper firmiter validurâ, dono et concedo vobis Guilhemo Raymondi, domino castri de Columbariis, Ermengando de Podio, Berengario de Alzonâ,

---

(1) Traité des Rivières et des Torrens, pag. 207.
(2) *Leggi, e fenonemi, regolazioni ed usi delle acque correnti*, page 357.

Bernardo Scoty, portionnariis stagni de Columbariis et de Montadino, et omnibus aliis comportionnariis vestris præsentibus et futuris, liberum transitum aquæ et aquarum transeuntium per dictum stagnum, *per terram domini archiepiscopi* et territoria castri *de Anniciano et de Possaleriis* et aliorum locorum ad eumdem dominum archiepiscopum pertinentium : per quam terram possitis liberè, sine contradictione cujusquam, in dictis territoriis et ubicumque volueritis, incipere et facere ac complere per vos vel per alios, balmam et balmas, crosum et crosos, agulias, vallata et fossata, quotcumquè et quæcumque volueritis, et alia omnia quæ erunt necessaria ad agulationem vel ad opus dicti stagni : possitis etiam transitum et balmam vel balmas (ut superius dictum est) facere per prædia, honores et possessiones hominum et militum et aliarum personarum quæ tenent in amphiteosim vel in feudum, aut alio modo a præfato domino archiepiscopo. Quas aquas exeuntes è dicto stagno et transeuntes per balmam vel balmas et per dictas agulias seu vallata possitis ducere ubicumquè volueritis per dicta territoria. Est autem sciendum quòd damnum datum, seu dandum pro balmâ ducendâ vel balmis et crosis et oculis crosorum faciendis, et fossatis vallibus et aguliis debeatis sustinere et emendare dominis prædiorum ad cognitionem dicti domini archiepiscopi vel illorum quos ipse ad hoc duceret deputandos. Postquàm verò aqua exibit de balmâ, vos debetis ducere aquam per fossata talia sive valla usquè ad stagnum pontis septimi, quòd non possit dare damnum alieni in possessione seu possessionibus in dictis territoriis constitutis ; ita quòd domini seu possessores prædictarum possessionum penitùs serventur indemnes : et si fortè aliquid damnum, occasione aquæ quæ exiret de prædicto stagno, alieni darètur, vel ipsa aqua per se sola aut alia cum eâ mixta damnum alicui seu aliquibus daret, vos, et alii comportionnarii vestri, debetis prædictum damnum integrè emendare et restituere, ad notitiam dicti domini archiepiscopi vel illorum quos ipse ad hoc destinaret, sivè damnum daretur in possessionibus usquè in stagnum pontis septimi, sivè in ipso stagno, si fortè, propter prædictas aquas, salinæ Capitis stagni vel de montibus in aliquo deteriorarentur, eo quòd dictum stagnum esset minùs salsum propter immixtionem prædictarum aquarum. Vallata etiam et fossata rupta debetis construere et reficere tali modo, quòd de aquâ currente per dicta fossata dominis prædiorum nullum damnum possit evenire. Præthereà, ego idem Petrus Bedocius, concedo vobis, et aliis comportionnariis vestris præsentibus et futuris, quòd possitis facere molendinum et molendina in territoriis prædictis, ubicumquè et quotcumquè volueritis; ad quæ molendina possitis liberè ducere aquam vel aquas currentes per valla et fossata quæ ibi facietis sine contradictione cujusquam, At loca illa in quibus construentur molendina prædicta, et per quæ loca aquæ fluere ad molendina debent ad usum aquæ ducendæ, vos et alii comportionnarii vestri, debetis emere justo pretio, æstimando ad cognitionem prædicti domini archiepiscopi vel illorum quos ipse ad hoc deputaret, et damnum restituere si fortè dicta aqua faceret. Et promitto vobis, ego idem Petrus Bedocius, quòd, si aliquis possessor vel dominus prædiorum contradiceret in aliquo, vel prestaret impedimentum in prædictâ balmâ, crosis, vallibus, et fossatis faciendis aut molendinis, et nollet vendere possessiones vel honores ad opus balmæ et crosorum ac vallium ad usum aquæ ducendæ et molendinorum prædictorum, dominus archiepiscopus et sui debent et tenentur distringere, et distringent et compellent, justo pretio, æstimando ad cognitionem ipsius domini archiepiscopi vel illorum quos ipse ad hoc destinaret, vendere. Promitto etiàm vobis recipientibus hoc pro vobis et aliis comportionnariis vestris, quòd præfatus dominus archiepiscopus et sui custodient, salvabunt et defendent vos et nuntios vestros et prædictam balmam et loca pertinentia ad eàmdem, bonâ fide, ab omnibus personis quæ vobis vellent dare damnum vel inferre. Pro balmâ verò, crosis, vallibus, et ductibus aquarum vel itineribus per quæ possitis balmam et balmas et alia prædicta quæ erunt necessaria, reficere et complere, confiteor me habuisse et recipisse de vobis, portionnariis prædictis, ad opus dicti domini archiepiscopi, sexaginta libras melgorienses, in quibus renuntio omni exceptioni non numeratæ pecuniæ. Est autem sciendum quòd pro unâ quâque domo quam ad opus molendinorum prædictorum feceritis, et pro ipsis molen-

ET PIECES JUSTIFICATIVES. 459

dinis, debetis dare ipsi domino archiepiscopo, et successoribus suis, annuatim, in festo sancti Nazarii, quatuor sectarios bladi mectadinesi, si duo fierint ibi rotæ ; et si fortè feceritis unam tantùm, non debetis nisi tres sectarios bladi. Verum tamen, si contigeret dictum stagnum non posse exhauriri vel agotari (quod Deus avertat !) de usatico prædicto molendinorum et aliorum prædictorum non debet nec poterit dictus dominus archiepiscopus, vel sui, vos vel alios comportionnarios vestros distringere nec in aliquo compellere ad solutionem prædicti usatici faciendam ; nec etiam ratione ipsius usatici eritis ipsi domino archiepiscopo vel suis obligati. Tamèn loca illa omnia in quibus essent balmæ, fossata, vallata, seu aguliæ, liberè et sinè contradictione cujusquam revertentur ad dominos prædiorum, in quibus facta fuissent : loca quoque molendinorum remaneant illis qui ea emerint ; nullus autem propter vos, vel nomine vestro possit facere in dictis territoriis de dictâ aquâ molendinum seu molendina, nec dictam aquam recipere vel deviare contrà voluntatem vestram. Concedo etiam vobis quòd omnes aquas fluentes in territorio castri de Anniciano possitis accipere et easdem aquas immiscere aquis exeuntibus de prædicto stagno, ad opus molendinorum vestrorum prædictorum ; ita tamen quòd, si alicui possessori prædiorum ductus aquarum damnum daret, illud damnum debetis restituere et emendare ad notitiam dicti domini archiepiscopi vel illorum quos ipse ad hoc destinaret. Retineo tamen expressè quòd, si vos vel alii comportionnarii vestri, vel illi qui in locum vestrum succederint, requisiti omnes, vel tres, seu quatuor ex vobis, ex parte dicti domini archiepiscopi, non feceritis nec complebitis suprà dicta omnia universa et singula, vel eorum aliqua ad quæ vos et alii comportionnarii vestri, vel illi qui in locum vestrum succederint, tenemini (ut superiùs ordinatum est), idem dominus archiepiscopus possit claudere ad voluntatem suam vel facere claudi balmam prædictam ita quòd aqua non possit indè exire. Restituo tamen, damno, et soluto usatico, vel emendato eo propter quòd dicta balma fuerit clausa, vos et alii comportionnarii vestri possitis authoritate vestrâ, propriis sumptibus vestris prædictam balmam aperire ad eum modum quo fuerat primò aperta.

Prædicta autem damna, si quæ darentur per prædictam aquam vel occasione aquæ (ut superiùs dictum), debetis emendare et restituere ad notitiam prædicti domini archiepiscopi vel illorum quos ipse ad hoc deputaret, si dominus archiepiscopus esset in terrâ istâ ; sed si dominus archiepiscopus esset absens de terrâ istâ, tunc debetis prædicta damna emendare et restituere ad notitiam curiæ Capitis stagni, factâ diligenter inquisitione per eamdem curiam sine scripto judicis et oblatione libelli et aliâ juris solemnitate. Pro usatico verò balmæ et aliorum pertinentium ad eamdem balmam, debetis præfato domino archiepiscopo, et successoribus suis ; annuatìm , in festo S. Nazarii , viginti quatuor sectarios hordei infrà villam Capitis stagni ad rectam mensuram ipsius villæ , et non aliud ; et promitto vobis per firmam ac validam stipulationem quòd hæc omnia suprà dicta universa et singula faciam vobis et aliis comportionnariis vestris à præfato domino archiepiscopo laudari et confirmari, et sigillum suum apponi, vel aliud instrumentum huic simile fieri ad voluntatem vestram; sic Deus me adjuvet, et hæc sancta quatuor Dei Evangelia. Horum omnium sunt testes Petrus Veziani , Raymondus Pontii, bajulus Capitis stagni , Petrus Blaterius, Bernardus Girberty, Bernardus Scoty, publicus Bitterensis notarius.

Et est sciendum quòd ego Petrus de Aureliaco, scriptor, vice et mandato Guirandi Scoty publici Bitterensis notarii, cui à curiis domini Regis et domini episcopi sunt commissæ notulæ quondàm Bernardi Scoty notarii patris ejus , ut ex eis fiant publica instrumenta, transcripsi et transtuli et inde confeci fideliter præsens instrumentum.

Et ego Guirandus Scoty publicus Bitteris notarius, authoritate et potestate insuper hoc à curiis domini Regis et domini episcopi concessâ, præsens instrumentum cum notulâ predicti patris meî diligenter à me perscrutatum, signavi.

Signé avec paraphe, G.

Post hoc, anno ab incarnatione Domini 1248, decimo septimo calend. junii, nos Guilhemus D. g. Narbonensis episcopus, per nos

et omnes successores nostros, cum hâc præsenti publicâ scripturâ
laudamus, concedimus et confirmamus vobis Guilhemo Burgenti,
et Guilhemo Petro Salvatori, recipientibus hoc pro vobis et aliis
comportionnariis vestris suprà dicti stagni de Columbariis et de
Montadino præsentibus et futuris, suprà dicta omnia universa et
singula ; sicut superiùs per Petrum Bedocium, vicarium nostrum
Capitis stagni, Guilhemo Raymondy de Columbariis, Hermengando
de Podio, Berengario de Alzonâ, et Bernardo Scoty, recipientibus
pro se et aliis comportionnariis suprà dicti stagni præsentibus et
futuris, sunt concessa, nunc et semper firmiter valitura, pro-
mittens vobis per firmam et validam stipulationem, quòd eadem
omnia universa et singula nos et successores nostri habebimus et
tenebimus semper rata et firma, et nunquam contra veniemus,
vel veniri faciemus aliquo jure, vel aliquâ occasione, vel aliquo
modo ; sic promitto vobis in meâ bonâ fide. Horum omnium sunt
testes Dominus Petrus archidiaconus Narbonnensis, Bernardus
Cazelia archidiaconus Corvariensis, magister Bernardus Guitardy,
magister Raymondus capellanus capellæ Capitis stagni, Bernardus
Giberty rector ecclesiæ de Columbariis, Raymondus Pontii bajulus
Capitis-Stagni, Petrus Bedocius vicarius Capitis-Stagni, et Bernardus Scoty publicus Bitterris notarius.

Et est sciendum quòd ego Petrus de Aureliaco, scriptor, vice et
mandato Guirandi Scoty publici Bitteris notarii cui à curiis domini
Regis et domini episcopi, notulæ quondam Bernardi Scoty notarii
patris ejus sunt commissæ ut ex eis fiant publica instrumenta,
transcripsi, transtuli, et inde confeci fideliter præsens instrumentum.

Et ego Guirandus Scoty publicus Bitteris notarius, authoritate et
potestate insuper hoc à curiis domini Regis et domini episcopi
concessâ, præsens instrumentum cum notulâ prædicti patris mei
diligenter à me perscrutatum signavi.

Signé avec paraphe, G.

Collationné par nous Jean-François Barrué, avocat en parlement,
notaire royal de la ville de Narbonne, sur l'original dudit titre à

nous exhibé, et ensuite retiré par messire Jean Maunier, prêtre, chanoine du chapitre S. Paul dudit Narbonne, procureur fondé de monseigneur l'archevêque et primat de ladite ville, qui a ledit original en son pouvoir, l'ayant tiré des archives de l'archevêché de Narbonne. Et avons signé avec ledit sieur Maunier, cejourd'hui 11 septembre 1758.

Signé, Maunier, Barrué notaire.

Acte de concession du terrain pour le dessèchement de l'étang de Montady.

TRADUCTION.

Au nom du Seigneur, et l'an de son incarnation 1247, sous le règne de Louis, aux ides de février, dans la métairie de Capestang, je Pierre Bedocius, vicaire de monseigneur Guillaume, par la grace de Dieu, archevêque de Narbonne, du consentement du seigneur archevêque, conformément à sa volonté et à son exprès commandement, pour lui et en son nom, par cet acte public dont la validité commence dès-à-présent et n'aura pas de terme, je donne et concède à vous, Guillaume Raymond, seigneur de Colombiers, Ermengand de Poilles, Bérenger d'Alzone et Bernard Scot, qui possédez en commun l'étang de Colombiers et de Montady, et à tous ceux qui participent avec vous ou qui participeront un jour à cette propriété, le droit de faire passer les eaux dudit étang et de ses affluens, dans la terre du seigneur archevêque, à travers les territoires de Nissan, de Puisserguier et des autres lieux qui appartiennent au même seigneur archevêque. Vous pouvez librement, et sans que personne s'y oppose, commencer à votre gré, dans cette terre, et lesdits territoires, faire et parachever, soit par vous, soit par d'autres, par-tout où il vous plaira, une ou plusieurs baumes, un ou plusieurs puits, des rigoles, des fossés, des aqueducs, et tous les ouvrages qui vous paraîtront nécessaires pour parvenir ou pour travailler au dessèchement dudit étang. Vous pouvez même établir vos ouvrages dans les terres, fiefs et possessions des hommes soumis à la glèbe, des militaires, et en général de toutes les personnes qui se trouvent, par amphitéose ou par féodalité, ou d'une autre manière, sous la dépendance dudit seigneur archevêque. Je vous permets de conduire par-tout où il vous plaira, dans lesdits territoires, les eaux qui sortiront dudit étang pour entrer dans lesdites baumes, rigoles et aqueducs. Mais aussi pénétrez-vous de cette idée, que le tort que vous aurez fait en pratiquant des baumes, des aqueducs, des puits, des fossés et des rigoles, ou que vous ferez postérieurement à leur confection, doit être uniquement à votre charge, et que vous indemniserez les propriétaires suivant les décisions dudit seigneur archevêque, ou des commissaires par lui délégués pour connaître le dommage. Lorsque les eaux sortiront de la baume, et pourront nuire aux personnes qui auraient une ou plusieurs possessions dans lesdits territoires, vous êtes tenus de les conduire jusqu'à l'étang du septième pont, par de tels fossés ou aqueducs, que les seigneurs ou propriétaires des susdites possessions ne soient aucunement lésés; et si jamais les eaux fournies par le susdit étang donnaient lieu à quelques dégâts, s'il arrivait qu'une ou plusieurs personnes eussent à se plaindre des inconvéniens occasionnés par elles ou par les eaux qui s'y joindraient, vous et tous vos coportionnaires, vous supporterez le préjudice, et d'après les décisions dudit seigneur archevêque ou des commissaires par lui nommés, vous payerez diverses rétributions pour les dommages causés, soit dans les possessions qui se trouvent en deçà de l'étang du septième pont, soit dans l'étang lui-même. S'il arrivait qu'il fût moins salé en recevant les susdites eaux, et que par suite les salines de Capestang ou des pointes vinssent à se détériorer, c'est encore vous qui serez tenus de refaire ou de réparer les fossés et aqueducs rompus, et cela, de telle sorte que les eaux courantes par lesdits fossés ou aqueducs ne puissent causer le moindre tort aux héritages riverains. Ces conditions posées, je vous accorde, moi le même Pierre Bedocius, à vous et à tous vos coportionnaires présens et à venir, la permission de construire à votre choix, dans les susdits territoires, un ou plusieurs moulins, et d'amener à ces moulins, librement et sans contradiction, toutes les eaux courantes par les fossés ou aqueducs que vous aurez établis dans les mêmes territoires. Toutefois, il faudra que vous achetiez à juste prix les terrains qui seront marqués par vous ou par vos coportionnaires, tant pour l'assiette des moulins que pour le passage des eaux mises à votre disposition ; terrains dont la valeur sera déterminée pardevant ledit seigneur archevêque, ou pardevant des commissaires de son choix ; et si les eaux que vous emploierez à l'usage des moulins, produisent quelque dommage, vous indemniserez les personnes lésées. Aucun seigneur, aucun propriétaire ne pourra vous inquiéter, ni vous arrêter dans la confection de la baume, et des puits, fossés, aqueducs ou moulins que vous entreprendrez ; et s'il se trouvait un homme qui ne voulût point vous céder les possessions ou fiefs dont vous auriez besoin, quelle que fût la qualité de cet homme, je vous garantis, moi, Pierre Bedocius, que ledit seigneur archevêque et les siens emploieront également la douceur et la force pour vaincre ses refus ; qu'ils s'imposent l'obligation de le faire, et qu'en conséquence, les terres désignées se vendront au juste prix fixé pardevant le seigneur archevêque lui-même, ou pardevant des commissaires de son choix. Je vous promets en outre, et ma promesse s'étend non-seulement à vous, mais à tous vos coportionnaires, que le susdit seigneur archevêque et les siens prendront sous leur sauvegarde vos personnes et vos envoyés, la susdite baume et toutes ses dépendances ; qu'ils veilleront à votre sûreté en même temps qu'à sa conservation, et qu'ils vous défendront de bonne foi contre tous ceux qui voudraient agir à votre préjudice, ou qui auraient l'intention de vous nuire. Du reste, au sujet de la baume, des puits, fossés ou aqueducs, et des chemins qui vous seront nécessaires pour réparer et perfectionner les susdits ouvrages, je reconnais avoir touché et reçu de vous, portionnaires susdits, pour le compte dudit seigneur archevêque, soixante livres melgoriennes, en vertu desquelles je renonce à toute somme non comptée. A l'égard des susdits moulins et des maisons que vous ferez à leur usage, il est entendu que vous payerez tous les ans, à la fête de saint Nazaire, audit seigneur archevêque et à ses successeurs, quatre setiers de blé...... pour chaque moulin à deux meules, et trois seulement pour ceux qui n'en auront qu'une, Dans le cas néanmoins où il vous serait impossible de dessécher ou d'atterrir ledit étang (que Dieu détourne ce malheur!), vous et vos autres co-portionnaires, vous seriez déchargés de la susdite redevance, et ledit seigneur archevêque ou les siens ne devraient ni ne pourraient en exiger le paiement d'aucune manière : alors tous les lieux occupés par des baumes, des fossés, des aqueducs ou des rigoles, retourneraient librement, et sans contradiction, à leurs anciens possesseurs; les lieux occupés par des moulins resteraient aux personnes qui les auraient achetés; mais nul n'aurait le droit de faire pour vous, ou en votre nom, dans lesdits territoires, un ou plusieurs moulins qui seraient mus par les susdites eaux, comme aussi nul ne pourrait prendre ou détourner les susdites eaux contre votre gré. Je vous autorise encore à rassembler toutes les eaux du territoire de Nissan pour les joindre aux eaux fournies par le susdit étang, et les employer à l'usage de vos susdits moulins; à condition cependant que vous indemniserez chaque particulier du tort que lui causerait la conduite de ces eaux, à la connaissance dudit seigneur archevêque ou des commissaires de son choix. Mais je restreins expressément les droits que je vous laisse, et je déclare que, si, par votre faute ou par celle de vos autres co-portionnaires ou de ceux qui vous succéderont, tous les engagemens que vous avez contractés plus haut, considérés en général ou en particulier, se trouvent totalement ou partiellement négligés, ou s'ils ne reçoivent point leur entière exécution malgré la sommation dudit seigneur archevêque, notifiée à chacun de vous ou seulement à trois ou quatre d'entre vous, le même seigneur archevêque sera le maître de clore à sa volonté, ou de faire clore la susdite baume, de manière que l'eau n'en puisse sortir. Toutefois, après avoir réparé le dommage, acquitté la redevance, et tenu compte des frais de clôture de ladite baume, vous et vos autres co-portionnaires, vous pourrez, de votre autorité privée, rouvrir à vos dépens la susdite baume, et la rétablir dans son premier état. Au surplus, les susdits dommages qui seront, ou causés, ou occasionnés, par les susdites eaux, comme il a été dit plus haut, devront toujours être connus par les commissaires dudit seigneur archevêque ou par lui-même, lorsqu'il habitera cette campagne, et pendant son absence, par la justice de Capestang, qui prendra soigneusement les informations convenables sans assignation, sans réquisitions et sans autre formalité de droit. Je vous observe maintenant, que, pour la redevance qui concerne la baume et ses dépendances, vous êtes seulement tenus de fournir tous les ans, à la fête de saint Nazaire, audit seigneur archevêque et à ses successeurs, vingt-quatre setiers d'orge, mesure de Capestang, que vous amenerez à la métairie; et je m'impose, envers vous et vos autres co-portionnaires, l'obligation formelle de faire approuver et confirmer, par le susdit seigneur archevêque, soit en général, soit en particulier, toutes les clauses énoncées ci-dessus, comme aussi de faire revêtir de son sceau le présent acte, et, si vous le desirez, un autre acte pareil : ainsi puissai-je obtenir l'assistance de Dieu, et trouver un appui dans ce livre, les quatre saints évangiles de Dieu. De toutes les stipulations précédentes sont témoins : Pierre Vezian ; Raymond Ponce, homme de peine de Capestang; Pierre Blatier ; Bernard Girbert ; et Bernard Scot, notaire public à Béziers.

Et il est à savoir, que c'est moi, Pierre d'Aurillac, écrivain, qui ai copié sur la minute, et dressé fidèlement le présent acte, à la place et par l'ordre de Giraud Scot, notaire public à Béziers, chargé, par les cours de justice du seigneur Roi et du seigneur Archevêque, de garder les papiers de Bernard Scot, son père, autrefois notaire, pour qu'il en soit fait des actes publics.

Et moi Giraud Scot, notaire public à Béziers, en vertu du pouvoir à moi donné par les cours de justice du seigneur Roi et du seigneur Archevêque, après avoir comparé soigneusement le présent acte avec la minute de mon susdit père, je l'ai revêtu de ma signature.

Signé avec paraphe, G.

Postérieurement, et l'an de l'incarnation du Seigneur 1248, le 17e jour des calendes de juin, nous Guillaume, par la grace de Dieu, archevêque de Narbonne, déclarons par le présent acte public, tant pour nous que pour nos successeurs, à vous Guillaume Burgence et Guillaume-Pierre Sauveur, représentant tous les co-portionnaires présens et à venir de l'étang de Colombiers et de Montady, ci-dessus mentionné, que nous approuvons, accordons, confirmons, en général et en particulier, toutes les clauses énoncées ci-dessus, telles qu'elles ont été conclues plus haut, pour valoir maintenant et toujours, par Pierre Bedocius, notre vicaire de Capestang, avec Guillaume Raymond, seigneur de Colombiers, Ermangand de Poilles, Bérenger d'Alzone, et Bernard Scot, contractant pour eux et pour tous les co-portionnaires présens et à venir du susdit étang; vous promettant, de la manière la plus forte et la plus solennelle, que toutes ces clauses, en général et en particulier, seront toujours sacrées pour nous et pour nos successeurs, et que nous les maintiendrons dans leur vigueur et intégrité, sans jamais y contrevenir et sans ordonner qu'il y soit contrevenu sous aucun prétexte, dans aucune occasion, de quelque manière que ce puisse être: telle est la promesse que je vous fais dans ma bonne foi. De la présente déclaration, sont témoins : dom Pierre archidiacre de Narbonne ; Bernard Caselier, archidiacre de Corbières ; maître Bernard Guitard; maître Raymond, chapelain de la chapelle de Capestang ; Bernard Girbert, recteur de l'église de Colombiers; Raymond Ponce, homme de peine de Capestang ; Pierre Bedocius, vicaire de Capestang; et Bernard Scot, notaire public à Béziers.

(Suivent les apostilles de Pierre d'Aurillac et de Giraud Scot, les mêmes que ci-dessus.)

NOTE XII.

Copie de l'acte d'amitié mentionné chap. X.

L'an mil six cent cinquante-six, et le premier jour du mois de janvier, régnant le très-chrétien prince Louis, quatorzième de nom, par la grace de Dieu, roi de France et de Navare ; nous étant trouvés dans la ville de Narbonne, nous, François de la Rochemacé, âgé de vingt-huit ans, natif de la ville de Blois ; François Andreossy, natif de la ville de Paris, âgé de vingt-deux ans et demi ; Alexandre Bessié, âgé de vingt-quatre ans, natif de la ville de Villefranche, capitale de Beaujolais, tous trois, par la grace de Dieu, de la religion catholique, apostolique, romaine, et ayant vécu ensemble pendant quelques mois en ladite ville, en très-parfaite amitié et concorde; desirant de la rendre immortelle, et qu'elle soit connue de la postérité et conservée entre nos descendans, nous avons réciproquement juré et protesté d'observer et garder les conventions suivantes, savoir : que le temps de notre séparation de ladite ville de Narbonne arrivant, en quelque lieu du monde où le sort nous puisse conduire, nous serons obligés de nous donner de nos nouvelles les uns aux autres, autant que la commodité des lieux le pourra permettre, qui nous informeront amplement de l'état de nos bonnes ou mauvaises fortunes, afin que, en ce qui dépendra de chacun de nous, nous n'épargnions ni nos vies ni nos biens pour nous ▓▓▓ réciproquement service. Nous obligeant encore de nous co▓▓▓▓uer tous nos desseins avant l'exécution d'iceux, spécialement lorsqu'ils tendront à la religion, mariage, ou autre notable changement de vie ; et, lorsqu'il plaira à Dieu de nous appeler à lui, nous obligeons nos successeurs d'en donner le plus prompt avis qu'il se pourra, afin que, au su d'une si funeste nouvelle, nous puissions rendre les derniers devoirs à une aussi parfaite amitié, par nos prières, nos larmes et nos regrets, que nous témoignerons au public par nos habits de deuil pendant une année : et afin que l'union de nos personnes soit inséparable comme celle de nos cœurs, malgré tout ce qui s'y voudrait opposer, nous conserverons précieusement un petit portrait en ovale, dans lequel nous sommes tous trois représentés au naturel, tableau qui nous sera plus cher que la vie, puisqu'il sera notre plus riche possession et le principal sujet de nos contentemens; et pour cimenter d'autant plus une si tendre amitié, et rendre notre union inviolable, nous avons écrit et signé la présente et cacheté de nos armes sur un ruban de couleur de feu, véritable marque de celui de nos cœurs, et audit Narbonne, le jour et an que dessus.

O Dieu dont la justice à la bonté s'accorde !
Source d'amour et de pitié,
Veuille, par ta miséricorde,
D'un bonheur éternel payer notre amitié.

Signé, Bessié, F. Andreossy, Larochemacé.

NOTE XIII.

Sur la Carte de jonction des deux mers, publiée par F. Andreossy.

Cette carte fut mise au jour au mois de novembre 1669; elle a pour titre : *Carte du Canal royal* ; on y a représenté le cours du Canal avec celui des rivières et des ruisseaux, depuis Grenade sur les bords de la Garonne, jusqu'à Aiguemortes, et tout ce qui est nécessaire pour l'intelligence du projet. Elle est ornée de gravures relatives à l'importance de l'ouvrage dont il est question. La cartouche représente la France qui unit l'Océan à la Méditerranée, emblême du projet. C'est dans le cadre que forme cet emblême, qu'est gravée l'épître à Louis XIV que nous allons rapporter :

« Les grandes entreprises que Votre Majesté a si heureusement
» exécutées jusqu'ici, soit en paix, soit en guerre, ont acquis assez
» d'avantages à la France, à l'égard des autres nations, pour la faire
» passer entre elles, sans contredit, pour la merveille de l'univers :
» le miracle, néanmoins, que V. M. fait aujourd'hui de joindre les
» deux mers, semblait encore manquer au comble de sa gloire, puis-
» qu'il était possible; mais d'autant que cet ouvrage devoit être un
» jour le prodige de l'art, il semble que le ciel en ait voulu réserver
» la production à V. M. comme un prodige de la nature, et faire
» remarquer, en réservant, jusques à vous, l'accomplissement
» d'une si haute pensée, que l'honneur n'en était dû qu'à votre
» incomparable génie ; puisqu'il n'était possible qu'à lui seul, il
» n'appartenait qu'à V. M., après Dieu, de disposer en souverain
» de cet élément, et de lui marquer, pour ainsi dire, d'autres bornes
» que celles que la nature lui a prescrites. Toutes les tentatives que
» les autres puissances de la terre en ont voulu faire, n'ont été que
» des preuves de leur faiblesse. Les Romains, les Grecs, les Alexandre
» et les César ont pu, si l'on veut, s'assujettir toute la terre ; mais
» l'histoire fait foi que la moindre partie de la mer n'a jamais su souf-
» frir leur domination. Jusques à vous, Sire, l'Océan et la Méditer-
» ranée ont toujours conservé leur liberté toute entière, contre

» toutes les entreprises des hommes ; V. M. seule a trouvé le secret
» de les enchaîner, mais agréablement, lorsqu'elle a jugé à propos
» de les ranger, comme sous le joug-d'un heureux hyménée, et que
» votre magnificence royale a conçu le dessein de leur faire cons-
» truire ce Canal immense qui doit servir, comme de lit nuptial où
» se doit bientôt consommer ce grand mariage, le souhait de tous
» les siècles passés, l'étonnement de tous les siècles futurs. Vos peu-
» ples, Sire, qui regardent cette merveille comme une source
» féconde d'une infinité de biens, qui s'en doit répandre sur eux
» dans la suite, par ce commerce, et qui savent d'ailleurs, par
» expérience, que leur félicité fait la plus forte application, aussi
» bien que le plus digne objet de vos pensées toutes royales, se
» flattent de l'espérance d'en recueillir de grands fruits et d'en jouir
» avec plaisir à l'abri d'une si haute protection. C'est le sentiment
» de tous vos sujets ; c'est le sujet de tous leurs vœux : et comme
» je n'en puis mieux juger que par moi-même, V. M. me permettra,
» s'il lui plaît, que je l'en assure au nom de tous, et que, pour
» gage de mon zèle et de ma fidélité, en mon particulier, je mette à
» ses pieds le plan que j'ai tracé de ce prodigieux ouvrage, comme
» ayant eu l'honneur d'y être employé pendant tout ce travail, afin
» que s'il a quelque rapport à la sublimité de ses idées, et le bon-
» heur de lui agréer, je puisse me vanter d'être le plus satisfait de
» tous les hommes, aussi bien que d'être de V. M. etc.

» *Signé*, F. ANDREOSSY ».

NOTE XIV.

Sur un manuscrit de F. Andreossy.

Il est à présumer que tous les objets relatifs au Canal du Midi devaient être développés de la manière la plus intéressante dans l'ouvrage écrit en italien, par l'habile ingénieur qui avait présidé à la construction de ce Canal depuis le commencement jusqu'à son entière perfection. Cet ouvrage, formant un volume *in*-4°. avec figurés, était resté manuscrit ; on le trouve compris sous le n° 16369 du catalogue des livres de la bibliothèque du maréchal d'Etrées, et dont voici l'énoncé : *Descrizione del Canale reale dei due mari, Oceano et Mediterranea, in Linguadocca, da Francesco Andreossy, in-4°. figure.* Ce manuscrit fut vendu à l'encan, avec tous les autres livres du duc d'Etrées, et l'on n'a pu découvrir qui en est aujourd'hui possesseur. Le même manuscrit est cité dans la Bibliothèque Historique de la France du Père Lelong, qui dit, à son occasion : *Andreossy, habile mathématicien, était l'ingénieur de M. de Riquet, et ce fut lui qui dressa les mémoires et le plan du Canal* (1).

NOTE XV.

Extraits de divers auteurs.

Extrait d'une lettre écrite par un avocat de Castelnaudary, à un de ses amis en cour, touchant la navigation générale du Canal royal, du 19 mai 1681, chez Charles-Robert Chrétien, imprimeur du roi, de la ville et du diocèse, page 3.

« PENDANT qu'on s'occupait chacun de son devoir près de son
» éminence le cardinal de Bonzi, et que, d'un autre côté, le sieur
» Andreossy, un des entrepreneurs et directeurs de ce Canal, à la
» capacité et à la conduite duquel est due la bonté de partie de cet
» ouvrage, travaillait à débarrasser le départ, à régler la marche
» des bateaux, etc. ».

Extrait de la légende d'une carte ayant pour titre : Gouvernement général de Languedoc, comprenant deux généralités, qui sont Toulouse et Montpellier, divisées par ses diocèses, par N. Bailleul, graveur-géographe, à Lyon, chez Daudet, grande rue Mercière.

DU CANAL ROYAL DE LANGUEDOC.

« Ce Canal traverse la province de Languedoc, et fait la jonction
» de la Méditerranée et de l'Océan. On croit que les Romains avaient

---

(1) Bibliothèque Historique de la France, par Jacques Lelong, prêtre de l'Oratoire. *Paris*, 1768, tome 1, page 65.

» en envie de faire cette jonction; mais il est certain qu'on y pensa
» du temps de Charlemagne. Sous les règnes de François premier et
» de Henri IV, on examina ce dessein, et l'on trouva que l'exécution
» en était possible. En 1604, le connétable de Montmorency fit
» visiter tous les endroits où ce Canal devait être conduit. Le cardi-
» nal de Richelieu avait résolu l'exécution de ce projet, mais il en
» fut empêché par des affaires encore plus importantes. Louis
» le Grand nomma enfin des commissaires en 1664 pour examiner
» de plus près la possibilité de cette grande entreprise, et sur leurs
» avis, le sieur Riquet, qui était pour lors directeur des fermes du
» Languedoc, se chargea de l'exécution de ce Canal sur les plans et
» sur les mémoires du sieur Andreossy, habile mathématicien. Riquet
» fit travailler à ce grand ouvrage, depuis l'an 1666 jusqu'en 1680,
» qu'il fut conduit à son entière perfection. Il eut la gloire de l'ache-
» ver avant sa mort, et laissa à ses deux fils le soin d'en faire
» l'épreuve en 1681.

» Andreossy avait reconnu, en prenant le niveau, que Naurouse,
» près de Castelnaudary était l'endroit le plus élevé entre les deux
» mers; il en fit le point de partage, et y pratiqua un bassin dont
» on distribue les eaux par le moyen d'une écluse du côté de l'Océan,
» et par le moyen d'une autre du côté de la Méditerranée.

» On trouva de grandes difficultés dans l'exécution de ce magni-
» fique ouvrage : l'inégalité du terrain, les montagnes, les rivières
» et les torrens qui se rencontraient sur la route, semblaient rendre
» ce projet inutile; mais Riquet, aidé des lumières d'Andreossy,
» vint à bout de tous ces obstacles ; et l'ouvrage, commencé en
» 1666, fut achevé en 1680, après quatorze ans de travaux ».

Voyez en outre le grand *Vocabulaire François*, chez Panckoucke, tome 4, page 534, article CANAL DE LANGUEDOC.

Le *Dictionnaire géographique, historique et politique*, par Expilly, tome 2, page 55, article CANAL DE LANGUEDOC.

L'*Encyclopédie*, édition de Genève, article CANAL; le même ouvrage, article LANGUEDOC.

Extrait d'un ouvrage italien intitulé : Loix et phénomènes, règles et usage, des eaux courantes, par Bernard Zendrini, etc. *Venise*, 1761.

TABLE ALPHABÉTIQUE.

« Andreossy fait les projets pour la jonction des deux mers en
» France, page 357.

TEXTE (page 357).

» Par le moyen des écluses, on a joint les mers, et conduit, pour
» ainsi dire, les navires sur les montagnes. Dans le fameux Canal
» royal, qui fait, en France, la communication des deux mers, on
» compte 64 écluses....

» Je n'ai eu d'autre objet, en citant ce Canal, que de faire con-
» naître à quel point s'est élevé l'esprit humain dans la manœuvre
» et la conduite des eaux, et jusqu'où s'est étendue la puissance de
» Louis XIV, pour rendre le commerce plus florissant sous son règne.
» On attribue le mérite d'un si grand ouvrage à Paul Riquet, qui le
» fit exécuter sur les projets du mathématicien Andreossy. Il fut
» commencé en 1666, et achevé en 1680 ».

Extrait du Traité des Rivières et des Torrens, *par le Père Frisi,*
article CANAUX DE NAVIGATION, *page 207.*

« L'art n'a jamais été porté si loin que dans le fameux Canal du
» Languedoc, qui forme la communication de la mer Méditerranée
» avec l'Océan....

» Ce grand ouvrage, projeté sous trois autres rois, fut enfin con-
» duit à sa perfection sous le règne de Louis XIV, par un travail de
» quatorze ans, et une dépense de onze millions de livres, sans
» compter la dépense de deux autres millions, que coûta le rétablis-
» sement du port de Sette. Andreossy fut celui qui en donna l'idée,
» et Riquet en dirigea presque toute l'exécution ; mais quoique
» Riquet fût doué d'un grand génie, il n'avait pas assez de lumières,
» ni des connoissances suffisantes, pour connaître plusieurs défauts
» de construction, et en prévoir les conséquences. Le maréchal de

» Vauban a remédié à tout cela ; et la perfection du Canal est due
» à la supériorité de ses lumières ».

Bélidor, *Architecture hydraulique*, tome 4, page 365, pense, comme le Père Frisi, au sujet du perfectionnement du Canal du Midi, qu'il attribue de même à Vauban ; nous avons discuté, dans la note x, les assertions de ces deux auteurs.

Extrait des Tablettes chronologiques de Lenglet du Fresnoy, édition de Barbeau la Bruyère, tome 2, page 758.

1666.... M. Riquet de Toulouse, ayant pour ingénieur *Andreossy*, commença cette année à faire construire le magnifique Canal de Languedoc, qui fait la jonction des deux mers. Depuis 1682 que les travaux ont été achevés, la navigation n'a point discontinué.

Extrait de l'article Canal *de l'Encyclopédie méthodique, Art militaire, première partie.*

TEXTE.

« Ce monument est comparable
» à ce que les Romains ont tenté
» de plus grand. Il fut projeté en
» 1666 (1), et démontré possible
» par un grand nombre d'opéra-
» tions faites sur les lieux par M. An-
» dreossy, qui travaillait par les
» ordres de M. Riquet.

» M. Riquet, occupé de ce beau
» projet, parcourut les environs
» de Saint-Papoul et de Castelnau-
» dary...... Il n'était encore secon-
» dé que par un fontainier (2),
» nommé maître Pierre, dont les
» connaissances ne suffisaient pas à
» la grandeur de l'entreprise ; et
» M. Riquet eut recours (3) au
» sieur Andreossy......

OBSERVATIONS.

(1) On commença à y travailler en 1666 ; mais le projet du Canal depuis Toulouse jusqu'à Narbonne, où on devait le conduire alors, était fait en 1664, comme le prouve la formation de la commission nommée cette année-là pour la vérification d'un projet dont on s'occupait d'ailleurs depuis 1660.

(2) Anecdote puérile : on ne formait point aussi légèrement de grandes entreprises sous Louis xiv ; mais cette anecdote tend à prouver que Riquet n'était point en état d'exécuter par lui-même.

(3) Riquet ne pouvait point s'adresser à d'autres personnes, puisque c'est F. Andreossy qui lui suggéra le projet dont il est question ; et que celui-ci, outre ses grandes connaissances dans les mathématiques et dans l'hydraulique, se rendit en Italie, en 1660, pour y voir

TEXTE.

» Celui-ci, versé dans les mathé-
» matiques et dans l'hydraulique,
» reconnut les vallons par lesquels
» on pouvait conduire et rassem-
» bler en un même lieu les eaux de
» la montagne Noire; il s'en assura
» d'abord par le nivellement, en-
» suite par une expérience que
» M. Riquet fit à ses dépens (4).

» Une des plus grandes difficul-
» tés de cette entreprise, était d'a-
» voir, même en été, des eaux su-
» périeures (5) au sommet du Ca-
» nal et au bassin de Naurouse; et
» c'est ici que MM. Riquet et An-
» dreossy ont montré le plus d'in-
» telligence, d'activité et de pa-
» tience.

» Cette percée de montagne (la
» montagne ou, pour parler plus
» exactement, le très-petit mon-
» ticule de Malpas) n'était point
» dans le premier dessin (6) de
» MM. Riquet et Andreossy; mais
» comme ils avançaient leur ou-
» vrage sans projet arrêté (7), le
» niveau les conduisit contre cette
» montagne qu'ils se résolurent à
» percer, pour ne pas faire un trop
» grand circuit.

» M. Andreossy de Luc (8), qui
» dirigea ce grand ouvrage, en fit
» graver les plans dans le dernier

OBSERVATIONS.

les Canaux dérivés de l'Adda et du Tésin, et d'autres Canaux du même genre.

(4) La rigole d'épreuve pour conduire les eaux depuis la montagne Noire jusqu'au point de partage, était une conséquence de l'exécution du projet.

(5) Le bassin de Naurouse est, ou peut-être regardé comme le sommet du Canal, ou alors il eût fallut dire : *Au bassin de Naurouse, et au sommet du Canal*, puisque les eaux coulent du bassin dans le Canal.

(6) Elle ne s'y trouvait point, parce qu'alors le projet était de conduire le Canal à Narbonne et non à Agde.

(7) Jamais projet n'a peut-être été discuté plus solennellement et avec plus de soin : le procès-verbal des commissaires, rapporté note IV, prouve d'ailleurs le peu d'exactitude de cette assertion.

(8) Nous avons déjà observé que F. Andreossy, originaire de Lucques, et non de Luc, était né à Paris.

» siècle, et les dédia à Louis xiv.... On est surpris de ne pas trouver
» (en Languedoc) cet ouvrage (une description complète du Canal),
» du moins manuscrit, et de n'y pas voir la statue de MM. Riquet
» et Andreossy, auteurs de cette entreprise. Ce fût, du moins, ce
» que dit M. le maréchal de Vauban, lorsqu'il visita le Canal pour
» la première fois ».

.... L'art achèvera aisément, par des canaux, les nombreuses communications que la nature indique et a commencées par-tout où elle a placé deux rivières ou deux fleuves correspondans. L'homme de génie qui, le premier, saisit cette indication de la nature, creusa le Canal du Midi (ci-devant du Languedoc). Apperçue par les Romains, cette belle conception était parvenue jusqu'à Andreossy, sans aucun espoir de succès. (*Statistique générale de la France*, tome ii, p. 391.)

.... Ce Canal fait honneur à la France, et est digne d'être cité à côté des monumens des Romains. Il communique l'Océan à la Méditerranée, par un espace de 225 kilomètres (45 lieues). Pierre-Paul Riquet l'exécuta sur les plans du célèbre Andreossy, qui en avait conçu le projet. (*Statistique générale de la France*, tome ii, p. 427.)

NOTE XVI.

On ne sera pas fâché de trouver ici l'épitaphe de Fermat, cet homme célèbre, trop long-temps ignoré dans sa patrie, dont il a été le plus bel ornement : je l'ai fait relever sur la pierre de son tombeau qui se trouve au musée central de Toulouse.

Piæ memoriæ domini Petri de Fermat, senatoris Tolesani, qui litterarum politiorum, pluriumque linguarum, ac matheseos et philosophiæ peritissimus, ità jurisprudentiam calluit, ità judicis munere functus est, ut	A la mémoire honorée de Pierre Fermat, conseiller au parlement de Toulouse. Profond dans la littérature, les mathématiques, la philosophie et dans la connaissance de plusieurs langues, il montra néanmoins un si grand savoir en jurisprudence, tant de zèle

ejus ad hoc unum collecta videretur ingenii vis, licèt in tot arduas speculationes divisa. Vir ostentationis expers, suas lucubrationes typis mandari non curans, et egregiorum operum neglectu adhuc major quàm partu, præclara sûi legit in aliorum libris elogia, nec intumuit. Nunc autem, quod virtutes sperare sinunt, dùm æternam veritatem contemplari gaudet, cœlesti radio maxima et minima dimensus, è tumulo quemlibèt affari videtur, hôc aureo christiani doctoris monito : *Vis scire quiddam quod juvet? Nesciri ama.*

Obiit 12 Januarii 1665, ætatis an. 57.

dans l'exercice de la judicature, qu'on eût dit toute la force de son génie dirigée vers ce but, quoiqu'elle fût partagée entre tant de spéculations sublimes. Homme sans ostentation, peu jaloux de publier le résultat de ses veilles, et plus grand encore par son indifférence pour ses beaux ouvrages, que par ses découvertes, il lut de lui de brillans éloges dans les livres de ses contemporains, et ne s'enorgueillit point. Maintenant qu'il se plaît à contempler l'éternelle vérité, comme ses vertus nous permettent de le croire, et que son ame, éclairée par un rayon céleste, a vu, dans leurs véritables dimensions, les objets qui sont grands, et ceux qui sont petits ; il semble adresser à chacun de nous, du fond de son tombeau, ces paroles d'un docteur chrétien, dignes d'être écrites en lettres d'or : *Voulez-vous savoir ce qu'il y a de plus profitable ? Aimez à être ignoré.*

Il mourut le 12 de Janvier 1665, dans la 57ᵉ année de son âge.

NOTE XVII.

Sur M. Niquet, ingénieur militaire.

ANTOINE NIQUET, directeur des fortifications de Provence et de Languedoc et des travaux du Canal des deux mers, lieutenant pour le Roi, d'Antibes, chevalier de S. Louis, pensionnaire du Roi, etc. était né en Picardie en 1639, d'une famille distinguée.

Elève et ami de Vauban, et trop peu connu parce qu'il était son contemporain, il acquit une grande réputation dans le génie militaire. En 1681, il fit exécuter les projets de Vauban sur les ports et places de sa direction ; le port de Toulon est en grande partie son ouvrage. Ayant accompagné M. de Seignelai dans le bombardement de Gênes, Niquet guida, comme brigadier d'ingénieurs, une des colonnes d'attaque dans la descente, ainsi que dans la prise de vive force et le sac du faubourg de S. Pierre d'Arena. En 1707, il dirigea, avec la plus grande distinction, les travaux de défense de Toulon, assiégé par le duc de Savoie et le prince Eugène, tandis qu'une flotte anglaise bloquait le port et bombardait la ville. Après trois semaines de siége, les ennemis furent obligés de se retirer devant le maréchal de Tessé. Cette défense mémorable sauva ce bel établissement de marine, et le reste de la Provence.

C'est en grande partie à M. Niquet que le Canal du Midi a dû son perfectionnement. Les ouvrages qu'il y a fait construire, portent l'empreinte du génie, et prouvent une grande habileté dans les constructions : la percée de la voûte des Campmazes, la voûte du Malpas, les épanchoirs mobiles de la rivière d'Orb, et l'écluse de Moussoulens seront toujours cités comme des ouvrages très-remarquables.

M. Niquet avait une prédilection particulière pour la ville de Narbonne. C'est par suite de son zèle pour la prospérité de cette ville, qu'il avait choisie pour sa résidence, qu'il donna des projets pour la jonction du grand Canal à la Robine, projet exécuté depuis. A ce projet, était lié celui qui n'est pas encore terminé, de perfectionner la navigation de la Robine et de faire communiquer de cette dernière avec le Roussillon : il avait aussi projeté de dessécher et d'atterrir l'étang de Capestang; mais il avait isolé ce projet de celui de la communication du grand Canal à la rivière d'Aude, pour passer de là dans la Robine; ce qui valait beaucoup mieux.

M. Niquet mourut à Narbonne en 1724, âgé de 85 ans, regretté de tous les habitans ; sa mémoire y est encore en vénération. Il avait été maire de cette ville depuis 1715 jusqu'en 1719, époque à laquelle ces charges furent remboursées par arrêt du conseil du premier septembre.

M. Niquet fut un des jeunes géomètres que l'Académie des sciences, à l'époque de sa fondation, en 1666, fit associer à ses membres, sous le titre d'élève et de collaborateur. Il eut de bonne heure le sentiment de ses forces, et il voulait, dans ses premières années de service, réformer les projets de Vauban même. Son caractère violent et emporté, qui fut tempéré par l'âge, lui valut quelquefois de très-vives réprimandes de la part des ministres; mais Vauban, qui l'aimait et l'estimait, l'excusa dans toutes les circonstances.

M. Niquet s'était marié à la veuve d'un ingénieur, madame Brun; il eut d'elle quatre enfans, deux garçons et deux filles. L'aîné des garçons qu'il destinait à l'état militaire, fut tué sous ses yeux, dans un combat singulier sur la route de Montpellier à Béziers. Son second fils, né en 1700, qui fut premier président du parlement de Toulouse, est mort à Paris à l'âge de 95 ans.

Le fils de ce dernier fut président à mortier au même parlement, avant l'âge requis. Dans les dispenses qu'il obtint, il est dit que c'est en considération des hauts services rendus par Antoine Niquet, son grand-père, dans la défense du port de Toulon en 1707. Il mourut à Paris en 1779, âgé de 55 ans, sans laisser d'enfant mâle.

La veuve du dernier Niquet vit encore à Narbonne, jouissant de l'estime et de la vénération qu'inspirent, dans le pays, ses vertus et son nom.

NOTE XVIII.

Lettre aux Inspecteurs généraux composant le Conseil des Ponts et Chaussées.

Paris, le 22 messidor an VIII.

Le Canal du Midi, comme grande construction hydraulique, entre dans les attributions des Ingénieurs des ponts et chaussées; et si le créateur de ce grand ouvrage existait, il s'honorerait, citoyens, d'être votre collègue.

Je dois donc déposer dans votre sein les titres de ce monument national, que j'ai considéré sous les rapports d'invention, d'art et d'administration. Il ne manquerait à l'ouvrage que je vous adresse, pour être digne du sujet, que d'avoir été traité par quelqu'un de vous.

Je joins à mon envoi la copie du premier projet original du Canal du Midi, sous la date de 1664, et quelques croquis originaux, peu importans sans doute ; mais qui sont la première pensée et les premiers linéamens du grand travail d'un homme presque inconnu, et dont j'ai cherché à rétablir la gloire.

Salut et considération :

Le général de division, inspecteur général d'artillerie.
Signé, F. ANDREOSSY.

RÉPONSE.

Paris, le 5 germinal an IX.

La lettre que vous avez adressée le 22 messidor dernier, citoyen Général, au Conseil des Ponts et Chaussées, ne lui a été présentée que depuis peu, lorsque nous avons tous été de retour de nos tournées. Sans cette circonstance, nous n'aurions pas tant tardé à vous remercier de l'envoi, que vous avez bien voulu nous faire, de votre intéressant ouvrage sur le Canal du Midi, en même temps que de quelques plans relatifs au projet de cette grande navigation intérieure fait en 1664 par F. Andreossy. Nous avons vu avec bien de l'intérêt ces premiers linéamens du travail d'un de vos aïeux, pour le projet d'une jonction des deux mers qui, depuis plus d'un siècle, enrichit le midi de la France, et qui est le plus grand comme le plus beau monument, que l'architecture hydraulique ait encore élevé. Ces plans, joints aux pièces que vous rapportez dans votre ouvrage, font connaître combien l'agriculture et le commerce devaient déjà à ce même nom; que vous venez de rendre si recommandable dans la guerre, à laquelle ce grand Etat doit tant de gloire et un si grand accroissement de puissance.

Recevez, citoyen Général, les assurances de notre estime, et nos bien sincères remercîmens.

Signé, MONTROCHER, BEMARÉ, CESSART, DUCROS, LAMANDÉ, LEFEVRE, GAUTHEY.

FIN DES NOTES ET PIÈCES JUSTIFICATIVES.

TABLE RAISONNÉE
DES MATIÈRES.

A.

ABEILLE, auteur des projets du Canal de Bourgogne, s'en est vu enlever la gloire, par Espinassi ; Kéralio a reproduit ses titres de gloire. 362—363.

ACCOULIN (dessèchement par.) ; il se pratique, en amenant sur les terres des eaux courantes, qui charrient du limon et le déposent par le séjour qu'elles y font. 306.

ADAM DE CRAPONE, ingénieur sous Henri II, né à Salon en Provence, avait procuré à son pays, dès 1558, le Canal d'irrigation qui porte son nom. Ce Canal est tiré de la Durance, et se termine au Rhône au-dessous d'Arles. 286.

AFFOUILLEMENS. Un obstacle exposé au choc d'un fluide, fait contracter à ce fluide un mouvement de rotation, qui tend à affouiller cet obstacle et même à le déraciner : c'est ce qu'on voit autour des piles de pont, des pilots fichés dans le sable ou le gravier, et même sur des dunes, au sein desquelles s'élèvent des arbres un peu forts. 177—178.

AGDE, le port d'Agde, second débouché du Canal du Midi dans la Méditerranée, est formé par l'embouchure de la rivière d'Hérault. Cette embouchure avait une barre qu'on s'était proposé de détruire ; ce qui avait donné lieu à divers projets ; ceux de Groignard et de Mercadier ont été les plus remarquables. Les vues de Mercadier sur l'amélioration du port d'Agde, fondées sur la théorie des ensablemens, méritent d'être distinguées, 173—181.

AIGUILLE (aqueduc de l'), pour le dessèchement de l'étang de Marseillette, serait insuffisant non-seulement à l'écoulement des grandes eaux qui surviennent par des orages subits, mais encore à celui des eaux ordinaires. D'après les calculs de Lespinasse, il conviendrait d'accoler à cet aqueduc, outre une ouverture à plein cintre, de mêmes dimensions, une arche elliptique dont la capacité serait double. 301—304.

ALLUVIONS ; matières de dépôt amenées par un fluide en mouvement. On les distingue en *alluvions terrestres* et en *alluvions fluviales et marines*. On doit entendre par *alluvions terrestres*, les comblemens provenant des sables soulevés et transportés par le vent. Les alluvions marines ne sont autre chose que des atterrissemens. *Voyez ce mot.* On prévient les alluvions terrestres, en fixant les sables par des plantations d'oyas, de genêts, de saules, de tamaris, de chênes, de pins maritimes, etc. 163.

ALZAU, rivière qui coule sur le versant méridional de la montagne Noire, et va se jeter dans le Fresquel. C'est la rivière la plus à l'est, dont on ait dérivé les eaux pour les faire aller au point de partage. 35. On appelle *prise d'Alzau*, le point de dérivation de cette rivière. Il existe sur la rivière d'Alzau, près de la prise, une forge à la Catalane ; un peu au-dessus, une papeterie. 404. Au-dessus de la papeterie, le vallon offre l'emplacement d'un nouveau réservoir à construire, et qui serait presque aussi considérable que celui de Saint-Ferréol, sous une charge d'eau moitié moindre. 262—263.

AMONT, terme de rivière qui désigne, par rapport au point où l'on est placé, la partie supérieure de cette rivière vers sa source.

ANDREOSSY (François), né à Paris le 16 juin 1633, mort à Castelnaudary le 3 juin 1688, conçut l'idée, donna les projets et dirigea l'exécution du Canal du Midi. La gloire de la construction de ce grand ouvrage lui fut enlevée, d'abord par le chevalier de Clerville, qui voulut passer pour l'auteur du projet, ensuite par Riquet, qui avait été l'entrepreneur de l'ouvrage ; a été réintégré dans ses droits dont il avait été privé pendant cent quarante ans. 346—363.

ANNÉE DE NAVIGATION ; elle est de 320 jours. *Voyez* CHOMAGE.

AQUEDUCS. Les aqueducs, proprement dits, donnent passage à un cours d'eau naturel ou artificiel à travers un obstacle. Les ponts-aqueducs servent à faire passer un cours d'eau artificiel sur un cours d'eau naturel, en laissant à ce dernier un libre écoulement. Les aqueducs des anciens, tels que celui du Gard, qui étaient destinés à amener de l'eau à une ville pour les besoins des habitans, ont pu être l'idée-mère des ponts-aqueducs qu'on a adaptés pour la première fois aux Canaux navigables en 1760. xix—xx. Les aqueducs les plus remarquables du Canal du Midi sont ceux de Saint-Agne, de Mesuran, d'Orbiel, de Répudre qui date de la construction du Canal et a servi de modèle aux autres ; et l'aqueduc de Cesse, exécuté sur les dessins de Vauban. On a projeté deux grands aqueducs, l'un pour faire franchir au Canal la rivière d'Aude, et l'autre la rivière d'Orb. Le premier est impraticable. 107—108 ; le second serait un des plus beaux ouvrages du Canal. 139—140.

Les aqueducs ont des contre-canaux qui en dépendent ; ainsi que des rigoles d'entrée et de sortie pour l'écoulement des ruisseaux ou des ravines. Les contre-canaux et les rigoles d'entrée étaient creusés et entretenus, à frais communs, par les propriétaires et les communautés adjacentes.

Les rigoles de sortie étaient entièrement à la charge des communautés.

Les rigoles d'entrée et de sortie, les contre-canaux, les anciens lits des ruisseaux ou ravines, étaient creusés aux dimensions nécessaires pour le libre écoulement du volume des eaux qu'ils étaient destinés à recevoir. On les entretenait avec le plus grand soin, et il était défendu d'y laisser subsister aucun arbre ni broussailles, afin d'éviter les désordres qui naîtraient des inondations causées dans ces canaux par leur rétrécissement et les atterrissemens qui s'y formeraient.

Les contre-canaux supérieurs et inférieurs étant parallèles au lit du Canal, tombent à angle droit dans les rigoles d'entrée et de sortie des aqueducs, ce qui occasionne des atterrissemens inévitables. Pour remédier à l'inconvénient des dépôts, il semblerait convenable d'établir les aqueducs obliquement à la ligne navigable, et de manière que leur direction et celle des contre-canaux suivissent la loi de position des affluens par rapport à leurs récipiens. 92.

ARIÈGE, et plutôt AURIÈGE ou ORIÈGE, affluent de la Garonne, prend sa source au pied du pic de *Framiquel*, dans les Pyrénées ; son cours, comparé avec le cours de la première partie de celui de l'Aude, indique la direction de l'arête qui forme la séparation des eaux entre les deux mers, et sur laquelle se trouvait le point de partage. 29.

ARRÊTS DU CONSEIL : du 18 janvier 1663, ordonne l'examen du projet de jonction des deux mers..... Du 14 mars 1665, le creusement d'une rigole d'essai...... Du premier octobre 1666, que les ouvrages depuis Toulouse jusqu'à Trèbes seraient publiés au rabais ; le 14, la délivrance en fut faite à Riquet pour 3,630,000 livres. Le 7 du même mois, arrêt du Conseil, qui ordonne que les adjudicataires jouiront de cette partie du Canal en toute propriété, et à titre de fief. Le 23 janvier 1669, Riquet se rendit adjudicataire de l'autre partie du Canal, depuis Trèbes jusqu'à la mer, pour 5,852,000 livres. L'arrêt du Conseil du 26 septembre 1684 régla le tarif pour le droit de péage, et il fut ordonné que, moyennant ces droits, la famille de l'entrepreneur resterait propriétaire du Canal, à charge d'entretien. 319—321.

ATTERRISSEMENS : dépôts de gravier, de sable et de limon amenés par des eaux courantes ou par des eaux sauvages dans des eaux mortes ; ou bien formés par la rencontre d'un obstacle. Les vallées s'atterrissent et prennent de l'extension par les crémens des rivières ; elles s'atterrissent et s'élèvent par les dépôts de ces rivières dans les inondations. Les lagunes sont converties en marais, et les marais en terres cultivées, mais basses et sujettes aux inondations, par les alluvions des eaux qu'elles reçoivent. L'exhaussement du fond des rivières, et les barres qu'on voit à leur embouchure dérivent des mêmes causes. 161—166. On a profité de cette indication de la nature, pour atterrir les étangs et les marais, en y introduisant des eaux limoneuses. 306. Les chasses d'eau fournies par des écluses, détruisent les atterrissemens ; les chasses d'eaux naturelles dans les mers du nord, par le volume et la vitesse des eaux à marée descendante, produisent le même effet ; elles ont rétabli très-avantageusement le port du Heldre. Une masse d'eau, qui retombe après avoir été soulevée par le vent, n'est point en état de creuser un fond. 187—188.

AUDE, rivière qui descend des Pyrénées jusqu'à Carcassonne, et là, plie son cours vers la Méditerranée, où elle pénètre par le grau de Vendres ; est le récipient principal des eaux comprises entre les Pyrénées et la montagne Noire ; longe le Canal dans une partie de son cours. Ses débordemens extraordinaires ont attaqué ses francs-bords dans plusieurs occasions. On a vu l'Aude s'élever dans les crues de 65 décimètres au-dessus de sa hauteur ordinaire. Dans les projets de Canaux dans le midi, antérieurs à celui qui a été exécuté, l'Aude devait être rendue navigable par des écluses. 102—103.

AVAL, terme de rivière qui désigne, par rapport au point où l'on est placé, la partie inférieure de cette rivière vers son embouchure.

AVANT-RADIER : prolongation du radier au-delà des murs en retour et en ailes. Son objet est de défendre le radier contre les affouillemens occasionnés par la chute des eaux.

On le construit en aval de l'écluse, et souvent encore en amont.

B.

BAJOYERS, murs verticaux et parallèles d'une écluse, élevés sur le radier, dans lesquels sont pratiquées les enclaves des portes, et les rainures propres à recevoir des poutrelles, pour former batardeau en amont et en aval des portes.

Ces murs servent de culées au pont établi sur l'écluse : leur distance constitue l'*ouverture* ou le *passage* de l'écluse.

BARQUES. Les barques du Canal du Midi sont d'un gabarit particulier ; elles appartenaient d'abord à l'entrepreneur. — Furent fournies ensuite insen siblement par des étrangers. Leur nombre est devenu très-considérable. Le service du Canal pourrait être fait avec 150 barques. La moindre barque du Canal peut charger de 8800 à 9800 myriagrammes : dans l'origine, elles portaient moins. Il est surprenant qu'on n'ait pas fixé, par quelque ordonnance, le gabarrit des barques du Canal, ou du moins la profondeur dépendant du chargement, qu'elles ne devraient jamais dépasser. 323—326.

Les barques sont gouvernées par un maître pairon et un matelot ; elles vont à la voile, ou sont traînées par un ou deux chevaux conduits par un postillon : elles ont un nom écrit en gros caractères, et portent à la poupe une échelle de graduation qui marque leur enfoncement dans l'eau, et met les employés à même de juger du poids du chargement comparativement au poids déclaré.

BARRE. Les barres sont des atterrissemens aux embouchures des rivières, correspondant aux lignes de repos ou de diminution de vitesse des deux mouvemens opposés qui portent les eaux troubles des rivières dans la mer, et les eaux de la mer chargées de sables vers les côtes, et plus ou moins en avant dans le lit de ces rivières. XIII. Les barres à l'entrée des baies et des lagunes proviennent d'un courant charriant des troubles, qui dépose partout où il trouve des eaux mortes. Il y a très-peu de tirant d'eau sur les barres aux embouchures des rivières ; mais elles ont des ouvertures qui servent de passage pour la navigation : sur les côtes d'Egypte, ces ouvertures s'appellent *boghâz* ; leur position est très-variable.

BEAUCAIRE a, ainsi que Bordeaux, une foire célèbre ; le chomage du Canal se trouve dans l'intervalle de ces deux foires. 542.

BÉLIER HYDRAULIQUE, machine très-simple, inventée par Montgolfier, pour élever l'eau à une grande hauteur. Elle consiste dans un tube horizontal terminé en amont, par un tube vertical de même diamètre, et en aval, par un petit réservoir auquel est adapté un tube d'ascension. Le tube horizontal porte une soupape qui s'ouvre du dehors au-dedans ; et dans la paroi qui sépare le réservoir de ce tube, il y a une autre soupape qui s'ouvre du dedans au-dehors. L'objet de cette machine est de soulever l'eau par l'action d'une masse fluide en mouvement. 283—284.

BERNASSONNE, rivière qui coule sur le versant méridional de la montagne Noire, et qu'on a dérivée dans la rigole de la montagne. 55.

BERGE, bord élevé d'un Canal naturel ou artificiel, qui empêche ses eaux de se répandre sur les terres adjacentes. Sur le Canal du Midi, les berges portent le nom de francs-bords. Leur terre-plein est cultivé suivant la nature du sol, et l'on y a rangé des plantations d'arbres de diverses espèces.

Les produits des francs-bords du Canal, de la Garonne à l'étang de Thau, auxquels sont joints ceux des magasins construits depuis dix ans sur le port du Canal à Toulouse, la moitié de la propriété des moulins neufs à Béziers, quelques exploitations et émondages de plantations, et le revenu de la pêche, s'élèvent à 40,000 francs. 342.

BERTAZZOLO (Gabriel), ingénieur du duc de Mantoue, a publié en 1609 son discours sur la nouvelle écluse de Governolo, écluse à sas et à portes busquées dont il donne les dessins. L'auteur ajoute que cette écluse serait semblable à celle que l'on voyait sur la route de Venise à Brondolo, à la Cavanella, et dans plusieurs autres endroits. Le titre de cet ouvrage très-remarquable, est : *Discorso del signor Gabriele Bertazzolo, sopra il nuovo Sostegno che a sua proposta, si fa appresso la chiusa di Governolo.* XXI—XXII.

BÉZIERS, ville sur l'Orb, est la patrie de Riquet, de Pelisson, de Mairan, etc. Il existe un projet d'aqueduc pour faire franchir au Canal le vallon de l'Orb, de Fonserane à Béziers, et un autre projet pour faire passer le Canal sous le lit de la rivière. 154—159.

BOIS. L'aménagement des forêts est indispensable pour l'économie des eaux qui alimentent les Canaux de navigation, comme il l'est pour prévenir les désordres des rivières. D'après cela, l'on devrait acquérir les bois qui couvrent les sources nourricières du Canal du Midi. 265—267.

BONDES, ouvertures en forme de troncs de cône, faites au bord des tranchées d'irrigation pour l'écoulement des eaux par déversement. 274.

BORNAGE. Le bornage du Canal fut entrepris, en 1764, par ordre des Etats, pour renfermer les francs-bords dans de justes limites, et prévenir toute discussion ultérieure avec les riverains. Ce travail fut terminé en 1772, et celui du bornage des rigoles en 1774. On rapporta toutes les mesures relatives à cette opération sur une carte construite à l'échelle de 22 décimillimètres pour mètre, qui, réduite en 19 feuilles, et puis en trois feuilles, a été gravée, sous les deux formats, par Chalmandrier. 72—73.

BRADLEY (Humfroi), maître des digues de Berg-op-Zoom, appelé en France par Henri IV, pour le mettre à la tête des travaux de dessèchement que ce grand prince avait projetés. 5.

BRESCOU (fort Brescou) est situé sur un rocher dans la mer, au milieu de l'intervalle du port de Sette à l'embouchure de l'Hérault. On a projeté depuis long-temps, entre ce rocher et la terre, une rade qui, par sa position à l'abri du cap d'Agde et au moyen de plantations sur la plage, ne seroit sujette ni aux alluvions terrestres, ni aux alluvions marines; elle conserverait un fond invariable, et une bonne tenue, avantage que ne peuvent avoir les ports de Sette, d'Agde et les autres ports du golfe de Lion. 182—186.

BRUNNINGS, Directeur des digues de la Hollande, habile mathématicien, a fait sur les portées des fleuves de ce pays une multitude d'expériences, au moyen desquelles il est parvenu à régulariser avec une facilité admirable, le débit de ces fleuves dans les grandes eaux. 315—316. C'est lui qui, par une savante combinaison de digues, mettant à profit l'effet de la marée descendante, a converti le canal étroit et peu profond du Heldre, en un port capable de recevoir les plus gros vaisseaux. 188—189.

BUREAUX DE RECETTE. Il y en a six, composés chacun d'un receveur, d'un contrôleur et d'un visiteur. 330.

BUSC, estrade de maçonnerie ou de charpente, ayant la forme d'un triangle isocèle, et composé d'un seuil et de deux heurtoirs, contre lesquels s'appuie le bas des portes d'une écluse, lorsqu'elle est fermée. Comme la résistance des portes busquées est en raison inverse de la largeur de leurs volets, et en raison directe du sinus de l'angle du busc, on détermine, dans tous les cas, la saillie des buscs, en la faisant égale au quart de l'ouverture ou passage des écluses.

C.

CALES, petits réservoirs en maçonnerie pratiqués le long du côté fort ; les eaux sauvages qui s'y rendent, y déposent en partie leurs troubles, avant d'entrer dans le Canal. 41.

CALS (réservoir de), projeté dans le vallon d'Alzau, au-dessus de la prise de ce nom, aurait presque la même capacité que le réservoir de Saint-Ferréol. 262—263.

CANAL ALIMENTAIRE (aux Canaux d'irrigation), entretient d'eau les tranchées d'irrigation qui en partent. 273—274.

CANAL D'ATTERRISSEMENT (de l'étang de Capestang), est un Canal qui part de la rive gauche du Canal de Narbonne près de son embouchure, et qui est destiné à porter les troubles de la rivière d'Aude dans l'étang de Capestang, pour opérer son atterrissement. Une condition essentielle pour l'emplacement, la direction et les dimensions d'un Canal d'atterrissement, c'est que les eaux limoneuses puissent y circuler en grand volume et sur-tout avec une très-grande vitesse, afin qu'elles n'y déposent pas leurs troubles. 509.

CANAL DE CARCASSONNE, branche de Canal nouvellement construite, pour rapprocher le grand Canal de la ville de Carcassonne. 81—84.

CANAL DE CRAPONE, canal d'irrigation, dérivé de la Durance, et qui fertilise la partie septentrionale de la plaine de la Crau ; il se termine au Rhône au-dessous d'Arles. Adam de Crapone fit creuser, en 1558, ce Canal, qui a conservé son nom. 286.

CANAL DU CENTRE, fait la jonction de la Loire à la Saône, XII—XIII.

CANAL DE DÉCHARGE (aux canaux d'irrigation), reçoit par l'intermédiaire des fossés d'écoulement qui y aboutissent, l'excédent des eaux d'irrigation. 273—274.

CANAL DE DÉRIVATION. On appelle ainsi tout Canal, qui sert à recevoir une partie des eaux d'une rivière, au moyen d'une digue qui barre son lit. La rigole de la Montagne et celle de la Plaine sont des Canaux de dérivation ; les prises intermédiaires de Fresquel, d'Orbiel, d'Ognon et de Cesse se font par des canaux de dérivation.

CANAL D'IRRIGATION. Les Canaux d'irrigation suppléent aux pluies, comme on le voit en Égypte et dans tous les pays où la température est très-élevée. Les eaux qu'ils fournissent, servent d'engrais dans les terres légères. Elles sont dérivées d'un cours d'eau, ou bien élevées avec des machines. Ces dernières sont reçues dans un Canal alimentaire, et distribuées par de petites rigoles percées de bondes, sur toute la surface du terrain ; dès qu'il est suffisamment abreuvé, l'excédent des eaux tombe dans un Canal de décharge. Lorsque le sol a une certaine pente, on le divise en compartimens par des digues, ou levées en terre, qui communiquent à volonté d'un compartiment à l'autre. Il est également désavantageux, pour un terrain, que l'eau y séjourne trop long-temps, et qu'elle n'y reste point assez. L'évaluation de la dépense d'un Canal d'irrigation se fait par un module appelé *canon d'eau*. Les héritages paient en raison du nombre de canons d'eau qu'on leur fournit. Les machines pour élever l'eau sont la vis d'Archimède, les roues à jantes creuses, les roues à pots, ou roues persannes, dont on se sert particulièrement en Égypte, les pompes, le bélier hydraulique, etc. L'Égypte offre, dans l'inondation du Nil, l'exemple d'une irrigation naturelle la plus complète et la plus considérable que l'on connaisse ; elle était secondée par la disposition d'un grand nombre de digues, dont quelques-unes existent de nos jours. Les Romains pratiquaient avec succès l'irrigation des terres : ils portèrent cet art en Espagne. Les Maures rétablirent les travaux qu'ils y avaient laissés. Le Piémont, la Lombardie, le Mantouan, ont depuis long-temps de très-beaux systèmes d'irrigation. La France desire des Canaux d'irrigation dans plusieurs départemens, où la qualité des terres et la nature du climat les réclament. Sous Henri II, un simple particulier, Adam de Crapone,

DES MATIÈRES. 489

laissa dans ce genre un exemple que l'on cite depuis deux siècles et demi, et qu'on n'imite pas. Le Canal de Provence féconderait 306432 hectares de terrain, qui, privés de l'eau nécessaire à une bonne culture, ne sont que d'un faible produit. 269—289.

CANAL DU MIDI, joint la Méditerranée à l'Océan par la Garonne; il est tracé en terrain irrégulier. L'art a surmonté, dans la construction de ce chef-d'œuvre d'hydraulique, un très-grand nombre d'obstacles que la nature opposait à son exécution; aussi l'on y remarque les différentes espèces d'ouvrages que nécessitent les Canaux navigables. Projeté en 1660, et commencé en 1667, il fut en état de recevoir les eaux en 1681. La durée moyenne de sa navigation est de 320 jours par année; les 45 jours restant sont employés aux travaux pour les grandes réparations, qui se font en thermidor, fructidor et jours complémentaires, et au remplissage du Canal.

CANAL DE NARBONNE, joint le Canal du Midi à la rivière d'Aude, il part de la grande avenue. 103. Le surcroît de dépense qu'il occasionne au point de partage, se monte au plus à 713664 mètres cubes dans les années les plus sèches. Les filtrations et l'évaporation consomment dans ce Canal un débit continu de 110 litres par seconde durant l'extrême sécheresse, et de 65 durant la sécheresse moyenne. 231.

CANAL DE PROVENCE (Projet du). Ce Canal flottable, arrosant et susceptible d'être rendu navigable, serait dérivé de la Durance au rocher de Canteperdrix dans le territoire de Joucques : il aurait son point de partage près de Lambesc où l'on établirait un réservoir; les seuils de ce Canal seraient Marseille et Tarascon. Le Canal de Provence ferait la communication du Rhône à Marseille; il faciliterait l'extraction des bois de la Haute-Provence et du Dauphiné; il arroserait plus de 306000 hectares, et mettrait en mouvement une multitude de moulins à blé et d'usines de toute espèce. 287—289.

CANALET HAUT ET BAS ET CANALET DE PRADES; ces trois branches du Canal aboutissent à la rivière d'Hérault. 150—152.

CANAUX A PLANS INCLINÉS. Ces petits Canaux ne consomment que peu ou point d'eau par la manœuvre de la navigation. Les écluses sont remplacées par deux plans inclinés qui s'arcboutent l'un contre l'autre. On fait monter les bateaux avec des engins, ou avec des agens, comme les hommes, les animaux. La Chine, la Hollande et l'Angleterre fournissent des exemples de ces sortes de Canaux. XXIII—XXIV.

CANAUX DES ÉTANGS, font communiquer entre elles toutes les lagunes qui règnent sur la plage de la Méditerranée, depuis l'étang de Thau jusqu'à Aiguemortes. 155.

CANAUX DÉRIVÉS, ont leur direction dans le sens des vallées, et sont alimentés par des prises d'eau faites à des rivières : tels sont en Egypte le *Bahar-Iouzef* et le Canal de Suez ; et en Italie, les Canaux de l'Adda, du Tésin et de la Brenta. La partie du Canal du Midi, qui joint la rivière d'Orb à celle d'Hérault, est un Canal dérivé. XII.

CANAUX EN TERRAIN ÉLEVÉ, font la communication de deux récipiens principaux ou de deux affluens, en conduisant ces Canaux sur les pentes d'une chaîne principale ou d'un contre-fort. Les plus beaux Canaux en ce genre ont été exécutés en France ; et le Canal du Midi peut être regardé comme l'ouvrage le plus considérable et le plus parfait qui existe. XII—XIII.

CANON D'EAU, ou module, quantité prise arbitrairement pour servir de mesure aux fournitures des Canaux d'irrigation. Lespinasse a choisi pour canon d'eau le débit continu de 34 litres par minute. 280.

CAPESTANG, *Caput stagni* (étang de), desséché par atterrissement. C'était autrefois l'étang du *septième pont* ; il était traversé par la première des voies romaines. En 1247, les eaux de cet étang étaient encore salées, et il y avait des salines sur ses bords. 294.

CARTE (de jonction des deux mers) publiée par F. Andreossy, trois feuilles *in-fol.*, 9 novembre 1669, elle fut dédiée à Louis XIV. 354.

Il a paru plusieurs autres cartes du même ouvrage, savoir :

Par Nicole Defer, *in-fol.* Paris, 1669 ;

Par Pierre Duval, *in-fol.* Paris, 1681.

Plan du Canal de Languedoc par le P. Coronelli, cordelier vénitien, *in-fol.* Bologna, 1685. Cette carte, assez mauvaise, fait partie de l'*Atlante veneto*.

Canal de Languedoc, par J. B. Nolin, *in-fol.* 1694, en une feuille.

Canal de Languedoc par le même, en trois feuilles *in-fol.* 1697. Les plans et profil des ouvrages d'art y sont gravés tout autour.

Carte générale du Canal royal de la province de Languedoc, sur l'échelle d'une ligne pour cent toises, en cinq feuilles, par Chalmandrier, 1771.

Celle du même auteur, en dix-neuf feuilles, 1774, est la plus détaillée qui existe.

Celle en cinq feuilles du même auteur, a été réduite par Dhoudan, en 1777, pour le *Traité des Canaux navigables* de Lalande.

La Carte du Canal faisant partie de l'atlas de cet ouvrage, gravée en l'an VIII par *Bacler-Dalbe*, et retouchée depuis avec des additions, exprime le figuré du terrain, d'une manière beaucoup plus conforme que les autres, aux principes de géographie-physique : la nature, les difficultés et toutes les circonstances du projet, y sont, par cette raison, mieux senties que sur toute autre carte.

CASTELNAUDARY, chef-lieu d'une direction, et bureau de recette. 330. On a formé dans cette ville, un chantier de construction et un magasin d'approvisionnement de bois. 333. On part de cet endroit pour aller visiter les ouvrages de la montagne Noire. 403. La ville de Castelnaudary contribua pour 30,000 francs à la construction du Canal.

CAVALIER (Jean), géographe du roi, et contrôleur-général des fortifications du Languedoc, fut un des géomètres nommés pour l'examen du projet de 1664. 9.

CESSE. La rivière de Cesse est un affluent de l'Aude du côté de la montagne Noire; la grande retenue est alimentée par une prise d'eau faite à cette rivière. 42 et 99.

CÈZE (la), affluent du Rhône sur la rive droite, coule sur la contrepente des montagnes de l'Ardèche, et par cette raison, est un torrent fort rapide, qui charrie des matières grosses. L'Ardèche et le Gardon sont dans le même cas. 31.

CHAUSSÉE ou DIGUE, barrage à travers un vallon, ou le lit d'une rivière, pour en arrêter les eaux, afin de les tenir en réserve, ou bien pour les dériver en tout ou en partie.

CHOMAGE DU CANAL. Sa durée, non compris les dix jours de remplissage, est de trente-cinq jours, pendant lesquels on exécute les ouvrages d'entretien et les constructions nouvelles: elle était d'environ cinquante jours avant la construction du bassin de Lampy. 257.

CHUTES DES ÉCLUSES, marquent la différence de niveau de deux retenues consécutives. L'économie des eaux exige que les chutes partielles d'un même corps d'écluses soient égales. 216. La chute moyenne des écluses simples du Canal du Midi, est de 23 décimètres. 369—384.

CLAPIÈS. A la mort de M. Clapiès, arrivée au mois de janvier 1741, la direction des travaux publics de la province de Languedoc, dont il jouissait seul, fut partagée entre MM. Carney, Pitot et Garipuy.

CLERVILLE (le chevalier de), directeur-général des fortifications, présente en son nom, à Louis XIV, le projet et le dessin du Canal faits par F. Andréossy, et qui lui avaient été confiés par Riquet. 11.

COLBERT exige que les devis du Canal du Midi soient faits par le chevalier de Clerville. 11.

CONNAISSEMENT OU MANIFESTE ET POLICE DE CHARGEMENT: c'est une reconnaissance sous seing-privé, que le patron donne à un marchand des objets qu'il a chargés, avec soumission de les porter à leur destination.

Conquet (épanchoir de), en forme de déversoir, verse dans le vallon du Sor le trop plein de la rigole de la Montagne. 35. Lorsque les eaux qui coulent sur la maçonnerie de Conquet s'élèvent à la hauteur de 325 millimètres, celles qui passent sur la maçonnerie des Campmazes ont 271 millimètres de hauteur. 244.

Contre-Canaux, fossés creusés parallèlement à la direction du Canal; ils sont destinés, le contre-canal situé le long du côté fort, à recevoir les eaux sauvages provenant des hauteurs qui le dominent, pour les conduire à l'aqueduc le plus voisin, le contre-canal placé du côté opposé, à préserver les héritages voisins des eaux de transpiration. 41.

Contrepente, pente opposée de direction à un plan de pente générale. Il y a toujours plus d'avantages à conduire un Canal le long d'une contrepente, que sur le revers d'une pente générale. 118—119.

Contrôleur: il assiste le receveur dans son travail, et vérifie les opérations du bureau. 330.

Corbières, montagnes secondaires, qui sont des appendices des Pyrénées, où elles se rattachent au Canigou; elles se prolongent jusqu'au-devant de la montagne Noire, et forment la séparation des eaux entre les deux mers; elles sont calcaires, tandis que la montagne Noire est granitique. 31—32.

Côté faible. On appelle ainsi, dans le Canal du Midi, le côté de ce Canal où l'on a pratiqué des berges, pour soutenir les eaux sur le revers des hauteurs où il se trouve établi. 58.

Courant littoral. Ce courant provient du mouvement littoral et rasant, par lequel l'eau, entrant continuellement par le détroit de Gibraltar, du côté de la Barbarie, après avoir parcouru la circonférence de l'Adriatique et de la Méditerranée, sort ensuite du côté de l'Espagne. Les gens de mer se sont apperçus de ce mouvement, dès le seizième siècle. La vitesse de ce courant est de 5000, ou tout au plus 6500 mètres en vingt-quatre heures : il a au moins quatre kilomètres de largeur. Ce courant, en se combinant avec celui des rivières qui débouchent dans la mer, ou avec le mouvement des eaux à l'entrée des lagunes, influe essentiellement sur la formation des bancs de sables à droite ou à gauche, et conséquemment sur la direction de la passe aux embouchures de ces rivières, ou à l'entrée de ces lagunes. 164—166.

Curages. Les eaux qui arrivent dans le Canal, y amènent des vases qui occasionnent des curages plus ou moins fréquens. Ces curages se font, ou par des chasses d'eau, comme en avant de la pale qui ferme l'entrée de la rigole de fuite du réservoir de Saint-Ferréol ; ou à la drague, comme dans la retenue d'Aude au Canal de Narbonne ; ou à la main, lorsqu'on a vidé l'eau d'une retenue : on cure aussi avec des pontons.

D.

D'AGUESSEAU, intendant de Languedoc, a fait, en 1684, la réception de tous les ouvrages du Canal du Midi. Son procès-verbal de réception est daté du 13 juillet de la même année. Cette pièce essentielle, remarquable par sa netteté, fixe l'état primitif du Canal. 22.

DÉBIT. Pin et Lespinasse ont fait plusieurs expériences sur le débit des empèlemens, des trous d'empèlement et des meules d'eau, que la théorie ne peut assigner exactement, à cause de la contraction de la veine fluide. Les résultats de l'expérience, comparés à ceux que donne la théorie dans des cas absolument semblables, prouvent, entr'autres principes, que le débit effectif des meules diffère peu de leur débit théorique. Dans l'évaluation du débit des empèlemens et des meules d'eau, nous avons pris pour *modules* les nombres qu'on obtient, en moyennant et combinant les quantités variables, qui servent de base aux diverses expériences, ou qui s'en déduisent. Nous avons trouvé de cette manière, que le débit d'un empèlement de porte de tête est de 2450 litres par seconde ; celui d'une meule isolée, de 270, etc. 209—214.

Le débit de trois trous d'un empèlement de portes de tête produit environ 303 litres par seconde, et celui de quatre trous, 400 lit. 214.

DÉCHET. Le déchet du produit des sources de la Montagne se compose des pertes occasionnées par les filtrations et par l'évaporation, soit dans les rigoles, soit dans les réservoirs. D'après quelques observations de M. Pin, le père, la perte d'eau qui se fait par filtration dans la rigole de la Montagne, est de 104 litres par seconde, et dans la rigole de la Plaine, de sept litres. Le prisme d'eau, enlevé annuellement par l'évaporation sur les mêmes rigoles, peut avoir 758 millimètres de hauteur. Nous estimons que le déchet annuel du produit des sources, peut aller à 7,195,995 mètres cubes. 244—246.

DEMI-ÉCLUSES : ce sont, dans un Canal dérivé, deux portes busquées du côté de la rivière, pour en soutenir les eaux dans les inondations, et les empêcher de porter leurs troubles dans ce Canal. 143. Elles prennent le nom de *portes de garde* sur les Canaux, et de *portes de flot*, à la mer.

DÉPENSE. Les dépenses du Canal pendant cent six années, depuis 1686 jusqu'en 1791, ont été de 25,670,441 francs. 345.

DÉPENSE D'EAU. Des mesures ont été prises, soit par M. Pin, le père, soit par

M. Clausade et autres ingénieurs, pour s'assurer de la consommation d'eau causée par les filtrations et l'évaporation sur la ligne navigable. Nous avons conclu de leurs indications, que l'abaissement journalier des retenues comprises entre la Garonne et l'écluse d'Argens, est de douze millimètres durant l'extrême sécheresse, et de sept millimètres durant la sécheresse moyenne; que l'abaissement correspondant de la grande retenue est de 24 millimètres dans le premier cas, et de quatorze dans le second. 223—226.

La dépense qui se fait à chaque écluse, par l'impossibilité d'étancher exactement les portes de tête, est, suivant M. Pin, le père, de dix litres par seconde. 223.

La dépense causée par la manœuvre de la navigation, peut-être exprimée généralement de la manière suivante : à toutes les écluses dont le nombre de sas n'excède pas trois, deux fois autant de prismes de flottaison par double passage qu'il y a de sas moins un, et autant de prismes de remplissage qu'il y a de sas plus un ; à toutes les écluses dont le nombre de sas n'est pas moindre que trois, autant d'éclusées plus une par double passage qu'il y a d'unités dans leur ordre : à l'écluse octuple de Fonserane, qui exige une expression particulière à cause de ses montées combinées, tous les deux jours, autant d'éclusées au-delà de sept qu'il y a de bateaux de montée. 210—219.

Dans tout Canal, qui n'est alimenté que par un de ses points extrêmes, le volume des sources allant toujours en diminuant, soit par filtration, soit par évaporation, il faut que les dépenses soient, autant que possible, distribuées dans la même progression décroissante. Cette distribution peut se faire au moyen des formules sur la dépense des barques de montée et de descente. 222—223.

DESCRIZIONE DEL CANAL REALE DEI DUE MARI, OCEANO E MEDITERRANEO, IN LINGUA DOCCA, DA F. ANDREOSSY, *in-4°. fig.* manuscrit de F. Andreossy, qui se trouve compris sous le numéro 16,369 du catalogue des livres du duc d'Estrées, et qui fut vendu avec les autres livres du maréchal; on ne sait qui peut en être aujourd'hui possesseur. Le P. Lelong, dans sa *Bibliothèque historique*, cite ce manuscrit, et parle de son auteur, comme du véritable ingénieur du Canal du Midi. 471.

DESSÈCHEMENT PAR ÉCOULEMENT ; il se pratique en creusant une rigole qui réunit, par des fossés d'écoulement, toutes les eaux, qui se trouvent dans le terrain qu'on veut dessécher, ou qu'il reçoit des eaux courantes, des eaux sauvages et de la pluie ; cette rigole porte ces eaux ainsi rassemblées jusqu'à un réservoir de décharge ; le point où elle aboutit, s'appelle *seuil du dessèchement.* Lorsque le terrain inondé est séparé du seuil par un obstacle, on est obligé, ou d'excaver, ou de conduire la rigole sous un aqueduc. Les dimensions doivent être telles, qu'elles permettent l'écoulement facile, non-seulement des eaux ordinaires, mais de celles qu'elle acquiert par l'affluence des eaux qu'amènent les orages subits. Les étangs de Montady et de Fach ont été desséchés par écoulement ; d'après les projets de Lespinasse, l'étang de Marseillette peut être desséché par le même moyen. 296—306.

DÉVERSOIR, digue de maçonnerie établie dans le côté faible du Canal, au niveau des eaux ordinaires, pour faciliter l'écoulement des eaux surabondantes.

DIRECTEUR, ingénieur chargé de la partie d'art d'une division du Canal du Midi ; l'édit de 1666 créa sept directeurs, qui ont été conservés par la loi du 21 vendémiaire an v. 329—330.

DODD, ingénieur anglais, a donné en 1798 un projet en partie exécuté, pour faire passer sous le lit de la Tamise une galerie sèche, servant de communication entre les provinces de Kent et d'Essex, de Gravesend à Tilbury, projet analogue à celui de M. Ribard pour la rivière d'Orb. 140—143.

DOMAINE DES RIGOLES. La projection horizontale des terres qui versent leurs eaux dans les rigoles et réservoirs, est d'environ 6080 hectares. Cette surface reçoit, dans les années les plus critiques, 31,859,200 mètres cubes d'eau de pluie. 236—238.

DOUBLE PASSAGE. Nous entendons par ce mot, la montée et la descente d'un bateau à une écluse. 218. On peut compter au plus, durant l'année de navigation, 1280 doubles passages à chaque point de la ligne navigable, lorsque le commerce est éminemment actif, 1120 lorsqu'il est modéré, et 960 lorsqu'il est réduit à la plus grande lenteur. 233.

DRAGUE, grande pelle de fer, relevée de trois côtés, adaptée sous un angle aigu à l'extrémité d'une longue perche ; elle sert à curer le fond d'un Canal sans qu'on ait besoin d'en vider l'eau.

DUNES, monticules de sables formés au bord de la mer, le long des plages plates et à l'entrée des baies ; par l'action des vents dans les basses eaux. 162—163.

Les dunes, dans leur état ordinaire ne sont d'aucun produit, et leur marche empiette sans cesse sur les terres cultivables ; elles ferment en outre les gorges par où les eaux intérieures débouchent à la mer. 163—164.

On emploie, pour fixer les dunes, les plantations d'oyas, de tamaris, de chênes, de pins maritimes, etc. ; on préfère les pins, arbres dont la résine est un produit et dont le bois est propre aux constructions maritimes. 163—164.

Celui qui s'est occupé le plus essentiellement de recherches relatives à cet objet, c'est Bremontier, ingénieur en chef des ponts et chaussées.

Il résulte du travail de cet ingénieur, que pour étendre les plantations de pins aux dunes du golfe de Gascogne, il en coûterait pour les plantations . . . . 8,000,000 fr.

Le pin ne portant de la résine qu'au bout de trente ans, l'intérêt serait de. 12,000,000

TOTAL des premières dépenses. 20,000,000

On aurait pour vingt millions une forêt de pins de 111,400 hectares, qui produiraient annuellement 1,069,400 livres de résine, lesquelles, à raison de cinq francs le quintal, donneraient un revenu de 5,347,000 francs.

Ces données sont extraites d'un rapport au préfet des Landes, de M. Tassin, secrétaire de préfecture.

E.

ÉCLUSE, barrage destiné à retenir et à faire élever les eaux dans un Canal naturel ou artificiel. XXIII.

Les écluses à doubles portes, ou écluses de navigation, que les Italiens appellent *conchœ*, soutiennent les eaux, et facilitent, par une manœuvre très-simple, le passage d'un niveau à un autre, soit supérieur, soit inférieur. XXIV—XXV.

Les écluses consistent principalement en deux ailes de maçonnerie ou de charpente, droites ou courbes, que l'on nomme *bajoyers*, placées des deux côtés d'un Canal dans le sens des berges ; l'intervalle que laissent les deux ailes, est fermé par deux paires de portes dont les ventaux s'arcboutent sous un angle qui regarde la venue des eaux ; l'espace compris entre les ailes et les portes, s'appelle *sas*.

Les écluses formées d'un ou de plusieurs sas, prennent le nom d'écluses simples, doubles, triples, et en général, d'écluses multiples : l'écluse de Fonserane est octuple.

L'écluse ronde, près d'Agde, fournit à trois niveaux différens. 45, et 150—151.

L'opinion commune est que les écluses ont été inventées et exécutées pour la première fois à Stra, sur le Piovégo, Canal dérivé de la Brenta, près de Padoue, l'an 1481, par les frères Dominique (Denis et Pierre) de Viterbe, ingénieurs de la république de Venise; mais il paraît hors de doute que Philippe-Marie Visconti en avait fait construire vers 1440; et quelques auteurs croyent qu'il en existait déjà en Italie dans le quatorzième siècle. xx—xxi.

On doit à la Hollande les portes contrebusquées, qui rendent les écluses de navigation propres au dessèchement d'un pays aquatique; et les portes à guichets mobiles sur un axe vertical divisant la largeur du guichet en deux parties inégales, qui servent pour approfondir et pour nettoyer les ports de mer : ces inventions ne remontent guère qu'aux seizième et dix-septième siècles. xxiv.

Il semblerait, d'après les témoignages de Nieuhof et du P. Lecomte, voyageurs modernes, que les Chinois ont employé, sur leur grand Canal, des écluses d'un mécanisme analogue à celui des écluses de navigation; mais rien n'est certain à cet égard. On peut conclure de tout ce que nous venons de dire, que les Italiens doivent être regardés comme les inventeurs de ces sortes d'ouvrages. xxv.

Écluses de chasse. L'eau de la mer ou d'une rivière, retenue à marée haute et rendue à marée basse à la force de la gravité, forme un torrent impétueux dont l'effet est immanquable pour nettoyer le chenal d'un port, l'approfondir, et enlever toutes les alluvions que la mer peut chaque jour y apporter.

Les écluses de chasse de Dunkerque faisaient leur effet jusqu'à 3500 mètres; elles ont creusé le port et le chenal de 49 décimètres de profondeur, en dix ans.

En six mois de temps, les écluses du Tréport ont creusé le chenal de plus de 26 décimètres, et enlevé une masse de galets de plus de 49 décimètres de hauteur.

Les avantages des écluses de chasse dépendent de plusieurs conditions : 1°. de l'éloignement de la tête de la jetée, de la largeur du chenal que l'on veut entretenir, et de la quantité de galets que la mer peut y apporter; 2°. il doit y avoir un rapport constant entre les dimensions de l'écluse et celles de la retenue, car la grandeur de la retenue doit être subordonnée à la masse d'eau qui peut y entrer; 3°. l'effet des écluses dépend principalement de la direction des jetées par rapport à la direction des écluses, et pour cela, il faut que les jetées aient une courbure dont la convexité soit tournée du côté de l'atterrissement ou de l'endroit d'où viennent les alluvions. (Lamblardie, *Mém. sur les côtes de la Haute-Normandie.*)

Écluse basse et submersible. Cette sorte d'écluse, établie pour la navigation fluviale, est absolument sur les mêmes principes que les écluses ordinaires. La différence la plus remarquable, est que les éperons sont ouverts pour entretenir le nettoyement de la chambre des portes. Ce moyen serait même insuffisant, si l'on ne tenait les portes ouvertes pendant les crues. Bertrand, inspecteur général des ponts et chaussées, a eu l'idée des écluses submersibles : la première application qu'il en ait faite, a été à Gray sur la Saône ; il les avait proposées pour la navigation du Doubs. On vient d'en établir une à Rabastens sur le Tarn. 195—196.

ÉCLUSÉE, quantité d'eau qui sert de module dans l'évaluation de la dépense causée par la manœuvre de la navigation, et qu'on distingue dans la masse fluide qui remplit la capacité d'un sas.

L'éclusée est composée de deux prismes à base horizontale, dont l'inférieur est dû à l'élévation du busc, et le supérieur, à l'enfoncement des bateaux. Le prisme supérieur a été nommé par M. Prony, *prisme de flottaison*, et l'autre, *prisme de remplissage*. MM. Clausade et Ducros ont fait les premiers la distinction de ces volumes ; l'inspecteur-général Ducros est le premier qui l'ait publiée dans un mémoire sur la dépense des bateaux en date du 25 Floréal an IX.

Toute la masse d'eau contenue dans un sas au-delà du volume désigné sous le nom d'éclusée, est surabondante pour la manœuvre de la navigation. 215.

EMBOSC, épanchoir de fond par où le trop-plein de la rigole de la montagne est versé dans le Sor. 35.

EMPÈLEMENS, ouvertures presque rectangulaires, pratiquées aux ventaux des portes des écluses ; elles sont fermées d'une pale ou guichet en bois, qu'on lève et qu'on baisse à volonté au moyen d'une vis, d'un cric, etc., pour donner passage à l'eau, et mettre ainsi de niveau les sas entre eux ou avec les retenues supérieure et inférieure, mécanisme d'où dépend le jeu des écluses. 206—207. La surface moyenne des empèlemens des portes de tête est de 612908 millimètres carrés, sous une charge moyenne de dix-huit décimètres et demi. 215.

ENCERUNE, appendice de la montagne Noire, qui sépare la rivière d'Aude et la rivière d'Orb vers la fin de leur cours ; on l'a percé au Malpas, dans le point le plus bas, pour donner passage au Canal. 43. Cette montagne a, vis-à-vis du pont de Trézille, un col qui porte le nom de *Seuil de Trézille*. 118.

ENROCHEMENT, fondation dans l'eau à pierres perdues pour former des jetées sans avoir recours aux épuisemens ; ce genre de travail est le seul qui convienne sur les plages plates de la Méditerranée. 185. C'est par ce moyen, que l'on procède à la confection de la grande digue de mer pour couvrir la rade de Cherbourg.

ENSABLEMENS. La théorie des ensablemens est de la plus grande importance dans l'architecture des ports de mer. Elle est née en Italie, à l'occasion de la dérivation de la Livenza, de la Brenta, de la Piave, etc., torrens qui tendaient à combler les lagunes de Venise. Géminien Montanari est le premier qui l'ait exposée en 1684, dans son *Discours sur la mer Adriatique*. 164—166.

ÉPANCHOIRS. Les épanchoirs de fond et à siphon servent à vider le trop-plein du Canal; les premiers, en levant des vannes; les seconds, sans qu'on ait besoin d'y toucher, par l'élévation des eaux et la pression de l'atmosphère. L'effet de ceux-ci est arrêté par une ventouse, canal horizontal, qui communique avec l'air extérieur et avec le corps du siphon. Les derniers épanchoirs sont une invention moderne qui est due à feu Garipuy le fils. 93—99. Les épanchoirs mobiles de la rivière d'Orb, composés de poutrelles placées horizontalement les unes au-dessus des autres dans des rainures, s'ouvrent en un instant par une manœuvre très-simple et très-ingénieuse. M. Niquet, ingénieur militaire, a donné l'idée de cet ouvrage, dont il dirigea l'exécution en 1720. 127—128. Les épanchoirs ont leurs rigoles de sortie pour l'écoulement des eaux; elles étaient entretenues à frais communs par les propriétaires et les communautés voisines. 341.

ÉPERON DE LAUDOT. Lorsque les eaux qui coulent sur l'éperon de Laudot, s'élèvent à 271 ou 325 millimètres de hauteur, la fourniture journalière du Canal est de trois ou de quatre trous pour chaque versant. 244.

ÉTANGS, grandes fondrières qui ont une certaine profondeur d'eau. On dessèche les étangs par atterrissement, en y introduisant des troubles, ou par écoulement, en y pratiquant des coupures. 290—318.

ÉTANGS MARITIMES, sur les plages plates, formés par des atterrissemens qui se prolongent en lisières d'un cap à l'autre, ou bien par irruption, comme ceux de la Basse-Égypte. 160—164.

ÉVAPORATION. La perte des eaux du Canal par l'évaporation, est dans le rapport de 2 à 3 à celle qu'elles éprouvent par les filtrations durant le chomage. 223.

La hauteur moyenne du prisme d'eau enlevé par l'évaporation sur la superficie du Canal, durant les 320 jours de navigation, est de 812 millimètres. 223. Le prisme d'eau enlevé sur les rigoles n'atteint guère, dans un an, la hauteur de 758 millimètres. 246.

F.

Fach (étang de), situé dans le territoire de Puisserguier, près de Capestang, a été desséché par écoulement. 297.

Faux-radier, grillage en charpente, avec compartimens garnis de libage et grosse blocaille, pour recevoir les eaux à leur chute de l'avant-radier, et y prévenir les affouillemens. On en construit plus ordinairement à la mer, dans les écluses de chasse, pour éloigner du corps de l'écluse l'affouillement inévitable à la chute de l'avant-radier par l'effet des chasses, quand la hauteur de l'eau est considérable dans la retenue.

Filtrations, transmission de l'eau à travers la base et les côtés d'un Canal. Cette transmission est d'autant plus considérable, que la masse de terre est moins consistante. Dans les terrains graveleux, les pertes d'eau sont incalculables; telles sont celles qu'a long-temps éprouvées le Canal de Narbonne. Les fossés de la forteresse de Palma-Nuova (Frioul vénitien), creusés dans un terrain graveleux, n'ont jamais pu conserver de l'eau. On a remarqué dans le Canal du Midi, que les filtrations sont restées constamment plus fortes, à l'endroit où les terres rapportées pour former les digues, ont été placées sur le sol naturel. Il est avantageux, à quelques égards, de recevoir dans un Canal sujet aux filtrations, des eaux troubles qui tendent à rendre les terres des digues moins perméables, en augmentant leur consistance par les dépôts qu'elles y laissent. 104—106.

On arrête les filtrations des digues, en mettant dans une tranchée parallèle au Canal, approfondie jusqu'à sa base, quelquefois jusqu'au-dessous de sa base, un corroi de chaux et de terre provenant de l'excavation, qu'on place après l'avoir saupoudré avec de la chaux-vive, et qu'on la bat à la demoiselle. Ce corroi se pétrifie. *Voyez* un Mémoire de Chaptal.

Lorsqu'il n'y a que des suintemens dans les digues, on coule de la chaux-vive détrempée épaisse sur le talus intérieur ; l'eau entraîne cette chaux, et la dépose dans les interstices. Quand le Canal est large, on mêle de la terre avec de la chaux.

Flux et reflux, est presqu'insensible et très-irrégulier sur les côtes du golfe de Lion, ou sur celles qui l'avoisinent. A Marseille, d'après les observations du P. Pézénas, il n'est que de 13 à 14 centimètres. On ne connaît, à Agde, d'autre marée, que l'affluence irrégulière de la mer dans la rivière, à certaines époques, sur-tout dans le printemps. L'élévation moyenne des eaux dans ces circonstances, est depuis 5 jusqu'à 13 décimètres. 187.

FONDRIÈRE, terrain qui reçoit les eaux d'une ravine, et qui n'a ni assez de pente, ni assez d'issue pour les laisser écouler.

FONSERANE (écluse de), présente un des ouvrages les plus considérables du Canal du Midi; soutient les eaux de la grande retenue; est formé de huit sas accolés. Sa longueur est de 297 mètres et demi, et sa chute totale de 20 mèt. 966 millimètres. 122. Les montées combinées de l'écluse de Fonserane produisent à ce point une économie d'eau équivalente à un débit continu de 320 litres par seconde au plus, et de 137 litres au moins. 221.

FOSSE PHILISTINE. Le Mincio et le Tartaro réunis portaient le nom de *Fosse Philistine*. En creusant ce nouveau Canal, on opéra le desséchement d'une partie des marais qui avoisinent le Bas-Pô. XVII.

FOSSÉS D'ÉCOULEMENT (aux Canaux d'irrigation), intermédiaires aux tranchées d'irrigation, aboutissent au Canal de décharge, et y portent l'excédent des eaux d'irrigation. 274.

FOUCAUD, près de Carcassonne, lieu d'un bureau de recette. 350.

FRANQUI (anse et grau de la), par lequel les eaux de l'étang de la Palme communiquent avec la mer; se trouvent au nord du promontoire élevé de Leucate. L'anse de la Franqui pourrait servir à l'établissement dans le golfe de Lion d'un nouveau port bien abrité, d'un fond suffisant, de bonne tenue, et qui ne serait point exposé aux alluvions terrestres; mais je doute que, par l'inflexion du courant littoral occasionnée par les vents de la partie de l'est, l'entrée du port n'éprouvât point les inconvéniens des alluvions marines. 190.

FRANCS-BORDS. *Voyez* BERGES.

FRESQUEL, affluent de l'Aude; il prend sa source dans la contrepente des montagnes de Saint-Félix; entre le point de partage et la montagne Noire; son cours est d'environ trois myriamètres : il charrie beaucoup de troubles. Le Fresquel entrait avec toutes ses eaux dans le Canal; il lui fournissait une prise, et ensablait son lit pendant les crues; les eaux du Fresquel seront dérivées, et l'excédent passera sous un aqueduc que l'on vient de construire, à l'occasion de la direction que l'on travaille à donner au Canal pour le rapprocher de Carcassonne. 82.

FRISI, mathématicien d'Italie, cite avec éloge le Canal du Midi dans son *Traité des Rivières et des Torrens*; et il ajoute, qu'on doit à F. Andreossy l'idée de ce grand ouvrage. 357.

G.

GAILLOUSTY (courbe du), ou retenue d'Aude; extrémité du Canal de Narbonne, tournée du côté de la venue des eaux de la rivière d'Aude, pour en recevoir les troubles, et les porter dans l'étang de Capestang. La courbure de la retenue d'Aude tend à rallentir la vitesse des eaux qu'elle dérive, et conséquemment à favoriser le dépôt de leurs troubles. La destination qu'on a donnée à cette retenue, comme bouche d'un Canal d'atterrissement, est incompatible avec la destination plus naturelle et plus essentielle qu'elle doit avoir, comme embouchure de Canal de navigation. 107.

GARBETTE, moulin situé sur la rivière de Sor au-dessus de Durfort. Le vallon du Sor présente, à ce point, l'emplacement d'un réservoir qui serait très-utile à la navigation du Canal dans les années de sécheresse. 261—162.

GARDES DU CANAL. L'édit de 1666 en établit douze pour veiller à la conservation des ouvrages et du bon ordre; un second édit porta ce nombre à dix-huit. 329—331.

GARDES ÉCLUSES, font la manœuvre pour le passage des barques, et veillent à celle des eaux.

GARDES ÉPANCHOIRS, veillent à la manœuvre des eaux par celle des épanchoirs.

GARDES RADEAU DE LIBRON, manœuvrent le radeau de Libron.

GARIPUY, père et fils, habiles ingénieurs: on doit, au premier le plan du réservoir de Lampy. 67; et au second, l'idée des épanchoirs à siphon. 95.

GARONNE, fleuve qui descend des Pyrénées, et se jette dans l'Océan. La Garonne prend son origine entre le Canigou et le Mont-Perdu; son berceau est formé par le versant nord des Pyrénées occidentales, et le versant ouest des Corbières; ces dernières se prolongeant obliquement à la direction de la chaîne, forment la séparation des eaux entre les deux mers. La Garonne est un récipient principal très-considérable, dont le lit et le mouvement des eaux n'ont jamais été réglés.

C'est dans la Garonne, au-dessous de Toulouse, que débouche le Canal; et c'est par le lit naturel de cette rivière, que se complète la communication des deux mers dans le Midi.

La navigation de la Garonne, depuis Toulouse jusques vers Langon, n'est point exempte d'inconvéniens: il faudrait, ou la convertir en navigation fluviale, ou construire un Canal latéral qui serait une continuation de celui du Midi. Il serait bien plus coûteux et moins sûr de suivre le premier système, ou de changer le Canal de cette rivière, pour la rendre propre à la navigation, que de creuser le Canal dont nous venons de parler. 199 —205.

GLAYEUL (*Gladiolus*), plante de la famille des iris; elle pousse une tige de quatre à sept décimètres de hauteur. Sa racine est tubéreuse et charnue. Les glayeuls donnent une telle consistance au terrain, qu'ils le rendent inattaquable par l'eau. On doit à M. Pin, le père, l'usage de planter en glayeuls les bords du Canal du Midi : on les établit sur une berme plate, large d'environ sept décimètres, et pratiquée à fleur d'eau. Avant cet ingénieur, M. Clausade, le père, avait eu l'idée de défendre les bords de la retenue d'Arièges par une petite plantation d'osiers. On se sert quelquefois de joncs; mêlés avec les glayeuls, ils ne réussissent pas.

GOVERNOLO (écluse de), écluse à sas et à portes busquées, construite en 1609 pour rendre le Mincio navigable pendant les crues du Pô, et empêcher les eaux de ce fleuve, au moyen d'un barrage en poutrelles, d'arriver dans le lac inférieur de Mantoue, et d'y déposer leurs troubles. XXI—XXII.

GRANDE RETENUE. La grande retenue s'étend depuis l'écluse d'Argens jusqu'à celle de Fonserane, sur un développement de 55,748 mètres. Dans cette étendue, elle est traversée de dix-sept aqueducs. 581—583. Elle est alimentée par la rigole de Mirepeisset, qui est une dérivation de la rivière de Cesse, et alimente à son tour le Canal de Narbonne. 89. Les ouvrages d'art les plus remarquables sur cette retenue, sont les aqueducs de Répudre et de Cesse, l'épanchoir à siphon de Ventenac; les épanchoirs de fond d'Espatiasses; la voûte du Malpas, et l'écluse octuple de Fonserane, qui soutient les eaux de la retenue. Les longues retenues ont l'inconvénient de faciliter la végétation des herbes, et elles s'opposent à la célérité si souvent nécessaire pour le remplissage du Canal, lors du rétablissement de la navigation. Plus une retenue est longue, plus la perte absolue des filtrations y est grande. 86—88.

La consommation de la grande retenue exige, lorsque l'année est pauvre en pluie, que la fourniture nécessaire pour les besoins de la branche supérieure du versant de la Méditerranée, soit considérablement augmentée. Dans les temps de moyenne sécheresse, les eaux surabondantes de la grande retenue s'emploient à des chasses d'eau, soit au débouché du Canal de Narbonne dans la rivière d'Aude, soit au débouché du grand Canal dans la rivière d'Orb. 232—233.

GRAU. On appelle de ce nom, sur les côtes du Midi, les ouvertures qui établissent la communication des lagunes avec la mer, à travers les lisières d'atterrissement qui ferment ces lagunes. 44.

GROIGNARD, ingénieur général de la marine, appelé en 1785 pour indiquer les moyens de rétablir le port d'Agde, fit prolonger les jetées par encaissement et à pierres perdues. Cette opération a procuré à l'embouchure un fond d'eau de quatre à cinq mètres. 178—180.

GRUISSAN, étang voisin de celui de Sijean ; il communique avec la mer par le grau de la vieille Nouvelle, qui a un fond d'eau considérable.

H.

HALAGE (chemins de), sont nivelés en pente réglée ; ils ont une couche de gravier de seize centimètres de hauteur réduite, qui les rend solides. 71.

HENRI IV forme le projet de mettre en valeur tous les marais et palus du royaume ; il rend à ce sujet le fameux édit du 8 avril 1599 ; il appelle en France Humfroi Bradley, maître des digues de Berg-op-Zoom ; les traverses que cet étranger essuie, ainsi qu'un nommé Siette qui lui est subrogé, laissent les grands projets d'Henri IV sans exécution. 2—3.

HÉRAULT, rivière, qui prend sa source dans les montagnes Noires, coule du nord au sud, et se jette dans la mer à l'ouest de Brescou ; son embouchure forme le port d'Agde. 174.

I.

INSPECTION. Le Canal était inspecté chaque année par un agent du gouvernement et par un agent de la province. 539.

JAUGEAGE, *Voyez* PORTÉE D'UNE RIVIÈRE.

JOYERS, *Voyez* BAJOYERS.

JURIDICTION. La juridiction du Canal était érigée en châtellenie assimilée aux amirautés et aux sénéchaux. 529.

L.

LA BLOTTIÈRE, maréchal de camp, directeur des fortifications et ouvrages publics de Languedoc, fait, dans les mois de septembre et d'octobre 1758, une visite pour constater l'état du Canal, et dresser le devis des ouvrages à exécuter pour une libre navigation ; son procès-verbal est du 14 décembre. 73.

LACS, au pied des cols, alimentés par la fonte des neiges ou des glaciers, sont les sources des rivières : les Italiens les appellent *Fonti*.

LACS, au bas de la première pente des montagnes, sont alimentés par des sources latérales, par des eaux courantes, et sont traversés par de grands cours d'eau.

DES MATIÈRES.

LAGUNES, étangs situés sur les plages plates du midi ; ils communiquent avec la mer par des graux. On ne peut douter que ces lagunes ne soient des golfes, qui ont été séparés de la mer par une lisière d'atterrissement, dont la direction s'est prolongée d'un cap à l'autre de ces golfes. 159—160.

LAMPY, rivière qui coule sur le versant méridional de la montagne Noire, et dont on a dérivé les eaux dans la rigole de la montagne. En barrant le vallon de Lampy, dans un endroit resserré, on a formé un réservoir qui contient environ deux millions six cent soixante-cinq mille mètres cubes d'eau. 35— 59. La manœuvre des eaux s'y fait avec des empèlemens au lieu de robinets. 65. Le plan du réservoir de Lampy est dû à Garipuy le père. 67. Cet ouvrage fut terminé en 1782. Dès 1666, F. Andréossy avait reconnu l'emplacement d'un réservoir à ce point, et en avait déterminé la capacité, qu'il regardait comme le tiers de celle du réservoir de Saint-Ferréol. 13.

Le bassin de Lampy, qui fut construit à l'occasion du Canal de Narbonne, rend beaucoup plus d'eau à Naurouse, qu'il n'en faut tirer du point de partage dans les années les plus critiques, pour le surcroît de dépense causée par cet embranchement de la grande retenue. 235—236.

LAUDOT, affluent du Sor, coule d'abord sur le versant ouest de la montagne Noire, et plie ensuite son cours au nord. Le vallon du Laudot, barré par une digue longue de 780 mètres près de son couronnement, a servi à former le réservoir de Saint-Ferréol, *le plus grand et le plus magnifique ouvrage*, dit Bélidor, *qui ait été exécuté par les modernes*. 34—36.

LÉONARD DE VINCI, né en 1443, mort en 1520, a eu l'idée heureuse d'appliquer les écluses aux Canaux de navigation ; il rendit navigables, par ce moyen, en 1497, les Canaux dérivés de l'Adda et du Tésin. xxv.

LERS (petit Lers, ou Lers mort), affluent de la Garonne, a sa source à Laurac, à douze kilomètres au sud de Castelnaudary. Le grand Lers, affluent de l'Ariège, prend sa source au-dessus du château de Montségur dans le vallon de Fontestorbe, fontaine qui est une des sources du Lers. 38.

LESPINASSE, savant ingénieur du Canal du Midi, a donné, de son vivant, plusieurs Mémoires d'hydraulique, et laissé sur l'emploi des eaux de l'étang de Marseillette, un très-beau travail, presque le seul héritage de sa famille. 278—282.

LIBRON, torrent qu'on rencontre entre Béziers et Agde. Ses crues ensablaient le Canal sur une grande étendue. Son lit, trop bas par rapport à la Méditerranée, n'a point permis d'y établir un pont-aqueduc. On a remédié aux désordres de ce torrent par un radeau mobile, invention très-simple, très-ingénieuse, et qui consiste généralement à faire passer à volonté, et sans qu'ils se mêlent, un cours d'eau sur un autre cours d'eau. Le Libron a un millimètre et demi de pente par mètre en amont du pont. 44—45 et 144—149.

Lion ou Léon (golfe de), s'étend depuis le cap Couronne jusqu'au cap de Creux ; il est partagé en deux par l'île de Brescou et la montagne de Sette. Celui de ces deux golfes, dans lequel le Rhône se décharge, et qui était autrefois le plus grand, au rapport de Strabon, se trouve aujourd'hui le plus petit, à cause des atterrissemens que le Rhône y a formés. (Astruc, *Mém. pour servir à l'Histoire de Languedoc*.)

Livre melgorienne, valait à-peu près huit livres de France. 293.

Loi du 21 vendémiaire an v, a déclaré que les grands Canaux de navigation font essentiellement partie du domaine public. 322.

Longueur du Canal. D'après l'opération du bornage, qui est la plus récente, la longueur du Canal est de 238715 mètres. 73 et 389.

Lys (la), dans les Pays-Bas français. On a établi sur cette rivière, un système de navigation fluviale, au moyen de barrages à vannages, à poutrelles et à planchettes. 193—195.

M.

Machine a couper les herbes, machine à mouvement alternatif, armée de plusieurs faux à double tranchant, qu'on élève et qu'on abaisse à volonté, afin de couper les herbes à différentes hauteurs. Elle est principalement employée dans la grande retenue, où les herbes croissent en abondance, et gênent le plus la navigation. Les herbes commencent à se manifester dans les parties du Canal, voisines du point de partage, où elles ne s'étaient pas encore montrées. Le hasard a fait connaître que le sel détruisait ces herbes pour un temps assez considérable. 87—88.

Malpas, revers de la montagne d'Encerune, percé pour donner passage au Canal. 43. La trouée du Malpas est dans un tuf sablonneux, qu'on a soutenu en partie par une voûte en maçonnerie très-bien entendue. 119—121.

Marais, grande fondrière où il n'y a qu'un blanc d'eau. 160. *Voyez* Fondrières.

Marseillette (étang de). Il y a eu plusieurs projets pour le dessèchement de l'étang de Marseillette. Il existe un travail complet sur cet objet, que l'on doit à Lespinasse. L'étang de Marseillette peut être desséché par écoulement ; il serait d'une utilité bien plus grande, comme réserve d'eau. 278—282. La rigole d'écoulement suit, dans sa direction, la loi des affluens ;

elle forme un angle aigu avec la partie amont de son récipient, qui est la rivière d'Aude. 301. Quoique l'étang de Montady ait une position analogue à celle de l'étang de Marseillette, sa rigole d'écoulement n'a pas une direction semblable. *Voy.* MONTADY.

MARTESANA (Canal de la), du nom de la province par laquelle il passe, a 42 à 43 kilomètres de longueur : il vient de l'Adda, et se joint à Milan, au grand Canal, qui est dérivé du Tésin. C'est pour opérer la communication de ces deux Canaux, que Léonard de Vinci a fait la première application des écluses à sas aux Canaux navigables. XXV.

MATIÈRES GROSSES (*materie grosse*, *materie grossolane*, comme disent les Italiens). Ce sont, dans les cours d'eau naturels animés d'une certaine vitesse, des matières entraînées ou portées par le fluide, et qui ne sont pas assez atténuées pour en altérer la transparence. Les matières grosses se déposent, ainsi que les troubles, dans tous les endroits où la vitesse est rallentie, et forment des bancs de galets, de gravier et de sable.

MÉDAILLES. Le livre des médailles de Louis XIV ne fait mention que de deux médailles, frappées à l'occasion de la construction du Canal du Midi; nous les avons décrites dans le texte, chapitre premier, page 22.

Depuis l'impression de l'ouvrage, nous avons eu connaissance d'une autre médaille, sous la date de 1667. Elle représente d'un côté l'effigie de Louis XIV, avec cette inscription : *Undarum terrâque potens atque arbiter orbis* (la terre et les eaux reconnaissent sa puissance, il est l'arbitre du monde); et sur le revers, la ville de Toulouse et la Garonne qui coule auprès de cette ville; les mots de l'exergue sont : *Expectata diù populis commercia pandit* (il ouvre au commerce une communication long-temps attendue par les peuples); et au-dessous, en forme de légende : *Tol. utriusque maris emp.* (Toulouse, entrepôt des deux mers.)

MÉDITERRANÉE. Son courant littoral a une influence marquée sur la nature des ports qui se trouvent sur ses côtes : ces ports sont sujets aux ensablemens, comme la côte l'est aux atterrissemens. 159—166.

MERCADIER, ingénieur du Languedoc, a donné un très-bon Mémoire, où il applique la théorie des ensablemens à la restauration des ports d'Agde et de Sette. 46.

MESURAN (aqueduc de) dans la retenue de Villepinte. 77—78.

MEULE D'EAU. La meule d'eau est le volume qui sort par les coursiers des moulins. *Voyez* DÉBIT.

Les coursiers sont en pierres de taille : ils sont composés de deux parties, dont la première, qui communique au Canal, est un prisme horizontal à quatre pans, et la seconde, qui s'adapte à ce prisme en faisant un coude, est un tronc de pyramide à bases verticales. 208. La surface moyenne du pertuis de sortie des coursiers est de 36096 millimètres carrés, sous une charge moyenne de deux mètres 939 millimètres. 214.

MIREPEISSET (rigole de), conduit dans la grande retenue les eaux de la rivière de Cesse, dérivées au moyen de la chaussée de la Roupille. 100.

MÔLE, est un ouvrage établi en avant d'un port, pour le mettre à l'abri des vents régnans.

MONTADY (étang de), au nord du Malpas, a été desséché par écoulement. L'aqueduc de Montady, destiné à porter les eaux de cet étang dans celui de Poilles, passe au travers de la montagne de Malpas, et bien au-dessous de la base du Canal. L'étendue et la beauté de l'aqueduc qui donne l'écoulement aux eaux, ont fait croire que cet ouvrage était du temps des Romains; mais il est aujourd'hui prouvé, que le dessèchement de cet étang remonte seulement à l'année 1247, et qu'il fut entrepris par les propriétaires même de l'étang. A raison du pli du terrain dans cette partie, déterminé par le contrefort d'Encerune, la rigole d'écoulement semble être dirigée à contre-pente. 293—298.

MONTAGNE NOIRE, extrémité d'un des adossemens des montagnes de l'Ardèche, comprise entre les eaux du Fresquel et celles de la Tore, torrent qui se jette dans l'Agoût; elle se termine à la plaine de Revel, sur une largeur de plus de douze kilomètres dans la partie qui borde cette plaine. La montagne Noire a plusieurs versans et un grand nombre de sources; elle est granitique, tandis que le prolongement des Corbières qui se présente au-devant de cette montagne, est calcaire. C'est à la faveur de la montagne Noire, qu'on a pu construire le Canal du Midi, en rassemblant, par des Canaux de dérivation, les eaux nécessaires à la navigation de ce Canal. 28—38.

MONTANARI (Géminien), mathématicien de la république de Venise, est le premier qui se soit apperçu qu'aux embouchures des lagunes, où il n'entre point des courans d'eau douce, la passe est à la droite, et les atterrissemens sont à la gauche, et que le contraire a lieu, lorsque les lagunes reçoivent des courans de cette nature. Sa théorie des ensablemens, qu'il a étendue à toutes les côtes de la Méditerranée, est fondée sur l'existence du courant littoral. Montanari a exposé sa doctrine dans son livre intitulé : *Il mare Adriatico e sua corrente esaminata*. 164—166. *Voyez* ENSABLEMENS.

MONTCAPEL, affluent du Sor, abreuve la ville de Sorèze, et fournit à de irrigations. On pourrait dériver facilement le ruisseau de Montcapel au-dessous de cette ville, pour en augmenter les eaux de la rigole de la Plaine. 259—260.

MOULINS A BLÉ. Ils sont accolés aux écluses, ce qui procure aux coursiers une pente suffisante.

Sur le Canal du Midi proprement dit, on ne trouve des moulins qu'aux écluses suivantes, savoir : à l'écluse des Minimes, Matabiou, Bayard, Castanet, Saint-Roch et Trèbes. Chacune de leurs meules donne de 15 à 17 myriagrammes de farine par heure. 235.

Le travail moyen des moulins du Canal du Midi paraît être de neuf à dix heures par jour. 235. Leur fermage donne un revenu de 24000 francs par année. 332.

MOURGUES (le P. Mathieu de), jésuite, mathématicien, chargé par Louis XIV de l'inspection du Canal de communication des mers et port de Sette, assista l'intendant d'Aguesseau dans la visite qu'il fit, au mois de juillet 1684, pour la réception définitive des ouvrages. 22. Il fut remplacé dans l'inspection du Canal par M. Niquet.

Le P. Mourgues fut recteur du collége de Roanne, et professeur à celui de Toulouse : il est connu par quelques ouvrages.

MOUSSOULENS (chaussée de), sert à dériver les eaux de la rivière d'Aude dans la Robine. L'écluse de Moussoulens, ou écluse de tête de la Robine, est construite de manière, qu'en entretenant un courant continuel au-devant des portes de défense, ces portes ne puissent jamais être ensablées. Son mécanisme est tel, qu'elle peut fournir à la manœuvre ordinaire de la navigation, et à un débit indépendant et déterminable à volonté pour l'entretien des retenues suivantes. 111—112.

MOUVEMENS DE LA NAVIGATION. *Voyez* DOUBLE PASSAGE.

N.

NAUROUSE, est l'endroit le plus bas, ou le col de l'arête comprise entre les Pyrénées et la montagne Noire ; c'est aussi le point de partage du Canal. Il existait à Naurouse un bassin octogone, qui a été comblé par les alluvions de la rigole ; il serait nécessaire de le rétablir, et même de lui donner de plus grandes dimensions. Ce serait une réserve secondaire qui recevrait des eaux, qui se consomment en pure perte. 67—69. Le Canal reçoit annuellement, à Naurouse, environ les deux tiers des eaux qui tombent sur les terres qui alimentent les rigoles. 238.

NAVIGATION FLUVIALE, navigation établie sur les cours d'eau naturels au moyen de barrages à passelis, avec sas et barrages continus, ou bien avec des barrages à pertuis garnis de planchettes, vannages, poutrelles placées dans des rainures ou contenues par des poteaux-tourillons qui, en tournant, leur permettent de se dégager toutes en un instant.

La navigation fluviale paraît plutôt convenir aux petites rivières qu'aux grandes. Les digues de barrage doivent suivre les lignes de plus grande pente, et les écluses être placées sur le courant principal. Cette sorte de navigation a donné lieu à la construction des écluses rases et submersibles. *Voyez* ce mot. 191—199.

NIQUET, ingénieur militaire, auteur du devis concernant la percée des Campmazes. 51, dirigea, d'après les ordres de Vauban, la construction de plusieurs beaux aqueducs du Canal; fit un projet pour joindre le grand Canal à la Robine. 103; et un autre projet pour communiquer de l'étang de Sijean à l'étang de Leucate et à l'anse de la Franqui. 116; on lui doit également l'idée et l'exécution des épanchoirs mobiles de la rivière d'Orb. 127. L'écluse de Moussoulens, construite sur ses dessins, est un ouvrage très-remarquable. 111—112.

NOLIS, droit des patrons pour le transport des marchandises. Dans l'origine, les chargeurs payaient l'équivalent de $2^{cent.},1137076$ de voiture, par distance de cinq kilomètres et par poids de cinq myriagrammes. Lorsque les transports se firent par des bateaux étrangers, l'entrepreneur leur accorda $0^{cent.},7045692$, et se réserva $1^{cent.},4091584$ pour les dépenses d'entretien. Ce droit de $0^{cent.},7045692$ par distance de cinq kilomètres, et par poids de cinq myriagrammes pour le patron, fut réduit par la concurrence. 324—325.

NOUVELLE (grau de la), premier débouché du Canal dans la Méditerranée. Le goulet de ce grau est étroit. Sa profondeur était de 26 à 32 décimètres; les ouvrages de Sainte-Lucie l'avaient portée, dans le premier moment, à 52 décimètres, mais cette profondeur ne s'est pas soutenue. 186—187.

O.

OGNON, affluent de l'Aude du côté de la montagne Noire, fournit, comme la rivière d'Orbiel dont elle est voisine, une prise d'eau. 42. Les moindres pluies suffisent pour faire grossir l'Ognon de 45 à 49 décimètres; sa portée déterminée au mois de juillet 1739 était de $32\frac{1}{2}$ litres par seconde. 85.

ORBIEL (prise de), près de Trèbes; sa rigole de dérivation a environ 780 mètres de longueur. La portée de cette rigole déterminée au mois de messidor an 2, était de $349\frac{1}{2}$ litres par seconde. Le Canal traverse la rivière d'Orbiel sur un pont-aqueduc de trois arches d'une très-belle exécution. 84—85.

Oya, roseau des sables (*arundo arenaria*), du genre des graminées, panicule en épis, feuilles glauques, droites, roulées et piquantes. La nature prodigue cette plante sur les dunes, où elle sert à fixer les sables. Ses racines tracent beaucoup et multiplient conséquemment les points d'attache. L'oya est sobre, et a besoin de l'être. Ses feuilles se déroulent à la fraîcheur de la nuit, elles reçoivent l'humidité de l'air qu'elles conservent en se contractant ; c'est de-là que l'oya tire principalement sa modique subsistance : cette plante languit et meurt dans un terrain succulent.

P.

Palmas (Alexandre Simon de), né en 1684, mort en 1747 ; ingénieur militaire, et ingénieur en chef du Canal de Languedoc après la guerre de 1711, *place que le roi qui en connaissait toute l'importance*, dit l'auteur de son éloge, *n'avait jamais confiée qu'aux ingénieurs les plus expérimentés.*

Partage. *Voyez* Point de partage.

Péage, droit sur toutes les marchandises établi en 1684 pour l'entretien du Canal, et équivalent à 2$^{cent.}$,1137076 pour une étendue de cinq kilomètres et un poids de cinq myriagrammes. Le péage cumulait, en 1684, le droit de navigation et celui de nolis. La loi du 21 vendémiaire an 5 a augmenté le droit de navigation. 321—322.

Pénurie ou disette d'eau. La pénurie a lieu en été, et quelquefois au cœur de l'hiver. La pénurie d'été commence vers le premier messidor et continue jusqu'en brumaire. 240—241. Le point où elle se fait sentir d'abord, est, pour le versant occidental, l'écluse de Bayard, lorsqu'on se renferme dans la limite de 38 doubles passages en 48 heures, et pour le versant oriental, l'écluse de Foucaud, tant qu'on se borne à douze doubles passages en 48 heures. La partie de la ligne navigable, depuis l'écluse de l'Évêque jusqu'à celle d'Argens, n'est jamais sujète à pénurie. 230—233.

Péré, parement en pierres sèches pour soutenir le talus d'une digue ; les *pérés en dalles* sont composés de pierres d'appareil, et les *pérés en blocailles*, de pierres en blocs bruts, de forme irrégulière.

Pertuis, ouverture dans la digue de barrage d'une rivière pour le service de la navigation, ou pour opérer une chasse d'eau. On ferme les pertuis avec des vannes, des aiguilles, des planches ou des poutrelles mises en travers, etc.

On donne aussi le nom de *pertuis* aux orifices des coursiers, des portes d'écluses, etc. qui sont fermés par des pales.

Pessière, digue construite à la légère, pour faire regonfler un ruisseau peu considérable, afin d'en former un étang, ou dériver ses eaux pour divers usages.

PETIT (Pierre), mort en 1677, géographe du Roi et intendant des fortifications de France, eut l'amitié et l'estime de Descartes ; il publia vers 1665 ou 1666, un Mémoire intitulé : *De la jonction de l'Océan et de la Méditerranée par les rivières d'Aude et de Garonne*, où l'on trouve des détails intéressans. 5.

PIERRES DE NAUROUSE. Ce sont deux roches nues, presque adhérentes, de forme quadrangulaire, situées sur un monticule isolé, près du bassin de Naurouse, et qui avaient servi, dès la fin du seizième siècle, en quelque sorte de point de repaire à tous ceux qui cherchaient à joindre les deux mers dans le midi: 67.

PIN, le père, ingénieur en chef avant M. Clausade ; le Canal du Midi dont il a dirigé les travaux pendant un grand nombre d'années, lui doit des pratiques et des perfectionnemens utiles ; il avait senti la nécessité de l'économie, de l'ordre et de la régularité dans la dépense des eaux ; il s'était attaché à les établir par des réglemens et par des expériences directes sur les produits et les consommations des eaux qui alimentent sa navigation. 208—210.

PITOT (Henri), de l'Académie des Sciences, fut, après la mort de M. Clapiès, un des directeurs des travaux publics de la province, et conséquemment du Canal de Languedoc : on lui doit des mémoires utiles, et des ouvrages d'art d'un très-grand intérêt, tels que les ponts sur l'étang de Frontignan, sur le Gardon, sur l'Ardèche et sur l'Hérieu ; la conduite des eaux de Carcassonne et de Montpellier ; les ouvrages pour garantir la ville d'Alais des inondations du Gard, et l'île de Tounis des eaux de la Garonne ; et pendant vingt-quatre années, ceux pour l'entretien du Canal du Midi. Né à Aramont, près d'Uzès, en 1695, mort en 1771.

PLAN ET PROFIL DU CANAL. La ligne navigable, ou le plan du Canal, suit les différentes sinuosités des terrains le long desquels elle est conduite ; et son profil dépend de la nature de ces mêmes terrains.

Le Canal est formé de deux digues en terre parallèles, avec leur talus extérieur et intérieur ; l'espace entre ces deux digues est la cuvette du Canal.

Le profil du Canal peut être représenté par trois trapèzes contigus, celui du milieu ayant sa grande base à la partie supérieure. Cette grande base constitue l'ouverture du Canal, qui a 195 décimètres, mesurée à la superficie de l'eau ; la petite base ou le fond du Canal n'en a que 97. On a donné dix-neuf décimètres et demi de hauteur d'eau dans les endroits les moins profonds. La largeur des digues a été réglée à 117 décimètres : leur talus extérieur est subordonné à leur hauteur; leur talus intérieur est incliné de 2 $\frac{1}{2}$ sur 1.

Les parois latérales de la cuvette ont été brisées à la ligne de flottaison par une berme de sept décimètres et demi, complantée de trois rangs de joncs ou glayeuls, pour détruire l'effet du batillage des eaux.

Le chemin de halage et la banquette qui lui est opposée, ont été tenus à la hauteur de six décimètres et demi au-dessus de la surface du Canal.

On a donné au plateau des digues une inclinaison vers l'extérieur, pour rejeter dans les contre-canaux, ou dans les propriétés riveraines, les pluies et les dépôts qu'elles entraînent.

Les talus extérieurs ont été limités à leur base par des contre-canaux, dont les dimensions sont variables. 70—72.

PLANTATIONS. Les plantations du Canal du Midi sont d'un revenu assez considérable; elles consistent en peupliers du pays, peupliers d'Italie, aulnes, chênes, frênes, oliviers, mûriers, platanes, etc.; on devrait les diriger vers l'objet utile des constructions, en préférant les bois durs. 340. Les plantations de tamaris et de pins maritimes, sur les bords de la mer, sont destinées à fixer les dunes. 163.

PLUIES. Il pleut abondamment vers la fin de l'hiver et durant le printemps; les pluies de cette époque forment la grosse provision et remplissent les réservoirs. Les pluies qui surviennent dans l'intervalle du chomage, forment la seconde provision et rétablissent les réserves en tout ou en partie. Passé le premier brumaire, les pluies sont assez abondantes, pour que la navigation puisse être alimentée par les seules eaux naturelles. 240—241.

POILLES (étang de) fait partie de l'étang de Capestang, et reçoit l'écoulement des eaux de l'étang de Montady. 296.

POINT DE PARTAGE, point le plus élevé de la ligne de navigation d'un Canal, ainsi appelé, parce qu'il domine sur plusieurs versans. On trouve à un point de partage les eaux nécessaires à l'entretien d'un Canal, ou bien on les y amène d'un endroit dominant et plus ou moins éloigné : le Canal de Saône et Loire est dans le premier cas, et celui du Midi dans le second. Les considérations qui doivent guider dans l'examen d'un terrain, pour la recherche du point de partage et la réunion des eaux nécessaires pour alimenter un Canal, se déduisent de la comparaison des cours d'eau, quant à leur situation générale et particulière. Deux ingénieurs des ponts et chaussées, MM. Dupuy et Brisson, ont ramené d'une manière très-ingénieuse, aux formes des surfaces géométriques, les caractères indicateurs de ces points et de ces circonstances. 24—40. Le point de partage est élevé de 189^m,084 au-dessus de la Méditerranée, et de 62^m,992 au-dessus de la Garonne. 389.

PONT. On a construit, sur le Canal, un grand nombre de ponts, pour la facilité des communications des communes, qui se trouvent des deux côtés de la ligne navigable. 158.

PONT-CROUZET (chaussée de) fait la dérivation des eaux de la rivière de Sor dans la rigole de la Plaine. 52.

PONTON, grand bateau armé d'une cuiller qui verse dans des barques appelées trébuchets, pour être portées en pleine mer, les matières provenant du curage d'un port ou d'une embouchure de rivière. 169.

PORTÉE. La portée d'une rivière est la quantité d'eau qu'elle peut fournir dans l'unité de temps. Pour l'avoir d'une manière approchée, on multiplie ordinairement la section de la rivière par la vitesse moyenne de l'eau. Prony a donné sur cet objet une méthode très-exacte, mais qui n'est facilement applicable qu'à de petits cours d'eau. 226—228.

PORTES BUSQUÉES, ou faisant un angle vers la masse d'eau, qu'elles sont destinées à soutenir.

PORTES CONTRE-BUSQUÉES, portes placées en avant des portes de mouille d'une écluse voisine d'une rivière ou d'une mer sujettes aux crues ou aux marées; l'angle des ventaux de ces portes est dans un sens opposé à celui des portes de mouille, afin de pouvoir contrebalancer la pression provenant de l'élévation de la masse d'eau variable dans sa hauteur. Il paraît que les Hollandais ont imaginé cette disposition de portes, qui rend les écluses également propres à la navigation et au desséchement des pays aquatiques. XXVI.

PORTES DES ÉCLUSES, fermetures supérieure et inférieure des sas, composées de deux ventaux formant un angle du côté de la venue des eaux; percées ordinairement de guichets ou empélemens. Les portes qui soutiennent les eaux du niveau supérieur, s'appellent *portes de tête* ; celles qui correspondent au niveau inférieur, *portes de mouille* ; et dans les sas accolés, les portes placées entre celles de tête et de mouille, prennent le nom de *portes intermédiaires*.

Si une écluse répond à la mer, on nomme *portes de flot*, celles qui regardent le rivage, et *portes d'hèbes*, celles qui sont du côté du pays.

PORTS, embouchures de rivières, graux, baies, golfes, anses, où les bâtimens peuvent trouver un fond d'eau suffisant, un ancrage de bonne tenue, et un abri contre les grands vents. Les moles, les jetées, ouvrages d'art, achèvent de compléter cette disposition de la nature. Le port de Sette est protégé par le cap de ce nom. L'embouchure de l'Hérault forme le port d'Agde. Le port de la Nouvelle se trouve au débouché de l'étang de Sijean. L'anse de la Franqui, regardée comme propre à l'établissement d'un port, est abritée par le cap de Leucate, et la rade de Brescou l'est par le cap d'Agde. Les ports du golfe de Lion sont sujets, les uns aux alluvions terrestres, les autres aux alluvions marines, quelques-uns aux deux espèces d'alluvions. Le port de Sette est ouvert aux alluvions terrestres et marines. La rade de Brescou est exposée aux alluvions terrestres et non aux alluvions marines. L'anse de la Franqui est à couvert des alluvions terrestres ; mais on ne la croirait pas exempte des alluvions marines. On s'oppose aux progrès des alluvions terrestres par des plantations ; la tourmente, un grand courant, des écluses de chasse, peuvent détruire les alluvions marines, ou bien les prévenir pour un temps. 159—191.

POTEAU, pièce de bois debout.

POTEAU DÉLARDÉ. C'est, aux portes d'écluses, le poteau qui termine la largeur de chaque venteau, et dont les faces qui doivent se trouver en contact, sont délardées, ou coupées en chanfrein, pour que les portes puissent s'arcbouter l'une contre l'autre sur une certaine surface, en faisant entr'elles un angle obtus, le même que celui du busc, contre les heurtoirs duquel les venteaux viennent s'appuyer.

POTEAU-TOURILLON, c'est aux portes d'écluses le poteau sur lequel chaque venteau fait son mouvement.

POUCE D'EAU. Le pouce d'eau est la quantité d'eau que donne en une minute un orifice circulaire d'un pouce de diamètre, l'eau du réservoir étant à une ligne au-dessus du bord supérieur du trou. La dépense d'un pouce d'eau en vingt-quatre heures est de 1971 mètres cubes.

POZZOLANE, produit volcanique, vomi par le Vésuve, qui a la forme de petites pierres spongieuses et légères. La pozzolane de Pozzoli est grise; celle de Civita-Vecchia est d'un rouge obscur. Mêlées avec de la chaux, il en résulte un mortier ou un enduit qui durcit parfaitement dans l'eau et en très-peu de temps ; il faut un tiers ou un quart de chaux pour deux tiers ou trois quarts de pozzolane. La pozzolane est sur-tout remarquable, par la propriété qu'elle a de faire une prise prompte avec la chaux sans se délayer dans l'eau, et de durcir de plus en plus au milieu de ce fluide.

PRISE D'EAU, dérivation des eaux d'un ruisseau ou d'une rivière, au moyen d'une digue de barrage qui traverse leur lit.

PRODUIT. Le produit net du Canal, pendant cent six années, de 1686 à 1791, a été de 31,784,641 francs. 345.

PRODUIT DES PRISES INTERMÉDIAIRES. Pour former un tableau des portées approximatives des prises intermédiaires, nous avons profité des mesures prises par M. Clapiès, en juillet 1739, et par M. Lespinasse fils, en messidor an 2 : nous les avons rapprochées des apperçus donnés par M. Clausade et par M. Pin. 227.

PRODUIT DES SOURCES. On évalue le produit annuel des sources du Canal, dans les temps les plus critiques, à 21,239,466 mètres cubes d'eau à distribuer au point de partage. 238.

PROFIL DU CANAL. *Voyez* PLAN ET PROFIL.

PROFONDEUR DU CANAL ; elle est d'environ deux mètres. 364. Elle se compose du tirant d'eau qui est généralement de 162 centimètres, augmenté de 33 à 38 centimètres, soit pour la hauteur qu'emporte l'épaisseur des herbes et des dépôts de l'année, soit pour la distance qui devrait toujours exister au-dessous de la varangue des barques les plus chargées, pour faciliter leur mouvement.

PROJETS DE CANAUX. La construction des Canaux navigables, considérée théoriquement, est un problême indéterminé. Parmi les diverses solutions qu'il présente, il n'y en a presque toujours qu'une seule d'admissible ; c'est celle qui procure le moins de dépense d'argent, d'eau, et qui donne la plus grande célérité à la navigation. Le choix de cette solution dépend du génie qui cherche à envisager un projet sous tous les rapports, avant de le soumettre à des méthodes rigoureuses. On peut être aidé dans la conception d'un projet de Canal, par l'examen et la considération des cours d'eau, qui donnent à l'esprit la facilité de saisir l'ensemble d'un pays, en le fixant sur les différentes masses dont il est composé, et qui sont indiquées par le cours des ruisseaux et des rivières. 24—34.

PROJET (du Canal). Dans le projet de 1664, les eaux étaient amenées de la montagne Noire à Naurouse, et l'on descendait de là dans les lits des rivières de Lers, de Fresquel, et d'Aude, qu'on rendait navigables par des écluses ; on profitait ensuite de la Robine, par où l'on débouchait dans l'étang de Sijean et dans la Méditerranée. Ce projet fut abandonné en partie, à cause de la nature torrentueuse de ces rivières, et des fréquentes inondations auxquelles elles sont sujettes. Pour l'examen du projet de 1664, il fut nommé une commission au nom du Roi et à celui de la province ; elle désigna des ingénieurs, niveleurs, arpenteurs et autres experts, et s'adjoignit quatre géomètres, Andreossy, Pelafigue, Cavalier, et Bressieus. Dans le projet de 1665, qui a été exécuté, le Canal fut tracé à mi-côte sur le revers des collines, et dans un plan supérieur aux plus fortes inondations des rivières. 8—15.

PROJET DE JONCTION DES DEUX MERS DANS LE MIDI, de 1539, sous François premier, était inexécutable. 47.

DES MATIÈRES.   517

PROJET DE LA SECONDE PARTIE DE L'ENTREPRISE DU CANAL DEPUIS TRÈBES JUSQU'A L'ÉTANG DE THAU. 14—15.

PRONY, dans son rapport à l'assemblée des ponts et chaussées du 21 prairial an IX, sur un Mémoire de M. Ducros, a généralisé et complété les formules sur la dépense des bateaux. 215—216. On lui doit une méthode de jaugeage recommandable pour son exactitude. 227—228.

Q.

QUANTITÉ D'EAU NÉCESSAIRE A NAUROUSE POUR LES BESOINS ANNUELS DU COMMERCE. Dans les années les plus critiques, lorsque la navigation est modérée, cette quantité s'élève à 17,296,045 mètres cubes. 256.

QUANTITÉ D'EAU QU'ON PEUT RETIRER DU CANAL POUR L'EMPLOYER A DES USAGES PARTICULIERS. On peut, sans nuire au service des moulins, détourner du Canal, et employer à des usages particuliers, un débit continu de 132 canons d'eau, de 34 litres par minute chacun, pourvu qu'on rende à la retenue de Fonserane un débit presqu'égal; dans les mois de floréal, prairial, messidor et thermidor. 248.

QUANTITÉ DE PLUIE. D'après le résultat moyen des observations faites pendant quinze années sur le Canal du Midi, il résulte que les quantités de pluie tombées sont, dans les années médiocrement pluvieuses :

    Pour Saint-Ferréol. . . . . . 677 millimètres.
    Toulouse. 677
    Trèbes. 697
    Béziers. 440

Le produit des années humides surpasse d'un tiers environ la quantité d'eau qui tombe pendant les années stériles ordinaires. Sur la montagne Noire, on a compté, dans les années stériles ordinaires, 88 jours de pluie, et 125 dans les années humides. 236—238.

QUARANTE (rivière de), se jette dans l'étang de Capestang, après avoir traversé le Canal sous un pont-aqueduc. L'origine la plus éloignée de ses eaux ne remonte qu'à 13000 mètres. 308.

R.

RADIER, plate-forme générale en charpente ou en maçonnerie, sur laquelle sont élevés les bajoyers et leurs contreforts, les buscs, les murs en retour et en ailes. Le radier ne s'étend souvent que dans la partie comprise entre les bajoyers, qui constitue le coursier et comprend le sas et la chambre des portes. Le radier repose souvent sur pilotis.

RAVIN, berceau d'un affluent du second ordre.

RAVINE, berceau formé par l'écoulement des eaux sauvages qui, en suivant la déclivité du terrain, se rendent par plusieurs pentes ou sillons au même point.

RÉCEPTION DU CANAL. Le procès-verbal de visite et de réception du Canal fut fait en 1681 et en 1684, après la fin des travaux, par M. d'Aguesseau, intendant du Languedoc, assisté du P. Mourgues, jésuite, chargé par le Roi de l'inspection du Canal. 22.

RECETTE. La recette du Canal, pendant cent six années, de 1686 à 1791, a été de 57,345,082 francs. 345.

REDONDEL, du mot languedocien *redoun* (rond); bassin circulaire au centre de l'étang de Montady ; il reçoit toutes les eaux des diverses parties de cet étang par des fossés d'écoulement disposés en rayons. 296.

REGARDS, puits carrés revêtus en maçonnerie, qui correspondent verticalement à la rigole d'écoulement de l'étang de Montady : ils servent principalement à retirer les vases provenant du curage de cette rigole. 121.

RÉGIE. L'administration de la régie du Canal, d'après l'édit de 1666, consistait en sept directeurs (ingénieurs particuliers) et douze gardes ; et l'organisation intérieure de cette régie, dans un directeur général (ingénieur en chef), un receveur général, un procureur général, et à diverses époques, en un contrôleur général. Ces quatre personnes formaient une espèce de conseil d'administration auprès des propriétaires. 329—330. L'exécution des travaux se faisait à l'économie. 332—335. La régie doit être préférée à toute espèce de ferme. La régie propriétaire garantissait les fonds destinés à l'entretien du Canal. Les nouvelles relations de la régie du Canal divisent son action et ralentissent ses mouvemens ; peu avantageuse à l'économie et à la solidité de l'ouvrage ; à la police du Canal. 337—341.

RÉGIE PARTICULIÈRE DE LA BARQUE DE POSTE, consistait dans l'entretien des moyens de transport des voyageurs et de leurs effets, de Toulouse à Agde : cette régie, bien administrée, peut rapporter 24000 francs. 331—332.

REJOINTOYER, ragréer ou garnir, avec un ciment de pozzolane, les joints des pierres qui forment le revêtement d'une maçonnerie sujette aux transpirations, ou tout autre revêtement qu'on veut entretenir.

REMPLISSAGE. Lors du rétablissement de la navigation, la durée du remplissage du Canal est de dix jours. Nous avons calculé le volume nécessaire pour le remplissage, d'après l'hypothèse que le vide à remplir par les eaux de

DES MATIÈRES. 519

Naurouse est égal aux deux tiers de la capacité de la voie d'eau depuis l'écluse de Garonne jusqu'à l'écluse de Notre-Dame, plus les deux tiers de la voie d'eau du Canal de Narbonne sur une étendue de 3900 mètres, moins le volume fourni par les prises de Fresquel, Orbiel, Ognon et Cesse, pendant dix jours d'extrême sécheresse. 234—235.

RÉPUDRE (torrent et aqueduc de), entre Paraza et Ventenac. L'aqueduc de Répudre date de la construction du Canal, ainsi que celui de Madron et de Saint-Victor : on travailla, depuis 1688 jusqu'en 1693 aux aqueducs dont Vauban fit déterminer l'exécution. 89—91.

RÉSERVOIR : magasin d'eau pour la navigation des parties supérieures d'un Canal, et pour son remplissage après les travaux.

RETENUE, portion d'un Canal de navigation comprise entre deux écluses ; celle inférieure appartient seule à la retenue. 68.

RETENUE DU MÉDECIN. Le déchet des filtrations et de l'évaporation de la retenue du Médecin, est de 13 litres par seconde durant l'extrême sécheresse, et de 8 litres durant la sécheresse moyenne. 253. Le remplissage de cette retenue exige annuellement 124679 mètres cubes. 256.

REVEL, ville située au pied de la montagne Noire ; elle a désiré, de tout temps, qu'on rendît navigable la rigole de la Plaine. 54—57. Revel a, sur cette rigole, une prise d'eau qui est trop considérable pour sa population. 259.

REVENUS. Les revenus éventuels du Canal peuvent se porter à 90,000 francs, année commune, et ceux provenant des droits de navigation, à 600,000 fr. déduction faite de la dépense pour les travaux annuels. 341—342.

RHÔNE (le), fleuve qui prend sa source au plateau de Saint-Gothard, coule d'abord de l'est à l'ouest, sur le plan de pente générale vers l'Océan ; et, à la rencontre des montagnes de l'Ardèche à Lyon, plie son cours vers la Méditerranée, dans la direction du nord au sud ; sa pente est très-rapide.

RIBARD, ingénieur du Canal, a fait, en 1756, un projet très-détaillé, pour faire passer le Canal du Midi sous le lit de la rivière d'Orb, depuis l'éperon bas et atterri de Notre-Dame jusqu'à l'éperon haut de Portyragne, projet analogue à celui qu'a fait M. Dodd, ingénieur anglais, pour une communication pour les voitures par-dessous la Tamise. 137—139.

RIGOLES, petits Canaux qui reçoivent les eaux de dérivation. 35.

La portée moyenne de la rigole de la montagne durant les 320 jours de navigation, est, dans les années les plus critiques, de 256^{lit},9 par seconde, et celle de la rigole de la Plaine, de 165^{lit},5. 243—244.

Riquet (Pierre-Paul), né à Béziers en 1604, mort le premier d'octobre 1680, avait soixante ans, lorsqu'il entreprit le Canal de Languedoc : *doué*, dit F. Andreossy, *d'un esprit vif et fin qui le décidait bientôt pour tout ce qui est vrai, il eût pu concevoir et exécuter lui-même le projet du Canal, s'il eût eu les connaissances nécessaires pour cela*. Riquet a joui, pendant cent quarante ans, de la gloire de l'exécution du Canal, et le nom d'Andreossy est resté presqu'ignoré. 346—363.

Robine, Canal dérivé de l'Aude dans l'étang de Bages : il a été creusé originairement par les Romains. 110.

Roupille (la), chaussée de dérivation pour la prise d'eau de la rivière de Cesse. Construite en maçonnerie, fut emportée par les eaux : formée en encaissement, se soutient depuis long-temps, en remplissant son objet. 100 —101.

S.

Sécheresse. Nous avons supposé que l'extrême sécheresse, qui commence ordinairement vers le premier messidor, et finit aux brumes d'automne, pouvait durer jusqu'au premier brumaire, et que le reste de l'année pouvait être regardé comme un temps de sécheresse moyenne. 234.

Sette (port de), est situé à l'extrémité de l'étang de Thau, avec lequel il communique par un Canal qu'on a creusé : ce port est formé par des jetées; il fut construit en 1666. Comme tous les ports à lagunes, il a les ensablemens à gauche, et la passe à droite. Le port de Sette, sujet à se combler, exige des curages fréquens; son état, sous ce rapport, a prodigieusement changé depuis sa construction. On l'entretient à la profondeur de cinq mètres, nécessaire pour les bâtimens de commerce. Aucun des projets qu'on a proposés pour son rétablissement, ne paraît propre à remédier aux désavantages qui naissent du mauvais choix de sa position. 166—172.

Seuils, points extrêmes d'une navigation artificielle. 25. On appelle *seuil de dessèchement*, le point où un Canal d'écoulement débouche dans un récipient; l'Aude, près du moulin de Puicheric, est le seuil de dessèchement de l'étang de Marseillette. 301.

Sijean (étang de), communique avec la mer par le grau de la Nouvelle; la Robine débouche dans cet étang. 114. On recueille sur ses bords une grande quantité de sel.

Saint-Ferréol (réservoir de), formé par une digue qui barre le vallon du Laudot au-dessus de Vaudreuil, et qui a 325 décimètres de hauteur, 780 mètres de longueur près du sommet, et 120 mètres d'épaisseur à sa base. Ce réservoir contient environ six millions neuf cent cinquante-six mille mètres cubes. Il fut commencé en 1667.

Les manœuvres pour donner les eaux, se font avec deux vannes et trois tuyaux de fonte de 24 centimètres de diamètre chacun, scellés dans le grand mur, et fermés à l'aide de robinets dont le jeu est extrêmement facile. L'abaissement des vannes et des tuyaux par rapport au couronnement de la digue, est comme il suit :

    Seuil de la première pale. . . . . 20 décimètres.
    Seuil de la seconde. 65
    Ligne des tuyaux. . . . . $284\frac{1}{4}$

L'ouverture des tuyaux n'a pas assez de diamètre pour qu'on puisse donner les eaux en grand volume, lorsqu'une fois elles se trouvent à plus de 65 décimètres au-dessous du couronnement. L'épaisseur de la digue à sa base, et la mauvaise qualité des matériaux qui composent son massif, ne permettent pas d'ouvrir des pertuis qui remplaceraient avec avantage les robinets. 57—64.

SAINTE-LUCIE (Canal de) entrepris pour affranchir la Robine de la navigation de l'étang de Sijean. 114. Les ouvrages de Sainte-Lucie avaient procuré au grau de la Nouvelle une plus grande profondeur d'eau, mais qui ne s'est pas soutenue. 187.

SPAARENDAM (écluse de), écluse en bois à doubles portes non busquées, construite en 1285, à Spaarendam, sur le Canal de Sparne, en Hollande. XXI.

SOR, affluent de l'Agoût, fournit des eaux à la rigole de la Plaine, et reçoit le trop-plein de celle de la Montagne. 34—37. Le vallon dans lequel il coule, offre l'emplacement d'un assez beau réservoir au moulin de Garbette, un peu au-dessus de la commune de Durfort. 261.

STECKNITZ, petite rivière que la régence de Lubeck avait rendue navigable dès la fin du quatorzième siècle, au moyen de digues ou barrages dans lesquels on avait pratiqué des pertuis. XXIII.

STÉVIN (Simon), célèbre ingénieur des Provinces-Unies, a donné, en 1634, sa *Nouvelle manière de fortification par les écluses*, traduction française, Leyde, *in-fol.*, dans laquelle il indique les écluses comme une nouvelle invention, que l'auteur applique à des usages très-importans : elles étaient pratiquées en Italie avant 1609. XXI.

T.

TABLEAU COMPARATIF DES DEUX ROUTES DE LA SECONDE ENTREPRISE, par F. Andreossy, en 1675, est un modèle de méthode. 15.

TABLEAU DES MESURES DU BASSIN DE SAINT-FERRÉOL, pour en déterminer la capacité. 156.

TABLEAU DE LA QUANTITÉ D'EAU, ARRIVÉE DU POINT DE PARTAGE A L'ÉCLUSE DE SAINT-ROCH PRÈS DE CASTELNAUDARY, ET DU NOMBRE DE BARQUES PASSÉES A LA MÊME ÉCLUSE PENDANT DEUX ANNÉES, DEPUIS LA FIN DE 1784 JUSQU'A LA FIN DE 1786. 157.

TABLEAU PROGRESSIF DES RECETTES, DÉPENSES, ET DU PRODUIT NET DU CANAL DU MIDI, DEPUIS 1686 JUSQU'A 1791, PENDANT CENT SIX ANNÉES. 345.

TARIF, droits de Canal sur le transport des marchandises. Le tarif de 1666 établissait les droits du Canal sur la valeur des marchandises. Ce tarif fût rejeté; il fut remplacé par celui du 26 septembre 1684, qui portait généralement $2^{cent.}$,1137076 pour une étendue correspondante à cinq kilomètres, et un poids de cinq myriagrammes de toutes les marchandises. Le tarif de 1684 cumulait, à cette époque, le droit de navigation et celui de nolis. La loi du 21 vendémiaire an V les a séparés : elle a augmenté le droit de navigation. 321—323.

TARN, affluent de la Garonne, coule sur le revers occidental des hautes montagnes de l'Ardèche, est alimenté par une partie des eaux du revers septentrional de la montagne Noire. Ses crues s'élèvent à une très-grande hauteur; celle de 1766 parvint à onze mètres. On a retrouvé dans le lit du Tarn d'anciennes écluses assez bien conservées, qui annoncent que cette rivière avait été navigable. On vient d'assurer la navigation du Tarn, près de Rabastens, en substituant au pertuis voisin de cette ville, une écluse rase et submersible. 196.

THAU (étang de), grande lagune située sur la plage de la Méditerranée, entre Agde et Sette : cet étang a environ quinze kilomètres de long sur quatre de large; le Canal y débouche à une de ses extrémités, et l'autre extrémité communique avec le port de Sette. L'étang de Thau est peu sujet aux atterrissemens, parce qu'il ne reçoit point de cours d'eau considérable. 167. Il existe un projet de Canal le long de la plage, qui ferait communiquer le grand Canal avec le port de Sette, et affranchirait la navigation de la traversée, quelquefois périlleuse et souvent contrariée, de l'étang de Thau. 170.

TIRANT D'EAU. Le tirant d'eau, ou l'enfoncement des barques les plus chargées, sur le Canal du Midi, est de 162 centimètres. 219.

TORE, affluent de l'Agout et récipient du Sor; on pourrait dériver ses eaux pour augmenter le volume de celles de la rigole de la Plaine; mais les

DES MATIÈRES.

dépenses des ouvrages et les indemnités seraient trop considérables. 261.

TORRENS, cours d'eau pérennes ou accidentels établis sur la première pente des montagnes, ou bien sur une contre-pente. 31. Les cours d'eau, qui ont près de trois millimètres de pente par mètre, sont regardés comme des torrens. 191.

TOURMENTE. Dans les tempêtes, les eaux de la mer se troublent en soulevant les sables; c'est ce mouvement violent qu'on appelle *tourmente* : ses effets sont en général nuls dans la Méditerranée, aux endroits où il y a 81 décimètres de profondeur. 168.

TOUROS, sieur de Millon, directeur-général des fortifications des places de Guienne et des Pyrénées, nommé par le Roi, en 1728, pour la visite et vérification du Canal de Languedoc; son procès-verbal est du 3 mai : un arrêt du Conseil du 24 août autorise ce procès-verbal. 73.

TRACÉ DU CANAL. Il est conduit à mi-côte, afin de tenir le Canal élevé au-dessus des inondations des rivières. 17.

TRANCHÉES AUX CANAUX D'IRRIGATION, partent du Canal alimentaire, et sont percées de bondes pour l'écoulement des eaux par déversement. 274.

TRANSIT DES MARCHANDISES. Il consiste en blé, vins, eaux-de-vie, huiles d'olive, savons, bois et drogues de teinture, poisson salé, tabac en feuilles, café, sucre, cordailles d'herbes, liége, bouchons, bois à futailles, drogueries et épiceries du Levant; fruits, laines, cotons, et généralement toutes les munitions de guerre et de bouche, pour les armées de terre et de mer de la France et de ses alliés. 342—344.

TRANSPIRATIONS, transmission de l'eau à travers un corps de maçonnerie. Pour guérir les transpirations des maçonneries de tête et des voûtes des aqueducs, et des digues de retenue des réservoirs, on jette dans l'eau de la chaux qu'elle entraîne, et qu'elle dépose dans les interstices de la maçonnerie : les perdans du nouveau réservoir de Lampy ont été détruits par ce moyen, que la nature indique dans la formation des stalactites et des stalagmites. 65—67.

TRANSPORT MOYEN. Le transport moyen d'une extrémité à l'autre du Canal peut être fixé à six millions de myriagrammes. Le prix du transport par la route du Canal n'est pas le cinquième de celui par la voie de terre. 327—328.

TRÉBOUL, affluent du Fresquel, traverse le Canal sous un pont-aqueduc. 41 et 77.

TRÉZILLE (pont et seuil ou col de), point par où l'on eût pu faire passer une des trois directions du Canal, qui aurait tourné, au nord, l'étang de Montady pour se rendre à la rivière d'Orb. Cette direction eût été plus coûteuse.

Celle par Nissan aurait évité la percée du Malpas et l'écluse multiple de Fonserane. La route qu'on a suivie, est celle qui réunit le moins d'inconvéniens. 117—119.

TROU D'EMPÈLEMENT. La pale des empèlemens se lève en cinq tours de vis; un quart de tour s'appelle *trou*.

C'est par le moyen des trous, qu'on règle la fourniture du Canal au point de partage. La fourniture ordinaire est de trois trous pour chaque versant ; dans les temps d'abondance ou de grands mouvemens, elle est de quatre trous. La distribution qui en résulte, n'est pas tout-à-fait la même pour les deux versans, quoiqu'on le suppose. 207.

TROUBLES, matières terreuses ou sablonneuses suspendues dans un fluide en mouvement, et qui en altèrent la transparence. Les cours d'eau abandonnent ces matières, par-tout où la vîtesse est ralentie ; c'est ce qui occasionne les bancs dans les lits des rivières, et les barres à leurs embouchures. Pris dans ce sens, ce mot nous vient des Italiens, qui disent *torbide*.

U.

UDOMÈTRE, entonnoir qui reçoit la pluie sur une surface de 11 à 12 décimètres carrés, et qui la transmet dans un petit récipient gradué, dont chaque fois on prend la mesure et que l'on vide. Ces mesures en millimètres cubes, sont divisées par l'ouverture supérieure de l'entonnoir, et donnent la hauteur de la pluie tombée dans les diverses périodes de l'année, et leur addition donne le résultat annuel. 256—257. Sur le Canal,

Il a été pour l'an XI, de. . . . . $0^m,460$
Et l'évaporation de l'eau a été de. . . . . $1,141$.

V.

VALLÉE, berceau d'un récipient principal.
VALLON, berceau d'un affluent principal.
VAUBAN, fait la visite du Canal en 1686, et rend un témoignage éclatant au mérite de ses auteurs, ordonne la construction de cinquante-quatre nouveaux aqueducs, et fait faire, en 1688, la percée des Campmazes. On lui a attribué faussement la construction du Canal du Midi. 90—91.
VEINE-FLUIDE AU SORTIR D'UN EMPÈLEMENT, se contracte d'une manière frappante. Des mesures prises par M. Pin le père, portent le point de sa plus grande contraction à un mètre 750 millimètres de l'orifice, et sa moindre

largeur, à 766 millimètres : ces mesures paraissent douteuses. Les coupes transversales de la veine fluide sont arrondies par en haut dans les parties correspondantes aux angles supérieurs de l'orifice, et échancrées en forme de gorge sous le milieu du côté qui joint ces angles. On attribue l'échancrure à l'air absorbé par les entonnoirs. 208—209.

VENDRES (étang et grau de). C'est par le grau de Vendres que la rivière d'Aude débouche dans la Méditerranée; elle se jetait autrefois dans l'étang, mais elle en fut détournée au commencement du dernier siècle. 102.

VENTOUSE, Canal horizontal qui, dans les épanchoirs à siphon en mouvement, met en communication l'air extérieur avec le corps du siphon, afin d'en arrêter le jeu. 96.

VERSANT OCCIDENTAL. Les filtrations et l'évaporation absorbent, sur ce versant, un débit continu de 136 litres par seconde durant l'extrême sécheresse, et de 80 litres durant la sécheresse moyenne. Il exige, durant l'extrême sécheresse, une fourniture de 524 litres par seconde pour un service de douze doubles passages en 48 heures, et durant la sécheresse moyenne, une fourniture de 270 litres par seconde pour le même service. 228—230. Son remplissage se fait annuellement au moyen de 1,138,856 mètres cubes d'eau qui se débitent à l'écluse de Montferrand. 256.

VERSANT ORIENTAL. Depuis l'écluse du Médecin jusqu'à celle de l'Evêque, les filtrations et l'évaporation absorbent sur ce versant un débit continu de 143 litres par seconde durant l'extrême sécheresse, et de 84 litres durant la sécheresse moyenne. Le service de douze doubles passages en 48 heures exige, dans le premier cas, une fourniture de 415 litres par seconde à l'écluse du Médecin, et dans le second, de 397 litres. La fourniture de 415 litres par seconde, pendant l'extrême sécheresse, doit être augmentée de 83 litres par seconde dans les années pauvres en pluie, pour que la navigation puisse se faire avec autant d'activité depuis l'écluse de l'Evêque jusqu'à la rivière d'Orb. 233. On tire annuellement du point de partage, pour le remplissage du versant oriental, un volume d'eau de 2,213,694 mètres cubes, lorsque l'année est médiocrement ou abondamment pluvieuse. Ce remplissage ne pourrait s'effectuer, dans les années stériles, sans un volume de 2,498,814 mètres cubes. 256.

VISITEUR, au bureau de la recette, vérifie les chargemens et connaissemens. 330.

Z.

ZENDRINI, mathématicien de la république de Venise, fait le plus bel éloge du Canal du Midi dans son ouvrage intitulé : *Loix et Phénomènes, Règles et*

Usages des Eaux courantes. « On attribue, dit-il, le mérite d'un si grand » ouvrage à Paul Riquet, qui le fit exécuter sur les projets du mathémati- » cien Andreossy ». 473.

FIN DU TOME PREMIER.

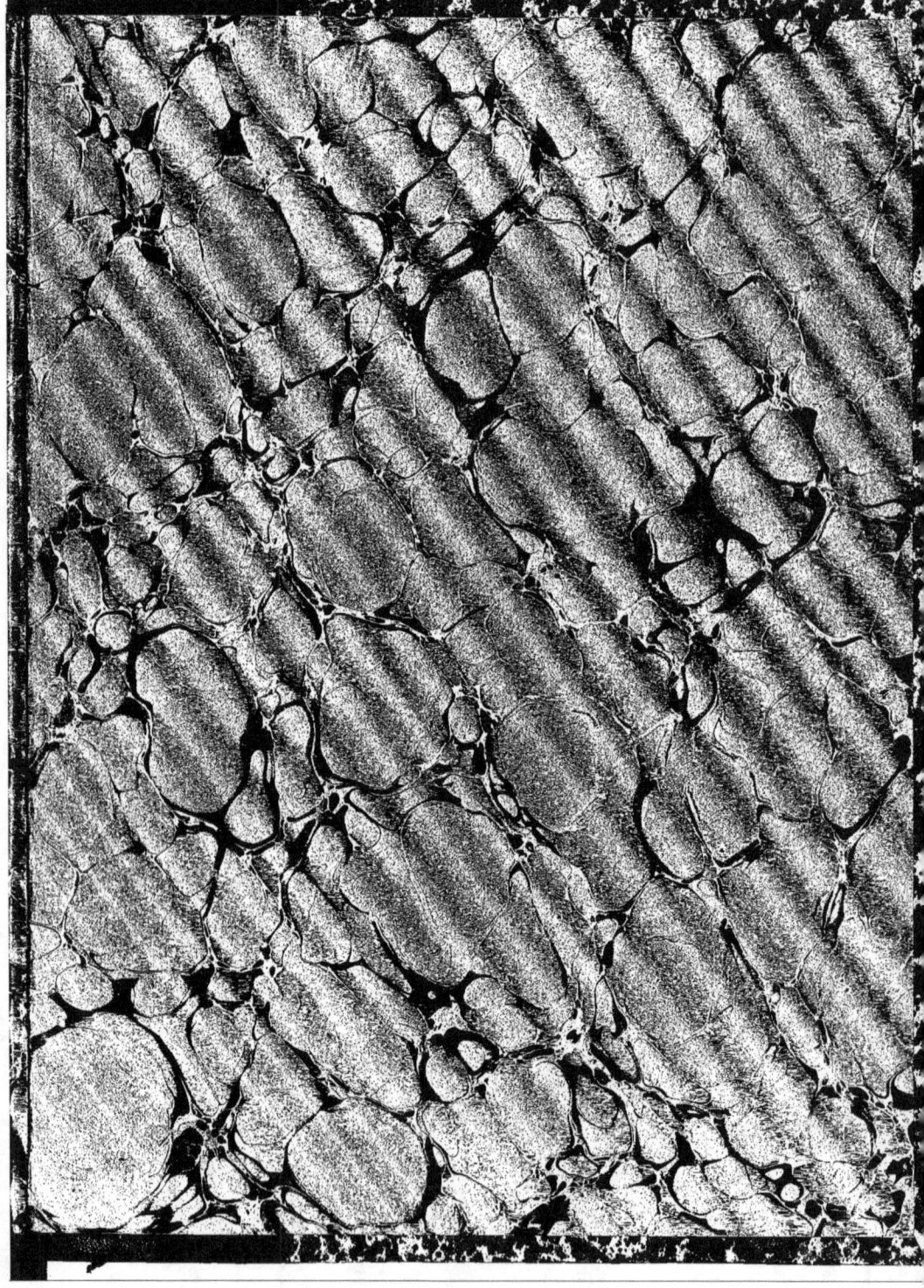

www.ingramcontent.com/pod-product-compliance
Lightning Source LLC
Chambersburg PA
CBHW060504230426
43665CB00013B/1386